实用汉英笔译的实证研究

俞碧芳◎著

海峡出版发行集团｜海峡文艺出版社

图书在版编目(CIP)数据

实用汉英笔译的实证研究/俞碧芳著. —福州：海峡文艺出版社,2024.9
ISBN 978-7-5550-3747-7

Ⅰ.①实… Ⅱ.①俞… Ⅲ.①英语－翻译－研究 Ⅳ.①H315.9

中国国家版本馆 CIP 数据核字(2024)第 109097 号

实用汉英笔译的实证研究

俞碧芳　著
出 版 人　林　滨
责任编辑　邱戊琴
编辑助理　王清云
出版发行　海峡文艺出版社
经　　销　福建新华发行(集团)有限责任公司
社　　址　福州市东水路 76 号 14 层
发 行 部　0591－87536797
印　　刷　福州万达印刷有限公司
厂　　址　福州市闽侯县荆溪镇徐家村 166－1 号厂房第三层
开　　本　720 毫米×1010 毫米　1/16
字　　数　430 千字
印　　张　24.5
版　　次　2024 年 9 月第 1 版
印　　次　2024 年 9 月第 1 次印刷
书　　号　ISBN 978-7-5550-3747-7
定　　价　68.00 元

如发现印装质量问题,请寄承印厂调换

前　言

一、本书的理论和实践价值

本书从探讨实用汉英笔译中存在的常见问题入手，以科学的翻译理论为指导，基于实证研究，分析解决问题的相应对策。首先，研究发现，实用汉英笔译中存在的主要问题包括中式英语、用词不当、语言错误（单词拼写和语法错误）、译名不统一和欠额翻译等几个方面。其次，针对这些问题，笔者提出相关的理论，包括交际翻译理论、顺应论、接受美学理论、模因论、生态翻译学理论、语境理论、关联理论、跨文化交际理论、功能对等理论、目的论、修辞劝说理论、衔接连贯理论，并进行实证研究，论证运用上述理论的必要性和合理性。其三，笔者基于上述理论提出如何克服中式英语、用词不当、语言错误（单词拼写和语法错误）、译名不统一和欠额翻译等一系列翻译对策。

笔者认为，实用汉英笔译需要理论的指导，但是语言和文化是基础，理解是前提，这是绝大多数翻译工作者的共识。翻译首先源于实践，任何人都不可能从任何翻译论著中找到处处都适用的"万能钥匙"。学习理论的唯一目的是实践，学习理论的途径也是实践。

二、本书创新之处

本书旨在运用实证方法进行实用汉英笔译研究。笔者从研究问题入手，从不同的理论层面对实用汉英笔译进行实证考察，为实用汉英笔译理论的应用提供指向，并具体分析了相应的英译对策。本书的新意主要表现在以下四个方面：

首先，根据他人的研究成果结合笔者的调查研究，本书分析了我国实用汉英笔译中存在的五个问题。它们分别是：中式英语、用词不当、语言错误（单词拼写和语法错误)、译名不统一和欠额翻译。

其次，针对上述五个问题，笔者提出相关的理论并具体阐述这些理论，包括：交际翻译理论、顺应论、接受美学理论、模因论、生态翻译学理论、语境理论、关联理论、跨文化交际理论、功能对等理论、目的论、修辞劝说理论、衔接连贯理论。

再次，笔者进行实证研究，论证了运用上述理论的必要性和合理性。

实用汉英翻译是为了实现跨文化交际，有效呈现和传播中国传统文化，实现源文的功能和意图，以便最大程度地让公众获得所需要的信息。以上翻译目的决定了译者应该遵循以下基于交际翻译理论的三种翻译原则，包括：经济原则，等效原则和易懂原则。

维索尔伦认为语境动态顺应是语言使用的核心。语言内部与外部的各种因素是人们不断做出不同的语言选择以动态地顺应语境的动因。人们的认知心理差异以及交际双方的社会文化语境等多种因素均可影响顺应的动态性，因此意义的生成成为一个动态的建构过程。这一过程实际上体现话语与语境的相互作用，语境的差异决定语言的选择和话语的意义，不同的语言选择也会导致语境的变化。如果从顺应理论的视角予以考察，实用汉英笔译是一个对源语言的语篇、语言结构、文化语境和审美做出动态顺应的过程，从而顺应目的语言读者的语篇构建方式、语言习惯、文化语境和审美心理。

接受美学理论认为，读者对作品的阅读不是消极被动的接受，是积极的创造。在阅读过程中，目的语读者的"期待视野"部分会被证实，部分会被打破或全盘否定。这就要求译者以读者为中心，充分考虑读者在语言、文化和审美习惯等方面的期待视野，将读者导入特定的审美体验中，引起情感的共鸣。接受美学理论把关注的焦点从文本中心转向读者中心，从而为翻译研究提供了一个全新的视角。接受美学理论强调译者的主体作用，认为译文应顾及目的语读者的期待视野，提出翻译是文本与译者的对话，也是译文和目的语读者之间的对话。因此，译文和目的语读者之间的视野融合是译文成功的关键所在。接受美学理论给我们以下启示：实用汉英笔译要尽量把握读者的能动性，使译文与读者在视野上相互融合。译者应该以读者为中心，充分考虑受众的语言习惯、文化心理和审美心理等诸多因素。翻译过程中应该以目的语读者为中心，充分调动读者的审美体验，使目的语读者的审美体验与源作者和译者的审美体验融合在一起，满足他们的期待视野。如何把握读者的期待视野是实用汉英笔译实践中需要认真思考的问题。需要译者采取一定的翻译策略，灵活处理文化差异，拓展读者的期待视野，引起读者的强烈共鸣，从而增强实用汉英资料翻译效果，更好地传递信息，弘扬中华文化。

翻译策略和方法受模因选择标准的影响，而不同的翻译策略和方法对模因传播能力及适应性产生不同影响，其中句法策略主要通过调整语言内部结构，增强了译文的可读性和可接受性，从而有利于提高模因的传播效果；语义策略突出了文化特色，符合模因选择的新颖性、明晰性和连贯性标准，以提高源语文化模因的区分度，同时丰富目的语语言文化；语用策略主要建立在准确解码中英两种语言文化的基础上进行语言等效模因和社交等效模因的传播，满足模因的一致性和表达性标准，使译文能够符合模因的适应性和劝诱效果，为下一步文化模因的广泛复制和传播打好基础。模因在复制和传播中所体现的翻译伦理价值与实用汉英笔译原则相适应，因此模因论能够有效地指导实用汉英笔译实践。

生态翻译学理论将翻译活动定义为"译者适应翻译生态环境的能动性选择"，强调了生态环境的重要性和译者的中心作用，以"翻译适应选择论"为理论基础，以"译者基于语言、文化和交际进行三维转化"为翻译方法，并以"整合适应选择程度和多维度转换程度""读者反馈"以及"译者素质"为评价标准，对实用汉英笔译现象做出了新的定义和解读。生态翻译学理论可以为译者的实用汉英笔译活动提供指导，通过对翻译生态环境的分析和适应，译员能够意识到自己的主体责任并据此选择最合适的译文。

语境对实用汉英笔译发挥制约作用，不仅对译者理解源语言有影响，而且对译者表达译文也有重要的影响。语境理论以目的语为视点，更重视目的语的文化习惯。为了有效地达到实用汉英翻译的目的，译者应该以语境理论为依据，从实现语篇的预期功能出发，遵循实用汉英笔译的原则，同时把握好源文与译文之间的语言及文化差异，不拘泥于源文而酌情选择适当的翻译策略，使源文的意图和内容能准确得体地再现给读者，从而实现实用汉英笔译的交际目的。

实用汉英笔译就是通过对语境的分析，找出源文与语境之间的最佳关联，从而取得理解源文的语境效果。译者与源文作者之间的交际靠的是一种"互明"，即当交际一方的交际意图被交际的另一方所识别的时候，"互明"的交际效果即得以显现。实用汉英笔译的成功与否取决于说话人/作者与译者之间、译者与译文读者/听话人之间能否根据源文作者/说话人的明示行为，通过推理找到最佳关联，以实现语用等效翻译之目的。

语言既是一种社会现象，又是一种文化现象。语言是文化的主要组成部分，同时又是文化的载体，是人们思考、交流、积累和传播知识的工具，是用来保存、传输文化的手段。就语言而论，翻译则是语言机制的转换。随着全球一体化逐渐成为当前世界不可逆的趋势，我国国际地位不断提高，对外交往与合作空前繁荣，跨文化交际现象越来越频繁。受不同民族文化和思维方式等方面差异的影响，人们在进行跨文化交际过程中，会出现这样或那样的交际障碍，影响交际效果。实用汉英笔译不仅是一项双语活动，也是一种跨文化活动。文化在实用汉英笔译中的作用不可低估。在跨文化交际中，实用汉英笔译人员不只要看到国家和语言的差异，更要努力填补由于文化差别所带来的空缺，使跨文化交际的目的得以顺利实现。

尤金·奈达的功能对等理论认为，将一种语言翻译成另一种语言时，我们不仅应考虑形式对等，更要考虑动态对等，即功能对等，将语言中所蕴含的内容和文化传达给读者。因此，功能对等理论想达到的理想境界就是实用汉英笔译的理想结果，其对实用汉英笔译具有较强的指导意义。

功能主义学派的代表理论是由汉斯·弗米尔提出的"目的论"。该理论强调以文本目的作为指导翻译行为的最高准则，因此在翻译过程中，译者可以不必拘泥于同源文保持对等，而是拥有更大的发挥空间，更加自由地选择翻译策略以实现文本目的。因此，实用汉英笔译的策略、方法、质量评估的研究至关重要。实用汉英笔译的目的是让目的语读者准确无误地理解和把握译文所传递的信息。目的论与实用汉英笔译目的不谋而合。因此，目的论对实用汉英翻译具有很强的指导作用。

从经典修辞劝说理论看，修辞作为话语构建的一种方式，其目的是实现有效劝说。而当代修辞学将修辞视为"为了增进理解，研究人们相互误解和消除误解的良方"，是"一些人对另一些人运用语言来形成态度或引起某种行动"，是"研究增加有效交流与沟通，促进社会和谐的实践活动"。修辞劝说的这些观点与实用汉英笔译的目的不谋而合。实用汉英笔译与修辞劝说理论都是以沟通方式进行劝说的一种交际活动。译者通过文本的选择与自身的人格诉诸塑造可被接受的形象，以受众情感为核心，通过理性诉诸，完成实用汉英笔译工作。在实用汉英文本翻译过程中，将修辞劝说理论与其有机结合，可使译文更易被目的语读者所接受，从而达到有效劝说的目的。

衔接是语篇特征的重要内容之一，一个连贯的语篇有着良好的衔接机制。衔接与连贯相辅相成，使语篇获得统一的语义。衔接手段在语篇中发挥着重要的纽带作用，各种衔接手段在解读源语语篇、构建译文语篇连贯的过程中起着积极的导向作用。在翻译中，认清语篇中的各种衔接纽带，是建立译文语篇连贯的第一步。语篇的连贯指的是语篇中语义上的相互关联。连贯存在于语篇的深层，体现了语篇中各个成分之间的逻辑关系，也体现了语篇作者的交际意图和预期的语篇功能。衔接连贯是实用汉英语篇翻译中的两个重要原则和特征，是实用汉英笔译实践中需要首先考虑的因素。由于汉英两种语言在表达方式上存在着一定的差别，因此，汉英翻译时，在充分理解源文语篇结构的基础上，灵活地运用英语衔接和连贯手段，使译文既能充分、完整地表达源文的意思，又能符合英语的表达习惯，为英语读者所接受。

最后，笔者试图提出解决上述问题的以下几个翻译对策。

避免中式英语有三个原则：首先，要准确地理解源文，即具有怀疑精神；其次，要认真分析和使用参考资料，即具有查证精神；最后，要批判地审查译文，即具有反省精神。克服公示语翻译中（中式英语）现象的相关对策主要是：以实现译文预期功能为重点、增译、删译、改译、回译等。

为了克服用词不当现象，可以通过以下三种方式：补充相关背景；揭示源文内涵；根据语言语境确定源文词义，并选择译文用词。

关于如何克服语言错误，可以采用以下策略：删繁就简，变虚为实；变换句式；重构语篇衔接与连贯。

关于如何克服译名不统一现象，可以采用释译法，勤查术语库。

关于如何克服欠额翻译现象，可以采用以下几个方法：补全词义、释译、使用名词化结构、将源文逻辑显化翻译、套译、视角转换、归化法、传达源文特定语境信息。

三、本书的思路和架构

本书分为十七章。

第一章为绪论。首先，评述了国内外相关研究的现状；其次，分析了实用汉英笔译特点；最后，分析了本研究的意义及创新点。

第二章是根据他人的研究成果结合笔者的调查研究，分析了我国实用汉英笔译中存在的五个问题。它们分别是：中式英语、用词不当、语言错误（单词拼写和语法错误）、译名不统一和欠额翻译。

第三章是基础理论部分，针对上述五个问题，笔者提出相关的理论并具体阐述这些理论，包括：交际翻译理论、顺应论、接受美学理论、模因论、生态翻译学理论、语境理论、关联理论、跨文化交际理论、功能对等理论、目的论、修辞劝说理论、衔接连贯理论。

第四章以中式菜名和公示语为研究对象，采用理论分析和实证研究，以经济原则、等效原则和易懂原则为基础，探讨了交际理论在中式菜名和公示语汉英翻译中的应用。研究发现：在经济原则指导下，对外国友人来说，在保证源文含义不被破坏的前提下，越精简的语言越有利于他们达到理解实用汉英资料译文的目的；在等效原则指导下，遣词造句都要重点考虑两种语言的种种差异（包括文化和语言习惯等差异），方能达到同样的交际效果；在易懂原则指导下，首先要根据目的语文化背景和文化习惯对源语文化进行相应处理，其次要严格以目的语语言风格进行表达，由此外国友人才能够轻松地理解实用汉英笔译文本的含义。总之，本文论证了交际翻译理论对实用汉英翻译研究的适用性，具有不容忽视的理论价值和现实意义。

第五章以实证为基础，以新冠肺炎疫情相关实用汉英翻译资料为研究对象，从语境关系的顺应、语言结构的顺应和顺应的动态性三个方面探讨顺应论视角下实用汉英笔译的策略与应用。研究发现：在翻译过程中，译者总是处于一个不断地选择目的语的过程，而这种选择之所以能够进行在于语言具有变异性、商讨性和顺应性。译者动态地顺应源语的语境和语言结构，继而又顺应目的语的语言结构和语境，制约着翻译的成功与否。微观上，译者的记忆对两种语言间互动具有限制作用，而交际过程中交际内容、方式、地点等又受到时间变动的影响；宏观上，译者与交际双方因语言、文化以及时代方面的差异，可能会使翻译有一定的难度。因此，译者需动态地顺应交际者的认知心理状态、个性特征以及制约语言选择其他方面的因素，以帮助交际者实现成功交际之目的。

第六章以接受美学理论为理论背景，从以读者为中心、满足目的语读者的期待视野和符合实用汉英笔译文本未定性三个方面探讨接受美学理论在旅游资料英译中的应用。研究发现：用接受美学理论来探讨实用汉英笔译，可以促使译者关注文本的接受度，以满足读者的期待视野为基础，并以读者为中心，激发读者的创造性。因此，译者要对中英文化、历史背景、风俗习惯等都有深入了解和探究，以目的语读者为中心，充分考虑其认知心理、审美情趣、语言习惯、文化心理等诸多因素，才能实现两者之间的视野融合，实现实用汉英笔译的审美追求。

第七章以模因论为依据，从句法对等、语义对等和语用对等三个层面探讨模因论视域下网络流行语翻译策略。研究发现：实用汉英翻译模因是以语言为载体，进行跨文化传播。实用汉英翻译分为五个阶段：遗传阶段、解码阶段、感染阶段、编码阶段、新遗传阶段。解码和编码是两个最关键的阶段。此外，由于中英文实用笔译文本存在的显著差别是影响解码和编码这两个阶段的重要因素，译者应该将中英实用笔译文本进行对照，从而探讨出两者在语言特点、文本结构以及文化观念的不同之处。在编码过程中，译者利用翻译策略从句法层面、语义层面、语用层面进行目标语文本的编码，以提高翻译质量，创造出目标读者易于理解的实用汉英笔译文本。

第八章以生态翻译学理论为理论基础，从翻译生态环境、译者的目的、译者能力、读者的需求、语言维转换、文化维转换和交际维转换等方面探讨生态翻译学理论在中医术语英译中的应用。研究发现：生态翻译学理论可以为译者的实用汉英笔译活动提供指导，通过对翻译生态环境的分析和适应，译者能够意识到自己的主体责任并据此选择最合适的译文。生态翻译学的三维度包括语言维度、文化维度和交际维度。语言维度要求译者在语言转换时，需注意源语和目的语在语言本身的区别；文化维度要求译者在翻译时，注意源语与目的语由于历史、政治、宗教等多方面原因造成的文化差异，避免从目的语文化角度造成源文的曲解；交际维度要求译者在转换语言信息和传递文化信息的同时，应关注源文的交际意图是否在译文中体现出来。此次翻译实践验证了生态翻译学指导实用汉英笔

译的可行性。

第九章致力于语境理论指导下城市语言景观实用汉英笔译方面的实证研究，从文化语境、情景语境和语言语境三个方面探讨城市语言景观实用汉英笔译策略。研究发现：语境理论以目的语为视点，更重视目的语的文化习惯。为了有效地达到城市语言景观实用汉英翻译的目的，译者应该以语境理论为依据，从实现语篇的预期功能出发，遵循城市语言景观实用汉英翻译的原则，同时把握好源文与译文之间的语言及文化差异，不拘泥于源文而酌情选择适当的翻译策略，使源文的意图和内容能准确得体地再现给读者，从而实现城市语言景观实用汉英翻译的交际目的。

第十章针对关联理论对于广告翻译效果进行了实证性研究，提出关联翻译理论视角下广告翻译中的补偿策略，分别是：以目的语读者为视点对译文进行归化性明示；以最佳关联为原则对译文进行异化性明示；化繁为简，重新组合，突出交际意图；调整源语信息，实现译文最佳关联。研究发现：实用汉英笔译就是通过对语境的分析，找出源文与语境之间的最佳关联，从而取得理解源文的语境效果。译者与源文作者之间的交际靠的是一种"互明"，即当交际一方的交际意图被交际的另一方所识别的时候，"互明"的交际效果即得以显现。实用汉英笔译的成功与否取决于说话人/作者与译者之间、译者与译文读者/听话人之间能否根据源文作者/说话人的明示行为，通过推理找到最佳关联，以实现语用等效翻译之目的。关联理论对实用汉英笔译具有很强的解释力、概括力，能够整合并筛选出对译文读者有价值的源文信息。

第十一章以歇后语为例，从跨文化交际理论视角出发，基于归化和异化，探讨跨文化交际理论在歇后语汉英翻译中的应用。研究发现：在处理实用汉英笔译的文化差异问题时，归化的翻译策略可以使译文通顺流畅，符合目的语使用习惯，而且易于理解，使文本更容易为目的语读者所接受。异化的翻译策略可以让目的语读者品味源语言原汁原味的文化特征，营造一种异域风格的氛围，增强目的语读者对异域文化的了解和认识，促进不同民族间文化的传播和交流。

第十二章探讨功能对等理论在公示语翻译中的应用。研究结果表明：功能翻译理论以目的语为视点，更重视目的语的文化习惯。为了有效地达到公示语翻译的目的，译者应该以功能翻译理论为依据，从实现语篇的预期功能出发，遵循公示语翻译的原则，同时把握好源文与译文之间的语言及文化差异，不拘泥于源文而酌情选择适当的翻译策略，使源文的意图和内容能准确得体地再现给读者，从而实现公示语的交际目的。

第十三章从目的原则、连贯原则和忠实原则三个方面探讨目的论在电影片名翻译中的应用。本研究显示：根据目的论的观点，每一位译者都需要遵守目的原则、连贯原则及忠实原则。其中，目的原则是最为重要的原则，连贯原则和忠实原则从属于目的原则。根据翻译目的论，进行翻译之前，首先要确定翻译的目的。在目的论的指导下，实用汉英资料译者确保英文读者的阅读体验，从而最终实现了其翻译目的，也很好地体现了翻译目的论的基本原则。

第十四章基于修辞劝说理论，探讨企业简介英译策略。主要从以下几个方面分析：修辞三诉诸理论与翻译策略（包括：人格诉诸的应用；情感诉诸的应用；理性诉诸的应用）；受众中心论与实用汉英笔译策略；在场理论与实用汉英笔译策略；修辞情境与实用汉英笔译策略；修辞中的文化认同与翻译策略。研究发现：实用汉英笔译是通过实用汉英翻译材料的译出与国外目标受众进行信息传递与交际的活动。实用汉英笔译与修辞劝说理论都是以沟通方式进行劝说的一种交际活动。译者通过文本的选择与自身的人格诉诸塑造可被接受的形象，以受众情感为核心，通过理性诉诸，完成实用汉英文本的翻译工作。在实用汉英文本翻译过程中，将修辞劝说理论与其有机结合，可使译文更易被目的语读者所接受，从而达到有效劝说的目的。

第十五章探讨衔接连贯理论在实用汉英笔译中的应用。研究发现：衔接和连贯是实用汉英语篇翻译中的两个重要原则和特征，是实用汉英笔译实践中需要首先考虑的因素。由于英汉两种语言在表达方式上存在着一定的差别，因此，汉英翻译时，在充分理解源文语篇结构的基础上，灵活地运用英语衔接和连贯手段，使译文既能充分、完整地表达源文的意思，又能符合英语的表达习惯，为英语读者所接受。

第十六章试图提出解决上述问题的翻译策略。

第一，避免中式英语有三个原则：首先，要准确地理解源文，即具有怀疑精神；其次，要认真分析和使用参考资料，即具有查证精神；最后，要批判地审查译文，即具有反省精神。总之，在进行翻译之前，我们需要了解中英文的三大差异：中文善于使用短句，英文善于用长句；中文善于使用动词，英文善于用名词；中文是意合语言，英文是形合语言。针对中式英语中出现的重复啰唆问题，可以删繁就简；针对空洞范畴词可以进行基本省略；针对弱动词表达，可以多用动词；针对指代不明可以明确指代。我们要充分利用交际翻译理论、生态翻译学理论和顺应论，注意避免语言负迁移的影响，不能完全按照中文的行文习惯翻译，否则容易引起不必要的误解甚至是笑话。首先，交际翻译理论应该遵循三种翻译原则，包括经济原则、等效原则和易懂原则。在经济原则指导下，对外国友人来说，在保证源文含义不被破坏的前提下，越精简的语言越有利于他们达到理解实用汉英资料翻译的目的；在等效原则指导下，遣词造句都要重点考虑两种语言的种种差异（包括文化和语言习惯等差异），方能达到同样的交际效果；在易懂原则指导下，首先要根据目的语文化背景和文化习惯对源语文化进行相应处理，其次要严格以目的语语言风格进行表达，避免中式英语，由此外国友人才能够轻松地理解实用汉英资料翻译文本的含义。其次，生态翻译学理论以"翻译适应选择论"为理论基础，以"译者基于语言、文化和交际进行三维转化"为翻译方法，通过对翻译生态环境的分析和适应，选择最合适的译文，有效避免中式英语。最后，从顺应理论的视角予以考察，在翻译过程中，译者总是处于一个不断地选择目的语的过程，而这种选择之所以能够进行在于语言具有变异性、商讨性和顺应性。译者动态地顺应源语的语境和语言结构，继而又顺应目的语的语言结构和语境，制约着翻译的成功与否。因此，译者需动态地顺应交际者的认知心理状态、个性特征以及制约语言选择其他方面的因素，以帮助交际者实现成功交际之目的，避免中式英语。

第二，用词不当是指在翻译过程中没有认真分析源文，不能透彻理解源文的内容，按照字面意思逐字硬译，最终造成语义模糊，不利于目的语读者理解。从关联理论来看，众所周知，语言文化差异会导致翻译损失。因此，翻译补偿是减少损失、尽可能完整再现源文语义的必要手段。翻译补偿是翻译含有特殊文化现象时采用的一种有效的补偿手段，常用来明示源文词汇的文化内涵，或者向读者提供理解源文词汇所必需的相关信息，主要出于两种因素的考虑，一是补充有关背景知识的需要，填补外国读者认知上的空隙；二是英语行文的语法规则的需要，解释源文内涵。另外，从语境理论来看，译者应该根据语言语境确定源文词义，并选择译文用词。为了克服"用词不当"现象，可以有以下三种方式：补充相关背景；揭示源文内涵；根据语言语境确定源文词义，并选择译文用词。

第三，在如何克服语言错误方面，可以采用以下策略：删繁就简，变虚为实；变换句式；重构语篇衔接与连贯。从修辞劝说理论角度来看，翻译时对原作中一些不影响译文读者理解的信息进行删减，变虚为实，以保留最有效的信息，符合英语的语言表达习惯，减少语言方面的错误。从功能对等理论角度来看，通过变换句式，符合译文读者的思维习惯和表达方式，达到传达信息的有效目的，进而避免句式方面的语言错误。从衔接连贯理论来看，译者需要仔细考虑如何在译入语中清晰且自然地反映出衔接与连贯，重现原作的清晰条理，克服篇章层次上的语言错误。

第四，译名不统一指的是实用汉英笔译中出现的同一概念术语同时存在若干种不同译名的现象。译名不统一很容易误导受众，造成信息交流混乱。出现这种现象的主要原因有两个，一是新词不断出现，实用汉英笔译涉及的专有名词尚没有约定俗成的译法，二是实用汉英笔译者质量良莠不齐，导致没有考证翻译。为此，从模因论角度来看，译者可以采用释译法和勤查术语库，从而有效克服译名不统一现象。

第五，在如何克服欠额翻译现象方面，可以采用以下翻译策略：补全词义；释译；使用名词化结构；将源文逻辑显化翻译；套译；视角转换；归化法；传达源文特定语境信息。从接受美学理论角度来看，可以采用补全词义、释译、名词化结构、将源文逻辑显化翻译等策略。从跨文化交际理论来看，可以采用套译、视角转换和归化法等策略。从目的论来看，传达源文特定语境信息，有助于克服欠额翻译现象。

第十七章简要地总结了全书的内容。

本书的目的是，揭示实用汉英笔译中存在的问题，研究相应的翻译策略，从理论层面论证这些翻译策略有助于提高翻译效果。交际翻译理论、生态翻译学理论和顺应论可以有效地解决中式英语方面的问题。语境理论和关联理论有助于解决用词不当的问题。功能对等理论、修辞劝说理论和衔接连贯理论为解决语言错误问题奠定坚实的基础。模因论有助于解决译名不统一的问题。接受美学理论、跨文化交际理论和目的论有助于解决欠额翻译的问题。本研究的意义在于，强调实用汉英笔译理论建构，向同行展示一些可操作的翻译策略方法和手段。本研究的样本来源不够大，且理论数较少，仅仅以十二个理论为基础，翻译策略的选择有可能受到主观或客观因素的影响。这些是本书的不足之处。

另外，附录是有关实用汉英和英汉笔译的理论与实践研究方面的论文。这是笔者对实用汉英和英汉笔译方面研究的部分论文，目的在于与同仁交流，希望得到同仁们的宝贵意见，以求能在实用汉英笔译研究方面做得更好。

目　录

第一章　绪论

第一节　相关研究现状

从严复先生提出"信达雅"翻译理论以来，我国的实用翻译主要经历了以下几个发展阶段：第一阶段是从 1894 年到 1948 年，根据这一时期一本汇集翻译理论的论文集——《翻译研究论文集（1894—1948）》来看，大部分都是对文学作品的翻译研究，基本上没有学者关注实用翻译，而社会民众更是对其知之甚少。第二阶段是从 1949—1983 年，1983 年我国的改革开放正处于起始阶段。从《翻译研究论文集（1949—1983）》中可以看出，此阶段与文学作品翻译相关的文章有所减少，但是研究实用翻译理论及实践的文章仍然很少。在总共 63 篇论文中仅有两篇涉及实用翻译的内容，分别是余也鲁的《从"传理"看新闻翻译》和高克毅的《广播与翻译》。第三阶段，1984 年以后，我国的实用翻译进入了高速发展的阶段，我国加强了与世界各国的文化交流与沟通。这一阶段的《翻译新论（1984—1992）》是学者研究实用翻译的大合集。此书受到了众多研究者的关注。1978 年以后，我国的翻译研究者们陆陆续续发表了多篇专门研究实用翻译的相关论文。由此可见，改革开放以后我国的实用翻译发展十分迅速，翻译成果也十分显著。

纵观实用汉英笔译研究，既有著作，也有论文。研究视角主要集中在以下几个方面：跨文化传播学理论，功能目的理论，语用学理论，认知语言学，生态翻译学，修辞学，实践经验总结。

一、跨文化传播学理论视角

从跨文化传播学理论视角来看，吕俊（1997）认为，翻译的本质是传播，主张在传播学理论框架中研究翻译。张健（2001）认为，对外报道必须注重传播效果，为此，译者需要对汉语新闻稿进行增删、重组或编辑等译前处理。杨雪莲（2010）从传播学视角出发，通过考察实用汉英笔译实践方面的问题，提出实用汉英笔译要对源文忠实，遵循信息的"信"和"效"原则。葛校琴（2009）以国际传播学理论为依据，以中医翻译为例，提出中医的国际传播既需要强调"面向受众"，又需要运用"边缘翻译法"，为促进文化的传播而调动有效的策略。许峰（2012）基于刘宓庆教授所提出的翻译传播行为模式和交流操控权的转移模式探讨实用汉英资料翻译中古诗词的翻译标准和策略问题。李茜和刘冰泉（2011）基于传播模式，提出实用汉英笔译需要遵循国外受众的语言表现形式和思维模式，以便提高传播效果。

传播学视角下的实用汉英笔译研究强调传播效果，把翻译重点转向"受众"，充分发挥译者的主体性，翻译策略旨在提高交际效果。同时，该研究提出，为了提高传播效果，需要进行"增删、重组或编辑"等译前处理。该研究的不足之处在于：仅仅关注译文是否更好地为受众理解，对实现实用汉英笔译的劝服方面缺乏足够的关注。

二、功能目的理论研究视角

功能学派翻译理论关注翻译目的及其译文的预期效果，认为翻译方法和策略的选择取决于翻译目的及其译文的预期效果。赖斯（1971）指出，译文能否传达和实现源语文本的主要功能是翻译行为成败的重要因素。弗米尔（Vermeer）提出翻译目的论，认为译者应该以预期达到的交际功能为参照，译文的预期目的决定了翻译策略和方法的选择。诺德（Nord）进一步发展了功能主义理论，提出"功能+忠诚"翻译原则，认为翻译既要考虑译文的预期目的，又要考虑译者、源文作者、译文作者和翻译发起人之间的人际关系（Nord，2001）。纽马克（Newmark）认为，翻译文本的语言功能可以分为表达功能（expressive function）、信息功能（informative function）和呼唤功能（vocative function），译者应该基于不同的文本功能而运用不同的翻译策略和方法（Newmark，2001）。

实用汉英笔译的目的性、信息性和交际性的特点与功能目的翻译理论以实现译语预期目的为导向的功能目的原则有契合之处。国内学者尝试把功能目的理论应用到实用汉英笔译中。贾文波（2012）在专著《应用翻译功能论》探讨了功能翻译理论在实用汉英笔译中的应用，认为实用汉英笔译应该注重翻译过程中的交际互动。王静（2010）从功能翻译理论视角出发，探讨实用汉英资料的翻译。董岩（2011）认为，实用汉英笔译应该充分考虑目标文本潜在交际目的和功能的实现，采用解释法和删减法等编译策略，旨在达到正效应。白蓝（2010）从功能理论视角探讨张家界旅游资料英译。徐敏和胡艳红（2008）基于功能翻译理论分析企业实用汉英笔译。王丽丽（2010）则从目的论角度出发研究旅游网站的翻译问题。王金华（2007）以功能翻译理论为指导，探讨交际翻译法在汉英新闻翻译中的应用。以上学者均以功能翻译理论为指导，对不同类型的实用汉英文本翻译进行探讨，分析具体的翻译策略等。

功能翻译理论主张翻译实践以译文的预期目的为翻译策略选择的依据，译文受众非常重要，译者可以对源语文本进行操控，对实用汉英笔译具有现实的指导意义。不过，功能翻译理论对如何使译文为目标受众所接受和认同，并在目标受众身上产生预期影响方面没有进行深入探讨，从而在一定程度上降低了该理论对实用汉英笔译的现实指导意义。

三、语用学理论研究视角

语用学（Pragmatics）是在 20 世纪 70 年代兴起的，起源于 20 世纪 30 年代的符号学（Semiotics）。符号学是莫里斯（Morris）提出的，莫里斯认为语用学是研究"符号与符号解释者的关系"（何自然，2000）。随着语用学的发展，涌现了众多的新关注点。例如：格莱斯（Grice，1989）的会话含义理论，斯珀伯（Sperber）和威尔逊（Wilson）（1986，1995）的关联理论，维索尔伦（Verschuren，1999）的语言顺应理论及其语言模因理论。当前的国内实用汉英笔译研究主要围绕关联理论、语言顺应论和模因论展开的。

在以关联理论为理论框架的实用汉英笔译研究方面，陈芳蓉（2008）认为，关联理论视角下可以从以下方面实现实用汉英笔译的"再创造"：灵活处理标题，以便实现最佳关联；间接或直接翻译，达到译者意图和读者期待相互吻合。文虹（2006）从关联理论视角出发，探讨了信息关联与经济简明的原则在经贸实用汉英资料翻译中的应用。王青（2012）认为，译者应该以关联理论为指导，重构文化缺省，寻找最佳关联，准确传达源语文本的意图。李占喜和何自然（2006）基于关联理论的"关联域"分析文化意象翻译中的文化亏损。

在以语言顺应论为理论框架的实用汉英笔译研究方面，彭劲松（2010）基于语言顺应论，探讨了变译手段运用的可行性，认为在实用汉英笔译中，译者需要顺应语言交际环境和受众的变化而采取不同的翻译策略，以便实现实用汉英笔译的效果。张莹（2011）从顺应论角度探讨了实用汉英笔译中的文化空缺现象，认为译者在处理文化空缺时，需要进行动态的顺应补偿。田霞（2012）基于顺应论，探讨苗族非物质文化遗产汉译英在具体语境下如何进行动态顺应策略选择。

在以语言模因论为理论框架的实用汉英笔译研究方面，切斯特曼（Chesterman）最早将模因理论引入翻译研究。在《翻译模因论》（*Memes of Translation*）专著中，切斯特曼指出，翻译是模因的生存机器（Chesterman，1997），翻译模因库中有五大超级模因，包括：源语—目标语隐喻模因（the source-target metaphor）、对等意义模因（the equivalence idea）、不可译性模因（the myth of untranslatability）、意译—直译模因（the free-vs-literal）、写作及翻译之观念模因（the idea that all writing is a kind of translating）（Chesterman，1997）。随着模因论引入中国，国内学者也将模因论引入实用汉英笔译研究中。李云蕾和贾德江（2012）探讨翻译模因论在实用汉英资料翻译中的应用，具体分析如何运用句法策略、语义策略和语用策略来构建符合外国受众期待的实用汉英资料译文。赵式一（2012）从模因论的明晰、真实、信任和可理解性原则出发，认为实用汉英笔译应以归化翻译为主，适当使用异化翻译策略。

语用学的关联理论、语言顺应论和模因论对实用汉英笔译中如何实现和提高实用汉英笔译信息的传播效果具有现实的指导意义，为译者在实用汉英笔译中如何采取相应的策略提供了操作机制。然而，美中不足的是，语用学理论视角下的实用汉英笔译主要关注译文的信息传递有效性，而对实用汉英资料翻译服务方面缺乏足够的关注。

四、认知语言学理论研究视角

曾利沙教授着重于从认知语言学视角研究实用汉英笔译。曾利沙（2005）提出把"经济简明原则"应用于实用汉英翻译。曾利沙（2007）提出应用翻译理论原则范畴化的建构，并从实用汉英翻译研究入手，就目的——需求原则、价值原则、策略原则、辅助性准则与可操作性规则的推衍机制及其内在逻辑联系进行了论述，以期拓展应用翻译系统理论研究。曾利沙（2009）从认知角度分析对实用汉英资料英译中各种冗余信息的中式思维特征，阐释应用翻译学技术理论范畴建构的方法，以期提高对实用汉英资料翻译文字表达的质量，进而提升其社会效度。曾利沙（2008）就理论范畴化推演和相关概念的衍生，结合旅游指南翻译具体实例，对应用翻译研究的可描述性、可证性与可操作性特点做了解析。文章指出，旅游指南翻译研究属于应用翻译研究的次范畴，而次范畴理论研究的方法论能启发和促进翻译学科系统理论的发展。曾利沙（2011）通过对一个中译英的典型案例的归纳与演绎性研究，提出经验模块和理论模块的建构，探讨技术理论范畴研究的可描写性和可证性的方法论，以期拓展应用翻译学理论与实践研究的维度。曾利沙（2012）认为，成熟的学科在于理论范畴体系的建构及各理论范畴的明晰界定。应用翻译学理论范畴的系统整合旨在理性地全面审视翻译实践，而技术理论范畴的拓展能桥接应用翻译理论与实践，使实践获得理想状态，使理论范畴获得充实。

曾利沙教授从认知语言学理论角度研究实用汉英笔译，试图构建操作性强的应用翻译理论体系，对丰富实用汉英笔译理论研究是大有裨益的。美中不足的是，在如何发挥译文的劝服效果，达到实用汉英笔译的目的方面鲜有触及。

五、生态翻译学研究视角

生态翻译学是由胡庚申教授提出的理论，认为翻译即适应与选择（胡庚申，2004）。国内不少学者把该理论引入实用汉英笔译研究。刘雅峰（2008）以"翻译适应选择论"为视角，提出实用汉英笔译的实质应坚持"译有所为"的原则，在传播中华文化的同时推动社会进步，促进人类文明发展。译者只有不断增强全球意识和主体意识、文化自觉意识、翻译的功能目的意识、正确的读者意识以及技能意识等，才能做到最佳适应和优化选择，真正实现实用汉英笔译的"译有所为"。刘雅峰（2009）在博士论文中，基于"翻译适应选择论"的框架下，详细阐述了译者所"适应"的实用汉英笔译的生态环境、如何来"适应"、"适应"的结果、"不适应"的结果，以及适应了实用汉英笔译生态环境的译者应该在哪些方面做出"选择"、如何"选择"等问题。刘雅峰（2010）在专著中提出，实用汉英笔译的过程是以译者为中心，适应实用汉英笔译生态环境，并做出合理恰当选择的过程。译者不仅需要适应语言因素（文本的形式意义、言外意义、文化社会意义、联想意义等），还需要适应非语言因素（目标语读者、认知环境、实用汉英资料翻译目的等）。适应了实用汉英笔译生态环境的译者，需要在实用汉英资料翻译方法、实用汉英笔译策略、实用汉英笔译文体等方面做出合理的选择。译者的适应与选择与译者的意识观密切相关，译者的意识程度越高，译者的适应与选择就越合理恰当。武小莉（2011）以"翻译即适应与选择"为基调，对主题标语提出时的生态环境做出了全新的阐释；同时以"多维度适应"为基本原则，对主题标语的翻译起到一定的启示作用。郜万伟（2011）从语言霸权及文化霸权入手，分析讨论了语言生态失衡对弱势语言及弱势文化的影响，认为在翻译时需要抵制语言及文化霸权，平衡语言生态，尤其在"实用汉英资料"翻译时应采用生态翻译的方法，译者要"译有所为"，自觉保护弱势语言及文化，维护弱势语言的全球地位，翻译时采用异化的或者说是生态抵制的翻译策略。刘艳芳和唐兴萍（2012）依据生态翻译学的核心理念对民族地区的旅游翻译现状做出全新解读，以期探寻其成因和改善的路径。郭英珍（2012）以生态翻译学为理论支撑，分别从语言学、文化学和生态学视角对河南旅游翻译进行审视后，得出以下结论：河南旅游翻译存在的问题不是翻译本体系统单方面能够解决的，旅游翻译目标的总体实现需要翻译教育系统、翻译市场系统、翻译管理系统的协作与配合。黎丽（2012）以城市旅游实用资料的英译为中心，以翻译适应选择论为理论框架，从语言维、文化维、交际维等多维度层面对烟台市旅游资料的翻译策略进行了分析和研究，最后提出此项研究对地方文化旅游资源翻译的重要性。雷娜（2012）提出，从生态翻译学"三维"转化的角度来分析和理解实用汉英笔译，可以对实用汉英笔译有更深的认识和更全面的把握。

基于生态翻译学理论视角的实用汉英笔译研究倡导翻译应构建"整合适应选

择度最高"的实用汉英译文。然而，由于"适应性选择"缺乏以实现实用汉英资料翻译目的为参照，容易导致选择方向性失衡，使得实用汉英资料译文片面迎合受众，从而在一定程度上削弱了该理论视角对实用汉英笔译的应用价值。

六、修辞学理论研究视角

随着实用汉英笔译研究的不断深入，也有学者从修辞学理论角度研究实用汉英笔译。陈小慰（2007）将"认同"说引入实用汉英笔译的探讨，围绕建立"认同"的必要性、基础及如何建立，从理论和实例两方面说明实用汉英笔译中"认同"的建立，是实现对实用汉英资料翻译目的、获得最终理解认同的有效保证。张雯和卢志宏（2012）从中西方修辞传统差异的视角，讨论了择语、调音、设格、谋篇和言语创新等在实用汉英笔译中的运用，指出翻译时要采用适当的修辞方法，才可以达到理想的传播效果。袁卓喜（2013）认为，实用汉英资料译者有必要提高修辞意识，并广泛借鉴西方现代修辞学相关理论指导实用汉英笔译实践，这样才能更好地实现实用汉英笔译的预期目标。袁卓喜（2017）借鉴西方传统修辞劝说理论，研究当前实用汉英笔译理论与最新实践，对实用汉英笔译行为、目的、原则与策略等进行解读，力求为增强我国实用汉英笔译效果提供新视角。陈小慰（2022）把西方修辞学与翻译学结合起来考察翻译，勾勒了翻译修辞学研究的概貌，是国内第一个较为完整地论述翻译修辞学理论和应用体系的研究。

以上研究者认识到修辞学视角引入实用汉英笔译研究的必要性和实效性，及其对实用汉英笔译具有巨大的借鉴价值。

七、实践经验总结研究视角

我国的实用汉英笔译从改革开放后得到前所未有的发展。袁晓宁（2005）以大量的翻译实践为基础探讨了实用汉英资料翻译的策略及其理论依据，认为实用汉英资料翻译的目的是让其受者明确无误地理解译文所传递的信息。要达到这一目的，译者应设法化解汉英这两种语言在风格、逻辑、文化等方面的差异，以目的语为归宿，使译文受者在摄取信息的过程中不遇到障碍。袁晓宁（2007）认为，中西方有着不同的文化背景、价值观及思维方式，因而他们的审美观、语言逻辑观也不尽相同。在语言上则表现为：英语行文简洁明快，层次清晰，逻辑性强，结构严谨；而汉语行文逻辑松散，讲究雕琢辞藻，为渲染气氛，常用四字结构，语义重叠，靠上下文的语境意义来弥补意义层次模糊和逻辑松散的不足。袁晓宁（2010）提出，在实用汉英资料英译中，译者应以目的语为归宿，设法处理好汉英在文化、逻辑、风格等方面的差异，使译文在语篇结构、句法结构、语体风格、表达方式等方面符合目标语读者的习惯，从而让其明白无误地获取译文所要传递的信息，达到实用汉英笔译的目的。何刚强（2007）以复旦大学百年校庆的几篇文字材料的英译为例，提出此类翻译的三个策略：引经译典，力求通俗；删繁就简，拆卸八股；整合源文，重起炉灶。这些策略若应用得当，可使译文避免中文腔，增强英文的味道。卢小军（2012）通过大量实用汉英笔译实例，并以关联理论为支撑，探究了"译+释"并举翻译策略的十二种常用形式。"译+释"并举翻译策略是实用汉英笔译的"必须"，它操作性强、适用面广，对于提高我国实用汉英笔译的质量和传播效果大有裨益。王平兴（2007）提出：在实用汉英资料翻译中，译者要警惕翻译中的"伪对应"问题。王银泉（2011）结合一些实例，就新闻翻译中人名、地名、组织机构、活动事件等专名的翻译技巧进行了分析和说明。文章指出，外—汉—外回译等翻译技巧以及谷歌检索的正确运用可以避免译文失真，确保译文的可靠性与可信度，提升目标受众的认同感。

随着网络的发展，研究者们开始对网络媒介平台的实用汉英笔译展开研究。王维东（2011）提出，语言是社会的镜像。透过不断涌现的新鲜"热词"，人们可以捕捉到当前的热点事件和社会现象。从坊间近来流行的"失控姐"，到正规报刊上也偶有出现的"给力"，都无不显示出流行热词借互联网得以广泛传播的趋势。徐林（2011）探讨网络新闻中的汉英翻译与编译问题。此外，研究者们还探讨其他实用汉英资料的翻译问题。李国庆和靳智博（2011）以功能语法、语篇体裁及其社会目的为理论框架，探讨语篇体裁与最佳翻译策略选择之间的动态关系，从语篇的体裁目的入手分析和论述翻译的对等问题，探究其汉译英的策略选择。结论是：译文的评价标准应放在文化语境层面，任何翻译手法只要能达到位于体裁层面的社会目的，都应看成可行的翻译方法。韩清月和邢彬彬（2010）结合实例，分析总结了图片说明翻译的特点，并针对文字的取舍、重点的把握和翻译技巧等提出了相关建议。潘月明和郭秀芝（2011）基于国产影片《大山里的没眼人》的翻译实践，借用翻译理论中汉英双语"替代"方法，解决了台词中带有浓厚山西地方特色的词汇、短语、方言、俗语和句子等翻译难题。她们认为，作为译者，在翻译电影台词中，既应做到具有自身的自主性、灵活性，又要有创造性。

简而言之，来自实用汉英笔译前沿阵地的翻译专家和学者通过翻译实践进行总结，他们的这些实践经验给年轻的实用汉英资料翻译工作者提供了极其重要的参考价值，对丰富和发展我国实用汉英笔译研究也大有裨益。需要注意的是，有些翻译实践经验是出于自省式的研究范式，其效度应该通过实证进行验证，以便提高理论的可行性。

八、对实用汉英笔译研究现状的结论

根据文献检索、归纳与分析，目前实用汉英笔译研究呈现几个特点与不足之处。一是实用汉英笔译研究实践方面，研究者过度关注具体翻译策略的探析，研究的理论性、系统性等较为薄弱。二是运用的翻译理论数量众多，然而对理论探讨的系统性较为欠缺，缺乏完整的理论体系，从而在一定程度上影响实用汉英笔译研究方法的可操作性。三是从多维视域下构建实用汉英笔译体系的论文和专著并不多见，理论高度亟待加强。

第二节　实用汉英笔译特点

改革开放以来，对外交往更加频繁。在这样的形势下，实用汉英资料翻译被摆在更加突出的位置，其重要性日益彰显。大到政府文件、经贸洽谈会，小到街头标牌、广告、电视、报纸，各行各业几乎都有实用汉英资料翻译的任务和要求。

一、定义

"实用翻译"也称"应用翻译"，即为"Pragmatic Translation"。

法国著名的翻译理论家让·德利尔（Jean Delisle）在其 1988 年所著的 *Translation：An Interpretive Approach* 一书中，将"实用类翻译"定义为：以传达信息为根本目的，运用语用学的原则来进行翻译，区别于传达有较强情感意义和美学意义的文学翻译（Jean Delisle，1988；方梦之，2003）。

根据美国学者约瑟夫·B·卡萨格兰德（Joseph B. Casagrande）的定义，实用类翻译的主要目的是"尽可能准确有效地翻译信息"，侧重"信息内容而非美学形式、语法形式或文化氛围"。"实用类翻译注重信息在译语语境中发挥的实际效果，注重信息在译语语境中的可读性，注重信息对译语读者产生出的现实目的的诱导力和呼唤力。"（Shuttleworth & Cowie，1999）

林本椿（1997）认为，"实用翻译是和文学翻译相对而言的"，"可以说是'nonliterary'translation"。周红民（2002）也认为，实用翻译的文本包括"除纯文学作品（诗歌、散文、小说、戏剧）以外的日常生活交际文本"。林克难（2003）认为实用翻译是与文学翻译相对的。贾文波（2004）认为"实用翻译是一种以传递信息为主要目的、又注重信息传递效果的实用型翻译，它的最大特点是实用性强，应用面广，其范围几乎涵盖当今政治、经济、社会、文化生活的各个领域，大大不同于强调艺术审美与文学欣赏的文学翻译"。陈小慰（2006）认为非文学类的翻译基本都可以归入实用类翻译的范畴。

笔者认为上述几位学者对实用翻译定义的概括都归纳了实用翻译的内涵，即：注重信息的传递，注重实用性和应用性，重在应用而非欣赏。

综合上述研究者的表述，可以对实用汉英笔译的定义进行以下几点解读：

一是，实用文体翻译以传达信息为目的，同时考虑信息的传递效果。它特别区别于传达有较强情感意义和美学意义的文学翻译。

二是，就文本体裁而言，实用翻译涵盖人们日常接触和实际应用的各类文字，包括政府文件、法律文件、科技资料、商务信函、合同协议、新闻报道、公司简介、商标广告、产品简介、产品说明、个人简历、名片、画册文字、论文摘要、菜肴名称、公共标牌、旅游宣传资料等等。

三是，从文体特征来看，信息性和实用性是这类文本的重要特点。信息性是指此类文本传递真实世界的客观信息和现象，在形式与内容的关系上，它往往重内容而轻形式，为突出信息传递的效果而不惜改变源文形式；实用性是指此类文本在功能上突出译文效果和读者反应，面向现实世界，以传达信息和施加影响为目的。从这些功能看，我们不妨也可称之为"专门用途的翻译"（Translation For Specific Purposes 或 Translation For Special Purposes）。非文学类的翻译基本都可以归入实用类翻译的范畴。

四是，从审美价值来看，实用翻译讲究"客观真实"而不是"艺术创作"，注重表达"言之有物"而不是"华而不实"，偏重实用性和交际目的。

二、原则

实用汉英笔译需要遵循以下三条原则。

（一）读者认同原则

一些译文即使拼写正确，语法看似通顺，忠实于源文本，如果没有考虑到目标语读者的接受心理，则难以得到英语受众的认同，从而无法取得译文的预期效果。由于英语和汉语在行文和遣词造句方面存在很大的不同，这其中必然会涉及对源文的重组、重写及其文字与内容的增删。伯克（Burke）认为，修辞成功的关键在于认同（identification），即个体与某个特性或人之间共同的本质（陈小慰，2011）。以生物学上独立的个体形式存在的人类始终在借助交际追求认同以克服人与人之间的隔离感。例如，和而不同，译文为"Unity in diversity"。"和而不同"是中国古代传统文化这些概念，倡导开放和包容差异。英语中相同概念的短语"Unity in diversity"，用来指不同个体或群体之间的和谐统一，可以追溯到公元前 500—前 400 年，在北美和中华古代道家社会中广泛使用。该短语通过反义词"unity"和"diversity"组合的矛盾修饰法产生出一种非同寻常的效果，把"和而不同"的精髓恰到好处地体现出来。它建立在与译文受众思想和话语表达的"共识"之上，能够在受众心里唤起共情。因此，该译文能够对预期受众产生更好的修辞效力。事实上，"和"而"不同"的智慧，正是世界认同、追求的共同价值，用其熟悉的方式表达，有助于更好地吸引译文受众（陈小慰，2022）。

（二）经济达意原则

语言学的一条重要原则是经济达意原则。经济达意原则指的是用尽可能少的文字准确传达相应的信息量，让受众以尽可能低的成本获取最明快流畅的信息（张健，2013）。实用汉英笔译的重要特征是反映客观事实，传达时效性信息，信息的传达应遵循准确、简明的目的性原则，译文的表达应遵循经济达意的原则。究其原因，英汉两种语言在行文上存在巨大差异，主要表现在以下：汉语倾向于重复，其表达趋于雅，借用同义反复或大量的强势而冗余的修辞语，形成声韵对仗，读来顺口，起到强调作用；而英语忌讳重复，表达趋于经济简明。在实用汉英资料翻译中，对不符合英语表达习惯的表达方式应当适当删减，以求达到经济简明的效果。例如阅览室标识语，源文：既来之，则安之。既走之，而净之。译文：Keep it clean。源文作为标识语，在汉语语境中有很好的注意价值。以"既来之，则安之"这一俗语为衬托，以相同结构，带入"保持清洁"的告示。翻译时，可建立文本类型的"共识"，删去无实质含义的部分，平实译出该标识语的主要信息。又如，源文："东方第一大港"独领风骚 400 年。这里是海上丝绸之路的重要起点。译文：Being "the largest oriental port" for 400 years, it was an important starting point of the Maritime Silk Road。"独领风骚"之意已经包含在"the largest oriental port"，无须再译出，可以省略。这样译文更加简明、自然。因此，为了保持实用汉英资料译文简洁直观的特点，有必要删除源文中不必要的重复话语。

（三）审美心理对等原则

汉语实用文本经常采用华丽的语言、对偶排比结构、四字结构、流水句，以便达到渲染气氛、打动读者的目的。英语实用文本大多结构严谨，语言朴实，表达直观通俗，注重信息的准确性和语言的实用性。因此，在实用汉英笔译中，应该以接受美学的视野融合为原则，采用归化的翻译策略，将汉语华丽的辞藻译为简洁的语言，以便符合目的语读者的视野期待。例如，源文：华屋大宅的门窗柱廊，教堂寺院的唱诗梵呗，摩崖石刻的风云激荡，草木植物的四季轮回，世家名人的悲欢离合，普通人家的岁月静好。译文：The grand mansions and villas, churches and temples, cliff inscriptions and beautiful flora, as well as the joys and sorrows of people both ordinary and extraordinary。源文为世界文化遗产地——鼓浪屿的实用汉英资料翻译文本。仔细阅读源文，你会发现源文有很多的四字结构，韵律优美，文采浓重，朗朗上口，如"门窗柱廊""唱诗梵呗""风云激荡""四季轮回""悲欢离合""岁月静好"等，符合中国受众的审美心理。但对目的语受众来说，这些细节前后并无相关的实质信息支撑，逐一译出可能显得累赘冗余，需要做必要的删减，使语言更为简洁，符合目的语受众的期待视野和审美心理。

三、对译者的要求

译者是实用汉英笔译的媒介与桥梁。强烈的职业道德意识和高度的责任心是译者时刻应具备的基本素质。实用汉英资料翻译工作的重要性决定了对译者素质的高要求。

（一）语言能力

实用汉英笔译比一般文本的翻译难度更大，在时间上要求也较高，不仅要译得准确，还要译得快。因此，译者的语言能力十分重要，译者需要具有良好的语言素质和扎实的语言功底，熟练掌握母语和外语。实用汉英笔译中因为语言能力差而造成的误译并不少见，常常出现"可以意会，不可以言传"的尴尬境地。例如："个人主义"常常被译为"individualism"。汉语中的"个人主义"是指"一切从个人出发，把个人利益放在集体利益之上，只顾自己，不顾别人的错误思想"，属于贬义词。"individualism"在英语文化中，基本上是褒义词，强调充分发挥个人的自由、权利以及独立思考和行动的能力，在 *The New Oxford English-Chinese Dictionary* 被解释为：a tendency to be concerned with ideas or issues only in so far as they affect one as an individual。因此，在实用汉英笔译中，"个人主义"应该译为"egoism"，从而避免产生负面的效果。

简而言之，实用汉英资料译者需要具备厚实的汉语和英语语言文化功底，以沟通为目的，善于分析中外文化及语言的异同点，掌握语言转换的规律和技巧，多方查究、考证，避免产生相反的翻译效果。

（二）专业知识

实用汉英笔译译者除了在语言方面需要扎实的基础以外，还需要有专业知识方面的基本功，或称"言外知识""超语言知识"，原因是语言只是外壳，里面无所不包，上至天文，下至地理，都可能都成为交流的内容。如果译者没有广泛的专业知识，翻译时可能出现错误。例如：将"闽南厦漳泉三角地区"（the Xiamen-Zhangzhou-Quanzhou Delta in Southern Fujian，也可简称"the Southern Fujian Delta"，译为"the Hokkien Golden Triangle"是出自个别专业知识薄弱的译者之手。"Golden Triangle"（金三角）位于东南亚地区，是20世纪初以来世界上主要的鸦片产地。使用该词，很容易使受众产生毒品产区的联想，诱发误解。

要成为"杂家"，译者要博览群书，增加自己的百科知识和基本常识。事实上，知识面的宽窄决定了翻译质量的高低，而知识面的扩大取决于平时不断的积累。因此，译者要朝"百科全书"这一目标努力，拥有渊博的专业知识。

（三）职业道德素质

首先，译者需要端正工作态度，具有刻苦钻研的精神。只有这样，才能避免因小的疏忽而造成误解。例如："碗"译成英文时，"bowl"多了"e"，成为"bowel"（肠）。有些翻译在选词造句上更细心一些，就会有更好的表达效果。例如，《"四个全面"：新布局 新境界》，原译为 Four Comprehensives：New Layout and New Realm，改译为 The 4Cs：New Blueprint and New Aspirations。这是一部关于国家发展战略布局和宏伟目标的专著的书名。原译看起来与源文"对等"，但是未能对受众产生有效的影响（黄长奇，2015）。改译针对预期受众的期待，借鉴英语中数字加关键词相同首字母构成新词的表达习惯，取"四个全面"英译文相同的首字母"C"，同时把"布局"和"境界"分别译为"Blueprint""Aspirations"，能够较为磅礴大气地突出"四个全面"作为国家战略规划的高战位。因此，译者必须刻苦钻研，反复推敲，一步一步使译文表达达到最佳效果。

其次，译者要勤于实践。真正的翻译理论，只能来源于实践，反过来又指导实践，为翻译实践服务。实践是理论的基础，也是理论的归宿（张健，2011）。因此，译者需要在实践中总结经验，多做翻译练习，经历"理论——实践——再上升到理论——再实践"，才能熟能生巧，形成熟练的翻译技巧。一句话，实用汉英笔译有自身的特点和规律，译者应该坚持翻译实践与理论学习相结合，在实践中练，在实践中学，在实践中进步。

再次，译者要善于考据求证。做好实用汉英笔译，关键在于译者是否有考据求证的经验和毅力。遇到难题，译者需要知道如何查词典和百科全书等工具书，知道哪些地方可以找到答案。由于社会经济的迅速发展，新词不断出现，有的被人遗忘，有的被人接受，很多新词属个人创造，稍纵即逝。正如纽马克（Newmark）所言，"In fact, neologisms cannot be accurately quantified, since so many hovers between acceptance and oblivion, and many are short-lived, individual creations"。因此，译者在翻译时，需要勤查多问，以便确定其含义；同时，还应多方查证，避免望文生义。

最后，译者要与时俱进。译者需要提高专业翻译素质，还需要顺应时代的发展潮流，掌握计算机服务翻译技术，努力提升翻译效率，提高实用汉英资料翻译效果，推动实用汉英笔译的发展。

第三节　本研究的意义及创新点

所谓的实用翻译文体种类繁多，形式多样，涉及的领域非常广泛，包括社会生活、经济生活、科学技术、新闻媒体，以及工业、农业、商业、旅游业等方方面面；涵盖的内容种类繁多，包括政府公文、公告通知、企业合同、法律条文、新闻导读、旅游指南、函电书信、产品说明等等。

可见，实用文体的翻译涉及我们生活的方方面面。但是，国内对实用翻译的研究时间还不是很长，在改革开放之前，实用翻译的研究还是无人问津的领域，还是以文学翻译为核心。直到改革开放以后，随着我国经济和社会的发展以及对外交往的加深，它才慢慢发展起来。现在，在对外经济、文化、科技交流等频繁的国际交往当中，实用翻译起着越来越重要的桥梁作用，尤其是我国加入世贸组织和成功举办奥运会之后，实用翻译市场急剧扩大，翻译数量与日俱增，因此急需合适的翻译理论来指导实用翻译的实践。

本书是一部探讨运用理论进行实用汉英笔译研究的书，分为四个部分：问题篇、理论篇、实证篇和实践应用对策篇。问题篇提出了研究的问题所在；理论篇为实证篇提供了研究的相关理论和研究方法；实证篇对实用汉英笔译理论进行实证考察，为翻译理论的应用提供指向；实践应用对策篇提供了翻译策略。

第二章 实用汉英笔译中存在的常见问题与原因

随着我国经济的发展，跨文化交流的日益频繁，为了让世界更好地了解中国，实用汉英笔译发挥着举足轻重的作用。因此，有必要对实用汉英笔译中的常见问题及原因进行梳理。

第一节 常见问题

实用汉英笔译的目的是让读者明确无误地理解和获得译文所传递的信息要旨。然而，目前我们的实用汉英资料译文常常出现让读者无法理解甚至产生误译的情况，达不到翻译的目的。总体而言，当前实用汉英笔译中的突出问题集中表现在：中式英语（chinglish）、用词不当、语言错误（单词拼写和语法错误）、译名不统一和欠额翻译等几个方面，分述如下：

一、中式英语

谈到"中式英语"，人们的普遍看法是："中式英语"是指中国人在学习和使用英语时，把汉语的语言规则运用于英语语言规则之中，受汉语的思维方式和相应的文化背景的干扰而说出或写出不合乎英语文化习惯的畸形语言（李文中，1993）。实用汉英笔译中存在大量中式英语问题（高洁，2021；周佳琪、余玉叶，2021；金敏，2022）。

随着社会的飞速发展，科学技术的现代化，中国与国际社会在政治、经济、文化等方面的联系日益增强。由于"地球村"的成员们在政治、经济逐渐相互渗透和影响，因此，作为交流媒体的语言文字必然率先有所发展。翻译作为一种社会文化活动，深受社会文化发展变化的影响。随着中国国际地位的不断提升，实用汉英翻译的工作量也不断增多。由于中文和英文的结构、习惯以及中国特有的文化等不同，实用汉英翻译很容易出现"中式英语"现象。它的存在导致某些译文生硬晦涩，使讲英语的读者敬而远之，影响了实用汉英资料翻译的效果。因此，我们很有必要对"中式英语"进行分析研究，以便提高实用汉英翻译水平，使译文更加地道。

实用汉英翻译中 Chinglish 产生的表现如下：

（一）片面强调忠实

现行的翻译标准包括"忠实"与"通顺"，有些译者片面理解忠实的含义，以为忠实就是形式上的相似，因此在词语与句法结构的选择上没有摆脱中国味（俞碧芳，2007）。例如"保持水质清洁，请勿乱扔杂物"，原译文为：Please cleaning water quality, please don't through something。除拼写、语法和用词错误外，译文在行文上也不符合英语此类语篇表达规范。源文为字数相同的六字并列结构，体现了汉语标牌的典型特点。但并列的祈使句式不是英语中的习见结构。另外，原译文表达重复累赘，违反了相应英语语篇规范。该标语可译为：Keep the water clean。

（二）信息真空或信息误导

一些译文在英语语境中缺乏信息，造成信息真空现象；还有一些译文信息误导现象严重（陈小慰，2007）。所有这些都是受汉语字面影响，而使译文有"中式英语"的味道。例如福州西湖的宛在堂，这是一座福州以至全闽诗人的纪念堂，400 多年前由诗人傅汝舟营建。但原来的译文 Wan zai Hall，对外国友人而言，仅是一串拼音而已，缺乏任何信息。正确的译文应把具体的信息明晰出来，译为：Memorial Hall of Fujian Poets。

漳州天福茶叶有限公司将其"绿茶牛轧糖"译为 Green Tea Caramel，同样也造成信息误导。Caramel 指卡拉梅尔糖，一种焦糖味的耐嚼奶糖，与牛轧糖（一种果仁糖）完全不同。这里应该正确回译为 Nougat，即 Green Tea Nougat。

（三）思维方式与习俗文化的差异

文化在翻译中起着举足轻重的作用，但又难以捉摸、难以处理，是翻译中最为棘手的问题之一。跨文化间的翻译不应仅停留在语义层面上，而应考虑到不同民族、不同国度间的文化背景的差异性。为了达到最佳的交际效果，我们应该尊重不同的文化习惯和文化传统。引发文化冲突的往往是对文化习俗及思维方式的无知（俞碧芳，2011）。例如闽南一带的特色地方小吃"土笋冻"的翻译。所谓"土笋"，实际上是一种海蚯蚓，学名"星虫"，产于海滩泥沙中。此道菜的做法是把鲜活土笋去掉肚肠泥沙，用文火炖至溶入汤中，分装小盅，冷却后凝成一块块玲珑剔透小圆块，食时冰凉爽口。但有人直译为 sea worm，令许多外国人心理上感觉不舒服而不敢品尝。译文无法实现推介该美食的预期功能。这里需要做改写处理，可译为：Jellied Tusun, a kind of seafood。又如有一服装专卖店叫"芳芳服装店"，翻译成为"FANG FANG FASHION SHOP"。但是问题来了，提起芳芳中国人会想到一个可爱美丽的女孩形象，而英语中"Fang"却指的是狗或蛇的毒牙。在翻译过程中也可以灵活一些，采用不同的方法。比如上面提到的"FANG FANG FASHION SHOP"可译成"Young Ladies' Fashion Store"，避免文化上的误解。当然这些原在中华文化里的特别内涵在翻译后都多少损失了原来的味道。

总之，英语国家与我们有着迥然不同的文化背景、传统和思维方式，如果译者不了解西方的文化传统，产生的就不仅仅是 Chinglish 现象，甚至误解，造成跨文化交际的失败。

（四）对中国特色词汇的翻译不当

改革开放以来，产生的不少新词汇、新提法都是中国特有的，在英文里没有或一时找不到相应的译法，即使译出来也需要一定的磨合的过程。译文往往是解释性的，解释不了，就字对字译出，因而容易出现"中式英语"现象（俞碧芳，2009）。

例如：绿色奥运，人文奥运，科技奥运。

初译：Green Olympics, People's Olympics and High-tech Olympics.

改译：Environment-friendly Olympics, Culture-enriched Olympics, and Technology-empowered Olympics.

初译的译文是典型的"中式英语"，是简单的直译，说它是"非汉语"，是因为译文中的"Green""People's"和"High-tech"偏离了汉语口号中"绿色""人文"和"科技"三个词的真正内涵；说它是"非英语"，是因为译文中的

"Green""People's"和"High-tech"三者和"Olympics"的简单的"叠加法"不适用于英语表达，同时也会使英语读者误解口号的意义。他们会把"People's Olympics"理解为"人民的奥运"，把"High-tech Olympics"理解为"高科技奥林匹克（竞赛）"，正如"航模奥林匹克（竞赛）""数学奥林匹克（竞赛）"一样。

二、用词不当

实用汉英笔译中经常出现用词不当现象（杨友玉，2018；田玲，2023）。用词不当是指在翻译过程中没有认真分析源文，不能透彻理解源文的内容，按照字面意思逐字硬译，最终造成语义模糊，不利于目的语读者理解。例如："天涯海角"作为海南的著名景点，被译为"the end of the world"，其意思是"世界末日"或"大难临头"，面对这样的景点，势必让外国游客望而却步。又如："蚂蚁上树"这道菜常被译为"Ants Climbing Trees"。听到这道菜，脑海里会立刻浮现出一群蚂蚁往树上爬的场景，想起来就头皮发麻，产生疑问：蚂蚁还能吃？老外听了直接吓懵。其实和蚂蚁、树都没有任何关系。它是一道川菜，就是粉丝炒肉末，原料有粉丝、肉末。之所以叫蚂蚁上树，是因为成菜后，肉末挂在粉条上，就像是一只只正在上树的蚂蚁，据传说，这道菜的名字，还是关汉卿笔下的"窦娥"的婆婆起的。其正确的翻译应该是"Sauteed Vermicelli with Spicy Minced Pork"。再如，夫妻肺片被译为"Husband and Wife's Lung Slice"，也就是丈夫和妻子的肺片，听着吓人不？这就是因不能理解源文内容且选词不当所致。这道菜是20世纪30年代，由郭朝华、张田政夫妻创制的凉拌肺片，菜名正式取名为"夫妻肺片"。最开始用牛肺制作的，但他们发现牛肺的口感不好，便取消了牛肺，后来是牛头皮、牛心、牛舌、牛肚、牛肉为主料，进行卤制，而后切片。不过，吃过夫妻肺片的老外都纷纷叫好，还给它起了个完全不沾边但很洋气的英文名，叫"Mr. and Mrs. Smith"，即史密斯夫妇。其实"夫妻肺片"比较地道的英文翻译是：Sliced Beef and Ox Tongue in Chili Sauce。

三、语言错误（单词拼写和语法错误）

在实用汉英笔译中，单词拼写错误也是值得重视的问题。无论是地铁站、机场、商场、旅游景点还是路标上，我们经常会见到语言错误，包括：单词拼写错误和语法错误（陈小慰，2007；杨友玉，2018；金敏，2022；田玲，2023）。

单词拼写错误是常见错误。例如：候车大厅的吸烟室的译文是 Smorking Room，正确拼写是 Smoking。词汇的大小写错误也是一种常见错误。例如：商务东三街被译为：3RD SHANGWU EAST ST，应为 3rd SHANGWU East St.。单词拼写错误严重影响实用汉英资料翻译效果，甚至引起误解，应引起重视。

语法错误也是实用汉英笔译中应该重视的问题（俞碧芳，2011）。常见的语法错误分为以下几类：

其一，名词单复数使用错误。例如："食品饮料谢绝入内"常被译为 No food or beverage inside，实际上，beverage 应改为 beverages。"油画馆"常被译为 Oil painting gallery，其中的 painting 应改为 paintings。

其二，冠词使用错误。例如：对于叶向高生平介绍的翻译为：Ye Xianggao, native of Fuqing City。此处缺失冠词，应为：Ye Xianggao, a native of Fuqing City。

其三，动词形式使用错误。例如："高血压、心脏病患者以及晕车、晕船、醉酒者请勿乘坐。"被翻译成：Visitors with hypertension, heart condition, motion sickness or excessive drink are advised not to ride。其中，drink 应该为 drinking。

其四，词性使用错误。例如："福清鼎匠装修设计有限公司"被译为：Fuqing Dingjiang Decorate & Design Co., Ltd.。显然，Decorate 是动词，不能修饰名词。只有形容词或名词才能修饰名词，因此，应将 Decorate 改为 Decorations。

其五，逐字死译。例如："福清石竹山风景秀丽，历史悠久，文化底蕴深厚"被译为 "Fuqing Shizhushan scenery is beautiful, the history is long-lasting and the culture connotation is deep"。这样的译文不符合英语语法，属于逐字死译，其译文应改为：With a beautiful scenery, the Shizhu Mountain of Fuqing enjoys a long history and a profound culture。

四、译名不统一

实用汉英笔译中经常出现译名不统一现象（张健，2013；李大鹏、杨旭明、贾洪悦，2022；田玲，2023）。译名不统一指的是实用汉英笔译中出现的统一概念术语同时存在若干种不同译名的现象。译名不统一很容易误导受众，造成信息交流混乱。出现这种现象的主要原因有两个，一是新词不断出现，实用汉英笔译涉及的专有名词尚没有约定俗成的译法，二是实用汉英资料译者质量良莠不齐，导致没有考证翻译。

比如，"海峡西岸经济区"出现多种不同的译文：the economic development area of the Western coast of Taiwan Straits、the economic zone on the West shores of the Taiwan Straits、the West Taiwan Economic Zone。根据百度百科，海峡西岸经济区的统一译法应为：The Economic Zone on the West Side of the Strait。

又如，周庆杰曾考察了"太极拳"国内外翻译，发现"太极拳"有22种不同的拼写方式，其中国外出版物倾向于使用威氏拼音翻译，如将"太极拳"翻译成 Tai Chi Chuan，而非汉语拼音 Taijiquan。西方人还把 T'ai Chi 用来指代 Tai Chi Chuan。国内倾向于采用汉语拼音方案为主译介"太极拳"，偶有采用意译的方式来翻译，如 Shadow Boxing。

再如，译名不统一这个问题多出现在专有地名、道路名及街道名标牌的英译中，具体表现在即使是同一个城市的不同道路名及街道名也有的直接用汉语拼音，有的却被译成了英语。例如：福清道路的译名也是五花八门。"清荣大道"的英文译名为 Qingrong Avenue，"福俱大道"的英文译名为 FUJU DADAO，利桥古街的英文译名为 Liqiao Block。都是路名，有的用汉语拼音，有的汉英混杂，有的大写，有的小写，根本无章可循。针对地名翻译，根据2017年5月颁发的《中华人民共和国国家标准》，地名、交通标志中的道路交通设施名称的译写应符合 GB5768.2—2009 中 3.7.1 的要求，以及 GB17733 的规定。对外服务中需要用英文对道路设施的功能、性质等予以解释的，高速公路译作 Expressway，公路译作 Highway，道路译作 Road，高架道路译作 Elevated Road，环路译作 Ring Road。国道、省道、县道用英文解释时分别译作 National Highway、Provincial Highway、County Highway；但在指示具体道路时按照 GB/T917 的规定执行，分别用"G+阿拉伯数字编号""S+阿拉伯数字编号""X+阿拉伯数字编号"的方式标示，如312国道标示为 G312。

因此，在具体的翻译过程中，译者应保持这些概念术语译名的统一，以便于外国受众理解。

五、欠额翻译

欠额翻译经常在实用汉英笔译中出现（张健，2013；王鹏飞、单欣怡，2020；黄玉华，2022；田玲，2023）。纽马克认为，欠额翻译（under-translation）指的是在译文中，源语信息被译者忽视或打了不应有的折扣，即信息度过小，以致读者得不到理解源文的必要信息。

中外文化存在差异，有各自的语言表达方式。实用汉英笔译中，有些富含中国特色的概念在英语语境中缺乏对应的表达，容易造成信息真空现象，目的语受众无法理解，从而影响实用汉英资料翻译效果。遇到这类信息真空现象时，译者应该进行适当的阐释，避免造成欠额翻译的结果。

例如：石像上的题记表明这就是主持修建都江堰的战国时期秦国蜀郡守李冰的塑像。

原译：Inscription on the statue indicates that it is the Statue of Li Bing, a county chief of Shu State in Qin Dynasty, who took charge of building Dujiangyan。

改译：Inscription on the statue indicates that it is the Statue of Li Bing, chief of Shu Area in the State of Qin, who took charge of building Dujiangyan Irrigation System。

（王鹏飞、单欣怡，2020）

分析：原译采取音译方法翻译"都江堰"，但是根据百度百科，"都江堰"既指造福成都平原的都江堰水利工程这一世界文化遗产，又指因都江堰水利工程而闻名的都江堰市。到底是水利工程还是行政区划，单纯用音译方法可能会造成外国游客理解上的困难，这就是欠额翻译造成的文化缺省，这种情况必须经译者进行信息补偿，使外国游客获得关键性信息 Irrigation System，更好地传播巴蜀文化。另外，都江堰水利工程是战国时期秦国修建，所以原译中的 Qin Dynasty 不符合历史事实，故改译为 the State of Qin；相应地，Shu State 也改译为 Shu Area。

同理，"三月三节"很容易被翻译成"San Yue San Festival"，目标语读者恐怕不理解这个节日到底在庆祝什么或者有什么风俗习惯。译文"The festival usually takes place on the third day of the lunar month, when minority people, especially the young get together for folk song contest or making friends with each other."，则补全了"三月三节"的具体含义，避免造成欠额翻译的结果。

因此，实用汉英资料翻译工作者在翻译时要注意到文化差异，采用阐释法消除理解障碍。

第二节　成因

综上分析实用汉英笔译中存在的各种问题，有中式英语、用词不当、语言错误（单词拼写和语法错误）、译名不统一和欠额翻译等错误。这些错误是由多方面的原因造成的，归纳起来主要有译者素养不足、理论研究不足和语言文化欠缺。

一、译者素养不足

随着中国经济的快速发展和国际交流的日益频繁，中国外语人才的培养也呈现出爆发式发展。在实用汉英资料翻译中，译者的素质参差不齐，亟待提高（张健，2013；杨友玉，2018；田玲，2023）。

例如：朴朴超市为福建一家成长迅速的生鲜快递服务提供商，其英文名称为PuPumall（*www. pupumall. com*）。译者显然没有考虑到该拼音处理在译文语境中可能引发的受众感受。PuPu发音非常近似英文词Poop（排便），很容易引发搞笑联想，不仅不利于有效传达"朴朴"所隐含的中国传统文化中"至朴至简"的理念，企业的专业性也可能受到影响。综合考虑，"朴朴"可以直译为Simplicity，可以更好地在受众身上产生预期影响。

实用汉英笔译涉及语言、文化等多方面因素，因此，实用汉英笔译的性质决定了其具有一定的难度和挑战性，实用汉英译者需要具备较高的理论和业务素养。目前，实用汉英译者素养不足，尚需进一步提升。

二、理论研究不足

实用汉英笔译的成功与否与实用汉英译者的翻译理论体系有着密切的关系。为此，有必要对理论进行梳理，形成具有特色的实用汉英笔译理论，用以指导实用汉英笔译实践，以便于提升翻译效果。

然而，现实情况是，实用汉英笔译理论研究不足。笔者在知网（www.cnki.net）以"实用汉英笔译"为关键词搜索（时间范围：2001年至2023年），发现理论研究成果不多。对于实用汉英笔译研究中的核心问题研究不多，特别是针对实用汉英笔译问题、理论与对策的专著还很少见。

从现状来看，实用汉英笔译缺乏深层的理论研究。实用汉英笔译必须建立在对翻译实践深入了解的基础上，始于实践，终于应用，翻译理论体系有待建立。目前实用汉英笔译理论研究不足，原因有二：一是形成基础不够厚实；二是研究涉及面广，不易理论化。

三、语言文化欠缺

语言是文化的载体，文化深深地植根于语言之中，翻译是一种跨文化交际的手段和行为。实用汉英笔译中，由于英汉语言和文化存在差异，译者会经常发现汉语中涉及经济、文化等独有的事物在英语中很难找到对应的词汇，例如：菜肴名"蚂蚁上树""红烧狮子头"等。随着社会生活和经济的快速发展，新词不断产生。译文可能导致词汇空缺，留下信息真空，从而产生歧义。因此，实用汉英笔译的效果不仅与翻译质量有关，还有语言文化有关。译者语言文化的欠缺会导致实用汉英译文在国外难以传播与接受（俞碧芳，2011、2014）。

下面具体分析英汉两种语言在语言与文化方面的差异。

（一）语言差异

英语和汉语属于不同的语系。英语属于印欧语系，汉语属于汉藏语系。两者在语言表达上有很大差异。

1. 审美习惯不同

英语重形合，从构词、构句到语段的连接都偏重于形式或形态的使用，句型结构严谨，界限分明，表达要求简洁流畅和准确严谨。汉语重意合，句子疏于结构，重在达意，多用"四言""八句"，多对仗。

例如：（1）汉语旅游文本写作特点：中华文化博大精深，在描写旅游景点时，中文资料经常引经据典，旁征博引；喜欢引用大量的古诗词和名人典故，古文在旅游介绍中频频出现，且用词凝练，含义丰富。例：西湖山水，风景如画。

沿湖还有曲院风荷、花港公园、柳浪闻莺等各具特色的园林，以及灵隐寺、岳庙、飞来峰等名胜古迹。人们赞颂"天下西湖三十六，其中最好是杭州"。每年农历八月十五，钱塘江涌潮最大，潮头可达数米。海潮来时，声如雷鸣，排山倒海，犹如万马奔腾，蔚为壮观。（2）英语旅游文本写作特点：英语在描写景物时注重理性与写实，客观具体，追求形象的直观可感与流畅自然之美。在信息的设置上，英语旅游篇章主要体现传递信息、提供资讯的功能，突出信息传递的客观性与可靠性，在平淡的客观描述中给读者以充足的信息。例：Welcome to Grand Canyon National Park. As a powerful and inspiring landscape，the Grand Canyon overwhelms our senses through its immense size：277 river miles（446km）long，up to 18 miles（29km）wide，and a mile（1.6km）deep.

因此，实用汉英资料英译时，可以采用删减译法。

例：惠州市是广东省直辖市，位于广东省的东部，珠江三角洲的东端，属于今日珠江三角洲经济开放区。战国时期属于楚国，隋朝称"循州"并设府。公元1021年改称惠州。据《读史方舆纪要》载："（惠州）东接长汀，北接赣岭，控潮梅之襟要，壮广南之辅扆，大海横陈，群山后拥，诚岭南之名郡也。"

译文：Huizhou city is located at the south-eastern part of Guangdong Province and the east part of Pearl River Delta，which is under provincial administration. It is an open zone of economic development. It has been an administration prefecture named Xunzhou ever since the Sui Dynasty（581−618AD）. After 1021 it was named Huizhou until now. The city is a very important spot for her strategic and geographic position.

分析：在上述译文中，译者对源文做了较大幅度的调整，把《读史方舆纪要》中的内容全部删去，从而没有使读者觉得译文晦涩难懂而停止阅读，而是用"The city is a very important spot for her strategic and geographic position."这么一句将其意义进行了精确的概括，处理后的译文也更符合目的语读者的语言习惯。

2. 语势不同

G. Leech（1980）认为，言语的语义就是字面上的逻辑意义，也叫理性意义，它揭示的是句子的理性意义，即字面义；语势则是话语的言外之意，它说明在特定的语境中话语的真实含义。

英语的修饰词的使用一般都慎重且不多。汉语语势比较重，喜欢强化，经常使用副词或形容词当作修饰说明成分，用四字格加深印象，加重语气，如果直译，则会影响实用汉英资料翻译效果。英译这些强化语时，我们可以采取删除的策略。

例1：积极有效利用外资。译文：We will use foreign investment more effectively。其中的"积极"删除不译。

例2：系好安全带。译文：Fasten seat belt。其中的"好"删除不译。

（二）文化差异

由于文化差异的影响，不同民族对同一形象往往产生不同的联想和体会，翻译中的形象转换不可避免。若两种语言中形象与喻义刚好吻合，这种转换就比较顺利。在形象和喻义难以两全的情况下，是保留形象还是保留喻义呢？通常舍喻义，保形象，因为意义是第一位的。翻译就是译意。指称意义（denotation, designative meanings, cognitive meaning, referential meaning, conceptual meaning）也叫所指意义、认知意义，指词与所指客体、思想或行为之间的直接关系。蕴涵意义（connotation, affective meaning, implied meaning, suggested meaning），也称情感意义，指词内含的情感和联想意义。不看具体语境究其内涵意义，很难想到他们相应的正确英语表达法。仅仅根据其字面意义，这类用语无法译出，即使查字典，也常常无从查起。因此，必须要吃透源文，从整个篇幅着眼，不拘泥于个别字句，注重特定语境中上下文的关系，注重文化差异，译出其内涵意义。例如：积极鼓励社会力量办学，以调动各方面办学的积极性。译文：We shall encourage the running of schools by non-governmental sectors so as to bring the initiative all quarters into play。其中，"社会力量"译为"non-governmental sectors"，译出其内涵意义。

例：每年农历五月初五，数十万乐山人民欢庆端午佳节，观赏嘉州风采。

译文：On the fifth day of the fifth lunar month（early in June）each year, thousands upon thousands of Leshan people gather together to celebrate the Dragon Boat Festival and enjoy the scenic splendor of Jiazhou, Leshan's ancient name.

分析：该译文采用释义法。如果译文中不加上"嘉州"的同位语"Leshan's ancient name"，游客会产生迷惑，弄不懂"Leshan"与"Jiazhou"到底是什么关系。同样，括号里面的"early in June"也是为了帮助解释"农历五月初五"的粗略时间，因为"五月"是按照农历计时，不是公历，外国游客会读不懂。

简而言之，在实用汉英笔译过程中，译者要考虑如何将中文的意思传达给受众，让目标语读者理解源文，避免因文化差异造成的翻译失误。

总之，实用汉英笔译实践中面临的实际问题和成因是多方面的。我们要认识到实用汉英笔译的重要性，加大对实用汉英笔译理论的研究，完成理论框架建设，以便更好地服务于实用汉英笔译实践。这就要求实用汉英译者不仅要关心英汉语言转换问题，还要关注跨文化交际层面等诸多问题。只有这样，才能提高实用汉英笔译质量，提高实用汉英资料翻译效果。

第三章　基础理论

第一节　交际翻译理论

一、交际翻译的主要概念

众所周知，交际翻译理论的代表人物是彼得·纽马克（Peter Newmark），他是 20 世纪翻译研究奠基的主要人物之一。在维果茨基（Vygotsky）的影响下，他反对过分强调语言的社会价值，认为语言是思考和自我表达的工具，并强调了语言的交流功能。1981 年，他在自己的第一本书《翻译方法》（*Approaches to Translation*）中正式提出了语义翻译和交际翻译（semantic translation and communicative translation）的概念，从而在某种程度上缩小了"强调源语言和目标语言之间的差距"（the gap between emphasis on source and target language）——"翻译理论和实践中仍然存在的首要问题"（the overriding problem remaining in translation theory and practice）（Newmark，2001）。

在详细介绍交际理论的主要概念之前，必须了解纽马克的文本分类，这是他的翻译理论的基础。基于雅各布森（Jakobson）提出的语言的三个功能——表达功能、信息功能和呼唤功能（expressive function, informative function and vocative function），文本主要分为表达型文本、信息型文本和呼唤型文本。三种文本分类下的翻译标准可以分别归纳如下：表达型文本保留了作者的独特风格和语言特征，如文学作品、政府正式文件和法律文件；信息型文本（包括教科书、科学论文和报纸文章）保留了内容的真实性，关注"某个主题的事实"；呼唤型文本是能够引起读者共鸣并使读者获得信息的文本，强调信息的传递效果和读者的情感呼应，诸如广告、说明书、公共宣传品、流行小说等，首先将读者和读者的回应放在首位（陈婧，2004）。

纽马克的语义翻译和交际翻译被提倡用于处理这三种类型的文本，也就是说，它们有选择地被应用以遵循不同类型文本的翻译标准（赖丽萍，2017）。

Source language bias	Target language bias
Literal	Free
Faithful	Idiomatic

Semantic/Communicative（Newmark，2001）

从上面可以很容易地将交际翻译与语义翻译区分开。在纽马克看来，语义翻译的重点是尽可能地遵循原著的语义和句法结构，再现原著的确切上下文含义；而交际翻译则强调了要旨，而不是信息的意义。他认为交际翻译的目的是"使其对读者产生的影响尽可能接近源文本读者所获得的影响"（to produce on its readers an effect as close as possible to that obtained on the reader of the original）（Newmark，2001）。通常，语义翻译是以作者为中心的，因此它适合于表达型文本。交际翻译是以读者为中心的，它更倾向于指导信息型文本和呼唤型文本的翻译。

根据阿尔布雷希特·诺伊贝特（Albrecht Neubert）所说，交际翻译的定义如下：

交际翻译只是为了表明翻译文本应该像源文本一样容易沟通，或者更确切地说，它应该给人的印象是作为目标读者的"正常"交流的一部分，表现出典型目标沟通者使用的所有语言和文体特征。简而言之，交际翻译文本应该像目标语言的正常交流一样便于阅读。（Communicative was simply meant to indicate that the translation should communicate as easily as the original, or rather; it should give the impression of being a part of the "normal" communication of and for target readers. And it should exhibit all the linguistic and stylistic features used by typical target communicators. In short, communicative translation should read like normal communication in the target language.）（Albrecht Neubert，2006）

因此，该理论要求翻译文本突破源文本的限制——使用目标读者熟悉的、且更常见的单词来代替晦涩的单词，消除冗长和重复的部分，并将外来元素转移到目标文化中。译者甚至有权适当修改源文的逻辑，以达到更好的交流效果（Newmark，2001）。"但即使是这样，翻译人员仍然必须尊重源语言文本的格式，并将其视为翻译的唯一实物依据"（But even here the translator still has to respect and work on the form of the source language text as the only material basis for his work. ）（Newmark，2001）。

二、交际翻译理论对实用汉英笔译的指导作用

实用汉英笔译文本旨在先引起读者注意，然后再将信息传达给读者，从而给读者留下深刻的印象，并让读者按照实用汉英笔译的指示去做。因此，实用汉英笔译文本应该是属于信息功能型文本和呼唤功能型文本的结合体，并以呼唤功能为主。纽马克还指出：信息功能型文本和呼唤型文本应该侧重于读者为中心的交际翻译。交际翻译是指译文对译文读者产生的效果应该尽量相当于原作对源文读者产生的效果。实用汉英笔译不是给本国人看的，而是让外国人看的，以便帮助他们在中国更方便地生活、工作或旅游等。对实用汉英笔译这种文体，译者应该选择交际翻译法，以译文读者为中心，为译文读者着想，并且要考虑到他们的文化背景和接受译文的能力，让他们明确获得实用汉英笔译所提供的信息，并执行实用汉英笔译的指示。

第二节　顺应论

一、主要观点

语言顺应论（Theory of Linguistic Adaptation）是维索尔伦（Verschueren）（1999）在其专著《语用学新解》（*Understanding Pragmatics*）中提出来的。他认为语用学是对语言使用的诸多因素做出综合的研究，语言使用实际上是一个在不同意识程度下，出于语言内部或外部原因对语言做出选择的过程（Verschueren，

1999）。这种语言选择既可以发生在语言结构的任何一个层面，也可以是对语言策略的选择。语言策略的选择受交际者的认知、社会和文化等因素的制约，它在一定程度上又影响语言形式的选择。

一方面，维索尔伦（1999）指出，语言选择过程之所以能够顺利进行是因为语言具有三种特性：变异性、商讨性和顺应性。语言的变异性是指语言具有一系列可供选择的可能性；商讨性说明语言选择不是机械地或严格按照形式——功能关系做出的，而是在高度灵活的原则和策略的基础上完成的；顺应性是指语言能够让其使用者在可供选择的项目中做出变通，从而满足交际的需要。语言的这三种特性互相联系、相互区别，是一个互相联系的有机体。变异性和商讨性是基础，顺应性是根本。变异性和商讨性分别为语言使用提供了可能性和方式，而顺应性在前两者的基础上以恰当的方式在可能的范围内做出了符合交际需要的语言选择。这也就是语言顺应论给翻译带来的启示。

另一方面，语言的应用涉及顺应的四个层面，即语境关系的顺应、语言结构的顺应、顺应的动态性和顺应过程的意识程度。维索尔伦将语境分为交际语境和语言语境。交际语境涵盖社交世界、物理世界和心理世界。社交世界指各种社会文化因素、人际关系等，以及交际双方的依存关系、权利关系和平等关系等；物理世界包含时间、空间、外貌和身势语等；心理世界涉及认知和情感等因素，如交际双方的个性、情感、信仰、欲望、希望、动机等心理状态。语言语境，亦称信息通道（linguistic channel），主要包括篇内衔接（cohesion）、篇际制约（inter-textuality）和线性序列（sequencing）三个主要层面。篇内衔接指利用各种语言手段如前指、自指、连词、逻辑关系、省略、对比、重复、代替等构建语篇；篇际制约指影响和制约语篇的其他因素，如主题、文本类型或是情景因素；线性序列指顺应性选择语言时需要关注语篇的逻辑——语义关系，适当安排话语的位置，同时还要将社会因素纳入视野，采用不同的翻译策略。

二、顺应论和实用汉英笔译

维索尔伦认为语境动态顺应是语言使用的核心。语言内部与外部的各种因素是人们不断做出不同的语言选择以动态地顺应语境的动因。人们的认知心理差异以及交际双方的社会文化语境等多种因素均可影响顺应的动态性，因此意义的生成成为一个动态的建构过程。这一过程实际上体现话语与语境的相互作用，语境的差异决定语言的选择和话语的意义，不同的语言选择也会导致语境的变化。如果从顺应理论的视角予以考察，实用汉英笔译是一个对源语的语篇、语言结构、文化语境和审美做出动态顺应的过程，从而顺应目的语读者的语篇构建方式、语言习惯、文化语境和审美心理。

第三节　接受美学理论

一、主要观点

接受美学（Aesthetics of Reception）又称"接受理论"，始于 20 世纪 60 年代，其代表人物是德国康斯坦茨学派的姚斯（Hans Robert Jauss）和伊瑟尔（Wolfgang Iser）。主要观点是：作品的教育功能和娱乐功能要在读者阅读中实现，而实现过程即是作品获得生命力和最后完成的过程。读者在此过程中是主动的，是推动文学创作的动力；文学的接受活动，不仅受作品的性质制约，也受读者制约。接受美学把文学接受活动分为社会接受和个人接受两种形态。读者作为生物和社会的本质，无论在意识或下意识中所接受的一切信息，都会影响到他对文学作品的接受活动。

姚斯指出，美学实践应包括文学的生产、文学的流通、文学的接受三个方面。接受是读者的审美经验创造作品的过程，它发掘出作品中的种种意蕴。艺术品不具有永恒性，只具有被不同社会、不同历史时期的读者不断接受的历史性。经典作品也只有当其被接受时才存在。读者的接受活动受自身历史条件的限制，也受作品范围规定，因而不能随心所欲。作者通过作品与读者建立起对话关系。当一部作品出现时，就产生了期待水平，即期待从作品中读到什么。读者的期待建立起一个参照条，读者的经验依此与作者的经验相交往。期待水平既受文学体裁决定，又受读者以前读过的这一类作品的经验决定。作品的价值在于它与读者的期待水平不一致，产生审美距离。分析期待水平和实际的审美感受经验，还可以了解过去的艺术标准。接受者有三种类型：一般读者、批评家、作家。此外，文学史家也是读者，文学史的过程就是接受的过程，任何作品都在解决以前作品遗留下来的道德、社会、形式方面的问题，同时又提出新的问题，成为后面作品的起点。文学的社会功能是通过阅读和流通来培养读者对世界的认识，改变读者的社会态度。

伊泽尔提出，文学作品的显著特征在于，作品中所描绘的现象与现实中的客体之间不存在确切的关联作用。一切文学作品都有某种程度的不确定性。读者由于个人的体验发现的也正是这一特性。读者有两种途径使不确定性标准化：或者以自己的标准衡量作品，或者修正自己的成见。作品在现实生活中没有完全一致的对应。这种无地生根的开放性使它们能在不同读者的阅读过程中形成各种情景。

二、接受美学理论和实用汉英笔译

接受美学理论认为，读者对作品的阅读不是消极被动的接受，是积极的创造。在阅读过程中，目的语读者的"期待视野"部分会被证实，部分会被打破或全盘否定。这就要求译者以读者为中心，充分考虑读者在语言、文化和审美习惯等方面的期待视野，将读者导入特定的审美体验中，引起情感的共鸣。接受美学理论把关注的焦点从文本中心转向读者中心，从而为翻译研究提供了一个全新的视角。接受美学理论强调译者的主体作用，认为译文应顾及目的语读者的期待视野，提出翻译是文本与译者的对话，也是译文和目的语读者之间的对话。因此，译文和目的语读者之间的视野融合是译文成功的关键所在。

接受美学理论给我们以下启示。实用汉英笔译要尽量把握读者的能动性，使译文与读者在视野上相互融合。译者应该以读者为中心，充分考虑受众的语言习惯、文化心理和审美心理等诸多因素。翻译过程中应该以目的语读者为中心，充分调动读者的审美体验，使目的语读者的审美体验与源作者和译者的审美体验融合在一起，满足他们的期待视野。如何把握读者的期待视野是实用汉英笔译实践中需要认真思考的问题。需要译者采取一定的翻译策略，灵活处理文化差异，拓展读者的期待视野，引起读者的强烈共鸣，从而增强实用汉英资料翻译效果，更好地传递信息，弘扬中华文化。

第四节　模因论

一、主要观点

模因论（Memetics）是一种基于达尔文进化论的观点解释文化进化规律的新理论。它指文化领域内人与人之间相互模仿、散播开来的思想或主意，并一代一代地相传下来。它认为任何模因的成功复制和传播，必须循环往复地经历四个生命周期（同化、记忆、表达和传播），存活下来的强势模因具有复制忠实性、多产性和长寿性三大特性。模因（meme）用了与基因（gene）相近的发音，表示"出自相同基因而导致相似"的意思，故模因指文化基因。这个词是在1976年，由理查·道金斯在《自私的基因》（*The Selfish Gene*）一书中所创造，理查·道金斯将文化传承的过程，以生物学中的演化规则来做类比。我国学者何自然和何雪林于2003年将meme译成"模因"，是有意让人们联想它是一些模仿现象，是一种与基因相似的现象。基因是通过遗传而繁衍的，但模因却通过模仿而传播，是文化的基本单位。模因论认为"模因是一个文化信息单位，那些不断得到复制和传播的语言、文化习俗、观念或社会行为都属于模因"。该理论在提出后便渗透到了各个研究领域，语言学家们将模因论同语言学相结合，提出了语言模因的概念，认为模因作为一种文化基因，语言是它复制和传播的重要载体之一。语言模因论在探讨语言发展规律这一方面起着非常重要的作用，特别是在揭示语言的复制与传播问题上给研究者们带来了新的思路。

模因作为文化资讯传承时的单位，包含甚广，包括宗教、谣言、新闻、知识、观念、习惯、习俗，甚至口号、谚语、用语、用字、笑话等。

语言作为模因的一种形式，可通过各种途径实现自身的复制、繁衍与优化发展，为文化传承提供了基础。

二、模因论和实用汉英笔译

翻译策略和方法受模因选择标准的影响，而不同的翻译策略和方法对模因传播能力及适应性产生不同影响，其中句法策略主要通过调整语言内部结构，增强了译文的可读性和可接受性，从而有利于提高模因的传播效果；语义策略突出了文化特色，符合模因选择的新颖性、明晰性和连贯性标准，以提高源语文化模因的区分度，同时丰富目的语语言文化；语用策略主要建立在准确解码中英两种语言文化的基础上进行语言等效模因和社交等效模因的传播，满足模因的一致性和表达性标准，使译文能够符合模因的适应性和劝诱效果，为下一步文化模因的广泛复制和传播打好基础。模因在复制和传播中所体现的翻译伦理价值与实用汉英笔译原则相适应，因此，模因论能够有效地指导实用汉英笔译实践。

第五节　生态翻译学理论

生态翻译学理论最早源于胡庚申教授于 2001 年提出的新兴翻译学理论，它在生态整体主义的指导下，将达尔文的适应与选择原理应用到了翻译研究中。生态翻译学重视译者，译者的翻译过程就是一个不断"适应"与"选择"的过程。生态翻译学理论也主张三维转换，即语言、文化、交际三个维度的适应转换与选择。胡庚申教授在生态翻译学理论下提出三维转换，目的是让译者在翻译过程中有三维意识，尽量保持译文在语言、文化和交际三个方面的原汁原味。

一、主要观点

在全球化生态思潮的影响之下，由于中国古代生态智慧的启发、相关领域学科发展的激励以及译学界生态取向翻译研究的促进，再加上现有译学理论研究的局限与缺失所产生的需要，生态翻译学便应运而生。自 2001 年生态翻译学出现在学者的视野中始，生态翻译学便作为一门新兴学科受到了众多学者的青睐，学者们展开了深度且多方面的研究。

（一）适应与选择

适应与选择作为生态翻译学的核心原理，源于达尔文生物进化论中的"自然选择"，即"适应/选择"理论。翻译中的"自然选择"是指译者或译文要适应翻译生态环境，接受翻译生态环境的操纵。

翻译被认为是译者适应翻译生态环境的选择性活动。适应和选择是译者的本能，是翻译过程的本质，事实上，它们通常混合在一起，被称为选择性适应（胡庚申，2008）。多维适应和适应性选择是指译者在不同层次上努力适应翻译生态环境，然后进行适应性选择和转换，主要表现在语言、文化和交际三个维度上。

（二）译者为中心

生态翻译学坚持"以译者为中心"的理论，即译者在连接源文和译文的过程中起着核心作用。翻译生态环境中各种因素对翻译的影响直接影响着译者。相对于译者而言，源文和译文是主体，译者是客体。译者是有适应环境能力的生物，有主观能动性，所以他有"适应"和"选择"的能力，这就突出了译者在翻译过程中的地位和作用。与深受结构主义影响的传统理论不同，生态翻译学理论指导下的译者在翻译过程中不再扮演客体的角色，而是有意识地引导翻译过程。这是译者第一次超越作者和读者。译者首先是源文的读者，在翻译过程中充分理解和适应源文的内容和背景，作者的意图、目的等部分的源文生态环境。在翻译过程中，译者需要考虑译文的翻译生态环境，进行适应性选择，使译文得以生存并为目标读者所接受。

此外，"以译者为中心"的观念还体现在"译者责任"上，主要是指译者在整个翻译活动中的责任。译者是"翻译共同体"中的一员，与其他成员平等，但其他成员都不直接参与翻译过程，也不具体实施翻译行为（胡庚申，2013）。因此，只有代表"翻译共同体"的译者，才能具体负责协调翻译环境、翻译文本、翻译共同体之间的关系。

（三）三维转换原则

生态翻译学的翻译方法可以说是多维转换，而多维转换主要是在三维转换中实现的。即在翻译过程中仍然遵循多维原则，但侧重于语言、文化和交际三个维度的适应性选择和转换（胡庚申，2013）。翻译是语言的转化，语言是文化的载体，文化是交际的集合。因此，语言、文化和交际之间有着内在的、逻辑的联系，它们一直是翻译界和翻译过程中共同认可的主要观点。

1. 语言维

语言维的适应性选择与转换是指在翻译过程中，译者对语言形式进行适应性选择与转换，这种选择与转换是在不同层面上进行的（胡庚申，2013）。在翻译过程中，译者必须适应翻译生态环境，才能在翻译生态环境的认同下，选择和创作出适应翻译生态环境的译文。

2. 文化维

文化维的适应性选择转换，要求译者在翻译过程中注重对双语文化的解读。它注重源语和目的语的文化差异，以避免对源语产生误解（胡庚申，2013）。译者既要重视源语的转换，也要重视源语所能适应的整个文化体系。

任何一种民族语言都有其文化根源，并与其密切相关，所以译者在翻译过程中必须考虑到文化因素的异同。通常不在于词语或句子的选择，而在于如何传达源文的文化。

综上所述，所谓文化维的适应性选择转化，就是译者在翻译过程中必须具备文化意识，认识到翻译是一种跨语言、跨文化的交际活动，注意克服文化差异带来的障碍，努力保护两种语言文化生态的平衡与和谐，使信息得以准确传递。

3. 交际维

交际维的适应性选择转换，是指译者在翻译过程中强调双语交际意图的适应性选择转换（胡庚申，2013）。它要求译者除了语言信息和文化内涵的传递外，还要注重交际的层面。译者不仅要考虑作者在源语言系统中的交际意图是否在目的语系统中得到反映并传达给目标读者，还要注意包括源语言、文化形式和语言、文化内涵在内的源语言系统的交际意图是否传递给读者。交际维度的适应性选择转换归根结底所追求的是使源文和译文的交际生态得到最佳的保护和维持。

从交际维度看，如果信息在翻译中没有起到交际作用，那么它就是无用的。英国翻译理论家纽马克提出，交际翻译首先要忠于目的语和目标读者，即要求源语言服从目的语和目的文化，不给读者留下疑点和模糊（Newmark，2001）。当信息的内容与效果存在矛盾时，交际翻译更强调效果而不是内容。

（四）翻译的生态环境

翻译生态环境因时代、国家、翻译领域，甚至人的不同而不同。翻译生态环境也具有与自然生态环境相似的特征：

1. 动态性

随着经济全球化的发展，传统的翻译生态环境发生了变化，例如：软件本地化、全球化使得产品具有普遍的适应性，可以适应各种语言和文化习惯。

2. 层次性

翻译生态环境具有层次性，可分为大尺度、中尺度和小尺度环境。从大尺度上看，每个国家都有自己的社会和语言政策等，不同的语言有不同的翻译政策。从中尺度来看，即使在全国范围内，各种翻译文本的翻译生态环境也存在差异。从小尺度上看，翻译活动除了外部生态环境外，还有理论环境、应用环境、历史环境等内部环境。只有实现外部生态环境和内部生态环境的均衡发展，才能保证翻译研究的健康发展。

3. 个性化

译者的家庭背景、出生的时代、所受的教育、思想等，都构成了译者翻译的个性特征。翻译策略的选择取决于译者的翻译目的，而翻译目的又取决于译者的态度和个人气质。

二、生态翻译学和实用汉英笔译

我国学者胡庚申受到全球生态文化学术思潮的影响和达尔文生物进化论中"自然选择，适者生存"的启发，将西方生态整休主义的基本原则与中国"天人合一"的传统思想融合，首创了生态翻译学的理论。该理论将翻译活动定义为"译者适应翻译生态环境的能动性选择"，强调了生态环境的重要性和译者的中心作用，以"翻译适应选择论"为理论基础，"译者基于语言、文化和交际进行三维转化"为翻译方法，并以"整合适应选择程度和多维度转换程度""读者反馈"以及"译者素质"为评价标准，对实用汉英笔译现象做出了新的定义和解读。生态翻译学理论可以为译者的实用汉英笔译活动提供指导，通过对翻译生态环境的分析和适应，译员能够意识到自己的主体责任，并据此选择最合适的译文。生态翻译学与实用汉英笔译研究具有天然的契合性。主要表现为：首先，在学科性质上，生态翻译学以中华文化为根，蕴含我国传统"天人合一"的哲学思想，是典型的本土化翻译理论。实用汉英笔译以汉语为源语言，以中华文化环境为基础，两者间存在天然的文化联系，且都具有跨学科性质。其次，在理论基础上，生态翻译学以生态平衡为基础，实用汉英笔译同样也是如此，其目的是将我国文化由汉语环境移植到英语环境中，以期实现我国汉语文化和异质语言文化的平衡发展。生态翻译学和实用汉英笔译关注的都是文化生态问题。再次，在翻译范式方面，生态翻译学注重翻译生态环境的选择适应及多维度转换，译者在翻译过程中要发挥主观能动性，其往往要完成两次翻译：语内翻译（intralingual translation）和语际翻译（interlingual translation）。实用汉英笔译也是将译者、读者连接在一起的语言转换行为，同样也需要译者在语言、文化和交际等维度适应语言环境。可见，生态翻译学和实用汉英笔译无论是在学科性质、理论基础，还是在翻译范式层面上都存在契合性。从生态翻译视角对我国实用汉英笔译进行指导，能为实用汉英笔译提供更合适的理论体系和实践方向，对提升实用汉英笔译质量、提高实用汉英笔译研究水平具有非常重要的理论与实践意义。

第六节　语境理论

一、语境理论的定义及发展

文献中最早提出语境术语的是波兰籍社会人类学家马林诺夫斯基（Malinowski）。马林诺夫斯基（1923）认为，要通过语篇描述事物，我们需要提供语篇所发生的所有环境，而不仅仅是语篇中的上下文。为此，马林诺夫斯基提出了一个新的术语——情境语境（context of situation）。所谓情境语境，就是语篇发生的环境（the environment of text）。如果不了解语篇发生的环境（周围事物和正在发生的事情），我们是不能正确理解语篇的。语篇总是在语境中发生的，所谓的语境就是语篇实际发生的情景。情景语境是语篇发生的小语境（the immediate environment）。马林诺夫斯基认为，用语篇描述事物，除了提供语篇发生的小环境以外，还需要提供更大的文化背景。这就是马林诺夫斯基所说的文化情境（context of culture）。他还认为，情境语境和文化语境对语篇理解都是至关重要的。

后来，弗斯（Firth）进一步发展了情境语境的概念，并在此基础上提出了自己的语言学理论。弗斯认为马林诺夫斯基关于情境语境的阐述都是关于具体情境的描述，概括性不强。弗斯在马林诺夫斯基理论的基础上，创立了意义语境理论

（the contextual theory of meaning），认为任何言语信号表征，只要能有助于表达话语的一部分意义，就可以说这个表征是有意义的。弗斯的意义语境理论对语境的定义应该说比马林诺夫斯基更为宽泛，涵盖的内容也更具体，他已经注意到了"不仅是词汇、词组，甚至是话语的声音、副语言或韵律特征都是带有意义的"，而不仅仅是马林诺夫斯基提出的"客观因素和具体情景"这样笼统、模糊的概念。在此基础上，弗斯（1957）尝试对情境语境进行分类：参与者的有关特征——任务和性格；相关的事物；言语活动产生的影响。弗斯对情境语境变量的分类，是语言学历史上的创举，实践证明，这一模式被后世广为使用，尤其在语义学领域内，成为语境研究的基本范式。弗斯对语言学理论，尤其是语境理论的建构所做的贡献无疑是巨大的，在语境研究方面，他要比马林诺夫斯基涉及的范围更广，研究也更深入，在他的情境语境中还引入了非语言和副语言语境因素。虽然他主张把研究重点放在情境语境上，而忽视了文化语境，但他认为语言内部语境和语言外部语境同等重要，这种观点在一定程度上弥补了马林诺夫斯基忽视语言语境的弱点。

弗斯的学生韩礼德（Halliday）在继承他和马林诺夫斯基的基础上又进一步推进了语境理论。韩礼德（1985，1989）对情境语境的概念表现出极大的兴趣，并致力于找出情境语境最本质的特点。韩礼德从人们为什么能够成功交流这一问题着手探讨情境语境的作用。他认为，交流之所以能够成功是因为大多数情况下我们知道对方要说什么，我们总是根据情境语境来预测对方接下来要说什么。言语行为发生的情景为言语行为参与者提供了大量的关于所表达的意义的信息。情景语境之所以能够提供丰富的信息，是因为情景语境通常包括三个重要特征，即语场、语旨和语式。这就是系统功能语言学的语域理论。语场指实际发生的事情，语言发生的环境，包括谈话话题、讲话者及其他参与者所参加的整个活动。语旨指参与者之间的关系，包括参与者的社会地位，以及他们之间的角色关系。语式指语言交际的渠道或媒介，如说还是写，是即兴的还是有准备的，包括修辞方式。语境的这三个组成部分决定语言意义系统的三个表意功能：概念功能、人际功能和语篇功能。韩礼德的语域理论是他对语言学研究最为突出的理论贡献之一，他从功能视角出发，认为情境语境是在语境组合中一起发生作用的，语言意义是情境语境要素交互作用的结果，从而比较清楚地阐释了语境因素对语言意义的制约功能。但在韩礼德的功能主义取向的语言研究中，依然不同程度地存在着以语言为主、语境为辅的结果，语境似乎只是起补充和辅助作用（许力生，2006）；韩礼德的语境理论在动态性和主体认知因素方面的研究也还有待于进一步深化（肖好章，2009）。

海姆斯（Hymes）的理论思想也推动了语境理论的发展。他从语言行为的实际情况和实践出发探讨交际能力所涉及的方方面面，对语境变量做了系统的研究，认为语境构成主要有四个方面：情景，即交际发生的具体场合；参与者，包括参与者之间的关系和他们的交际目标；文本，包括内容、形式、体裁和讯息的发送；语用规约，即交际和解释交际行为的社会规约。海姆斯（1972）把语境变量归纳为 SPEAKING 的八个字母所代表的八个项目，即场合（setting）、参与者（participant）、目的和后果（ends）、行为序列（act sequence）、基调（key）（说话者的语调和态度）、交际渠道（instrumentalities）（如语言渠道和非语言渠道）、相互交流和理解的规范（norms of interaction and interpretation）和语类（genre）（即语篇的类型和体裁）。海姆斯（1974）主张"要理解语境中的语言，其关键是从语境入手，而不是从语言入手"，从而将语境的重要性提到前所未有的高度。海姆斯的语境观是对当时在语言学界占有绝对优势的乔姆斯基（Chomsky）的转换生成语法的挑战。

产生于 20 世纪 70 年代的语用学和认知科学的兴起为语境研究开辟了一个新纪元。在语用学和认知语言学的语境观里，认知主体是中心因素，是连接语言形式和语境知识的纽带，是语境效果得以实现、交际任务得以完成的关键因素。斯珀伯（Sperber）和威尔逊（Wilson）于 1986 年提出了"认知语境"的概念，从认知心理学角度把语境定义为"心理建构体"，即存在于人的大脑中的一系列假设，这些假设以概念表征的形式存在于人的大脑中，构成人的认知语境。一个人的认知语境包括许多因素，但只有交际双方互明的、对现实交际产生影响的部分才真正构成人的认知环境。当人接收到新的信息时，人就会在头脑中已存在的概念表征中进行搜寻，寻找与新信息相关联的概念，经过推导，得出信息发出者打算传递的意义。这些被调用的概念就构成"认知语境"。在这一系列推导过程中，人是这一过程的主导和中心，是连接话语语篇形式和认知语境的中心纽带。因此，在斯珀伯和威尔逊的认知语境中，人的主观能动性得到充分的体现，人的认知规律也得到深刻的剖析，并且揭示了语境动态构成的特征。维索尔伦于1999年提出了"语用综观论"，人的认知机制得到进一步的揭示和诠释。维索尔伦把语境划分为交际语境和语言语境，其中交际语境包括语言使用者、心理世界、社交世界和物理世界等。心理世界、社交世界和物理世界中的语境知识要通过语言使用者的认知活动来激活，不仅参与者能够能动地适应语境，选择相应的语言，而且具体使用的语言又有着语境提示的作用，传递出一定的信息，构成下一轮话语的语境，因此交际者可以根据交际意图有目的地建构和操纵语境。维索尔伦的语境理论中最为突出的是人的认知特点和作为交际主体的中心地位。认知语用学关于语境研究的共同点在于：人作为交际的主体得到空前的重视，其中心地位及其认知心理特征得到深刻的探究。在认知语用学的语境观中，语境是动态生成的。

综观上述语境研究，总体上是围绕语言意义的解读和建构进行的。语境的研究始于意义的研究，而意义的建构与获得主要是通过语言渠道，因为语境的研究总是和语言研究交织在一起。

二、语境理论与实用汉英笔译

翻译界越来越重视语境在翻译中的作用。译者在翻译过程中建立翻译语境，该语境是中英两种文化语境相互协商对话的结构。语境对实用汉英笔译发挥制约作用，不仅对译者理解源语言有影响，而且对译者表达译文也有重要的影响。

语境理论以目的语为视点，更重视目的语的文化习惯。为了有效地达到实用汉英翻译的目的，译者应该以语境理论为依据，从实现语篇的预期功能出发，遵循实用汉英资料翻译的原则，同时把握好源文与译文之间的语言及文化差异，不拘泥于源文而酌情选择适当的翻译策略，使源文的意图和内容能准确得体地再现给读者，从而实现实用汉英资料翻译的交际目的。

第七节 关联理论

一、主要观点

关联理论是一种认知语用学理论。1986 年，斯珀伯和威尔逊在他们的《关联性：交际与认知》一书中正式提出了"关联理论"。该理论是以关联性概念与关联原则为基础，分析言语交际中的话语理论。关联原则包括：认知原则，即人类的认知倾向于与最大限度的关联性相吻合；交际原则，即每一个话语（或推理交际的其他行为）都应设想为话语或行为本身具备最佳的关联性。在关联理论中，关联性被看作是输入认知过程中的话语、思想、行为、情景等的一种特性。其主要观点是：交际的目的不是让听话人复制（duplicate）说话人的思想而是改变听话人的认知环境，交际的过程是改善说话人与听话人双方共有认知环境的过程，交际的成败取决于共有认知环境的优劣；交际是明示（说话人）——推理（听话人）的过程，话语的理解就是再现话语的关联性。关联可分为认知关联（人的认知倾向于最大限度地增加关联）和交际关联（交际行为所传递的是最佳关联的假设）。关联与语境效果成正比，与处理能力成反比。关联性越强，话语越直接，认知所耗的脑力就越小，给受话者带来的认知负荷就越小；关联性越弱，话语越隐含，消耗的脑力越大，受话人的认知负荷就越大。

恩斯特·奥古斯特·古特（Ernst-August Gutt）将关联理论引入翻译研究以来，为翻译提供了一个新的理论视角，从认知角度出发解决了长期困扰翻译的"可译"与"不可译"的问题，拓宽了翻译研究的广度。翻译作为一种语际间明示——推理的阐释活动，本质上是译者在源语认知语境与目的语认知语境之间寻求最佳关联性的过程。译文话语的内在关联性越强，则读者/听话人在话语理解过程中需付出的推理努力就越少；反之，内在关联越弱，读者/听话人需付出的努力就越多。为了使两者的语境效果接近一致，译者有必要提供与译文读者最相关联的语境，使译文读者/听话人能以最小的推理努力来获得最大/最佳的语境效果。

二、关联理论与实用汉英笔译

实用汉英笔译就是通过对语境的分析，找出源文与语境之间的最佳关联，从而取得理解源文的语境效果。译者与源文作者之间的交际靠的是一种"互明"，即当交际一方的交际意图被交际的另一方所识别的时候，"互明"的交际效果即得以显现。实用汉英笔译的成功与否取决于说话人/作者与译者之间、译者与译文读者/听话人之间能否根据源文作者/说话人的明示行为，通过推理找到最佳关联，以实现语用等效翻译之目的。

第八节　跨文化交际理论

一、定义和特征

概括说来，跨文化交际学是专门研究跨文化交际中的矛盾与问题，并探索如何提高跨义化交际能力的学科（林大津，2002）。也就是说，行为源与反应者来自不同的文化背景就是跨文化交际。跨文化交际具有三个特征。一是文化的认同感，指的是文化是人类在特定的环境里，经过长时间的历史积累，在群体中形成的，文化是一种社会现象，属于某种文化的人们对自己的文化怀有强烈的归属感和认同感。文化的群体认同感包括人们倾向于对自己文化的行为准则持认可态度。二是文化的无意识性，指的是一个人一出生便置身于一定的社会文化圈里，不知不觉地具备了一定的文化素养，其言谈举止自然而然地打上了本民族文化的烙印。到了一定的年龄，大多数人对本民族文化的交际行为已习惯成自然。三是文化的优越感，指的是对本民族文化的归属感、认同感，容易使人产生优越感。一个人对本民族文化习惯成自然，对其他民族文化的行为准则感到不适应，在交际中出现矛盾时，往往倾向于先归咎于对方，不自觉地捍卫起本民族的文化传统。

二、影响跨文化交际的因素

在跨文化交际中，有很多因素影响交际过程并决定跨文化交际是否取得成功。下面从一个人的基本身份认同和心理因素两个方面进行分析。

（一）基本身份认同

基本身份认同包括：文化身份、民族身份、年龄身份、个人身份、角色身份和关系身份。

1. 文化身份

文化身份是我们赋予我们所属的大文化的一种情感的重要性（Stella Ting-Toomey，2007）。它在某一特定文化中形成，包括了解和接受该文化的传统、遗产、语言、宗教、祖先、审美情趣、思维方式和社会结构。文化身份对跨文化交际的影响体现在三个方面：文化身份的重要性、强度和内容。重要性指的是一个人在一个特定的交际场景中，心理所感觉到的相对重要性；强度指的是一个人在一个特定的交际场景中公开、明确地表明自己的身份，有的人强烈认同自己的文化，有的人却不这样；内容与价值观密切相连，强烈认同中华文化的人，其文化身份就会具有集体主义的价值观，强烈认同美国文化的人，其文化身份就会具有个人主义的价值观。在跨文化交际中，一个人的文化身份的三个方面都会不同程度地影响我们与不同文化人之间的交际。

2. 民族身份

民族身份是关于祖先的事，关于人们祖先的起源（Stella Ting-Toomey，2007）。民族与一个人的国籍、种族、宗教或语言相关。在跨文化交际中，交际者双方可能有意识或无意识地对对方进行民族分类，并贴上民族的标签。当一个民族把自己看成是世界的中心，把本民族的文化当作对待其他民族的参照系，以自己的文化标准来衡量其他民族的行为，并把自己与其他文化隔离开来，民族中心主义就产生了。民族中心主义既有积极的作用，也有消极的作用。从本民族的角度看，其积极作用表现在可以使人们更加团结，这个群体对内更加具有凝聚力，使人们更加认同本民族文化，珍视本民族文化的价值观。关于民族中心主义的消极作用，我们将在影响跨文化交际的心理因素方面加以分析。

3. 年龄身份

不同文化对年龄身份有不同的理解。中国是个尊老爱幼传统的国家。老年人受到整个社会的尊敬。在中国，与年龄相关的等级制度很明显。在父亲之后，长子便拥有最大的权威。孩子从小就被教导要对长辈的养育之恩激不尽。总之，无论在家里，还是在学校、社会和工作交往中，年轻人差不多很自觉地尊重老人。在个体主义文化如美国，年轻人受到青睐。世界是年轻人的舞台。年龄不是地位的标志。由于对待年龄身份的认同不同，中美文化差异既有代的明显特征，也有文化的迹象。

4. 个人身份

个人身份有两个层面：实际的个人身份和理想的个人身份（邬铢丽，2013）。实际的个人身份指的是个人在公开场合经常展示的，同时也被他人认可的那些独特的个人特征（如果断、健谈等）。但是，这些特征标签在你自己和别人看来可能会存在差异。理想的个人身份指在交往中受人喜欢的个性特征。在交际中别人越认可这些特征，这个人就感觉到自己受到理解、尊敬和支持。

5. 角色身份

角色身份指交际者在目的语文化中如何根据自己的角色身份得体地使用言语和非言语符号（邬铢丽，2013）。角色指人们期待的一套行为以及与之相连的一个文化或民族认为可接受或得体的价值观。人们在社会生活中扮演不同的社会角色。文化是社会角色的行为规范，不同文化对同一社会角色言行的期待不同。跨文化交际者应了解目的语文化对自己所扮演角色的期待，并调整自己的行为模式，使自己的言行符合目的语文化的要求。在美国的课堂教学中，教师应扮演友好、民主的角色，教师和学生一般使用非正式、生活化的语言对话；而在中国，学生期待教师为人师表，仪表言行都应该正式、庄重。美国教师的行为在中华文化中不符合其扮演的角色要求。为此，跨文化交际者需要调整不同语境中角色身份的行为差异，以对方文化可接受的得体方式进行交际。

6. 关系身份

每个文化中的人都出生在一个由家庭关系成员组成的关系网中。我们是在家庭这个系统中获得了我们自身文化的信仰和价值感。我们与父母、兄弟姐妹、同事等相处之道构成了我们关系身份的最初蓝图。出了家庭这个关系网，我们也与别人建立了社会关系或朋友关系。不同文化对待关系身份有不同的理解。中国人特别注重亲属关系和朋友关系，重视内群关系。而西方文化尤其是美国文化，更喜欢与外群人建立关系。

（二）心理因素

心理因素主要包括文化定势和民族中心主义。

1．文化定势

李普曼（Lippmann）（1957）认为，"定势是将各种形象组织成一些固定和简单的分类，并用来代表所有人的方法"。在很多情况下，定势是局限和误解的产物。因为定势会使人们错误地将一些人归入了某些群体，错误地描述了一个群体的准则，不适当地评价了一个群体。以往传统的跨文化研究多以较大群体的文化为基础，容易导致人们把某一群体、民族，乃至国家所有成员当作该文化定势的代表。这种整体式的文化倾向通常被叫作文化定势。许多学者惯用这种文化定势来观察某文化行为或进行文化比较。这种做法虽然有效但因忽视个体差异，会给交际者带来困惑甚至或产生交际冲突。为了有效解决以定势为基础的研究所固有的弊端，目前新崛起了以交互社会语言学为理论框架的语篇系统分析法，它可以有效地解决文化定势带给跨文化交际的种种问题。

2．民族中心主义

萨莫瓦尔（Samovar）和波特（Porter）（2004）认为："民族中心主义指一个人认为自己的文化优于其他任何文化的观念。它认为对其他文化应该以其在多大程度上符合了我们的文化标准来衡量。当我们用我们自己文化这种狭隘的眼光来看待其他文化时，民族中心主义就产生了。"民族中心主义是对交际影响较大的一种心理因素，是对民族或文化成员的一种成见。在跨文化交际方面，民族中心主义会致使不同群体或文化之间相互不信任、相互仇恨，导致文化冲突，产生交际距离。我们应当采取文化相对主义的态度，在与不同文化背景的人进行交往时，用对方文化的信仰、价值观等作为标准来解释并评价其行为。我们应该培养对文化差异的敏感性，与对方建立平等的关系，避免先入为主。只有这样，才能缩短交际距离，促进有效的跨文化交际。

三、跨文化交际中文化障碍

（一）文化障碍的表现

1．表层文化障碍的主要表现

在跨文化交际中，表层文化障碍主要表现在四个方面。一是对具有文化内涵的词语的不同理解。二是对习语的理解和运用差异，例如：谚语"cast pearls before swine"看起来很像汉语的"对牛弹琴"，但实际上英语的意思是"把好东西给不懂欣赏的人"，汉语的"对牛弹琴"还有"对不懂道理的人讲道理，觉得白费口舌"的意思，而且也用来讥笑说话人不看对象。三是社会规约差异，一般说来，人们非常了解母语文化中的社会规约，然而对不同文化的社会规约有可能不甚了解或一无所知。因此，当使用不同规约的人们相互交往时，交际障碍的产生是很自然的。规约的文化差异表现在日常交际的各个方面，包括言语和非言语交际。四是非言语交际差异，国外一些研究的结果表明，非言语行为占整个交际过程的70%以上。由于文化差异，不同文化环境中的非言语行为也有许多不同之处。如中国人叫别人过来，是把手伸向被叫人，手心向下，几个手指同时弯曲几次，而美国人的做法是把手伸向被叫人，手心向上，握拳用食指前后摆动，中国人却认为这种手势有轻视人的意思，往往对此表示反感。产生这类障碍的原因在于，一方是下意识地做出在其文化中被认为是礼貌的动作，而另一方却是以自己文化中的非言语行为的标准来理解这一动作。在跨文化交际中，由非言语行为引起的交际障碍屡见不鲜。

2. 深层文化障碍的主要表现

深层文化障碍主要表现在：不同的思维方式；不同的价值观念；定势与偏见。首先，在不同的思维方式方面，由于看待外部世界的方式不同，不同文化的人们在思维模式上也必然存在着差异：东方文化重整体、重主体、重了悟，而西方文化则重逻辑、重理性、重分析。不同的思维模式决定了不同的词汇结果。比较英汉两种语言不难发现，汉语词汇的结构反映了中华民族的直觉体悟、具象思维和整体辩证的特点；而西方文化的拼音文字，或以音写义，恰恰反映出西方人的抽象的思维方式。不同的思维模式可反映在不同语言的句法上。同样比较英汉两种语言，汉语是一种意合语言，词语或分句之间借助某些语言形式手段（如分词、介词、连词、关系代词和关系副词等）连接起来，表达一定的语法意义和逻辑意义。其次，在不同的价值观方面，在中华文化的价值观中，由于受到千百年来的儒家思想的教育和熏陶，人们推崇谦虚知礼、温良恭俭，而争强好胜和自我表现受到冷遇。所以汉语成语中有"Birds that come forward will be shot first"（枪打出头鸟）一说。而西方文化价值观的核心是个人主义，人们崇尚思考和判断，依靠自己的能力去实现个人利益。最后，在定势与偏见方面，定势对跨文化交际有直接影响，因为人们在交往时对对方行为的预测肯定是以对其文化的固定看法为基础的，定势的准确程度与我们对有关人的行为的预测密切相关。我们一旦在定势中加入较强的感情成分，定势就容易发展成偏见，偏见表现在行为上就容易导致歧视，造成跨文化交际障碍。在文化意识没有被充分唤醒的情况下，对文化特征的过分强调可能会使学习者误认为这些特征就是事实，从而形成偏见，忽略具体的交际情景和个体。

（二）文化障碍产生的原因

1. 思维方式与文化障碍

思维是以概念、判断、推理等方式反映客观世界的过程。语言是思维的主要载体，也是思维的主要表现方式。思维方式因人而异，而来自不同文化背景的人们之间的差异就更大。中国人习惯采用归纳思维方式，而英语人士习惯采用演绎思维方式，例如中国人在阐述自己的观点之前往往先陈述事实，而英语人士则开门见山直接表达观点。

东西方思维方式形成的原因是客观的。中国长期的农业社会和小农经济，造就了中华文化的民族心理。这种心理的特点很大程度上是强调一种乡土情谊、一种乡邻情谊。近代，西方实验科学迅速发展，与此相适应的思维方式便有很强的实证性。特别是工业革命以来，由于受到大工业生产方式所特有的组织性、科学性和民主性的陶冶，公平理论、自我实现理论和竞争精神是西方人思维方式的典型特点。这种工业文明性格造就了西方人有较强的斗争精神和维护自身利益的法律意识，以独立、自由和平等为处世原则。从哲学和文化体系角度看，中国人受影响最深的是儒家哲学，而西方人是基督教文化。儒家这些体系里强调的是修身、齐家、治国和平天下，把修身放在第一位，也就是讲究道德文化、这种道德文化力强调的是一种义。君子之交淡如水强调的也是义。我们的哲学思想强调综合，西方的哲学思想强调的是分析，这就形成了侧重整体思维和个体思维的差异。

人们的思维方式决定着对周围信息的编码结构，所以不同的文化有不同的语言编码方式，即不同的语言文化的遣词造句、段落安排和篇章结构都是有区别的。东方人的思维模式以直觉、整体和圆式为特征，而西方人的思维模式则以逻辑、分析和线性为特点。因此，中国人的话语呈圆式，有一个从次要到主要，从相关信息到话题的发展过程。不同的思维模式可反映在不同语言的句法上。无论在单句结构还是在句群结构上，英汉两种语言的最显著差别在于英语属形合（hypotactic）语言，汉语属意合（paratactic）语言。形合语言注重时态变化，词形变化，注重运用"包括连词、介词、副词、关系代词、关系副词和起承上启下作用的各种短语的逻辑语法连接词语"，来说明句子内部、句子之间，乃至段落之间的逻辑联系；而意合语言主要靠词序变化、上下文语境及言外事实逻辑来达到明晰思路的目的。从语言和思维的关系来看，以英语为母语的人倾向于形式分析，抽象思维，从小到大，从未知到已知，突出主观作用，以主体为中心，主客体界限分明；以汉语为母语的人倾向于整体思维、情感思维，从大到小，从已知到未知，从实际出发，注重主客体融合。英汉文化思维方式的核心区别是：英语文化的自我中心（ego-centrism）与汉语文化的群体观念（group-orientation）。

2. 价值观与文化障碍

价值观是个人或群体所特有的一种显性或隐性的认为什么是可取的观念，这一观念影响人们从现有的种种行动模式、方式和目的中做出选择（李成洪，2013）。从这个定义可以看出价值观是决定人们所持看法和所采取行动的根本出发点。每种文化都会有特定的价值系统，价值观是文化中最深层的部分，人们的言语交际、非言语交际或交际中的规约都受到价值观的支配。因此可以说价值观是跨文化交际的核心。

中华文化的主线是人伦本位，价值观的核心是集体主义，一个人说话办事，总是以不破坏群体关系为前提，以他人为参照，领导、家属、同学、同事、亲戚、朋友和邻居等组成一种群体"磁场"，似乎做什么事总离不开这一磁场的影响。西方文化价值观的核心是个人主义，突出个人，以个人为中心，言谈举止、办事风格，只要不妨害他人，一切由个人自主并为之负责。

中华文化的人伦本位，首先是2000多年来超稳定的封建社会结构在起作用，甚至可以说，人伦本位与封建机制的家国同构互为因果。封建机制的家国同构在语言上的反映是，自己是"自家"，别人是"人家"，全体是"大家"，全国是"国家"。封建制度所强调的等级制是为了防止"家乱"。为了不"乱"，封建统治者都避免个人或小团体独出心裁，打破原有的稳定结构。再者，中国传统重农抑商，农耕社会的历史悠久，人与土地、人与人之间形成了相互依存的纽带，休戚与共，荣辱相关。家族邻里定居于一方，所以群体关系越来越密切。而西方社会自古以来就很重商，后来又较快地进入了工业化社会。商业社会容不得温情脉脉的人际关系；工业化社会的快节奏也容不得那种"剪不断，理还乱"的群体关系的束缚。近代资本主义制度确立后，以私有制为基础的社会，人口流动性大，很难形成稳定的群体关系。总之，现代西方社会，以个人为中心，一切均制度化、规范化、简单化、清晰化。

价值观的不同可以从很多方面体现出来，例如家庭关系。在西方家庭中，比较注重个体主义，父母鼓励孩子独立自主，对孩子的意见充分尊重，他们不认为父母养育了孩子，孩子就应该赡养他们，所以孩子们一旦成年，他们就离家独立，不再认为父母必须供养他们读书或成家。而东方家庭比较注重长幼有序，一般认为"养儿防老"，父母对儿女会尽心尽力，倾其所有，而子女也应该报答父母的养育之恩，尤其强调"孝道"。

价值观对跨文化交流的影响最为重大。两种价值观的分歧越大，跨文化的适应性就越差。也就是说价值观的差别与文化适应能力成反比。价值取向的不同，导致说话、行为以及对语言、行为理解等的不同。

3. 社会习俗和文化障碍

中西方社会习俗的差异表现在以下几个方面：称呼、问候、介绍、感谢和答谢、赞美、隐私和节日等方面。在汉语中先姓后名，而在英美国家则完全不同，他们是名前姓后，而且在中间还喜欢加上一个中间名。称呼别人时一般在姓的前面加上称呼语，如 Mr. 和 Mrs 等。在英语中我们会发现西方国家里对亲属的称谓很少，如 Aunt、Uncle、Cousin 等。而在汉语中则不同，汉语把亲属间的关系分得极细，既能分别性别、长幼，又能分出与称呼者的关系。这种差异说明中国的文化背景，在几千年的封建统治下，中国人高度重视血缘关系和等级观念，提倡长幼有序、尊卑分明。而在一些西方国家小辈直呼长辈之名比比皆是。家庭成员之间，即使是长辈，也常对小辈说"Thank you"。因为西方的一些国家追求人人平等和个人的独立意识。在英国，熟人见面时讨论天气的话题较多。而在中国，人们碰面时则常问"你吃了吗?"，"吃"是人们谈论的常见话题。英国位于大西洋北岸，属于海洋性气候，受北大西洋暖流的影响，四季变化不明显，但一日之内天气状况可能瞬息万变，英国人认为在本土没有气候，只有天气，英国的天气每时每刻都是一个新鲜而有趣的话题，因而长期以来养成了谈论天气情况的

习惯。

与西方人交际时应注意一些话题。例如：西方人一般不会向陌生人或不太熟悉的人提问对方的年龄、婚姻状况、个人收入或宗教信仰之类的事，这对于他们来说是个人的隐私，别人无权知道。特别是女性的年龄，忌讳得很。在中国就不会有这么多的忌讳。

英美国家的社交习俗中坦荡直率的风格与中国人特有的谦虚谨慎很是不同。当别人问你是否要吃点或喝点什么时，我们总是要客气一番，有时会叫人搞不清是真还是假，弄得尴尬不堪。按西方国家的习惯，你若要便不必推辞，说声"Yes, please"或"No, thanks"，而不必推来推去；当你受到别人的称赞和夸奖时，说声"Thank you"。在西方国家人们认为那是非常得体的用语，无须谦虚。

节日文化的发展具有历史的连续性。自古以来，和为贵、大一统、政通人和、天人合一构成了我国群体的价值观念，表现在节日的文化内涵以尊贵、团圆、和谐、优雅为文化主调和情感主调。西方国家早于我国进入现代文明，其许多文化传统节日的文化寓意以浪漫和欢快为基调，如圣诞节。圣诞老人大白胡子、穿大红衣，带小红帽，自由自在地到各家各户送圣诞节礼物，形态可掬。狂欢节时，形式五花八门，时间长，人们不分男女老少皆可纵情欢乐。这体现西方社会对人的个体价值和尊严的尊重，折射了西方国家民主、平等和自由的文化环境。

4. 非言语交际与文化障碍

非言语交际（nonverbal communication）有广义与狭义的不同理解。广义的非言语交际包括除言语交际以外的所有交际行为。狭义的非言语交际应包括哪些内容，则仁者见仁，智者见智。何道宽（1988）认为，非言语交际作为一门相对独立的学科，以博德威斯特尔（Birdwhistell）于1952年出版的《体语学导论》（*Introduction to Kinesics*）一书为标志。林大津（2002）认为，非言语交际可以定义为：一个人（或多个人）不利用言语形式或只利用副语言形式所传达的信息被另一个人（或多个人）接收的交际行为。非言语交际方式的文化差异主要体现在：

在时间利用方面，英语人士习惯于在一个单位时间内只做一件事，因为特讲究计划的周密性。社交活动中，提前预约被视为必要的礼貌行为。最后一刻的通知会引起人的反感，因为这最后一刻通知，一是使人措手不及，会打乱原有计划，二是让人觉得你本来是邀请别人，只是最后一刻才临时改变主意，随便找个人来填补空缺。与英语人士打交道，守时至关重要。如果你在美国念书，不按时交付作业，教授可能会因此降低你的作业分数。我们国家在很大程度上属于多元时间制国家。多元时间制的生活与学习习惯可见于：不提前预约，随便串门；边工作边聊天；众人谈话，争先恐后，七嘴八舌……这种种行为并不一定是人们有意破坏，而是长期以来养成的多元时间制的习惯。

在空间方面，中国属于接触文化，英语国家属于非接触文化。例如：中国人交谈倾向于并排而坐，这样有利于"促膝谈心"，而且还可避免面对面给人的那种"受审式"感觉。英语人士交谈时喜欢面对面，这样有利于坦诚相见，不断地交流目光。

在手势语方面，英语人士要求搭车时，是面对开过来的车辆，右手握拳，拇指跷起向右肩方向晃动；中国人搭车是面向车辆，一只胳膊向一侧平伸，掌心向前，做出"停"的手势，或是高举右手或双手，向司机打招呼。又如：中国人向人招手示意向其靠近，是掌心向下；英语人士是掌心向上。有位中国教授去一个美国人家里，要将一件礼物送给这家小孩，当他向小孩招手时，这小孩却往后退。原来中国人掌心向下的招手方式类似于美国人让人走开的动作。

在站立方面，在西方，站立者通常在职位、地位或年龄上高于或长于坐者，在交谈中扮演主导角色。在中国，一般而言，晚辈或地位较低者以站为礼，倾听意见，处于被动地位；长辈或位尊者常坐着，处于支配地位（邱文生，1994）。

在坐姿方面，中国人传统坐相是"坐如钟"，要求上身与大腿，大腿与小腿两处的角度形成直角，要挺直腰杆，收紧膝盖，这就是所谓的"正襟危坐"；英语人士不习惯"正襟危坐"，将一只脚踝压在另一条大腿上，是美国人的典型架腿法。

在下蹲姿势方面，中国人可以两只脚跟着地，双脚脚尖向外，长时间蹲着；英语人士普遍忌讳这种姿势，他们典型的下蹲姿势是两只脚尖着地，或一只脚尖和一只脚跟着地。

四、跨文化交际理论和实用汉英笔译

语言既是一种社会现象，又是一种文化现象。语言是文化的主要组成部分，同时又是文化的载体，是人们思考、交流、积累和传播知识的工具，是用来保存、传输文化的手段。就语言而论，翻译则是语言机制的转换。

随着全球一体化逐渐成为当前世界不可逆的趋势，我国国际地位不断提高，对外交往与合作空前繁荣，跨文化交际现象越来越频繁。受不同民族文化和思维方式等方面差异的影响，人们在进行跨文化交际过程中，会出现这样或那样的交际障碍，影响交际效果。实用汉英笔译不仅是一项双语活动，也是一种跨文化活动。文化在实用汉英笔译中的作用不可低估。在跨文化交际中，实用汉英笔译人员不只要看到国家和语言的差异，更要努力填补由于文化差别所带来的空缺，使跨文化交际的目的得以顺利实现。

第九节　功能对等理论

一、代表人物

尤金·A·奈达（Eugene A. Nida）是美国著名语言学家和翻译理论家。这位在学术界德高望重的学者，从青少年时期便开始在美国圣经协会供职，供职时间长达半个多世纪。他一生中的主要学术活动都是围绕着《圣经》的翻译展开。在翻译《圣经》的过程中，奈达总结出一套独有的翻译理论。奈达理论的核心概念是"功能对等"。他以"功能对等"系列理论而被人称为"现代翻译理论之父"。

二、演变过程及发展

早在 19 世纪 50 年代，许多西方学者针对翻译对等这一理念进行研究，并提出了各自的理论。1953 年，里厄（Rieu）率先提出了"对等理论"这一概念，奈达由此受到启发继而提出"形式对等"理论。而后，为使源语和目的语之间的转换有一个标准，减少差异，奈达从语言学的角度出发，结合交际理论、信息论以及读者反映论，在《翻译科学探索》中首次提出著名的"动态对等"翻译理论，在《从一种语言到另一种语言》中改为"功能对等"，为翻译理论提供了新的视角。在这一理论中，他指出"翻译是用最恰当、自然和对等的语言从语义到文体再现源语的信息"，这要求译文要尽可能地再现源文本所要表达的含义，使译语读者对译文的反应与源语读者的反应相同。

然而，奈达并不是第一个提出读者反应论的理论家。早在文艺复兴时期，伊拉斯谟（Erasmus）就提出："译文的好坏，必须由读者来评定。"在 19 世纪 60 年代，马休·阿诺德（Matthew Arnold）和弗朗西斯·纽曼（Framcis Newman）就读者反应的问题引发了一场争论，也表明了他们都认为读者的反应是衡量译作的重要标准。西奥多·萨瓦里（Theodore Savory）在他的读者分析法中谈道："要获得圆满的翻译效果，必须根据不同的读者要求，提供不同性质和风格的译文。"这些对奈达功能对等翻译理论产生了重要的影响：即翻译的正确与否，在于译文读者与源文读者的反应是否等同；不同读者要求产生不同的译文。

奈达的功能对等理论给西方翻译界注入了一股新鲜的血液，对很多学者的翻译观点、翻译作品带来了重要的影响。2000 年，在《换言之：翻译教程》（*In Other Words：A Coursebook on Translation*）中，贝克把语篇翻译中的对等分成词层对等、词层以上的对等、语法对等、篇章对等、主题结构对等、衔接和语用层次对等六个层次。2001 年，巴兹尔·哈蒂姆和伊恩·梅森在《语篇与译者》（*Discourse and the Translator*）中谈道："在翻译过程中，译者应使语境和语言使用者建立起对应关系。"克里斯蒂安·诺德在她的《目的性行为——析功能翻译理论》（*Translating as a Purposeful Activity：Functionalist Approaches Explained*）中讲谈到了功能派理论在译者培养以及译者翻译道德观念的影响，还举例说明了功能派理论形成以来受到的各种批评。

三、国内研究现状

我国对奈达的理论研究相对国外更为繁多。据中国知网（CNKI）"功能对等理论研究"文献检索结果 2000 条左右可知：国内对功能对等理论的研究多为或从功能对等视角下对不同类型文本的翻译研究或者运用功能对等理论分析文本的翻译策略、翻译方法，文本类型包括科技文、政论文、影视字幕、实用汉英资料翻译文本、商务英语、文学作品等。

我国学者对功能对等理论的概述主要研究词汇、句法、语法、修辞、风格、语篇等多个层面的对等，它主要是针对读者反应论而展开的。纵观国内对奈达翻译思想的研究历程，大致经历了以下几个阶段：第一阶段，从20世纪70年代末到80年代，国内对奈达翻译思想的研究基本处在译介、评析及理论对比阶段。在中国翻译界，谭载喜是最早一批研究奈达功能对等的研究者。他在自己的专著《奈达论翻译》（1984）、《西方翻译简史》（2004）中都对奈达的功能对等理论做了系统的阐述，客观地分析了奈达的翻译对等观，也指出了奈达功能对等理论的贡献和不足。第二阶段，到了20世纪90年代，这一阶段的研究是积极话语与消极话语并存的阶段，为研究的"争鸣期"。第三阶段，21世纪初，国内对奈达翻译理论的研究多为批评话语这一时期，除了仍对奈达翻译理论的某一点或某一侧面进行研究外，更多的学者则是从后结构主义视角（尤其以德里达理论为基石）对奈达翻译理论进行批判，较之20世纪更为尖锐（王宗明、惠薇，2018）。

四、功能对等理论与实用汉英笔译

从新中国成立到改革开放再到社会主义现代化建设，我国在各个领域都取得了重大成就，因此，世界其他国家也更加关注中国的发展。实用汉英资料翻译能够使世界了解到更全面更真实的中国。尤金·奈达的功能对等理论认为，将一种语言翻译成另一种语言时，我们不仅应考虑形式对等，更要考虑动态对等，即功能对等，将语言中所蕴含的内容和文化传达给读者。因此，功能对等理论想达到的理想境界就是实用汉英笔译的理想结果，其对实用汉英笔译具有较强的指导意义。

第十节　目的论

一、主要观点

汉斯·弗米尔（Hans Vermeer）提出了目的论（Skopos Theory），将翻译研究从源文中心论的束缚中摆脱出来。该理论认为翻译是以源文为基础的有目的和有结果的行为，这一行为必须经过协商来完成；翻译必须遵循一系列原则，其中

"目的原则"居于首位。也就是说，译文取决于翻译的目的。此外，翻译还须遵循"语内连贯原则"和"语际连贯原则"。前者指译文必须内部连贯，在译文接受者看来是可理解的，后者指译文与源文之间也应该有连贯性。这三条原则提出后，评判翻译的标准不再是"对等"，而是译本实现预期目标的充分性。弗米尔还提出了翻译委任的概念，即应该由译者来决定是否、何时、怎样完成翻译任务。也就是说，译者应该根据不同的翻译目的采用相应的翻译策略，而且有权根据翻译目的决定源文的哪些内容可以保留，哪些需要调整或修改。费米尔认为，翻译中的最高原则应该是"目的原则"。也就是说，翻译的目的不同，翻译时所采取的策略、方法也不同。换言之，翻译的目的决定了翻译的策略和方法。对于中西翻译史上的归化、异化之争，乃至近二三十年译界广泛讨论的形式对等与动态对等，"目的论"都做出了很好的解释。翻译中到底是采取归化还是异化，都取决于翻译的目的。目的论是以"目的原则"为最高准则，而任何翻译活动都是有目的的行为，例如：电影片名翻译的最终目标和主要功能是帮助人们了解影片的主要内容，并激发观众的观看欲望。

二、目的论和实用汉英笔译

功能主义学派的代表理论是由汉斯·弗米尔提出的"目的论"。该理论强调以文本目的作为指导翻译行为的最高准则，因此在翻译过程中，译者可以不必拘泥于同源文保持对等，而是拥有更大的发挥空间，更加自由地选择翻译策略以实现文本目的。

而实用汉英翻译的目的是让目的语读者准确无误地理解和把握译文所传递的信息。目的论与实用汉英笔译目的不谋而合。因此，目的论对实用汉英翻译具有很强的指导作用。

第十一节　修辞劝说理论

一、主要观点

（一）亚里士多德的修辞三诉诸理论

亚里士多德认为，修辞学是一种以劝说方式体现并说服他人的艺术。他认为任何话语都是由言说者、话题和受众这三个基本要素构成的，修辞的目的乃是劝说并说服受众。亚里士多德在《修辞学》第一卷中提出了修辞劝说的三种基本模式，即人格诉诸（ethos）、情感诉诸（pathos）及理性诉诸（logos）（Aristotle，1991）。

人格诉诸强调言说者有必要通过言说进行自我形象的构筑，以建立可信的修辞人格。为此，言说者必须通过运用修辞手段，使"言说者显得使某一种人，并使听众认为他对他们抱有某种态度"，因为这"将对说服产生重大影响"（刘亚猛，2008）。

情感诉诸就是激发听众的情感，使之产生同情心、注意力并接受言说者的观点、提议，进而采取相应行动的修辞手段（Herrick，2004）。亚里士多德认为，言说者必须研究和了解听众的心理，以便能激发和控制他们的情感。为了更有效地运用情感诉诸修辞手段，亚里士多德认为必须从三方面对每一种情感状态进行研究，即产生这一情感的心理状态、这一情感的发泄对象、触发这一情感的原因，因为言说者只有对这三方面有全面的了解，才有可能引导听众产生这种情感状态（Aristotle，1991）。

理性诉诸指通过论证本身蕴含的理性或逻辑来进行劝说，即通过摆事实讲道理，实现以理服人。亚里士多德说，Persuasion occurs through the arguments（logoi）when we show the truth or the apparent truth from whatever is persuasive in each case（我们通过事件本身蕴含的理性或逻辑来验证事件是真实的或者明显真实时，劝说得以实现）（Aristotle，1991）。亚里士多德认为，修辞劝说理性手段有修辞论证（enthymeme）和修辞例证（paradigm）两种。

（二）受众中心论

佩雷尔曼（Perelman）和奥布莱茨（Olbrechts-Tyteca）提出受众中心论，受众为修辞劝说的核心因素。在佩雷尔曼看来，话语不仅面向听众，而且必须适应听众，并受听众的影响。因此，如果没有受众理论，将无法真正理解论辩。由此可见，对听众理论，尤其是普遍听众概念的理解是确保论辩发挥其有效性的关键。温科学教授认为，演说者开始时带着普遍听众的构想，从这种构想开始，对似乎适合于这种听众的诉求类型的有关问题做出决定，这有助于演说者诉求的选择，因而作为一种工具运用于演说的取材（温科学，2006）。而刘亚猛教授也认为，受众中心论并非只是修辞者对受众的一种被动适应，而是"积极主动、快速反应、灵活多变"的一种基本修辞策略（刘亚猛，2004）。由此可见，修辞学研究提出的受众中心论并非赋予受众为一切论辩的中心地位，而是将"受众"作为修辞者选用何种修辞策略以便更好地争取"受众"的接受和认同的一种主要参照。因为在修辞论辩中，修辞者采取各种说服手段的目的是促使受众改变自己原有的态度并采取相应的行动。换言之，修辞劝说成功与否主要看劝说能否在受众身上产生期待的变化，劝说的这一特点决定了演说者必须充分考虑到受众的不同特点，并以此来决定说些什么话以及怎么说，从这个意义上说，赋予受众中心的地位恰恰体现的是修辞者修辞策略的具体运用。

（三）在场理论

在场理论是修辞论辩的运作机制。佩雷尔曼认为，言说者要在各种论辩因素中进行选择时，他必须从中选择个别因素，通过赋予它们"在场"的特点，从而使其成为受关注的焦点（Sonia K. Foss, etc., 1985）。佩雷尔曼认为，所有的论辩都是选择性的，在这个过程中，言说者不仅要选择论辩的因素，而且要选择使这些因素"在场"的方法（Perelman & Olbrechts-Tyteca, 1969）。创造"在场"本身就是选择强调、凸显事实或观点的某一方面，从而引导听众将注意力集中到这些方面上来。在《新修辞者》（*The New Rhetoric：A Treatise on Argumentation*）一书中，佩雷尔曼还着重讨论了"在场"在论辩中的重要性。"在场"指言说者寄希望于特定因素并通过这些特定因素将其所期望的内容展现出来，以使之占据听众意识的前景（Perelman & Olbrechts-Tyteca, 1969）。对于"前景"这个概念的理解，佩雷尔曼使用了焦点图像与背景的比喻进行解释：一个人站在山顶上眺望山谷能看到一些树木、一片湖、一条小溪以及其他一些物体。当他的注意力集中在树木上时，树木便变成了焦点图像，其他物体便成了背景。树木在那个人的感知视域中确立了它的在场（Sonia K. Foss, etc., 1985）。

佩雷尔曼认为，创造"在场"在论辩中具有突出的重要性。然而，有效地创造"在场"使之占据听众的意识并不仅仅指所有那些旨在促使听众立即行动的论辩，而且也包括那些能诱导听众朝某一方向思考、更加倾向采纳某一解读方式，或在其论辩框架中注入认同因素，因而突显"在场"因素在论辩中具有重要的位置（Perelman & Olbrechts-Tyteca, 1969）。与传统修辞学不同的是，佩雷尔曼并不关注如何通过建构话语形式来创造美的感受，而是更加关注如何创造"在场"使某些信息或者这些信息的某一方面在听众意识中得到强化和凸显，从而使这些信息获得听众的接受和认同。

（四）认同理论

认同理论（identification）是伯克（Burke）提出的，认同是修辞劝说的中心概念。伯克的"认同"概念根植于本质观（substance），他认为，人类通过各种不同的特质特征来形成自我或本质，包括身体、职业、朋友、活动、信仰和价值观。当我们自身的特质、特征与其他任何人或事物发生联系时，我们便与他们分享共同的本质（Sonja Foss, 1985）。伯克使用术语"认同"（identification）来表述"同质性"（consubstantial），并将"劝说"等同于"同质性"或"认同"，认为修辞能否取得成功主要取决于修辞者能否获得受众的认同，即"劝说"是"认同"的结果。伯克指出，You persuade a man insofar as you can talk his language by speech, gesture, tonality, order, image, attitude, idea, identifying your ways with his（只有当我们能够使用另外一个人的语言方式，即在言辞、姿态、语调、语序、形象、态度以及思想等方面做到与他的方式一致时，我们才能劝服他）（Sonja Foss, 1985）。

伯克进一步论述了实现认同的三个基本方式："同情认同""对立认同"与"误同认同"。同情认同指的是修辞者通过强调与受众在思想、情感、价值、观点等方面的相同或相似，强调修辞者与受众之间的共同感情而与受众建立"认同"（邓志勇，2011）。"认同"本质上是实现修辞目的的一种手段。例如：一名总统候选人可能告诉一群主要由农民组成的选民听众，说他是在农场长大的。如果他在"农民"这一点上能与听众实现同一，他就有可能获得他们的选票。只要他们在利益、特点方面有交汇之处，也就是说，两者建立了"认同"，劝说预期目标便达到了。但作为一种修辞运作策略，伯克指出，在修辞互动中，修辞者并非总是明确表达，而是将其（与听众具有相同的情感）蕴涵在话语之中，让听众去领会（Burke，1931）。建立"认同"的第二种策略是对立认同，即对立实体之间基于共同的敌而创建"认同"。伯克的对立认同也体现了其将修辞学思想置于人类的生存环境背景下进行的哲学思考：人在现实生活中总是审时度势地对周围的环境进行观察和判断，权衡它们可能对其行动带来的影响，选择适当的策略，采取必要的公动（鞠玉梅，2005）。第三种建立"认同"的策略——误同认同，被认为是最强有力的认同。这是一种在不经意中产生的认同（derives from situations in which it goes unnoticed）。这种认同策略通常指修辞者使用包括听众在内的词语或手段。如使用"我们"，使听众无意识或潜意识地认同修辞者，想象自己将成为修辞者或如修辞者所描述的那样（邓志勇，2011）。

（五）修辞情境理论

修辞情境理论是比彻尔（Bitzer）提出的，修辞情境是修辞话语产生的基础。比彻尔认为修辞情境主要由三个因素构成：情急状态（exigence）、修辞听众（rhetorical audience）与限制（constraints）。比彻尔将情急状态定义为"an imperfection marked by urgency；it is a defect，an obstacle，something waiting to be done，a thing which is other than it should be"（一种以紧急状态为特征的缺陷、一种亟待克服的障碍、一个亟待解决的问题、一个本不该如此的状态）（Bitzer，1968）。然而，并非所有的情急状态都能构成修辞情境，而只有那些能够通过话语来介入的情急状态才能构成修辞情境（Bitzer，1968）。修辞情境的第二个因素是有积极参与的听众。修辞的目的就是要影响听众的态度和观念，并在他们身上唤起某种期待的行动，因此，听众是否积极参与是考量修辞情境存在与否的重要因素。然而，并非所有的听众都能构成修辞情境。只有那些能够被话语影响，能够被调解、改变的人才能构成修辞听众（Bitzer，1968）。换言之，只有那些能够采取相关行动、有助于直接改善情急状态的人才能被称为修辞听众。修辞情境的第三个基本构成因素是"限制"。"限制"指的是修辞情境中的种种制约因素，由人物、事件、物体以及它们的相互关系构成。这些因素有能力限制介入情急状态的决定和行为（Bitzer，1968）。而比彻尔认为，常见的限制因素包括信仰、态度、纪实、传统、形象、兴趣、动机等。

比彻尔在讨论修辞情境的构成成分时提出修辞情境有以下两大特点：首先，修辞话语由情境促使而进入情急状态（rhetorical discourse is called into existence by situation）；其次，修辞情境要求修辞者根据情境做出适切的反应（it invites a fitting response，a response that fits the situation）（Bitzer，1968）。

从比彻尔对"修辞情境"的分析和解说中我们可以看到，比彻尔提出的"修辞情境"与传统意义上所理解的"背景"或"语境"不同。他强调在修辞者的修辞过程中要首先评估修辞情境的因素——修辞听众、情急与限制，然后努力构筑适切、有效的话语来改善这一情急状态。显然，比彻尔的修辞情境理论为修辞者对不同的修辞事件所引发的修辞情境进行有效评估进而采取不同的修辞策略来改善某一特定的修辞情境提供了一个重要的参照，深化了我们对修辞过程的理解和认识。

二、修辞劝说理论与实用汉英笔译

从经典修辞劝说理论看，修辞作为话语构建的一种方式，其目的是实现有效劝说。而当代修辞学将修辞视为"为了增进理解，研究人们相互误解和消除误解的良方"，是"一些人对另一些人运用语言来形成态度或引起某种行动"，是"研究增加有效交流与沟通，促进社会和谐的实践活动"。修辞劝说的这些观点与实用汉英笔译的目的不谋而合。实用汉英笔译与修辞劝说理论都是以沟通方式进行劝说的一种交际活动。译者通过文本的选择与自身的人格诉诸塑造可被接受的形象，以受众情感为核心，通过理性诉诸，完成实用汉英翻译工作。在实用汉英翻译过程中，将修辞劝说理论与其有机结合，可使译文更易被目标受众所接受，从而达到有效劝说的目的。

由此可见，要实现实用汉英笔译的预期目标，翻译实践从方法论上不应囿于传统翻译研究的策略范畴，而应该在遵循翻译的一般规律的基础上积极调动修辞资源，以达到实用汉英笔译成功劝说的目的。然而，在以往的实用汉英笔译效果讨论中，所提出的翻译策略多从译文的"美"，抑或从译本在交际层面的可接受性上评判译文的优劣。虽然也有不少实用汉英笔译研究凸显了译文受众的中心地位，但这些研究主要侧重受众的文化差异等因素对翻译策略选择的影响，修辞劝说视角下的实用汉英笔译将翻译实践视为跨语言、跨文化的，具有修辞性、劝说性的交际活动。因此，从翻译方法论上看，实用汉英笔译策略的选择实际上是修辞策略的运作。从这个意义上看，有别于传统意义上的翻译（尤其是文学翻译）的"求美"行为，实用汉英笔译行为从本质上来说应该是一种"求效"行为。

第十二节　衔接连贯理论

一、主要观点

（一）衔接的作用

1. 衔接是语义关系的呈现

衔接是在语义关系作用下，对构成语篇各个成分进行外在联结呈现，或者是解释。当语篇中某一成分的内在含义，需借助另一成分来做解释说明时，两个成分之间便形成了语义间的解释关系。当语篇中的解释关系紧密相连时，便逐步形成一种语义解释关系网，即语篇的衔接性。这种关系属性外在表现为语篇的某种语言特征，形成语篇的有形脉络。

2. 衔接是成篇的必要条件

语篇的接受者需要依赖衔接组建和辨析语篇的逻辑脉络、信息内容以及在这两者承载下对语篇的结构整体性和意义完整性进行追溯和反复，完成语篇的生成和理解。这个必要条件不仅存在于语篇接受者的意识和认知层面，同时也是语篇接受者以自己的心理世界统摄外部世界和语篇世界的一种意图潜势，可以具体称为语篇的衔接意识。

3. 衔接是成篇标记手段

衔接关系依赖某些形式在语篇中得以实现和确定。韩礼德将衔接手段具体分成以下五种：照应（reference）、替代（substitution）、省略（ellipsis）、连接

（conjunction）及词汇衔接（lexical cohesion）。前四种为语法衔接手段，后一种则为词汇衔接手段。其中，语法衔接为语篇最典型的特征之一。语篇组成部分之间的显性衔接关系与语言的语法系统有着必然的联系。"语法系统之间的差异性可能会导致语篇在明晰度或信息量上有所差异。"例如：衔接在英汉语篇转换中就体现为这两种语言之间的语法系统参数的调整或转换。"语法、词汇和叙事"被视为另一种衔接手段分类，其中后两种不属于功能语法概念或范畴，因此并不涉及语法系统中的语言参数调整，因为"词汇"与"叙事"是可以直观呈现在译语语篇之中。

（二）语篇衔接

衔接这一概念是由韩礼德在 1962 年首次提出的。1976 年，他和哈桑（Hasan）合著了《英语衔接》（*Cohesion in English*）（1976）一书，这本书可以说是衔接理论创立的标志。书中指出衔接是一种语义概念，指的是存在于语篇中，并使语篇得以存在的语言成分之间的语义关系。衔接通常可分为词汇衔接、连接、照应、替代、省略。在语篇翻译中，要充分认识源文中的衔接手段和方法，使译文尽可能地体现出源文的衔接方式，有时在译文中也可以变换衔接的手段和方法，使译文达到和源语篇异曲同工的效果。在语篇翻译中，对语篇衔接的认识和把握，会直接影响译文的质量。

1. 词汇衔接

词汇衔接指的是运用词汇达到语篇衔接的目的。在翻译中辨别词汇连接，找出相对应的译文词语是至关重要的，这也是提高译文质量不可或缺的部分。

2. 连接

连接指的是源文中某些词语在整个语篇中起着承上启下的作用。翻译时要通过一定的衔接手段，将句子与句子、段落与段落非常有条理地连接起来，使整个语篇构成一个完整或相对完整的语义单位。

3. 照应

照应通常分为人称照应、指示照应、比较照应。在翻译时，要认清人称照应的关系，在很多情况下，英语中的代词必须被还原为汉语的名词，明明白白地表达出来。

4. 替代

替代指的是用较短的语言形式来替代上下文中的某些词语，其目的是行文简

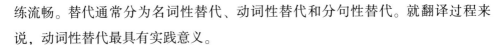

练流畅。替代通常分为名词性替代、动词性替代和分句性替代。就翻译过程来说，动词性替代最具有实践意义。

（三）汉英衔接手段的异同

在实际交际中，语言的基本单位是语篇，而非单词或句子。以语篇语言学的基本观点来看待翻译，就可以在语言结构的高层次上处理信息再现的问题。因此，视野更广阔，方法更全面。衔接是生成语篇的必要条件之一，是语篇理解的基础。衔接可以使语篇的语言简练，信息突出，逻辑连贯。无论在外语教学中，还是在翻译实践中，了解英汉衔接手段的异同，都有着重要的意义。

由于英汉两种语言结构和文化的差异，要根据目标读者的表达习惯，对衔接和连贯进行重构，使译文具有衔接和连贯的特点，传达源作者的完整意思。

韩礼德和哈桑在《英语衔接》一书中将衔接视为构成语篇的内在意义关系，并将衔接分为五种类型：照应、替代、省略、连接和词汇衔接。

首先是照应，根据韩礼德和哈桑（1976）的观点，照应是最常见和最独特的衔接手段，只有在语境中才能用其他词语来解释。在词汇语法层面，照应可以分为三种类型：人称照应、指示照应和比较照应。人称照应主要由人称代词、所有格限定词和所有格代词（如：we、him、its、hers 等）构成；指示照应主要由指示代词和副词的指示照应以及定冠词（如：this、those、the 等）构成；比较照应主要由比较级形容词和副词的比较照应（如：more、better、less 等）构成。汉语中普遍存在共享词的重复使用，但在英语中，这种重复使用往往导致冗余现象。因此，在英语中，我们可以采用照应手段来替代共享词，从而避免不必要的重复。在进行汉译英时，译者应当充分考虑到这些英语照应手段与汉语共享词在形式上的转换，以确保译文更加连贯流畅，为目标语读者提供与源语言读者相似的阅读体验。这样，我们就能在文本层面上实现功能对等。

其次，替代是指代替共有的词语和内容，避免重复，连接句子，使文本简洁流畅。替代也可以分为三类：名词替代、动词替代和小句替代。名词替代主要是指用"one"来替代前面所述的某些名词或短语。同样地，动词替代是指使用"do"来替代共享的动词或短语。此外，小句替换是指用一个词或短语（如：so，not 等）来代替一个从句或从句的一部分，这也是一种避免啰唆重复的方法。

再次，省略和替代一样，也是避免英语重复的有效方法。与替代类似，省略可分为名词性省略、动词性省略和小句性省略，即省略共有的名词、动词和从句。从这个意义上说，省略可以被称为"零替代"。在英语中，根据上下文可以很容易地推断出省略部分。在英汉翻译中，如果不恢复省略的内容，容易造成中文信息的空缺。因此，在英汉翻译中恢复省略的内容是必要的。此外，在汉英翻译中，删除重复的部分是必要的。目的是使译文读者与源文读者产生相同的阅读效果，实现功能对等。

　　然后，连词作为衔接手段之一，是连接从句、句子和段落的形式标志（Baker, 1992）。韩礼德和哈桑将其分为四类：附加、转折、因果和时间连词（1976）。附加连词主要由"and"构成，用以连接两个简单的句子，符合英语的语法要求。然而，汉语中句子之间是由语义而不是语法手段连接起来的，这是汉语意合特征的体现。因此，在汉英翻译中，可以添加"and"等附加连词，以符合英语的表达习惯。第二种是转折连词，包括"but""though""however""while""although"等。中国人可以通过句子的意义来理解句子之间的转折关系，而英语是一种形合语言，需要各种连接手段来反映逻辑关系。需要注意的是，英语中的转折连词"though（尽管）"不能与"but"连用在一个句子中，但汉语中连接词通常是成对使用的。所以，在汉英翻译中，译者必须删除重复相应的连词，以符合英语人士的语言习惯。第三种是因果连词，用"because""so""since""as"等词表示。与转折连词类似，汉语中的因果连词"because"和"so"被认为是一对，在一个句子中一起使用，但在英语中，它们只能单个在一个句子中使用。换句话说，"because"和"so"不能在英语的一个句子中共存。因此，在将汉语翻译成英语时，有必要对译文中的一对连词中的另一个进行删除。最后一种是时间连词，具体表现为"when""before""as soon as""not… until"等。由于英语是一种注重一系列事物的时间顺序的逻辑语言，所以这些时态连词就是用来表现这种关系的。然而，在汉语中，有一些表示时间顺序的表达。因此，在汉英翻译中可以灵活地翻译时态连词，以适应英语读者的习惯。

　　最后，词汇衔接是指利用词汇手段连接语篇的衔接手段。李运兴将词汇衔接分为同义词和搭配两类，同义词又可分为上义词、下义词等（2001）。用同义词和近义词来丰富英语的表达方式，在整体上达到一个清晰的逻辑。因此，词汇衔接也需要仔细识别，灵活对待，以获得流畅易懂的语篇。

简而言之，衔接手段是连接单词、从句或句子的明确语法手段，也是英语形合特征的体现。基于英汉两种语言之间的巨大差异，这些衔接手段需要根据语境进行合理转换，从而在语篇层面上实现功能对等。韩礼德和哈桑认为衔接通过显式的、语法的和词汇的手段将单个句子紧密地联系在一起（1976）。因此，恰当的衔接翻译对于理解源文和目的语起着至关重要的作用，这不仅需要对源语的衔接手段有深刻的理解和掌握，而且需要对译语的衔接手段有深刻的理解和掌握。由于英汉两种语言之间存在着较大的差异，在翻译过程中，转换两种语言之间的衔接手段是经常发生的事情，以达到与源文相同的效果。

（四）语篇连贯

连贯是词语、小句、句群在概念上、逻辑上合理、恰当地连为一体的语篇特征。连贯的语篇有一个内在的逻辑结构从头到尾贯通全篇，将所有概念有机地串接在一起，达到时空顺序的明晰，逻辑推进层次分明的效果（李运兴，2001）。可以说，连贯是语篇的无形网络，语义连贯是构成话语的重要标志，译者只有看清似乎相互独立，实为相互照应的句内、句间或段间关系并加以充分表达，才能传达原作的题旨和功能。语篇连贯问题主要表现为：逻辑重组、推进层次、叙述思路的转换。正确处理这些问题是保证译文语义连贯必不可少的条件，否则译文就会出现凌乱、混淆乃至误译。

1. 逻辑重组

逻辑重组指的是源文连贯结构到译文连贯结构的转换。由于英汉两种语言有着不同的逻辑层次特点，因此，在英汉翻译时，要根据汉语的思维方式进行调整、变通；在汉英翻译时，要根据英语国家的思维方式进行调整、变通；目的是使译文的连贯结构能充分地体现出源文中的连贯结构，使译文更加准确、达意、流畅。

2. 推进层次

推进层次，指的是一个语篇的行文脉络，按照某一思维层次展开，一个语篇大可以到整个篇章，小可以到一个句群。在翻译实践中，要充分认识源文中的推进层次，以符合译入语习惯的逻辑和层次，将源文所具有的脉络充分地体现出来，达到与源文同样信息传送的效果。

3. 叙述思路的转换

叙述思路指的是作者所依循的思维路径。一般来说，思维路径是连贯不变的，但有时，由于某种原因，作者也会在叙述时发生思路的转换，在翻译过程中，也需要译者精心处理，以免使译文出现脱节的现象。

（五）语篇与衔接和连贯的关系

衔接是一种篇章特点，连贯是一个读者对于篇章评价的方面。也就是说，衔接是客观的，从理论上讲能够被轻易识别；而连贯是主观的，对篇章中连贯程度的评价依读者不同而不同。就衔接而言，片语是依赖词汇和语法而联系在一起的；就连贯而言，片语是依赖语言使用者所感知的概念和意义而联系在一起的。衔接是篇章的外在形式，连贯是篇章的内在逻辑联系（邹玮，2003）。但是，在汉英互译中，词语衔接或语义连贯并非总是相对应的，因此译者要弄清楚源文作者是怎样运用衔接手段来达到连贯目的的，然后再根据汉英两种语言在形式和逻辑表达上的差别进行变通。

综上所述，衔接与连贯有着紧密的对应关系，连贯良好的语篇往往有着很好的衔接机制。在翻译过程中，辨清源文的衔接关系，对于译文连贯的重建有着十分重要的意义。但值得注意的是，衔接只是体现语篇的表层结构关系，并不能保证语篇各个成分之间互有意义。

二、衔接连贯理论与实用汉英笔译

衔接是语篇特征的重要内容之一，一个连贯的语篇有着良好的衔接机制。衔接与连贯相辅相成，使语篇获得统一的语义。衔接手段在语篇中发挥着重要的纽带作用，各种衔接手段在解读源语语篇、构建译文语篇连贯的过程中起着积极的导向作用。在翻译中，认清语篇中的各种衔接纽带，是建立译文语篇连贯的第一步。语篇的连贯指的是语篇中语义上的相互关联。连贯存在于语篇的深层，体现了语篇中各个成分之间的逻辑关系，也体现了语篇作者的交际意图和预期的语篇功能。衔接连贯是实用汉英语篇翻译中的两个重要原则和特征，是实用汉英笔译实践中需要首先考虑的因素。由于英汉两种语言在表达方式上存在着一定的差别，因此，汉英翻译时，在充分理解源文语篇结构的基础上，需要灵活地运用英语衔接和连贯手段，使译文既能充分、完整地表达源文的意思，又能符合英语的表达习惯，为英语读者所接受。

具体来说，在语篇层面上，需要明确表达各类衔接手段，显化隐性的逻辑关系，把语篇从形式和逻辑上有机地组织在一起，实现与源文的功能对等。在语篇层面上，衔接和连贯分别作为两种有效的文本衔接手段，可以让句子紧密地联系在一起形成篇章。衔接作为一种显性的连接手段，主要通过照应、替代、省略、连接、词汇衔接等手段来实现。对于前三者，英语习惯于用代词和省略的手法来替代那些反复出现的内容，避免造成文字内容的累赘重复；而汉语则喜欢重复这些词汇，使表达更加清晰明确。不同于衔接，连贯则是语篇结构中一张无形的网，将句子通过各种隐性的逻辑关系连接在一起。而为了让这些逻辑关系更加一目了然，译者需要在理解篇章中句子间时间顺序、转折关系、递进关系的基础上，通过增译连接词的方法将其表现出来。除此之外，还可以增译一些语外知识让句意更加清晰，便于译文读者理解。

简而言之，衔接是通过词汇和语法手段来实现的，连贯是通过信息的有序排列来实现的。由于英汉两种语言结构和文化的差异，要根据目标读者的表达习惯，对衔接和连贯进行重构，使译文具有衔接和连贯的特点，传达源作者的完整意思。

第四章　交际翻译理论与实用汉英笔译的实证研究

　　随着中国与世界的接轨，越来越多的国家希望了解中国，很多外国朋友来到了中国。在这种跨文化交际的过程中，作为国际通用语言，英语成为各国人们沟通的最便捷的工具。因此，实用汉英翻译日益显示出其重要性，其目的非常明确，即在必要的场合能够指示、提示、警示、帮助在华外国朋友更方便地学习、工作和生活。

第一节　交际翻译理论

　　交际翻译理论的代表人物是彼得·纽马克。受维果茨基的影响，他反对过分强调语言社会层面的价值，而是把语言看作思考和自我表达的工具，重视语言的交际功能（Newmark，1982）。1981 年，在他出版的第一部著作《翻译问题探讨》里，他正式提出了"交际翻译"的概念。他认为交际翻译的目的是"努力使译文对目的语读者所产生的效果与源文对源语读者所产生的效果相同"（Newmark，2001；Nida，2004）。要达到这一交际的目的，这就要求译文要打破源文的限制，更多地使用通用词汇，使译文通俗易懂。

　　纽马克的翻译理论在西方现代翻译理论流派中可谓独树一帜。引入中国后，引起了诸多国内学者的热议与研究。目前关于交际翻译理论的研究同样主要分为两大类：一类是纯理论研究（杨士焯，1989；林小芹，1987；徐瑾，2009）；另一类是作为依托理论对其他研究对象的相关研究（王金华，2007；佘晓洁，2012；阮薇，2012；付晶、王跃洪，2014）。

第二节 交际翻译理论视域下实用汉英笔译策略

实用汉英翻译是为了实现跨文化交际，有效呈现和传播中国传统文化，实现源文的功能和意图，以便最大程度地让公众获得所需要的信息。以上翻译目的决定了译者应该遵循以下基于交际翻译理论的三种翻译原则。

一、经济原则

"经济原则"指的是译者应该以最直接的方式，用最清晰、最简单的词来翻译源文本，从而可以以最低的成本实现特定的目标。从交际翻译理论的角度来看，实用汉英笔译应着重于传达语言的含义以达到交际效果，而不是将每个中文准确地翻译成英语单词。逐字翻译似乎冗长笨拙，语言不自然且逻辑晦涩。"交际翻译可能更顺畅，更简单，更清晰，更直接……"（Newmark，2001）。

"经济性原则"就是在进行实用汉英笔译时，主要采用简化的翻译方法，译出精简的译文。最理想的状态就是让公众在看到实用汉英译文的第一眼就能明白译文想要表达的含义。因此，这就要求译文应以简洁易懂为首要原则。首先对文本有充分了解，然后灵活地、有选择地对源文进行重新加工处理，摆脱源文的束缚。运用流畅自然、简洁明了的语言风格，以目的语读者为中心，从而达到纽马克所说的交流影响原则（communicative effect-emphasized principle），以此减少源语与目的语间的交流障碍与困难。其次，在翻译的过程中，应尽量选择简单的词汇和简单的句型结构进行翻译。运用常用词、小词、短词进行翻译，读者则易于理解和接受；运用简单的句子进行翻译，减少多定语、多状语等修饰成分的书面语语句，将句子简短化，避免冗长化与烦琐化。

二、等效原则

"交际翻译试图使其对读者产生的影响尽可能接近源文本读者所获得的影响"（Communicative translation attempts to produce on its readers an effect as close as possible to that obtained on the reader of the original）（Newmark，2001）。这是指等效的效果。同等的翻译效果并不意味着全部内容或源文信息都会重复出现。译者的目的是设法保持源文的风格，并向读者传达源文打算传达的内容，从而使他们感觉像源语言的读者一样，这是译者的高标准。也就是说，译者需要为目标语言的读者创造与源语言的读者阅读源文时获得的相同或相似的效果，以实现成功的沟通。此外，根据纽马克的观点，将读者置于目标语言文化中的交际翻译往往会产生同等的效果（Newmark，2001）。在交际翻译理论的指导下，实用汉英译文应使目标语言的读者能够在熟悉的文化背景下进行理解、感受和思考，从而可以与源语受众做出相同的反应，这意味着实现等效的效果。通常，由于思维方式、文化背景等方面的差异，源文的意图与译文读者的认知能力之间存在着一定的差距。为了适应译文的文本功能和满足译文读者的需求，译者应该从读者的角度，根据译文所期望达到的交际功能，采用合适的方法对源文进行加工处理，以便尽量考虑到译文读者的认知能力。因此，即使在译文的个别地方与源文产生差异，只要能在总体上忠实地传达源文的意图和功能，在译文读者中产生相似于源文的预期效果，此翻译即可以称为得体的翻译。从译文的预期功能考虑，实用汉英资料的翻译标准是：译文能够得体地表达，并取得译文的预期效果。因此，在翻译过程中，译者应该从译文读者的角度出发，充分考虑到中国和英语国家读者不同的文化背景、思维方式等，使译文既忠实于源文，又没有拘泥于源文，同时采用交际翻译法，从而得到准确的译文。因此，在实用汉英笔译时要达到同等的效果是必须的，既是理想的基本要求，也是要实现的难点。

三、易懂原则

交际翻译的重点在于传递信息，让读者在思考和感受之后采取行动，即：先是传递信息，后是产生效果。实用汉英笔译应该重视效果，处处将读者放在首位，从而达到实用汉英笔译的目的。正如纽马克所说，"交际翻译只针对第二读者，他们不会预料到困难或晦涩难懂的情况，并期望在必要时能将外来元素尽可能地转化到他们自己的文化和语言中"（Communicative translation addresses itself solely to the second reader, who does not anticipate difficulties or obscurities, and would expect a generous transfer of foreign elements into his own culture as well as his language where necessary）（Newmark，2001）。交际翻译以目标语言的受众为中心，努力按照目标语言的习惯和文化来翻译源语言，以确保译文自然、顺畅，且不会造成理解障碍。在源文本中不可避免地会使用成语和方言，这实际上增强了对源语言读者的表达效果。但是，毫无疑问，缺乏相应文化背景的读者在阅读译文时，如果不转移源语言的文化信息，就会感到困惑。根据交际翻译理论，要求将外来元素尽可能地转移到目标读者可以接受的内容中，以便清晰地传达文化信息并为读者提供可理解的翻译文本。对于以外国友人为对象的实用汉英笔译，有必要考虑其可接受性。为此，译者需要照顾目标读者的阅读心理和情感，使译文符合译文读者的语言文化习惯。因此，就实用汉英资料翻译而言，可理解性非常重要。

总而言之，实用汉英笔译实践可以在经济、等效和可理解性的原则下得到很好的指导。

第三节　交际翻译理论在中式菜名汉英笔译中的应用

饮食文化是一个国家民俗文化的组成部分。中国地域辽阔，民族众多，饮食文化博大精深，在全世界享有盛誉。中国菜肴有八大菜系，分别为：山东菜系、四川菜系、广东菜系、福建菜系、江苏菜系、浙江菜系、湖南菜系和安徽菜系。除了精湛的烹调技艺和令人垂涎的口感以外，菜名也成为中国菜肴的一大亮点。由于我国不断发展经济并扩大对外交流，来我国访问的学者和旅游、投资、求学的外国友人也日益增多，所以，中式菜名的翻译活动也变得不可缺少。我们需要更加重视中式菜名翻译方面的研究。

而对于中式菜名，因其受众的独特性，它的翻译要更有针对性。纽马克的交际翻译理论正是以译入语读者为中心的翻译方法，因此本节选择它来指导中式菜名汉英研究。译者在交际翻译中有较大的自由度去解释源文，调整文体，排除歧义（Mona Baker，2000）。而且，由于译者要达到最佳的交际效果，就得根据外国友人这一特定的目的读者群的特点，使译文达到既诙谐幽默又通俗易懂的效果。实际上，为消除语言和文化的隔阂，中式菜名汉译英已形成较为普遍的市场需求。因而，运用科学的翻译理论研究具体的中式菜名汉译英翻译实践具有较大的现实意义。

一、交际翻译理论对中式菜名翻译的指导作用

菜名文本旨在先引起读者注意，然后再将信息传达给读者从而给读者留下深刻的印象，并唤起读者的消费需求。因此，菜名文本应该是属于信息功能型文本和呼唤功能型文本的结合体，并以呼唤功能为主。纽马克还指出：信息功能型文本和呼唤型文本应该侧重于读者为中心的交际翻译。交际翻译是指译文对译文读者产生的效果应该尽量相当于原作对源文作者产生的效果。将中式菜名翻译出来不是给本国人看的，而是让外国人看的，以便帮助他们在中国更方便地生活、工作或旅游等。对中式菜名这种文体，译者应该选择交际翻译法，以译文读者为中心，为译文读者着想，并且要考虑到他们的文化背景和接受菜名的能力，让他们明确获得菜名翻译所提供的信息，并产生消费的欲望。总之，运用交际翻译理论指导中式菜名的翻译是可行的。

二、交际翻译理论视角下中式菜名翻译策略

（一）经济原则下的翻译策略

中式菜名通常出现在空间有限的餐馆，食客在阅读时往往具有临时性，而且中式菜名是各行各业受教育程度不同的西方民众。因此，中式菜名的语言必须简洁明了，以便读者能够在有限的时间里了解信息。经济原则要求中式菜名翻译应能够在有限的时间和空间内尽可能简洁地传达其源文含义，否则西方食客往往会错过信息。因此，基于这一显著特点，为了使中式菜名翻译适应目标食客的需要，在翻译的过程中应适当采用简化翻译策略。

以下示例将基于经济原则，从仿译和省略这两个翻译策略进行讨论。

1. 仿译

仿译就是模仿英语里类似的说法，稍加改变，使译文尽可能地道，从而使这些译文更好地发挥其功能（俞碧芳，2011）。

众所周知，汉语菜名文本蕴含深厚的中华民族文化，承载中国菜的风味特

色，达到渲染气氛、打动读者的目的。英语菜名文本大多结构严谨，风格简约，语言朴实，表达直观通俗，注重信息的准确性和语言的实用性，忌用华而不实的语言。因此，在处理菜名的汉英翻译时可以采用仿译。

例1：盖浇面

译文：Chinese-Style Spaghetti

分析：上述采用仿译翻译策略。spaghetti 是英语国家人士所熟知的意大利面条。实际上在翻译"盖浇面"这个菜名时，我们可以仿照 spaghetti，把它译作"Chinese-Style Spaghetti"。这样的译文更符合菜名经济的原则，也更符合译语的语言和文化习惯。

例2：馒头

译文：Steamed Bread

分析：此译文也用了仿译翻译策略。该菜名的翻译仿拟了西方国家的面包 bread，给公众留下了深刻的印象，同时也符合菜名简洁的原则和尊重译语读者的文化习惯。

2. 省略

当源文本中包含一些不必要的信息或词汇而阻碍目标语读者理解菜名时，或者某些表达方式可能产生负面影响或带来理解障碍时，最好在理解的基础上省略一些词或信息，再翻译源文本中的内容，以便得到简洁的译文。菜名的特征简洁明了，可为目标读者提供最相关的信息。由于两种语言的差异，中文倾向于使用复杂和委婉的词来表达意思，而英语则倾向于直接表达主要信息。因此，当译者翻译中文菜名时，无须翻译所有的信息或词，只选择与目标读者最相关的信息。省略（Omission）主要有两种类型，即省略烦琐的描述，省略不必要和不确定的信息。

例1：酸辣海蜇头

译文：Spicy and Sour Jellyfish

分析：此译文删除了"头"，使用主要关键词 jellyfish 来达到更好的交流目的。通过对其进行适当的调整翻译后，翻译人员可以摆脱源语的束缚，并为外国食客去除一些无用的信息，从而更好地为目标受众服务。

例2：脆皮乳鸽

译文：Crispy Pigeon

分析：译文使用省略策略并删除原始信息"皮"和"乳"。译文"Crispy Pigeon"对于外国食客来说听起来很自然。

简而言之，英语菜名文本的特点是简洁明了，逻辑结构清晰，采用朴实的语言。汉语菜名采用"写实型"和"写意型"。前者反映菜肴的主要信息，例如食材、烹调方式、口感等；后者则借用修辞、典故等方式，文采浓郁，给人以美的享受。因此，英汉两种语言之间的差异决定了汉英翻译应该忠实于目标语言简洁的语言风格，遵循经济原则。这样一来，目标语言的受众就不容易混淆信息。

（二）等效原则下的翻译策略

在等效原则下，可采用意译和释义法，使目标文本与源文本具有同等效果。

1. 意译

意译（free translation）是指根据源文的大意来进行翻译，不是逐字逐句一一对应的机械翻译。当译出语与译入语出现巨大文化差异时，灵活地使用意译这一翻译策略可以优化这种文化差异。中国人注重意境美，中式菜名能够创造美好的意境，间接传达菜肴信息。英语国家人士强调客观地反映事实本身。因此，在翻译中式菜名时，如果逐字逐句一一对应地机械翻译，则会让英语国家人士感到困惑。为此，需要了解菜肴的实质性信息，采用意译法，把菜肴的关键信息传递给食客，达到与源语言等效的效果。

例1：霸王别姬

译文：Steamed Turtle and Chicken

分析：源语"霸王别姬"实际上是指"甲鱼烧鸡块"，不能误译成"Farewell, My Concubine"。在此，译者采用意译，译文"Steamed Turtle and Chicken"完全将源语的语用意义传译过来，真实传递了该道菜的信息。因此，该译文可以对英语国家人士产生相同的交际效果。

例2：百年好合

译文：Sweet Soup with Lotus Seeds and Lily Bulbs

分析："百年好合"是婚宴上常见的甜品，主要食材是"莲子"（lotus seed）和"百合"（实为百合鳞苓，Lily bulb），"年"与"莲"谐音，首尾合为"百合"，意味隽永，寄托对新人的美好祝愿。中文菜名借用谐音，显得富有情趣，容易给食客留下深刻的印象。但是，如果直译，英语国家人士可能不知所云。译者采用意译法，译文"Sweet Soup with Lotus Seeds and Lily Bulbs"让西方受众了解这道菜的真实信息，表达了菜名的相同功能含义，这也成功实现了以交际为目的的翻译。

2. 释义法

释义法（paraphrase）是指按照中文菜名译出其意，再补充其实际所指的含义。这样既保留了菜肴的文化内涵，又传递了菜肴的实际信息，从而弥补文化缺失现象。

例1：东坡肉

译文：Dongpo Pork（Stewed Pork Dices with Chinese Yellow Rice Wine, a dish named after Su Dongpo, a great famous ancient Chinese poet who invented a new way of stewing pork with special yellow rice wine flavor.）

分析："东坡肉"与中国历史人物苏东坡有关，具有很高的文学欣赏价值。通过释义法，受众可以了解到中华文化。该译文让受众了解到菜肴的文化内涵和真实信息，实现了翻译中的社会语用对等。

例2：佛跳墙

译文：Fotiaoqiang（Steamed Abalone with Shark's Fin and Fish Maw in Broth, a name after a story telling even Buddha could not resist the strong temptation of the delicious dish so as to jump over the wall of the monastery to savor it.）

译文："佛跳墙"是福州的一道名菜，通常选用鲍鱼、海参、鱼唇、牦牛皮胶、杏鲍菇、蹄筋、花菇、墨鱼、瑶柱、鹌鹑蛋等汇聚到一起，加入高汤和福建老酒，文火煨制而成。译文能够让外国食客感受到中国菜肴的风味以及深厚的中华文化，从而达到与源语同等的效果。

（三）易懂原则下的翻译策略

在易懂原则下，应考虑目标语言文化和口语化，以使菜名易于理解。以下将重点讨论音译法和直译的翻译策略。

1. 音译法

音译法指的是直接使用汉语拼音。中国菜肴在国际上声名昭著。因此，对一些具有中国特色，在国外有知名度的菜名，可采用音译法，不会造成理解上的困难。

例1：粽子

译文：Zongzi

例2：油条

译文：Youtiao

例3：汤圆

译文：Tangyuan

分析：上述译文采用音译法，更加生动、易懂，传递了中华文化。

2. 直译

奈达最早在《翻译科学探索》中提出，在翻译时应注意信息本身的形式和内容，即形式对等。形式对等指的是译文中的信息与源文中的信息尽可能地保持同步。实际上，形式对等旨在实现源文和译文的对等。与意译不同，直译是保持源文内容与形式的文字翻译方法。这符合奈达所提倡的译文所传递给读者的信息既要包含源作者的思想内容，又要包括源文本的语言形式。作为译者，不能按照自己的意愿随意添加源文不存在的内容和思想，更不能为了取悦读者等目的随意删减源文原有的内容和思想。具体来说，直译法是指直接译出烹调方法、调料、口味等，直观地向食客传达菜肴的实质性信息，让食客更容易对菜肴进行选择。

例1：

源语：虾爆鳝面

译文：Noodles with Quick-Fried Shrimps and Eels

源语：南肉春笋

译文：Home-Made Salted Pork with Spring Bamboo Shoots

分析：译者使用直译法，方式是主料+with+配料。

例2：

源语：水煮牛肉

译文：Sliced Fish in Hot Chili Oil

源语：西湖醋鱼

译文：West Lake Fish in Vinegar Sauce

分析：译者使用直译法，方式是主料+in+配汁。

例 3：

源语：毛家红烧肉

译文：Braised Pork，Mao's Family Style

源语：扬州炒饭

译文：Stir-Fried Rice in Yangzhou Style

分析：译者使用直译法，方式是烹调法+主料+Style。

例 4：

源语：东坡肘子

译文：Dongpo Pig Knuckle

分析：译者使用直译法，方式是菜肴创始人+主料。

例 5：

源语：板栗烧菜心

译文：Braised Green Vegetables with Chestnuts

分析：译者使用直译法，方式是烹调法+主料+with+配料。

以上菜名采用直译法，英国国家受众容易理解话语的交际意图，并达到了营销目的。

总之，在经济、等效和可理解性的原则下，译者巧妙地采取了不同的策略，以使中文菜名翻译简洁、流利、通俗易懂。因此，这也证明了交际翻译理论在指导中文菜名翻译方面具有很强的适用性。随着中国经济的快速发展，中文菜名汉译英已经形成普遍的市场需求。目前，中文菜名汉译英研究得到了越来越多学者的关注，但还远远不够，而交际翻译理论为基础的中文菜名翻译研究则更是少有人涉足，因此该领域仍有待发展。

第四节　交际翻译理论在公示语汉译英中的应用

公示语是指在公共场所给公众观看、向公众公示须知内容的文字语言。它属于对实用汉英资料翻译的一个重要部分，其应用广泛，涉及日常生活的方方面面，诸如指示牌、路标、商店招牌等。作为一种交际工具，它向公众传达请求、警告、提示等目的，在我们的生活中起着重要的作用。并且，随着我国不断发展经济并扩大对外交流，来我国访问的学者和旅游、投资、求学的外国友人也日益增多。因此，公示语在当今的社会活动中占据越来越重要的地位，其翻译活动也变得不可缺少（莫爱屏，2010）。我们需要更加重视公示语翻译方面的研究。

而对于公示语，因其受众的独特性，它的翻译要更具有针对性。纽马克的交际翻译理论正是以译入语读者为中心的翻译方法，因此本节选择该理论指导公示语汉译英研究。译者在交际翻译中有较大的自由度去解释源文，调整文体，排除歧义（Mona Baker，2000）。而且，由于译者要达到最佳的交际效果，就得根据外国友人这一特定的目的读者群的特点，使译文能达到既诙谐幽默又通俗易懂的效果。实际上，为消除语言和文化的隔阂，公示语汉译英已形成较为普遍的市场需求。因而，运用科学的翻译理论研究具体的公示语汉译英实践具有较大的现实意义。

一、研究问题

本节研究对象为公示语。2016 年 9 月，为解读教育部和国家语委会组织制定的《公共服务领域英文译写规范》（GB/T30240），教育部语言文字信息管理司组编撰了《公共服务领域英文使用指南》，为公示语翻译提供了一定的规范。因此，本节以公示语翻译为研究对象，其翻译有一定的质量保证，也更规范统一。本节旨在通过对纽马克交际翻译理论的深入研究，对该理论如何指导公示语汉译英进行阐述，从而得出公示语汉译英中应该遵循的翻译方法和技巧。

二、交际翻译理论视角下公示语汉译英翻译策略

（一）经济原则下的翻译策略

公示语通常出现在空间有限的公共场所，读者在阅读时往往具有临时性，而且公示语是各行各业受教育程度不同的普通大众。因此，公示语的语言必须简洁明了，以使读者能够在有限的时间里了解信息。经济原则要求公示语翻译应能够在有限的时间和空间内尽可能简洁地传达其源文含义，否则公众往往会错过信

息。因此，基于这一显著特点，为了使公示语翻译适应目标公众的需要，在翻译的过程中应适当采用简化翻译策略。

汉语公示语文本喜欢用华丽的语言、对偶排比结构、四字结构，达到渲染气氛，打动读者的目的。英语公示语文本大多结构严谨，风格简约，语言朴实，表达直观通俗，注重信息的准确性和语言的实用性，忌用华而不实的语言。因此，处理公示语汉英翻译时，应考虑经济原则，采用简化策略。

以下示例将基于经济原则下的简化翻译策略，从仿译、创造性翻译和略译这三个翻译方法进行讨论。

1. 仿译

仿译就是模仿英语里类似的说法，稍加改变，使译文尽可能地道，从而使这些公示语更好地发挥其功能。

例：保持水质清洁，请勿乱扔杂物。

目标语：Keep the water clean.

分析：上述用了简化策略，采用仿译翻译方法。该公示语原来的英语译文：Please cleaning water quality, please don't through something。除拼写、语法等出现错误以外，译文也不符合英语此类语篇的表达规范。源文为字数相同的六字并列结构，体现了汉语标牌的典型特点。但并列的祈使句式不是英语中的常见结构。另外，原译文表达重复累赘，违反了相应的英语语篇规范，最终影响了交际目的的实现，属于失败的翻译。实际上在翻译这个公示语时我们可以仿照 Keep something clean（保持……干净），把它译作"Keep the water clean"。这样的译文更符合公示语简单明了的原则，也更符合译语的语言和文化习惯。

2. 创造性翻译

在翻译汉语公示语时，译者会发现在英语中找不到对等的表达，也没有类似的表达可供模仿。如果按照字面译成英语，必然会使不熟悉中华文化背景的外国读者难以理解，造成交际障碍。这时，译者可采取创造性的翻译，即：译者可以打破原有的语言形式进行重新创作。

例：司机一滴酒，亲人两行泪。

目标语：Drink and drive costs your life.

分析：如果把该交通提示语直译为"A drop of wine for the driver, two lines of

tears for the family"，则效果不佳。由于此译文忽视了文化差异及译语读者的语言和文化习惯，所以它无法传达出源文的真实信息和感染功能。其实这则公示语的主要目的是提醒司机们注意安全，不要酒后驾车。为了更好地实现交际目的，丁衡祁先生放弃了原有的语言形式，采取了创造性的翻译，提出了"Drink and drive costs your life"的译文。此译文不禁让人拍案叫绝，将源文的感召力成功地传递了出来（丁衡祁，2006），此为成功的交际型翻译。

3. 省略

当源文本中包含一些不必要的信息带来理解障碍时，最好采用省略翻译策略。公示语的特征简洁明了，可为目标读者提供最相关的信息。由于英汉两种语言的差异，中文倾向于使用复杂和委婉的词来表达意思，而英语则倾向于直接显示主要信息。因此，当译者翻译公示语时，无须翻译所有的信息或单词，只选择与目标读者最相关的信息。

例1：不得乱扔烟蒂，护林防火人人有责。

原译：Do not cast your cigarette ends everywhere. It's everyone's responsibility to prevent forest fire.

改译：Being careful with your cigarette ends.

分析：上述公示语的目的是警告并提醒游客不要将烟头倒入垃圾桶中以防止起火。原译在语法上是正确的，但是似乎冗余。因此，译者省略烦琐的描述，采用省略翻译策略来达到更好的交流目的。通过对其进行适当的调整翻译后，译者可以摆脱源语言的束缚，并为外国游客去除一些无用的信息，从而更好地为目标受众服务。

例2：伸手出水，请勿拍打。

译文：Automatic sensor.

分析：上述译文使用省略策略。该公示语位于洗手池上，在许多景点的厕所中都可以看到洗手池。译者采用省略翻译策略并删除不必要的信息，因为大多数洗手池在西方国家会自动工作，这是众所周知的事实。外国游客对自动装置很熟悉。译文省略不必要的信息，外国游客更容易理解。

总之，语言的民族风格是指某个国家语言的综合特征，与其他民族语言不同。换句话说，它是一种通过民族语言形式反映的"民族风味"。英语公示语文本的特点是简洁明了，逻辑结构清晰，采用朴实的语言。汉语公示语采用大量的对偶平行结构、四字结构，文采浓郁，给人以美的享受。因此，它们之间的差异决定了翻译应该忠实于目标语言的语言风格，遵循经济原则。

（二）等效原则下的翻译策略

任何一种语言都是其民族悠久历史文化的积淀，不同文化的人在社会背景、生活习俗、思维方式上存在差异，在语言表达上也存在差异，这些差异都充分地体现在公示语中。在翻译公示语时，如果不能透彻理解字里行间所隐含的文化信息，就可能导致错译。翻译中要达到社交语用等效，就要了解源语和目的语的社会、文化背景，关照不同读者的文化心理。在汉语公示语中，"禁止……""不许……"一类的命令式和祈使句随处可见；从国人的思维出发，对于这些社会指令信息，我们也不觉得有什么不妥之处。如果直接将其译为"do not..."，语气严厉而又生硬，给人居高临下的感觉，则不符合英语国家人士的习惯。英语强调客体意识，提出警告或提请注意，除了使用祈使句外，还可以大量使用被动句、非人称表达方式和名词短语等，这些用法往往使叙述显得客观、公正，且语气较为委婉间接。如"禁止吸烟"除了翻译成"No smoking"，还有许多其他表达方式。如果将"宾客止步"直接译为"Guest go no further"，则语气太生硬，无法传递汉语中礼貌原则。我们可以正话反说，将其译为"Staff only"。国内常见的"不得乱扔烟蒂，护林防火人人有责"，英美人士会用"If you smoke—dispose of cigarette butts carefully"。"警告：此处有恶犬！"不能直接译为"Warning: bad dogs!"。在宠物盛行的西方，狗是可爱的象征，若以恶犬称呼，则给人一种不愉悦的感觉，应改译为"Beware of dogs"。某机场有一个用中英文写的公示语：携带大型手提行李或伤残体弱之旅客请用升降机上下（Passengers with bulky hand baggage or who are disabled or weak must use elevator lifter）。这本来是一个善意的公示语，体现了对伤残体弱旅客的关心和照顾，但由于译者按照自己熟悉的文化理解其他文化，没有将他们看作是能够为自己做决定的成年人，因此在翻译时使用了一个"must"，告诉他们该怎么做，变成了对他们的命令或规定。英语的言语交际更注重礼貌原则，不是所有的施为性公示语都通过显性施为句得以实现，话语的施为用意可以间接地通过另一类施为性言语行为予以表达。在一些特定的语境，透过间接言语行为表达威胁听话人消极面子的话语反而能取得非同凡响的效果。在风景区和其他公共场所，"Take Only Pictures, Leave Only Footprints" 比起生硬和居高临下的英文公示语 "No Rubbish" "Don't pick the flowers" "Don't tread on grass"，多了一份含蓄、委婉和幽默。

文化和语言之间的关系非常密切。具有文化底蕴的负载词可以被视为成语或表达方式，其中蕴含着丰富而具体的国家文化信息。如果文化负载词处理不正确，通常会导致跨文化交际失败。翻译公示语时，译者应该努力准确传译公示语的呼唤功能。为此，译者必须在分析汉语公示语字面意义的基础上，探求源语的功能意义，从而达到公示语翻译的目的。除了一些中国特有的公示语，汉语公示语基本上都能在英语中找到相对应的公示语。这就要求译者不可望文生义，要尽可能多查些资料或请教以英语为母语的外国朋友。借用策略是指使用或采用现有的英语表达方式，英语公示语是常规的。姜洪认为，在公示语翻译中，如果我们可以用其他语言来表示源文内容，则翻译是一种客观的描述。但是，如果其他语言不能代表源文本，则翻译将是错误的信息传递，甚至是对读者的误导。翻译的真正目的是为了交流。因此，如果我们发现英语中具有相同含义和功能的公示语，那么我们可以借用或直接使用英语公示语的模式。例如：含有"不"字的禁止类公示语，通常使用"No+noun"，或者"No+doing"的表达方式，如：不收小费（No tips），禁止游泳（No swimming）等。

例1：维纳斯鲜花店

目标语：Venus Florist

分析："维纳斯鲜花店"，其英语译文是" Venus Florist"。该译文中的"Venus"（维纳斯）是带有明显文化特征的表达法，不能按照汉语拼音误译成"Weinasi florist"。其实，译者采用借译，译文"Venus Florist"完全将源语的语用意义传译过来。因此，翻译可以对英语国家人士产生相同的交际效果。

例2：小心地滑

目标语：Caution Wet Floor

分析：如果把"小心地滑"译成"Don't fall down"，语法上没有错误，但显然有悖于这个语境的习惯表达。其实，这类警示性公示语在国际上已经形成约定俗成的表达方式，因此，通过借译策略，译文对英语受众产生了相同的交际效果。

（三）易懂原则下的翻译策略

劳伦斯·韦努蒂（Lawrence Venuti）（1995）认为，归化是一种"翻译策略，翻译人员可以进行流畅而透明的翻译，从而将目的语文本中的（陌生感）降到最低程度"（translation strategy that translators create fluent and transparent translation so as to decrease the "strangeness" to the lowest degree in target language texts）。归化翻译是一种以目的语为中心的翻译方法，译者通常会按照目的语的语言习惯和文化背景，将源语转化为目的语，使其适应目的语读者的需要，旨在使译文通俗易懂，能被目的语读者接受，也使源语符合目的语的文化价值观。也就是说，"那些运用直译无法使观众立即明白的语言词汇，都采用归化的方法进行翻译，将其'化'掉"（张春柏，1998）。归化必须考虑文化因素。因此，归化策略是从文化层面对公示语进行翻译的一个不错的选择。

再者，语言是文化的载体，语言也离不开文化。在翻译公示语的过程中，译者要尊重译文读者的文化，处处考虑其接受心理。也就是说，由于英汉之间的文化差异会干扰语言的传递，因此应将可理解性原则放在首位。

例1：杜康

目标语：Chinese Bacchus

分析：杜康是中国著名的酒品牌。该品牌在中国人中很受欢迎，且历史悠久。曹操一句著名的古老谚语可以说明这一点，即"慨当以慷，忧思难忘。何以解忧？唯有杜康"。"杜康酒"的名字来自其原始制造商杜康，杜康在中国古代以酿酒著称，被誉为酿酒行业之父。该译文采用归化翻译策略，翻译成"Chinese Bacchus"（中国酒神）而不是"Dukang"（杜康）。首先，在西方人的心目中，他们对"杜康"一无所知，因为他们不了解该品牌名称中包含的文化故事。其次，关于"酒神"的文化内涵，希腊神话中的葡萄酒之神与"杜康"相似。因此，可以说翻译文本和源语文本在功能上相当，因为它们都引起了人们的注意，使英语国家受众容易掌握话语的交际意图，并达到了营销目的。

例2：民警提示//一分安检，十分安全//和谐安检，共建平安

目标语：Security check//Together we can prevent crime//Thank you for your co-operation

分析：源文采用了"对比"的辞格和并列四字结构的句式，通过"一分"与"十分"的数字对比以及"和谐"与"共建"的同义强调，诉诸中国受众的集体意识，利用对比手段造势烘托使其印象深刻。整条公示语旨在宣传和强调安

检的例行必要性和重要性，呼唤民众予以配合。如果把此句译为：The police points out//Little safety check, and free from danger//Harmonious safety check. Together build safety。此译文过分拘泥源文表达，在用词（如 safety check）、语法（如 Together build）和句式（如 The police points out）等方面均违反了公示语《译写规范》要求。而 The police points out 还不仅是改为 Police notice 的句式问题。在译语语境中，该话语可能还会引发受众对该公示语故弄玄虚、过度使用公权的质疑情绪。从源文的实质信息内容和希望对受众产生的预期影响力考虑，英译文可诉诸受众的个人利益与共同利益，套用英语国家同类信息的习见结构（如名词短语、陈述句等），以求简明扼要。这里的译文，在汉英转换中考虑了两种不同语言的民族风格，采取了归化策略，忠实于英语的语言风格，符合可理解性原则。这样，话语的含义可以清楚地传达给英语受众。

总之，在经济、等效和可理解性的原则下，译者巧妙地采取了不同的策略，包括仿译、创造性翻译和略译、借译、归化等，以使公示语翻译简洁、流利、通俗易懂。因此，这也证明了交际翻译理论在指导公示语翻译方面具有很强的适用性。

随着中国经济的快速发展，公示语汉译英已经形成普遍的市场需求。目前，公示语汉译英研究得到了越来越多学者的关注，但还远远不够，而交际翻译理论为基础的公示语翻译研究则更是少有人涉足，因此该领域仍有待发展。

第五章　顺应论与实用汉英笔译的实证研究

实用汉英翻译是让国际社会了解中国的必由之路。译者在翻译过程中，需要对翻译语境进行动态顺应，对语言进行最佳选择，从而成功地向世界传达我们中国的声音。

第一节　顺应论

比利时语用学家维索尔伦（2000）提出顺应论，认为语言的使用是选择的过程，而且选择是在意识凸显程度的支配下进行的。顺应论研究的主要内容集中在语境关系顺应、语言结构顺应、动态顺应和顺应过程的意识四个方面。对语境关系的顺应主要指的是对心理世界和社交世界的顺应。心理世界包括情感、审美情趣、思维模式等。社交世界是社交环境等对语言使用所施加的行为规范，包括社会习俗、社会文化等。对结构的顺应主要指的是对语言结构的顺应，包括：词汇、句法和语篇层面。动态顺应主要指的是根据心理世界和社交世界等，对动态语境的顺应。对意识凸显的顺应指的是交际者有意识选择语言的顺应。

维索尔伦认为语用学是从认知、社会和文化的角度对语言使用进行综合的研究。他提出：语言的使用就是对语言进行选择的过程；语言选择必须与交际语境和语言语境相适应，语言使用者在特定场景、特定社会规范与特定社区中对话语做出恰当的选择。这种选择得以进行是由于语言具有变异性、商讨性和顺应性的特性。顺应论为语言现象的语用描述和语用解释提供了四个互相联系的维度，即语境关系的顺应、语言结构的顺应、顺应的动态性和顺应过程的意识程度。

译者在整个翻译活动中不断地做出各种选择，从"翻译什么东西"到"如何进行翻译"无不牵涉到一系列选择的问题。译者动态地顺应语言结构、语境关系等，是实现译文与源文在风格和结构等方面对等的基本前提。作为整个活动的协调者，译者所做出的语言选择在很大程度上表现出其主观能动性。译者对语言选择的顺应具体表现为对话语主题或话题、话语信息结构以及语境等方面的顺应。译者通过动态地顺应源文的语境以及目的语的语言习惯和文化背景等，可以有效地促进翻译的成功。

第二节　顺应论视角下实用汉英笔译策略与应用

翻译过程中，译者有意识或无意识地对语言的选择及其对语言的顺应是其主体性意识的具体体现，并受诸多客观语境因素的制约。语境顺着交际过程的发展而不断变化，译者也只能依据这种变化适时调整其对语言选择及其对语言顺应的方式。作为整个活动的协调者，译者所做出的语言选择在很大程度上表现出其主观能动性。译者对语言选择的顺应具体表现为对话语主题或话题、话语信息结构以及语境等方面的顺应。

一、译者对语言结构选择的顺应

译者在翻译过程中总是面临种种选择，译者对语言结构的顺应包括四个方面：对语言、语码、语体的选择；对话语构建成分的选择；对不同类型的话语和语段的选择以及对话语构建原则的选择。语言结构的顺应是指从多方面对话语做出选择：选择语言、语码、语体、话语的构建成分等。因此，翻译不仅要进行语言微观层面的选择，即语音、语调、词汇等，还要在宏观层面，如语码转换、文体风格等方面进行选择。选择过程中，译者不仅要考虑自己的语言能力、语言的方便和实用程度，还要考虑到社会因素以及说话人的语言态度和语言政策等因素（莫爱屏，2010）。

二、译者对语境选择的顺应

语境对话语的选择有极大的影响。翻译过程中，译者除了对语言语境的顺应之外，还要顺应不同文化的社会政治制度、时代背景、地理环境、经济方式、民族文化、宗教信仰和思维方式等因素。译文是译者在翻译过程中不断选择的产物，对源文意义的解析和传达，就是译者与语境交互作用的结果。语境因素可以改变话语的选择、改变话语的意义（莫爱屏，2010）。所以，译者必须动态地顺应语境，包括对语境所涉及的心理世界、社交世界和物理世界的顺应等。

（一）顺应心理世界

心理世界包括交际双方的个性、情绪、愿望、意图等认知和情感方面的因素。进入交际语境的心理因素主要有两类：认知因素和情感因素。译者在对目的语进行选择的过程就是动态地顺应说话人和听话人心理的过程。交际语境的认知、情感因素都会不同程度地影响译者在使用语言时所做出的语言选择。例如，源文：顾客止步！译文1：Stop！译文2：Staff only！这是一则商场公示语。此话语具有限制性功能，给顾客以警示。译文1语气太强，让受众感到此译文表达一种"不礼貌"的言语行为，忽略了人们希望得到尊重的心理欲求，难以实现社交语用对等。译文2则顺应了人们期待被礼貌对待的心理。因此，在翻译过程中，译者应根据作者的心理世界和目标读者的心理期望，充分考虑源作者和目标读者的心理状况。而且，英语的思维模式倾向于科学思维，汉语的思维模式倾向于情感思维。因此，在翻译时，译者需要适应目标读者的思维方式。

（二）顺应物理世界

物理世界中包括时间与空间的指称关系。就时间而言，包括事件时间、说话时间和指称时间。空间指示又称地点指示关系，包括绝对空间关系和参照指称对象的相对空间的差异。此外，交际者的身体姿势、手势、外表形象、生理特征等也属于物理世界的组成部分。翻译中，译者应该把握好源文所表达的时空概念，并注意源文和译文在时空方面的差异。

（三）顺应社交世界

一般说来，影响语言选择的社会因素的范围是无限的，而其中大部分因素与社会场景或公共制度相关。译者对社交世界的顺应主要体现在：其译文的选择是对目的语所处特定场景、特定公共制度或是特定社区特有交际规范的顺应。翻译不仅涉及目标语读者的心理世界，还涉及社交世界（王文华，2007）。因此，在实用汉英笔译中，译者应该了解目标语读者的社会习俗和社会文化等，正确地选择语言，达到对社交世界的顺应。

三、顺应的动态性

由于语言具有变异性（variability）、商讨性（negotiability）和顺应性（a-daptability）的特征，语言的应用成为一个不断顺应和选择的过程。因此，"顺应论"实际上是一种动态的语境观。语言的变异性指语言提供了众多可供选择的语言选项；语言的协同性指语言的各种不同选择可以灵活变通；语言的顺应性则指语言应用者可以灵活地运用不同的语言选项从而满足不同的交际目的。换言之，由于语言结构、文化背景、审美心理和社会因素等差异，译者需要不断地顺应语境，将目的语读者的期待纳入视野，对语篇、语言、文化、审美不断进行调整以符合目的语读者的语篇构建方式、语言习惯以及文化和审美心理，从而成功实现语言和文化的解码和转换。

四、顺应论与新冠肺炎疫情相关实用汉英资料的英译

中国于 2020 年 6 月 7 日专门发布了相关中英文版本的政府白皮书——《抗击新冠肺炎疫情的中国行动》。该白皮书真实记录了我们中国抗疫的艰辛历程，其中医学技术和流行病防控经验为世界的疫情防控工作提供了指导，为世界树立了典范。因此，正确翻译疫情相关实用汉英资料对世界各地防疫事业的开展、交流方面有着重大的意义，需要我们进一步的研究。下文基于顺应论，以《抗击新冠肺炎疫情的中国行动》为例，旨在分析疫情相关实用汉英资料的翻译技巧，为译者提供思路，以促进翻译实践的发展。

（一）语境

波兰籍社会人类学家马林诺夫斯基（1923）最早提出语境这个术语，他认为语境是语篇发生的所有环境，提出了情景语境（context of situation）这个概念。弗斯（1957）创立了意义语境理论（the contextual theory of meaning），并对"情境语境"变量进行分类。韩礼德（1989）则进一步发展了语境理论，认为语言

意义是情境语境交换作用的结果。海姆斯（1972）把语境变量归纳为：场合、参与者、目的和后果、交际渠道等。斯珀伯和威尔逊（1986）提出了认知语境这个概念，认为大脑中的假设以概念表征形式呈现。维索尔伦（2000）把语境分成语言语境和交际语境，认为后者由社交世界、心理世界等组成，交际者基于交际目的可以构建相应的语境。综观以上语境研究，语境和意义密切相关。

（二）顺应论与新冠肺炎疫情相关实用汉英资料的英译

顺应论强调语境是动态的。语言使用者根据语境对语言进行选择（俞碧芳，2014）。翻译语境是在翻译过程中建构的语境，译者需要转换语言，顺应翻译语境，从而实现交际。新冠肺炎疫情相关实用汉英资料翻译的目的在于为世界的疫情防控工作提供指导，树立典范。为此，译者需要理解源语言。同时，语境对新冠肺炎疫情相关实用汉英资料的翻译发挥制约作用，对译者对源语言的理解和译文的表达方面施加重大的影响。

1. 语境关系的顺应

语境制约着新冠肺炎疫情相关实用资料的翻译。译者对源语文本的理解不仅受到语境的影响，其对目的语文本的表达也受到语境的制约。在翻译过程中，译者需要顺应源语文本的语言语境、文化语境和目的语文本的认知语境，根据在翻译过程中建构的翻译语境对译文的语言做出最佳选择，从而使语言选择与翻译语境相符。

（1）语言语境的顺应

语言语境指的是语篇中的上下文（俞碧芳，2007）。在不同的语境中，同一个术语会有迥然不同的含义。因此，译者在翻译过程中，需要通过上下文，深刻理解源语言的内涵。

例1：紧

在各方共同努力下，医用物资产能不断提升，医用物资保供实现从"紧缺"到"紧平衡""动态平衡""动态足额供应"的跨越式提升。

译文：Thanks to the joint efforts of many parties, manufacturing capacity for medical supplies increased steadily, and efforts to ensure the supply of medical materials and equipment achieved rapid progress：from <u>acute</u> shortage to <u>borderline</u> sufficiency, then from demand-supply balance to timely and sufficient supplies.

分析：一方面，"紧缺"是指因非常缺乏而供应紧张的，"紧"在中文语境中是"急性"的意思，因此译为"acute"。另一方面，"紧平衡"指短期内供需大体平衡，但剩余不多，并不能保证时时刻刻都供应充足，"紧"在中文语境中是大体的意思；因此，borderline 更贴近体现源语言的信息，符合此处的翻译语境，是最佳选择。

例2：查

2月25日起，全面加强出入境卫生检疫工作，对出入境人员严格健康核验、体温监测、医学巡查、流行病学调查、医学排查、采样监测，防止疫情跨境传播。

译文：From February 25, China started to tighten up border quarantine, conducting a strict check of health and body temperature, and carrying out medical inspection, epidemiological investigation, medical screening, and sample monitoring of all inbound and outbound travelers, in order to minimize the cross-border spread of the epidemic.

分析：在中文语境中，第一个"查"是巡查的意思，因此译为"inspection"；第二个"查"是调查的意思，因此译为"investigation"；第三个"查"是排查的意思，因此译为"screening"。因此，上述译文是顺应翻译语境的最佳选择。

综上，语言语境顺应在对源语文本的理解和目的语文本的表达中发挥着至关重要的作用。译者首先需要顺应源语文本的语言语境，准确了解其中的深邃内涵。其次，译者需要顺应目的语的语言习惯，用目的语读者熟悉的话语，使得源语文本的信息能够成功地传递给目的语读者。

（2）文化语境的顺应

文化语境是语言与文化相互作用的结果，是影响言语交际的决定性因素。文化语境包括社会习俗和社会文化等（俞碧芳，2008）。疫情相关实用汉英资料传达浓厚的中华文化元素。为此，译者需要认真考虑文化语境，准确表述源语言的内涵。

例：他们用血肉之躯构筑起阻击病毒的钢铁长城，为病毒肆虐的漫漫黑夜带来了光明，守护了国家和民族生生不息的希望。

译文：They built a Great Wall against the virus, bringing light and hope to the nation at a dark time. They endured tremendous fatigue and stress, and paid a heavy price.

分析：在上述译文中，"钢铁长城"译为"Great Wall"。众所周知，长城是世界文化遗产。对于中国人民来说，长城是意志、勇气和力量的象征。该象征意义也被世界人民所认可和接受。在此译文中，"Great Wall"象征着医务工作者的伟大意志和力量。这样的译文，一方面体现了中华文化的异国情调；另一方面，它顺应了源语言的文化，准确再现了"钢铁长城"在中华文化语境中的含义，传达了中国的声音。

因此，文化语境在疫情相关实用汉英资料翻译中也是一个极其重要的制约因素。疫情相关实用汉英资料往往蕴含浓厚的中华文化因素，展示具有中国特色的文化特征。在翻译过程中，译者需要认真考虑特定的文化语境，深刻理解其中的文化内涵，从而向目的语读者正确地传递相关的信息，达到交际渠道顺畅无阻。

（3）认知语境的顺应

维索尔伦（2000）认为，话语只有在目的语读者的认知范围内，才能被理解。目的语读者激活其大脑中与话语理解相关的概念，这些概念就构成了认知语境。换句话说，认知语境指的是思维方式等（俞碧芳，2009）。译文需要顺应目的语读者的思维方式，才能为目的语读者所理解。

例1：截至2020年5月31日24时，31个省、自治区、直辖市和新疆生产建设兵团累计报告确诊病例83017例，累计治愈出院病例78307例，累计死亡病例4634例，治愈率94.3%，病亡率5.6%。

译文：By May 31, 2020, a cumulative total of 83,017 confirmed cases had been reported on the Chinese mainland, 78,307 infected had been cured and discharged from hospital, and 4,634 people had died. This demonstrates a cure rate of 94.3 percent and a fatality rate of 5.6 percent.

分析：在英语国家文化中，死亡率和病亡率是迥然不同的概念。前者是死于疾病的概率，英文为"mortality rate"；后者是确诊疾病后死亡的概率，英文为"fatality rate"。这里的"病亡率"属于后者，因此译为"fatality rate"，该译文尊重目的语国家的思维习惯，顺应其认知语境。

例2：方舱医院是阻击重大传染病的重大创新，使"应收尽收""床位等人"

成为现实，有力扭转了防控形势。

译文：Temporary treatment centers, or Fangcang shelter hospitals, are a major innovative solution that provided enough beds to admit all confirmed cases, thus turning the tide in the battle against COVID-19.

分析：在新冠肺炎疫情暴发初期，方舱医院指的是提供医疗照护、食宿和满足社交需求的设施，由展览中心或体育馆等改造而成，把中轻度症状患者与其家人及其社区隔离。在英语国家文化中，shelter hospital 与方舱医院的职能相似。此处把"方舱医院"译为"Fangcang shelter hospitals"不仅顺应中国的认知语境，也顺应了英语国家的认知语境，容易引起目的语读者的心理共鸣。

综上，认知语境在疫情相关实用汉英资料翻译中发挥着不可或缺的作用。在翻译过程中，译者要顺应目的语读者的认知语境，尊重目的语国家的思维习惯，充分考虑到目的语读者的心理感受，选择合适的译文，唤起目的语读者的心理响应，从而达到实用汉英资料翻译的目的。

2. 语言结构的顺应

语言结构的顺应体现在语言的各个层次，包括：词汇层次、句法层次和语篇层次。语言结构的顺应在本质上指的是译者根据源语文本的使用目的而选择目的语的语言结构。

（1）顺应目的语的词汇

英语属于印欧语系，而汉语属于汉藏语系。两者在词汇层次存在很大的差异。重点体现在词性和修辞方面。

①词性转换

汉语属于动态语言，多用动词和动词词组。英语属于静态语言，经常使用名词、形容词和介词。汉译英时，译者要尽可能把动态语言转化为静态语言，以此顺应英语读者的语言表达习惯。

例：同二十国集团成员一道落实"暂缓最贫困国家债务偿付倡议"等中国支持全球抗疫的一系列重大举措。

译文：A series of major measures that China would take in supporting the global fight against COVID-19 pandemic, including the implementation of the Debt Service Suspension Initiative for the poorest countries together with other G20 members.

分析：汉语动词"落实"和"暂缓"被分别译成英语名词"implementation"和"Suspension"。这样一来，译文就容易为目的语读者所理解，从而顺应目的语的词汇。

汉语大量使用动词，使语言简洁生动，富有感染力。英语多使用名词化结构，把施动含义隐藏在深层的名词化结构里，蕴含丰富的信息，使语言简单明了，呈现明显的静态倾向。在翻译过程中，译者需要注意词性转换，顺应目的语词汇的表达习惯。

②修辞转换

汉语常用四字词，简洁干练，节奏感强，给人印象深刻。英语则主张平铺直叙，使用平白而简洁明了的词汇。翻译时，译者应注意词汇层次的修辞转换。

例1：在中国共产党领导下，全国上下贯彻"坚定信心、同舟共济、科学防治、精准施策"总要求，打响抗击疫情的人民战争、总体战、阻击战。

译文：Under the leadership of the CPC, the whole nation has followed the general principle of "remaining confident, coming together in solidarity, adopting a science-based approach, and taking targeted measures", and waged an all-out people's war on the virus.

分析：上述例子中，中文使用四个四字词"坚定信心""同舟共济""科学防治""精准施策"，读起来铿锵有力，节奏感强。英文则用"remaining confident""coming together in solidarity""adopting a science-based approach""taking targeted measures"等动名词短语来表达，顺应英语的修辞特点，增强感染力。

例2：2月2日开始，在中央指导组指导下，武汉市部署实施确诊患者、疑似患者、发热患者、确诊患者的密切接触者"四类人员"分类集中管理，按照应收尽收、应治尽治、应检尽检、应隔尽隔"四应"要求，持续开展拉网排查、集中收治、清底排查三场攻坚战。

译文：From February 2, under the guidance of the Central Steering Group, Wuhan began to adopt measures to put four categories of people—confirmed cases, suspected cases, febrile patients who might be carriers, and close contacts—under classified management in designated facilities. The policy of ensuring that all those in need are tested, isolated, hospitalized or treated was implemented. Actions were taken to conduct mass screenings to identify people with infections, hospitalize them, and collect accurate data on case numbers.

分析：汉语四字词"确诊患者""疑似患者""发热患者"分别译为"confirmed cases""suspected cases"和"febrile patients who might be carriers"。四字词"应收尽收""应治尽治""应检尽检""应隔尽隔"被译为"ensuring that all those in need are tested, isolated, hospitalized or treated"。四字词"拉网排查""集中收治""清底排查"被译为"conduct mass screenings to identify people with infections, hospitalize them, and collect accurate data on case numbers"。以上的译文删除了汉语四字词的结构，流畅地传递了源语文本中最重要的信息。

汉语四字词体现了汉语文字的美感，顺应了汉语文化的审美心理。英语文化注重逻辑思维，语言流畅。在翻译过程中，译者应该摈弃汉语四字词中词义上重叠现象，直接传递其指称意义。这样的译文简洁明了，顺应目的语在词汇层次上的行文习惯。

（2）顺应目的语的句法

在句法上，汉语偏向于使用主动语态，短句和简单句；英语往往使用被动语态和长句。翻译时，译者应该顺应目的语的句法。

①把主动句变为被动句

汉语注重主观性，主动句偏多。英语注重客观性，被动句偏多。

例1：84 个国家的地方政府、企业、民间机构、人士向中国提供了物资捐赠。

译文：Donations of materials were also made by local governments, enterprises, non-governmental organizations and people from 84 countries.

分析：中文用主动语态，符合中文的表达习惯。译文用"were made by"被动语态，顺应目的语的句法，使目的语读者产生愉悦的体验。

例2：3 月 18 日，全国新增本土确诊病例首次实现零报告。至 19 日，湖北省以外省份连续 7 日无新增本土确诊病例。

译文：March 18, for the first time, no new domestic cases were confirmed on the Chinese mainland. By March 19, no new cases had been confirmed for seven days outside of Hubei Province.

分析：中文用主动语态，主语分别为"全国新增本土确诊病例"和"湖北省以外省份"，谓语动词分别是"实现"和"新增"。译文则用被动语态"were confirmed"和"had been confirmed"，顺应英语的句法，强调客观事实，符合目的语在句法方面的语言习惯。

英语是主语显著语言，汉语是主题显著语言。英语常用被动句，强调客观事实，把新信息放在句首而加以强调，为此使用被动语态概率偏多。汉语常常把重要信息放在句末，强调主题，故而采用主动语态或无主句句型。在翻译中，译者一定要顺应目的语的句法特点，使目的语读者能够取得与源语读者的效果。

②把短句和简单句变为长句

汉语习惯使用短句和简单句，而英语偏向于使用长句。汉译英时，需要考虑到句法方面的差异，多使用长句。

例1：中国坚信，国际社会同舟共济、守望相助，就一定能够战胜疫情，走出人类历史上这段艰难时刻，迎来人类发展更加美好的明天。

译文：China firmly believes that as long as all countries unite and cooperate to mount a collective response, the international community will succeed in overcoming the pandemic, and will emerge from this dark moment in human history into a brighter future.

分析：中文由五个短句组成。译文由一个长句组成，主句是"China firmly believes that…"，从句是"as long as…, the international community will…"。译文顺应了目的语国家的表达习惯，使目的语读者产生共鸣，从而达到传达信息的作用。

例2：许多普通人投入一线志愿服务，社区值守、排查患者、清洁消杀、买药送菜，缓解居民燃眉之急。

译文：Many ordinary people volunteered at the front line, standing guard in communities, screening for infection, carrying out cleaning and disinfection work, and buying medicines and delivering groceries for other residents' pressing needs.

分析：汉语由三个短句组成，分别是"许多普通人投入一线志愿服务""社区值守、排查患者、清洁消杀、买药送菜"和"缓解居民燃眉之急"。译文由一个长句组成，谓语动词是"volunteered"。译文顺应了英语国家的句法行文习惯，能够为目的语国家的读者所理解，从而达到实用汉英资料翻译的目的。

简而言之，汉语为语义型语言，注重主题和内容的意会性。主语由不同类别的词语充当，可以隐含或无主语。因此，短句或简单句偏多。英语为语法型语言，主语突出，形式完整，多用长句，表明英语逻辑严密的特点。在汉英翻译中，译者要牢记这两者语言之间的差异，顺应英语的句法习惯，保证译文与源语文本在意义和功能上相一致，从而顺利地传递实用汉英资料翻译信息。

（3）顺应目的语的语篇

一方面，中文语篇属于归纳性结构，先例证，再总结。中文句子属于竹式结构，多短句。中文语篇将背景等成分放在前面，把结果放在后面，重心在后。英语语篇一般把结果放在前面，重心在前。汉语属意合语言，句子的逻辑关系通过本身的意义来表达。英语语篇属于演绎性结构，先总结，再例证（林大津，2002）。英语句子呈树式结构，经常使用主句和从句。英语属于形合语言，多使用衔接词（王东风，2009）。因此，为了更好地表达源语言的信息和反映源语言的逻辑结构，有必要采用拆分和重组法，即：先把汉语意思分层，英语译文用衔接词使得语篇逻辑连贯，语言流畅。

例1：在全力做好疫情防控的同时，中国以对生命负责、对人民负责、对历史负责、对国际社会负责的态度，建立最严格且专业高效的信息发布制度，第一时间发布权威信息，速度、密度、力度前所未有。持续、权威、清晰的疫情信息，有效回应了公众关切、凝聚了社会共识，为其他国家提供了参考和借鉴。

译文：While making an all-out effort to contain the virus, China has also acted with a keen sense of responsibility to humanity, its people, posterity, and the international community. It has provided information on Covid-19 in a thoroughly professional and efficient way. It has released authoritative and detailed information as early as possible on a regular basis, thus effectively responding to public concern and building public consensus. Its experience is something other countries can draw on in their fight against the virus.

分析：中文语篇有四层意思，分别是"在全力做好疫情防控的同时，中国以对生命负责、对人民负责、对历史负责、对国际社会负责的态度"；"建立最严格且专业高效的信息发布制度，第一时间发布权威信息，速度、密度、力度前所未有"；"持续、权威、清晰的疫情信息，有效回应了公众关切、凝聚了社会共识"；"为其他国家提供了参考和借鉴"。在进行语篇翻译时，译者需要准确理解逻辑关系。译文使用衔接词"While""also""thus"，这样一来，译文的语篇有机地组织在一起，衔接自然，译文语言显得流畅。

此外，英语语篇注重客体思维，喜欢用抽象概念或者无生命物体充当句子主语，即：无灵主语。汉语语篇注重主体思维，习惯用有生命的人或动作充当主语，即：有灵主语。在汉英翻译过程中，译者应注意视角变换，使语篇读起来更加顺畅。

例2：国务院先后建立联防联控机制、复工复产推进工作机制。全国集中资源和力量驰援湖北省和武汉市。各地启动重大突发公共卫生事件应急响应。

译文：A joint epidemic prevention and control mechanism and in due course a mechanism to facilitate resumption of work were set up under the State Council. Resources were mobilized nationwide to assist Hubei and Wuhan. Major public health emergency responses were activated across China.

分析：该语篇中，源语言中的主语"国务院""全国"和"各地"都属于"有灵主语"，而译者在此变换视角，采用"prevention and control mechanism""a mechanism to facilitate resumption of work""resources"和"public health emergency responses"这几个"无灵主语"进行替换，使译文更符合英语读者的阅读习惯，目的语读者阅读译文时可以产生与源语读者类似的体验，从而实现实用汉英资料翻译的信息传递功能。

英语语篇偏爱衔接词，重在逻辑连贯；擅长客体思维，用无灵主语表示"客观事件发生在某人身上"。汉语语篇重在表意；常用有灵主语，表明"在什么人身上发生了什么事情"。在实用汉英翻译过程中，译者需要谋篇布局，处理好语篇衔接问题，使译文顺应目的语读者的习惯。同时，译者应该变化视角，顺应目的语的语篇，采用无灵主语，使译文更容易为目的语读者所理解。

3. 顺应的动态性

在翻译过程中，语境是不断变化的，语言的结构也是如此。译者需要顺应目的语读者的习惯，对语言进行适当的选择。而语境随着选择的变化而变化。因此，顺应呈现动态性。

例1：4月10日，湖北省在院治疗的重症、危重症患者首次降至两位数。

译文：On April 10, the number of patients in <u>severe</u> or <u>critical</u> condition in Hubei dropped to double digits for the first time.

分析："重症"是指患者生命体征不稳定，指标有很多问题。"危重症"是指患者生命体征不稳定，指标无改善现象，有失去意识症状。在翻译过程中，译文根据此文本构建的语境，把"重症"译为"<u>severe</u>"，把"危重症"译为"<u>critical</u>"，考虑到了目的语国家读者的心理世界。实际上，译者在使用语言的过程中，不断地进行选择，用目的语国家读者最自然的语言把译文表述出来，看不出加工的痕迹，从而顺应动态变化。

例2：中国对疫情给各国人民带来的苦难<u>感同身受</u>，尽己所能向国际社会提供人道主义援助，支持全球抗击疫情。

译文：China <u>has great empathy with</u> victims all over the world, and has done all it can to provide humanitarian aid in support of the international community's endeavors to stem the pandemic.

分析：在此语境中，"感同身受"译为"has great empathy with…"，顺应动态语境。译者顺应源语和目标语的语境和结构，同时考虑到其他因素，比如，目标语读者的认知水平和接受能力等。因此，在翻译过程中，译者所采用的翻译策略是考虑到源语和源语文化、目标语与目标语文化、交际者等因素而进行动态顺应的结果。

换句话说，顺应的动态性是顺应论的核心概念，交际者随着语境的变化而选择不同的语言。维索尔伦（2000）认为，语言使用和选择的过程是动态的过程，语言和语境相互顺应。动态性与语言结构和语境等密切相关。

语言意义不仅具有稳定性和规约性，而且具有变异性。因此，话语类型和具体交际活动结合可以产生无限多种话语意义。译者需在语境因素和语言结构因素的共同作用下，在对目的语的使用与选择过程中表现出一定的灵活性，并在动态的顺应过程中译出源文话语的意图。

在翻译过程中，译者总是处于一个不断地选择目的语的过程，而这种选择之所以能够进行，在于语言具有变异性、商讨性和顺应性。译者动态地顺应源语的语境和语言结构，继而又顺应目的语的语言结构和语境，制约着翻译的成功与否。微观上，译者的记忆对两种语言间互动具有限制作用，而交际过程中交际内容、方式、地点等又受到时间变动的影响；宏观上，译者与交际双方因语言、文化以及时代方面的差异，可能会使翻译有一定的难度。因此，译者需动态地顺应交际者的认知心理状态、个性特征以及制约语言选择其他方面的因素，以帮助交际者实现成功交际之目的。

第六章　接受美学理论与实用汉英笔译的实证研究

随着全球化的发展，实用汉英翻译成为当今外国读者了解中国的重要窗口。同时，众多的外国游客来中国旅游、工作、生活。为了让外国读者轻松地了解中国，翻译显得尤为重要。以往接受美学理论大多数应用于文学艺术（小说、诗歌等）领域。因此，该理论为实用汉英翻译提供了崭新的视角。

第一节　接受美学理论

20世纪60年代，德国康斯坦学派代表人物姚斯和伊瑟尔在现象学和阐释学的基础上提出了接受美学的概念。接受美学最初作为文学批评理论，用于指导文学研究。更为早期的文学批评理论都以作者、作品为中心，而接受美学却认为，在作者、作品与读者的三角关系中，读者自身就是一个能动的构成而绝不是被动的部分。依照姚斯的观点，文学作品是依赖于读者对文本的接受和解读，文学作品是读者和作者共同创作的成果。

接受美学的核心概念有：一、期待视野，即指接受者由现在的人生经验和审美经验转化而来的关于艺术作品形式和内容的定向性心理结构图式，读者的期待视野有其复杂的个人和社会原因，其中包括民族文化、社会阶级、经济地位、生活经历、教育程度等。二、不确定性，即文学文本具有不确定性，读者求助于先前的经验，为文本赋予具体的意义，使之成为真正的"文学作品"。不确定性为读者留下足够的思考空间，是阅读的乐趣和动力之源，也是读者参与文学创作的契机。三、视野融合，指接受者的期待视野与文本或生活实践视野的交融和相互影响。一方面，由于期待视野的差异，不同的个体对文本留白的诠释有所不同，因此，读者与文本间视野融合的结果很可能大相径庭；另一方面，由于个体期待视野的历时性发展，在不同时期，同一读者面对同一文本，其视野融合的结果也会发生变化。因此，只有读者的期待视野与文学文本相融合，才能谈得上接受和理解。

接受美学运用于翻译研究在西方由来已久，而进入国内翻译学界的视野始于20 世纪 80 年代。陈文慧在《我国接受美学和翻译理论研究综述》中统计出中国知网上 2006 年至 2015 年间有关"接受美学与翻译"（英汉汉英翻译为主）的博硕及期刊论文共 659 篇，并对此进行分类得出文学翻译研究主要包括古典文学研究、儿童文学研究和文学文本内涵研究。因此，文学文本的翻译还是接受美学理论应用的主要语料。截至 2023 年 3 月 20 日，在中国知网上有关接受美学理论运用于翻译实践研究一共 85 篇。

第二节　接受美学理论视角下实用汉英笔译策略

接受美学理论不仅对文学作品翻译有影响，而且对实用汉英资料翻译同样具有指导性意义，为其翻译提供新的理论指导。接下来，主要分析接受美学理论关于翻译的三大原则，即：以读者为中心、满足目的语读者的期待视野和符合实用汉英资料翻译的文本未定性。

一、以读者为中心

自接受美学理论提出以来，新的"读者中心论"也得到了发展，将读者的地位上升到了最高点。该理论认为，读者对于作品有积极的作用。所以，对于实用汉英资料翻译，译者要以读者为中心，多方面考虑读者的教育水平、生活背景、文化背景、阅读经验等等，尽可能让译文为受众所接受，而不是译者凭借自我经验水平、阅历，套用一些翻译标准来完成对源文的翻译。也就是说，译作的最终呈现是要先通过译者与原作交流，这一过程中译者需以读者为中心，扫除源

语言中对目的语读者可能造成的障碍。

二、满足目的语读者的期待视野

读者的期待视野至少包括读者的人生观、艺术造诣等。文本的意义是在具体化时，或者在读者与作品两者的期望视野之间的互动中产生的。译者应该对读者的期待视野有足够的了解，并考虑适当的语言变体、读者的文化知识、认知模式和审美偏好。也就是说，为了产生好的译文，译者应该强调与读者交流或对话。关于实用汉英资料翻译，为了吸引受众的眼球，译者应该揣摩读者的内心和他们的期待视野。原因是：译文如果符合读者先前建构的知识，就很容易进入他们的视野之中。实用汉英资料翻译也应该考虑满足目的语读者的期待视野，而不是按照传统翻译理论，生搬硬套其翻译策略。

三、符合实用汉英资料翻译的文本未定性

伊瑟尔认为文学文本中含有不确定性和空白，需要读者通过阅读去完成。实用汉英资料翻译也存在这样的情况。因此，这就要求读者通过具体化来确定和填补这些空白。中英文的文化差异在很大程度上决定了实用汉英资料翻译需要提供想象的空间。他们可以根据生活、社会经验来填补译文中的空缺。这样既传播了信息，也可以加强不同文化之间的交流。简而言之，实用汉英资料的翻译应该符合文本的未定性，促使读者充分发挥想象力，以便寻求文本的意义。

第三节　接受美学理论在旅游资料英译中的应用

旅游资料是指与旅游相关的文本资料，包括广告、书信、旅游日程安排、景点介绍、旅游标语等，涉及旅行社、餐饮、酒店、交通、娱乐等众多行业，属于应用型文本（陈刚，2004）。丁大刚（2008）把旅游文本分为"旅游专业文本"和"旅游普通文本"，后者包括"旅游广告、旅游宣传册、旅游宣传单、旅游指南、旅游景点介绍"等。贾文波（2004）认为，旅游文本属于呼唤型功能文本，

具有文化层面宽、词汇丰富、引用古诗词等特点。

英语和汉语分属不同的文化体系，具有不同的思维方式、风俗习惯等。英语强调形式，句式结构严谨，用词简洁，描述直观。汉语则讲究音美、形美、意美，声律对仗，用词含蓄，句式工整。因此，在翻译时，应该注重于读者的反应。

一、以读者为中心的翻译法

读者对翻译起着至关重要的作用。所以，在翻译旅游资料时，译者应该重点围绕受众，努力做到对目的受众产生的效果与其对原受众产生的效果相似。接下来，笔者将阐释几种具体的翻译方法。

（一）音译加解释（Transliteration plus explanation）

在旅游资料中，面对人名、地名或一些地方传统小吃，我们倾向于使用音译，主要是根据发音使用汉语拼音。一方面，它可以向外国游客展示汉语拼音。另一方面，这是让游客了解当地文化的好方法。但这种方法可能会让外国游客感到困惑，甚至不能很清楚地表达原意。因此，在音译的基础上，我们可以添加解释，为目标读者提供足够的信息。这样一来，目标读者将更好地理解其含义。

例1：肉粽

译文：Rouzong（dumpling of glutinous rice and meat wrapped with bamboo or reed leaves）.

分析：此译文采用音译加解释法，弥补来自英语国家的游客对相关历史文化背景知识的缺乏，让游客更好地理解"肉粽"，更好地起到提供信息的作用。

例2：南音古老乐器有琵琶、洞箫、三弦、二弦、拍板、小唢呐、横笛。此外还有四种敲打小乐器。

译文：The classical musical instruments of Nanyin are Pipa（ballon guitar）, Dongxiao（vertical bamboo flute）, Sanxian（three-stringed plucked instrument）, Erxian（two-stringed plucked instrument）, clappers, Suona and bamboo flute. Besides, there are another four percussion instruments.

分析：在中国，乐器的种类很多。中国人对这些乐器很熟悉，尽管不是每个人都知道如何使用这些乐器。所以，像琵琶、洞箫、三弦、二弦这样的词，如果译者只用音译法来翻译，也会在中国读者的脑海中引起一些反应。但是，对于外国游客来说，可能没有这样的效果。因此，在对这些乐器进行音译后，给出一些解释将为目标读者提供足够的信息。

在旅游翻译中，经常使用音译法来翻译汉语元素。在某种程度上，这可以促进中华文化的传播。但是，仅使用音译法是不够的，一些解释是必要的，以便为目标受众扫清阅读障碍。

（二）类比法（Analogy）

在中华文化和英语文化中，有时我们会发现一些相似的东西。如果我们比较相似的东西，目标读者会更容易理解。这种方法被称为"类比"。对于两个不同文化背景的国家，一些相似的东西会更容易接受。

例1：泉州侨乡对清明节十分重视，家家户户备办"润饼菜"等，以敬祀厅中祖先。

译文：Quanzhou people attach great importance to the Chinese Easter, and every household prepares "run bing" (i. e. "spring roll") and other dishes to offer as sacrifices to their ancestors in the hall.

分析：在这个例子中，我们将重点关注短语"清明节"。朱小明在论文《从清明节和复活节的比较分析中西方文化的异同》指出，这两个节日在很多方面是相似的，即在来源、活动、日期方面相似（朱小明，2010）。因此，将"清明节"译为" the Chinese Easter（中国复活节）"更容易为外国读者所理解。

例2：长期以来，由于妈祖故里莆田隶属于历史上的泉州管辖，也由于泉州一度为中国最大的对外贸易港口，随着泉州民众不断地向台湾，香港和澳门地区移民和进行海交贸易活动，妈祖信仰经由泉州向这些地区广泛传播。

译文：Since Putian, the hometown of A-Ma (the Chinese Poseidon), is administered from Quanzhou, the A-Ma culture has spread to Taiwan, Hong Kong and Macao through the development of maritime commerce and significant immigration.

分析：妈祖（A-Ma，也拼写为 Matsu）是保护渔民和水手的土著海洋女神，被称为保护与海洋有关的东亚人的女神（王耕，2000）。由于缺乏对中华文化的了解，目标读者对此类信息并不熟悉。为了缩短目标读者与景点的距离，译文用熟悉的事物来比较和解读不同的对象，可以让目标读者有亲近感，从而激发他们的游览兴趣。在这里，在某种程度上，我们可以将妈祖比作海神（Poseidon）（陈洁，2010）。"Poseidon"在希腊神话中被视为海神。这样一来，外国读者就容易理解相关信息。

一般来说，汉语和英语有一些相似的文化。在旅游翻译中，译者可以利用这一优势与他们进行比较。对于目标读者来说，熟悉的事物会让他们感到亲切和自信，促进其对汉语文化的理解。

总而言之，音译加解释和类比法都是侧重以读者为中心的翻译方法。

二、以实现目的语读者期待视野的翻译方法

目的语读者的期待视野表明旅游文本意义的实现需要读者的参与，读者需要积极和主动地参与文本的再创造。在旅游资料翻译中，目的语读者在阐释和理解旅游文本方面发挥重要的作用。在目的语读者的积极互动中，翻译文本才显得有价值。旅游文本意义中读者的期待视野决定了翻译方法。为此，译者要关注目的语读者的实际吸收消化情况，采用以下两种翻译方法：意译和省略。

（一）意译

意译（Free translation）指的是将一种语言所表达的意义用另一种语言做释义性解释。当源文和译文在词汇意义、句法结构、文体风格上发生悬殊和矛盾时，就不能拘泥于源文形式，应该采用意译的方法，将源文的思想正确地表达出来。意译不同于直译。对于旅游资料，意译不是逐字翻译。这种翻译方法适用于某些文化元素或语言风格会引起文化冲击的情况。在这种情况下，需要弄清词义的引申义与扩展义，做些调整，或者进行解释，或者指明源文的意思，调和源文与译文形式上的矛盾。译文语言需要通顺流畅，符合译语的语法规范和表达习惯，并精确表达源文的意思。

例1：寺内古榕参天、水系潆绕、石桥横跨，可谓古香古色，美轮美奂。

译文：The towering old banyan trees, the swirling water, the spanning stone bridges, all give a sense of antique beauty to the temple.

分析：中文很符合中国人的口味，使用了四字词组，也使用了夸张的修辞手法，形意优美。然而，英语倾向于使用简洁的词语来描绘风景。译文采用意译法，用简洁的语言精确表达源文的意思，符合译语的语法规范和表达习惯，符合

目的语读者的期待视野，让游客清楚地理解信息。

例 2：爱拼才会赢。

译文：God helps those who help themselves.

分析：源文本来自闽南歌曲，展现了闽南人乐观、积极向上和永不放弃的精神。在困难时期，这些精神植根于人们的生活。此精神也符合国外的谚语，即"God helps those who help themselves"（自助者天助）。译文采用了意译法，减少给目标读者带来阅读上的干扰，从而达到交际和传播的效果，符合目的语读者的期待视野。

（二）省略

当译者认为源语言对于目标读者来说晦涩难懂，如果将其翻译出来变成多余没有用，甚至会对读者的阅读造成干扰，在这种情况下，译者会做出省略的决定。众所周知，中国的旅游资料充斥着华丽的的语言，有时出现多个词表达相同的意思。因此，在翻译过程中，省略是一个不错的选择。

例 1：坐落在清源山山脚的道教老君造像高 5.5 米，宽 7.3 米，雕刻于宋代。石像头戴风帽，额纹清晰，两眼平视，鼻梁高突，右耳垂肩，苍髯飞动，脸含笑容，左手依膝，右手凭几。整个石像衣褶分明，刀法线条柔而力，手法精致，夸张而不失其意，浑然一体，毫无多余痕迹，逼真生动地表现了老人慈祥、安乐的神态，因而成了一种健康长寿的象征。泉州民间俗语"摸着老君鼻，活到一百二"，但是真要摸到它不容易。

译文：The 5.5-meter high and 7.3-meter-wide figure of old Taoist saint carved in the Song Dynasty sits at the foot of Qingyuan Mountain. His left hand rests on the lap and right hand on a small table，his ears reach his shoulder，his white beard is floating in the air and his face is beaming with happiness and kindness. The figure has become a symbol of health and longevity，as the saying goes in Quanzhou，"Touch the nose of the Stone Old Saint and you will live up to 120 years old"，which challenges many tourists to have a try.

分析：从上面的例子我们可以发现，在旅游翻译中，对于句子"整个石像衣褶分明，刀法线条柔而力，手法精致，夸张而不失其意，浑然一体，毫无多余痕迹"，采用了省略法。这句话试图表达雕凿石像的艺术。但从前两句的翻译来看，栩栩如生的石像已经映入眼帘。所以，为了避免冗余，考虑到为了使译文简洁、清晰，在不影响意思传达的前提下，译者将该句省略，这样处理会使译文更自然，也符合读者的期待视野。如果保留源文，会让受众感到困惑。

例2："佛国名传久，桑莲独擅声"，泉州开元寺以其悠久的历史、神奇的传说、独特的规制、巧妙的建筑、珍贵的文物、优美的艺术和卓越的声誉，充分体现了中国古代建筑的传统特色，吸引着海内外的游客。

译文：Kaiyuan Temple of Quanzhou is famous for its long history, fabulous legends, unique setup, ingenuous architecture, precious cultural relics, excellent arts and outstanding reputations, which fully manifest the traditional features of ancient Chinese architecture and as a result attract the tourists from home and abroad.

分析：在此中文材料中，开头有一句诗，对全段起到总结作用。在下面的句子中，它充分解释了这句诗。因此，我们可以省略诗"佛国名传久，桑莲独擅声"的翻译。译者之所以这么做也是有所考虑的，即：如果把这句诗翻译出来会显得累赘、多余，不符合英语文本表达简洁的原则。所以，最好的办法就是将文中的诗省略，这样也不影响意思的传达。而且，受众的期待视野也不会遭到冲突。

简而言之，采用省略法的原因是源语言中的信息多余，超出读者的期待视野，使读者混淆不清译者所要传达的信息。因此，为了把信息准确地传递给目的语读者，译者采用省略法，从而可以符合目的语读者的期待视野。

综上所述，为了满足受众的期待视野，使他们能够接纳译文，译者应尽量选择侧重目的语的翻译法，包括意译和省略法。

三、在文本未定性基础上激发读者创造性的翻译法

文本未定性使得目的语读者在阅读旅游资料的过程中能够充分发挥创造性，从而使翻译文本的内涵更加丰富。因此，译者应该采用增译法和直译法，旨在激发读者在翻译文本接受过程中的创造性。

（一）增译

如果读者察觉文本中含有外来的文化因素，他会根据语境，将其吸收、消化作为知识储备。与此同时，他的期待视野也得到扩大。源语言读者在相同情况下

的联想也逐渐地在目标语读者的头脑里形成。对于目标受众来说，具有特定文化的信息在传播过程中，需要有部分的增补，这是不可避免的。在没有给出任何的提示，要将不熟悉的意思联想转换到目标文本中，是有困难的。所以，为了成功地传递源语言中的文化内涵，译者需要为目标受众增加一些提示、线索。增译法（Addition）就是不错的方法。

例1：蔡襄，字君漠，仙游人，自幼聪明博学，十八岁高中状元。

译文：Cai Xiang, also called Jun Mo, was a native of Xianyou. Clever and knowledgeable since childhood, he became a Zhuangyuan (the one who came first in the highest imperial examination) at an early age of 18.

分析：状元是中国人熟悉的。在中国古代，知识分子参加科举考试。科举考试以名列第一者为"元"，乡试第一称"解元"，会试第一称"会元"，殿试第一称"状元"。由于目标语读者不熟悉，在本译文中，括号中的补充信息填补了空白，可以满足读者的想象力，也扩大他们的期待视野。

例2：现存文物古迹中，宋代29处，元代1处，明代8处，清代5处，近代拓展23处。

译文：Among the existing ones, 29 sites were built in the Song Dynasty (960–1279), one in the Yuan Dynasty (1271–1368), eight in the Ming Dynasty (1368–1644), five in the Qing Dynasty (1644–1911), and 23 have been exploited in modern times.

分析：在这个例子中，有一些朝代的名称。对于中国人来说，当他们到了一个景点，看到这样的描述，他们对这些朝代已经有了一个大致的印象。而对于外国游客来说，如果对中国没有一定的文化背景知识，则无法引起他们的反应。因此，在译文中，加入粗略的时间会让外国游客清楚地了解信息。译文促进受众对旅游资料的理解，也保留源语言的文化内涵。文本中留下的空白让读者的创造性得到充分的发挥，从而扩大读者的期待视野。

实际上，随着中西交流增多，越来越多的旅游资料翻译成中文，英语受众对中华文化的了解也逐渐增多。在可接受的前提下，译者可能会将简单的文化形象介绍给受众，采取增译法，制造出意义空白，激发读者的创造性，同时也扩大他们的期待视野。

（二）直译

在直译（Literal translation）方面，译者往往根据单词或句子的直接含义来表达源文。这种方法一方面传达了源文的信息，另一方面，它也尽可能地保持原来的形式。运用这种翻译策略不仅可以在很大程度上保留源语的文化特征和生动性，还能确保目标受众毫无压力地理解信息。

例1：安平桥东连晋江安海镇，西接南安水头。全长 2255 米，桥面宽 3—3.8 米。

译文：Anping Bridge lies in Anhai town，Jinjiang City. From the east end of Anhai to the west end of Shuitou in Nan'an，its length is about 2255 meters with its width of 3-3.8 meters.

分析：从上面的例子可以清楚地看出，译文采用了直译法，保持源文的含义和形式。这样一来，不仅让目的语读者可以用自身的经历和知识来理解含义，也激发读者的创造性，充实文本的内涵。

例2：东西塔是开元寺的标志性建筑。它们是我国现存的最高的古代岩石塔。建于 865 年的东塔以"镇国"命名，建于 915 年的西塔则是以"元寿"命名。

译文：The East and West Pagodas are one of the landmark buildings of the Kaiyuan Temple. They are the tallest existing stone pagoda in our nation. The East Pagoda named "Zhenguo" was built in 865 and the West Pagoda named "Yuanshou" was built in 915.

分析：东西塔是很多人都知道的。译文在一定程度上让目标读者学习了中国人的思维方式。同时，它也有助于传播中华文化。目的语读者与源语读者有相同的感觉和体验。因此，目的语读者对此理解起来毫不费力，其创造性也可被激发，使得文本内涵更加丰富。也就是说，读者的视野与文本的视野一致，填补源语言文本的空白，让读者对文本进行填充、确定和具体化，从而让目的语读者精确地理解源语言的含义及文本留下的未定性，充分发挥创造性。

简而言之，汉英文中存在大量具有相同意义的类似表达。这就为本部分中所述的翻译策略提供了理论基础。该策略在以上案例中的应用的确能使目标受众在原有的知识和经验的基础上，准确地获得源语言的含义，以及源文本中留下的文本空白。

综上所述，译者将目标受众看成是接受美学理论中积极的接受者。同时，读者在进行译文理解时，译者创造意义空白是为了激发他们的创造力，也扩大他们的期待视野。在这种情况下，译文受众可以得与到源文受众一样的感受和体验。

接受美学为实用汉英资料翻译研究提供了崭新的视角。"期待视野""文本未定性"这些概念意味着译者应"以读者为中心"。基于接受美学理论，笔者试图在接受美学理论指导下，探讨实用汉英资料英译的策略。用接受美学理论来探讨实用汉英资料的翻译，促使译者关注文本的接受度，以满足读者的期待视野为基础，并以读者为中心，激发读者的创造性。因此，译者要对中英文化、历史背景、风俗习惯等都有深入了解和探究，以目的语读者为中心，充分考虑其认知心理、审美情趣、语言习惯、文化心理等诸多因素，才能实现两者之间的视野融合，实现实用汉英笔译的审美追求。

第七章 模因论与实用汉英笔译的实证研究

模因作为一种文化信息单位，通过复制得以传播，翻译是模因跨文化传播的生存载体。在实用汉英笔译中，异化翻译保留源文语言及文化的特色，把一种文化中的模因复制到另一种文化当中，满足目的语读者对译文陌生感的需求；归化翻译保留了为目的语读者所熟悉的核心模因，有助于读者理解和接受。文化体本身常常也有吸收异族模因的要求，对本族文化的模因来说，这些引进的异族模因构成了文化生命体进化所需的突变，使本族文化获得新的生命力，丰富了本国的文化模因。

第一节 模因论

一、模因与模因论

模因这一概念用于描述人类文化的进化，最早出现在牛津大学动物学家理查·道金斯撰写的著作《自私的基因》（*The Selfish Gene*）（Dawkins，1976）。道金斯将模因描述为："人类文化传播的复制因子，或模仿的单位，即模因。"（Dawkins，1976）。道金斯的学生苏珊·布莱克莫尔（Susan Blackmore）在她的著作《模因机器》（*The Meme Machine*）中将模因定义为"文化中人与人之间传播的一种想法、行为、风格或用法"（Susan Blackmore，1999）。实际上，模因的原词 meme 在拼写上模仿了基因的原词 gene，词源上来自希腊词 mimeme（模仿）。

模因论是在达尔文进化论的基础上提出的一种解释文化进化规律的新理论。

它试图从历时性和共时性的角度来解释事物之间的普遍联系和文化传承的演变规律。模因论的核心术语是模因。在模因论中，模因通常被描述为感染或感染他人大脑的"病毒"，一旦一个人被这种"病毒"感染，它们就会寄生到其大脑中（何自然，2005）。然后这个人就会把"病毒"传染给其他人或他们的孩子。病毒会改变被感染的人的行为，并促使他们促进这种行为。

二、模因传播的阶段

海利根（Heylighen）将模因的传播过程分为四个阶段：同化、记忆、表达和传播。源语模因中包含着作者的思想以及反映文化背景的其他模因。译者是模因的宿主。同化是指模因被宿主注意、理解和接受。如果译者能更多地理解和接受源语言模因，就能更好地感染其他宿主。记忆阶段是指模因在宿主记忆中的保留阶段。滞留时间越长，通过宿主感染传播的机会就越多。表达阶段是译者用熟悉的语言和文化信息对源语言模因进行重新编码和翻译，并通过新的语言和其他载体进行表达的过程。最后进入传播阶段。由于英汉两种语言的差异，跨文化模因的复制和传播无法实现形式与内容的完全对应。翻译模因的复制过程往往是一个动态的过程，模因通常与新的语言环境相结合，产生新的语言模因情结。经译者重新编码的模因从一个宿主传播到另一个宿主，模因进一步传播（吴艳丽、张莎莎，2021）。

第二节　模因论视角下实用汉英笔译策略

源语信息是多层次的，它不仅包含了源语的语言形式和内涵的表层和深层意义，而且还承载着源作者想要传达给读者的思想文化信息。因此，我们在翻译时经常需要考虑句法、语义和语用对等。

一、句法对等

句法对等的目的是最大限度地展示源文的形式和内容，尽量复制源语言中的各种形式模因，包括单词、句子和概念之间的对应关系（王学宇，2011）。由于英语和汉语语系的不同，语言模因的组合也会表现出很大的差异，因此两种语言的复制和传播面临困难。然而，通过句法对等原则，将目的语模因中对应的形式结构灵活替换为源语模因中的形式结构，可以在一定程度上实现形式对等。

二、语义对等

语义对等就是找出两种语言中最相似的表达式。虽然不同国家的文化不同，但人与人之间的联系是相通的，这使得复制国外的模因成为可能（王学宇，2011：115）。一个模因往往可以在另一种文化中找到对应的部分，这意味着一种语言中的某些表达有时可以在其他语言的类似表达中找到，这些表达对读者产生影响。

三、语用对等

语用对等是指用目的语读者的语言和文化习惯进行编码，以传递源文的文化承载信息和语用意义。奥斯汀（Austin）认为语言不仅是用来提供信息和描述事物的，而且经常被用来"行动"（Austin，1962）。著名语言学家塞尔（Searle）进一步指出，言语行为不仅包含语义内容，还包含说话人的意图。语义表达是为语用意图的实现服务的（Searle，1969）。因此，译者首先要保证译文与源文的语用对等，然后再考虑语义对等，甚至句法对等。在译文读者对源语言文化形象不熟悉的情况下，译者可以考虑用译文读者熟悉的形象来替代，也可以省略或增加译文，最大限度地增进译文读者的理解。

第三节　模因论在网络流行语英译中的应用

如今互联网已经成为人们生活中不可或缺的一部分。随之出现的网络语言，尤其是网络流行语，也不断地影响着人们的生活。汉语网络流行语有着典型的中华文化特色，如何使英语国家读者理解、接受汉语网络流行语的英译版本是一个值得研究的问题。翻译模因论认为，翻译本身就是模因重复和传播的过程，而翻译模因论为汉语网络流行语的英译研究提供了一个新的切入点。

一、网络流行语

网络流行语蕴含着网民最生动的集体情感和情感体验，反映了网络空间的社会心态和情感氛围。如今，网络流行语已经开始渗透到文化、娱乐、经济、民生等社会生活的方方面面。网络流行语是中国特色文化在互联网时代的体现。

（一）网络流行语的定义

汤玫英（2010）将网络流行语定义为：网络语言中有影响力的群体，是口语的一种特殊形式，是网络聊天中使用的一种独特、生动、新颖的词汇或短语。但在本节中，网络流行语是指来源于人们的现实生活，如社会公共事件、社会热点、电视节目或媒体，然后在网络上普及并被人们广泛使用的词汇和表达。这些网络流行语具有浓厚的文化特色，能够反映中国的当代风格和年轻网民的心态。

（二）网络流行语的特点

1. 传播快

网络流行语的传播速度很快。网络流行语往往是人们针对某一社会现象或热点而创造出来的，并以网络上的各种社交媒体为载体加以推广。所有通过网络发布的词汇，由于其独特性和朗朗上口的发音，在短时间内形成数百万点击量，一夜成名。

2. 升级快

网络流行语更新速度很快。网络流行语往往在热点问题下产生。但热点问题具有时效性。一旦某一事件或热点话题随着时间的推移淡出公众视野，新的一组热点话题就会出现在社会舞台上，旧的网络流行语就会被新的网络流行语所取代。

3. 观众年轻

网络流行语的受众群体是年轻人，网络流行语的目标受众通常是学生和年轻的上班族。由于他们的办公和娱乐活动多以网络为主，对网络流行语的理解和接受能力较强，流行词汇在他们中间传播较快。

4. 带有方言特点

许多网络流行语来自方言。一些网友在社交媒体上交流时经常说某种方言。方言发音独特，娱乐性强，发音简单，重复率高，很容易被其他网友模仿。例如："蓝瘦香菇"（I feel awful），"我方了"（I'm scared）。

二、网络流行语的翻译

如何使网络流行语的翻译更容易被译入语读者所接受，是一个值得深思的问题。由于中西方在语言、社会文化等方面的差异，网络流行语的翻译需要考虑目的语读者所处的网络文化和社会环境。网络流行语的翻译不应拘泥于某一种翻译方法，而应通过比较研究找到更适合自己的翻译方法。因此，找到合适的翻译策略是非常必要的。在下文中，笔者将从句法策略、语义策略和语用策略三个方面来分析不同类型网络流行语的翻译策略。

三、模因论应用于网络流行语翻译的可行性

模因是文化传播的基本单位，语言是文化传播的重要载体之一。网络流行语的形成和传播符合模因理论的规律。利用模因理论对流行词汇及其英译进行探讨，可以更好地了解语言的发展变化，也可以为有意识地运用模因复制的规则促进跨文化交际的深化提供参考。因此，将模因论应用于网络流行语翻译是可行的。

综上所述，模因论可以为网络流行语的形成、复制和传播提供最好的解释。它为网络流行语的英译提供了一个新的突破点。

四、模因论视域下网络流行语翻译策略

本部分以模因论为基础，根据不同网络流行语的特点，在形式层面、内容层面和信息层面采用不同的翻译策略，分析译入语读者更容易接受的网络流行语翻译。

（一）形式层面的句法策略

切斯特曼认为，"句法策略操纵形式，语义策略操纵内容，语用策略操纵信息本身"（Chesterman，1997）。句法策略模因是指涉及各种形式的句法变化的模因，主要控制语言形式，包括句子单元、短语、分句的转换和句子结构的变化。由于汉语网络流行语具有独特的汉语特色，所以在翻译中很难做到语音和形态的对等。句法策略可以最大限度地使译文接近源语言的形式，同时保留源文的结

构、形象和文化内涵。

1. 直译

切斯特曼（2012）将"直译"定义为：意思在最大程度上接近源语言的形式，但又符合语法。具有汉英同义词的网络流行语可以直接翻译，既能保留其原有特点和语言风格，又不会造成误解，符合英语的表达方式，便于外国读者的理解和接受。

例1：内卷

译文：involution

分析：网络流行语"内卷"可以翻译为"involution"。内卷指的是同行之间的竞争，为了争夺有限的资源而付出更多的努力。内卷本身没有什么深刻的含义。因此，在形式层面对"内卷"一词进行直译，可以使译文接近源语言的形式，保持源文的形象内涵，可以使译入语读者直接、清晰地理解该词的意思。

例2：硬核

译文：hardcore

分析：网络流行语"硬核"用来形容某人或某事非常酷。在英国和美国，hardcore 指的是一种源自朋克音乐的音乐风格——硬核音乐。它的旋律比朋克音乐更快更有力。这是一种非常酷的音乐风格。因此，当"硬核"翻译成"hardcore"时，目标读者很容易理解其意思。

总之，直译可以完全保留源语的内容、结构和形式。当源语和目的语的语言结构相似时，我们可以采用直译法。

2. 音译

音译是指在语音单位中使用相似的音来突出语言功能的一种翻译方法（郭雪峰，2019）。

例1：断舍离

译文：Danshari

分析：一些网络流行语很难用一两个词准确地翻译其意义，这时往往需要将源语的发音直接转换为目标语中发音相同或相近的词。网络流行语"断舍离"就是一个例子。在英语国家很难找到相同意思的单词，所以译者可以用音译的方法，把它翻译成"Danshari"。

例2：飒

译文：sa

分析：网友们用流行语"飒"来形容那些勇敢抗击疫情的女性。"飒"指的是优秀、勇敢、酷炫的女性。在英语国家，很难找到一个词能体现"飒"的意思。在这种情况下，译者应保留网络流行语的特点，尽量使译文接近源语言的形式。因此，译者可以用音译的方法将"飒"翻译成"sa"。

音译在网络流行语英译中对中华文化的保留和输出起到了积极的作用。

一般来说，当网络流行语含义不深时，形式层面的句法策略可以使目的语读者在理解网络流行语的同时，最大限度地保留网络流行语中的中华文化特色。

（二）内容层面的语义策略

语义策略注重目的语模因与源语模因的意义或隐喻意义的对等。当两种文化存在共同点时，读者很容易在目的语中找到相同的模因，成功解码并接受感染。在遇到本民族的独特文化时，译者应根据读者的认知能力进行适当的处理。

1. 释义

释义可以用来解释某些可能引起误解和歧义的词，使译文更容易让目标语言读者理解。

例1：杠精

译文：an argumentative person

分析：网络流行语"杠精"用来形容那些喜欢在争论时故意持相反意见的人。在这个词中，"精"指的是"人"，"杠"指的是争论的状态。为了使译入语读者更好地理解这一网络流行语，译者可以用释义法直接解释这一网络流行语的意思，并将其替换为目的语国家文化中词义相近的词语——an argumentative person，从而获得更生动准确的译文。

例2：后浪

译文：younger generation

分析：网络流行语"后浪"来自诗句"长江后浪催前浪，世上新人换旧人"，指的是中国的年轻一代。"年轻一代"所表达的意思与"后浪"相似。因此，译者可以用释义法直接解释这个网络流行语，摒弃源语的具体形象，使译语读者更容易接受和理解网络流行语"后浪"。

许多网络流行语都与网络上特定的热点事件或新闻事件有关。这些词是在特定的语境中产生的。在翻译过程中，当很难找到合适的词来表达网络流行语的完整含义和背景文化信息时，译者可以使用释义法。

2. 意译

意译是指忠实于源文内容，不拘泥于源文的结构形式和修辞手法的翻译方法。它要求尽可能实现目的语文化与源语文化的功能对等（齐悦，2020）。

例1：我酸了

译文：I'm getting jealous

分析：网络流行语"我酸了"用来表达对某人爱情的嫉妒。"酸"这个词在这里不是指一种味道，而是指嫉妒。在英语国家，很难找到一个与"我酸了"形式或表达完全对等的词，所以译者需要在文化上来弥补这一差距，使目标读者理解这一网络流行语。因此，为了更好地传达"我酸了"的正确含义，译者可以用意译法将其翻译成"I'm getting jealous"；不需要拘泥于源语的形式，最大限度地实现译语与源语的文化对等。

例2：凡尔赛文学

译文：humblebrag

分析：凡尔赛文学"就是意译的一个典型例子。由于文化背景的不同，如果将"凡尔赛文学"直译成"Literature of Versailles"，对中国读者来说是生动的，而对目的语读者来说则是困惑的。由于"凡尔赛文学"的表达比较抽象，译者不应拘泥于源语言的结构形式，而应使用意义相近的英语单词，使目的语读者能够正确理解"凡尔赛文学"所表达的文化内涵。英文单词"humblebrag"，以一种看似谦虚的方式自夸，与"凡尔赛文学"的意思类似。因此，在这种情况下，译者需要采用意译的方法，将其翻译成"humblebrag"，从而帮助目标读者理解网络流行语的含义。

一些网络流行语有其特定的文化背景和文化内涵。意译可以克服语言障碍，使跨文化交际中的网络流行语内涵被译语理解。

总之，在翻译一些含义较深的网络流行语时，译者应运用语义策略，使译入语读者最大限度地理解网络流行语所表达的含义。

（三）信息层面的语用策略

一些具有特殊文化意义的网络语言可以运用语用策略进行翻译。在翻译过程中，译者必须选择适合译入语环境的编码方式，再现源作者的真实意图，保证读者能够正确解读源作者的真实意图，感染新的宿主，使源语言模因得到很好的传承，开始新一轮的传播。

1. 文化过滤

文化过滤主要是指将源文本，特别是文化特定的条目翻译成与目的语文化或功能对等的内容，使其符合目的语规范（杨友文、李波，2021）。

例1：是个狼人

译文：someone is a crackerjack

分析：网络流行语"是个狼人"经常被用来形容一个人非常有能力。因为在译语读者的认知形象中，"werewolf"这个词并不是"非常能干的人"的意思。所以翻译时要注意中西文化差异，注重信息的正确传递。在这种情况下，译者可以通过文化过滤将"是个狼人"翻译成"someone is a crackerjack"。文化过滤可以清晰地表达这一网络流行语的隐含信息，消除文化差异可能带来的误解，实现最大程度的语用对等。

例2：工具人

译文：cat's paw

分析：网络流行语"工具人"用来描述那些愿意帮助别人、不抱怨、不期待任何情感或经济回报的人。由于文化背景的差异，译者在翻译网络流行语"工具人"时要注意信息的准确传递。目的语读者对"工具人"的文化意象不熟悉，译者需要考虑用意思相近的词替换。为了使译语读者准确理解"工具人"所包含的信息，帮助译语读者正确解码，译者可以通过文化过滤将"工具人"翻译成"cat's paw"，在译语国家，"cat's paw"的意思是"被他人利用的人，通常用于执行一项不愉快或危险的任务"。

文化过滤可以帮助读者理解源语言中的核心文化模因，达到语用意义对等的效果。

2. 增译

增译是指根据意义（或修辞）、句法的需要，增加一些词，使源文的思想内容得以流畅地表达，弥补上下文信息空缺和信息断点，最大程度上达到语用对等。

例 1：996

译文：the 996 work schedule

分析：网络热词 "996" 指的是从早上 9 点工作到晚上 9 点，每周工作 6 天，代表了中国互联网公司普遍的加班文化。为了使译入语读者更容易理解 "996" 所表达的意思，译者应注意信息层面的交流，通过添加与译入语读者相关的信息，帮助译入语读者跨越文化障碍。译者可以添加 "work schedule" 这一短语，以帮助目标语读者更好地理解网络流行语 "996"。

例 2：爷青回

译文：my youth is making a comeback

分析：网络流行语 "爷青回" 是一个首字母缩略词，其完整表达是 "爷的青春回来了"。信息层面的语用策略关注的是目的语读者能否正确理解源语所传达的信息。如果译者只使用首字母缩略词的形式来翻译这一网络流行语，目标语读者很难理解其含义。因此，译者应通过增译的方式对空缺信息进行补充，翻译成 "my youth is making a comeback"，实现语用对等。

由于目的语读者和源语读者有着不同的语言习惯和表达方式，所以需要添加一些短语或句子来完成目标语读者难以理解的信息。

3. 略译

略译是指在不失去源文意义的前提下，将重复词语或重复意义省略的一种翻译方法。

例 1：我太难了

译文：I'm overburdened

分析：网络流行语 "我太难了" 传达的信息是 "我最近压力很大"。为了使译文所传达的信息更准确，更符合译入语读者的文化习惯，我们可以用 "I'm overburdened" 来传达 "太难了"。因为 "overburdened" 这个词已经表达了 "压力过大" 的意思。所以不需要在句子中重复翻译 "太" 这个副词，以免信息传递不准确。

例 2：人民至上，生命至上

译文：put people and life first

分析：译文 "put people and life first" 是在新冠肺炎疫情背景下产生的流行

语"人民至上，生命至上"的参考翻译。"至上"的意思是"put...first"。在汉语表达中，中国人喜欢用重复来强调和增强语气，中文两个"至上"就是用于此目的。但在英语国家，他们更喜欢简洁的表达。在保证信息传递准确性的前提下，译者应根据目的语读者的文化习惯进行编码，省略一个"至上"，以达到最大程度的语用对等。因此，我们可以用略译法来翻译这句流行语。

略译可以使译文传达的信息更准确，更符合译语读者的文化习惯。总的来说，语用策略可以在译文中再现源语信息，更好地帮助目的语读者理解源语所表达的意义，最大限度地复制和传播源语模因。

综上所述，由于民族语言和文化的差异，译者要在源语言信息的传递中实现最大程度的对等，就必须从句法、语义、语用等不同层面入手。在翻译网络流行语时，译者应根据不同网络流行语的特点采取适当的翻译策略，实现外来模因的跨文化传播。

译者既是异国模因的解码者和被感染者，也是异国模因的重要传播者。在实用汉英笔译中，异化翻译保留源文语言及文化的特色，把一种文化中的模因复制到另一种文化当中，满足目的语读者对译文陌生感的需求。有时采取的归化法保留了为目的语读者所熟悉的核心模因，更有助于读者理解和接受。文化体本身也有吸收异族模因的要求，对本族文化的模因来说，这些引进的异族模因构成了文化生命体进化所需要的突变，使本族文化获得新的生命力，丰富了本国的文化模因。

模因论作为一种新兴的理论，为文化基因的复制和传播提出了一种新的研究模式，从而为对实用汉英资料的翻译研究提供了一种新的方法。

第八章 生态翻译学理论与实用 汉英笔译的实证研究

随着中国国际地位的提高和国际交流的日益加强，文化走出去的呼声越来越高。实用汉英笔译的传播有利于中国明辨文化身份，传播中国思想，提高中华文化软实力。因此，实用汉英笔译在中外文化交流中越来越受到关注。对于实用汉英翻译，译者可以生态翻译学为理论依据，以"文本移植"为抓手，以"适应选择"为枢纽，以"生态平衡"为出发点和归宿，切实把握实用汉英翻译的"生态"。

第一节 生态翻译学理论与中医术语翻译

一、生态翻译学理论

生态翻译学理论最早源于胡庚申教授于 2001 年提出的新兴翻译学理论。在生态整体主义的指导下，该理论将达尔文的适应与选择原理应用到了翻译研究中。生态翻译学重视译者，认为译者的翻译过程就是一个不断"适应"与"选择"的过程。生态翻译学理论也主张三维转换，即语言、文化、交际三个维度的适应转换与选择。胡庚申教授在生态翻译理论下提出三维转换，目的是让译者在翻译过程中有三维意识，尽量保持源文在语言、文化和交际三个方面的原汁原味。

生态翻译学与 21 世纪齐步。顺应全球视野的生态思潮和译学研究的生态取向，得益于以"天人合一""中庸之道""以人为本""整体综合"为特征的华夏文明生态智慧、相关领域学科的发展，加之现有译学理论研究的局限与缺失所产生的需要，生态翻译学应运而生。生态翻译学自 21 世纪初诞生以来，其理论研究和应用研究持续发展。在国内，多位教授专家参与该课题的研究，方梦之、许钧等教授也不断促进该理论在学术方面的发展。更多的硕士、博士研究生以此为理论指导进行课题研究，在知网上就有多篇以此理论为指导的论文和文章。学术研讨活动也持续开展，相关学者通过在海内外讲学和参加学术会议，积极开展生态翻译学研究成果交流和学术思想传播。此外，还成立研究协会、出版学术专著等等。

国际翻译界开始从生态学视角研究翻译活动的学者也很多，米歇尔·克罗尼恩在《翻译与全球化》一书中提出要关注语种"翻译的生态"问题，呼吁在不同语种的翻译之间要保持健康平衡。安德烈·勒非费尔与苏珊·巴斯内特于 1900 年提出"文化转向问题"，多次将翻译的语境描述为"文化环境"，并使用"发现树木生存之地""描述植物生长之状"等生态类比翻译研究中语言学家的探索行为（胡庚申，2013）。在丹麦、美国和英国等国家，多名教授专家也从这一视角开展研究探讨。这些研究都说明从生态学视角解释翻译是可取的，这些研究都为生态翻译学研究奠定了坚实的基础。

根据分析发现生态翻译学的相关研究可归为以下四种类型：理论性研究、应用性研究、定性与定量相结合的研究和对著名翻译家翻译思想进行的实证性研究。

（一）理论性研究

任何理论的产生、发展和成熟的过程中，理论性研究是不可或缺的。在研究早期，主要包括胡庚申教授本人和极少数的学者对生态翻译学进行理论解读和完善，在 2008 年之后，胡庚申教授发表了诸多论文和专著，知网共计三十多篇文章和三本专著。研究包括对生态翻译学若干问题的回应和建议、对生态翻译学基础性理论——翻译适应选择论的研究、译者中心与译者责任的解读、生态翻译学研究范式、译者主体性、三维转换、适应与选择等。胡庚申教授及一些学者在这二十多年对生态翻译学理论不断地进行建设与发展，使得生态翻译学理论变得越来越全面，得到了越来越多的学者的认同。

（二）应用性研究

经过了胡庚申教授和许多学者对该理论进行努力构建和发展后，生态翻译学理论基本成熟和完善。但是，一个理论要想获得认可，需要将理论与具体文本相结合进行文本分析，以便证明其科学性和可操作性。在胡庚申教授对前期理论进行梳理和补充完善的同时，许多研究者辅以实质性研究，采取理论与实践相结合的方法，对生态翻译学进行探讨，即：证明该理论的科学性的同时，又证明其实用性。实证性研究可分为以下几种类型。第一，公示语和公示语翻译研究，包括医疗机构、旅游景点、公园以及消防类公示语等，如谈少杰从生态翻译学视角探讨合肥市地铁轨道公示语翻译的生态平衡性，研究表明该理论对翻译研究可提供综合和系统化指导等（谈少杰，2021）。第二，字幕翻译和字幕翻译策略研究，影视类型主要涉及纪录片、电影和动画电影，如汪雯针对《西游记之大圣归来》中的超语言文化能指的字幕翻译策略，从生态翻译学视角对其进行分类统计，希望帮助中华文化走出去（汪雯，2022）。第三，对文学作品的分析，如陈雯婷从三维角度对儒家经典《论语》的辜鸿铭和理雅各两位译者的译本风格进行对比分析（陈雯廷，2020）。第四，文化负载词研究，包括节日文化负载词、电影文化负载词和戏剧文化负载词等，如《生态翻译学视域下〈黄帝内经〉文化负载词的英译研究》一文对中医古籍中的重难点负载词英译进行了研究，丰富了对《黄帝内经》的研究角度（吴纯瑜、工银泉，2015）。第五，对其他类型的文本分析。经检索发现，生态翻译学还多用于实用汉英笔译、民歌研究、旅游景点翻译、翻译教学、课堂教学模式研究、会议口译、外交话语翻译、科技类英文翻译、京剧英译研究等。生态翻译学的多角度应用，这体现了生态翻译学的普遍适应性。

（三）定性与定量相结合的研究

与生态翻译学相关的定量研究论文相对来说较少，经统计共发现 7 篇论文，发表年份集中在 2016—2022 年间，文章篇数虽然不多，但以生态翻译学为研究视角并以语料库为研究工具对文本进行研究，拓宽了生态翻译学的应用领域，如《生态翻译学视域下基于语料库的〈伤寒论〉译本研究》采取定性与定量相结合的研究方法，分析李照国和罗希文两位译者的译本的语言特点、翻译风格，并评价译者对文本的适应性与选择性（蒲钰萨、李红霞、蒲勤，2021）。

（四）对著名翻译家翻译思想的实证性研究

我国有许多优秀的翻译思想家，比如傅雷、余光中、张若谷、张爱玲、严复、林纾、梁秋实等，他们各自的翻译思想广被大众接受，具有一定的普世价值，若能实现从生态翻译学视角对其思想解读，则说明生态翻译学在某种程度上具有普适性。胡教授于 2009 年发表的文章——《傅雷翻译思想的生态翻译学诠释》开启了该方面的研究，以一个新的研究视角对傅雷的翻译思想进行探讨和研究。接下来出现了许多学者，如周方衡、孙迎春、佟校梅、霍跃红等，他们用生态翻译学理论来解读翻译思想，进行实证性研究。综上所述，通过生态翻译学理论，可从多角度来对翻译家的翻译思想进行论证，这也表明了生态翻译学具有一定的普适性。

二、中医术语翻译

中医就是中国医学的简称，是我国人民在研究人体病理的过程中宏观诊断和预防疾病方面丰富经验的集结。中医受到我国传统哲学的影响，它拥有完整的理论体系，体现了结构与功能、物质与能量、形式与精神的整体性。除了诊疗之外，中医还研究人类疾病的发生、发展、预防和治疗。中医可以通过养生、理疗、医治和康复等途径规避疾病的发生并延长寿命。

按照语言学科的定义，术语是一种在特定语境下使用的词语或者词语组合。魏迺杰（Nigel Wiseman）认为"医学语言属于科技语言"，即中医术语表达方式不会在人们生活的语言中使用，并且拥有不同于普通语言的特定语言形式。中医术语源于通用语言，但比通用语言更精练，如"气""阴阳""五行""辨证论治""八脉"等。中医语言中的词汇也会经常在生活中出现，如"热"（heat）、"寒"（cold）和"湿"（dampness），因此，中医术语与人们的生活息息相关。中医术语是中医理论和文化的凝练，中医术语翻译是中医翻译的核心问题。

自 20 世纪 70 年代以来，中医术语的英译发展迅速，越来越多的中西方学者参与到中医术语的英译中来。魏迺杰等在 1985 年出版了著作《中医学基础》（*Fundamentals of Chinese Medicine*），这本著作展现了中医术语翻译的标准化和学术严谨性。到目前为止，唯一完备的中医术语词汇表是魏迺杰在 1990 出版的《中医术语和针灸词汇》。它基于满晰博先生提出的语义学知识和翻译指南，为中医工作者和汉语学者提供了一个平台，为术语标准化的演变做出了巨大贡献。

（一）中医术语英译的原则

1. 保留中医术语的民族性

中医术语民族性是指中医术语中原有的语言特色和中国特色文化。对保留中医术语中的民族性来说直译是较好的选择。同时音译也是满足这一原则的最好方式。翻译学家李约瑟曾经在他的文章中提到，中医相关的翻译应该尽量少地使用音译，但在翻译诸如道、阴、阳、气等中医基本概念时，他承认直译意译均难达义，组合词素更不可取，因此音译才是最好的方案。例如，"中医推拿"，是关系到"推拿"的治疗和临床应用，受到国内外专家病人的广泛好评。如果把"推拿"翻译成"massage"（按摩），会让人联想到按摩中心的按摩服务，混淆了中医和保健的含义。准确来说，massage 这个词并不能完全体现出中医推拿的方法和内涵，所以针对"推拿"的翻译，我们应该坚持使用音译法，以避免西方人对它存在理解上的偏差。

2. 术语翻译简单化

在各个领域的术语中，过长或者比较拗口的词汇较少使用，而简短流畅的词汇使用频率较高，更加生活化。在整段的文章中，简单化的词汇和语言可以帮助人们更好地理解文章的内容。中医术语的翻译应该简明扼要，才能在传播和复制中发挥优势。中医中有一个常用语叫作"天人相应"，这个词是指人类的生活应当与自然环境相适应，即表现自然和人体生理规律还有疾病之间的互相适应，与之相应的翻译为"correspondence between nature and human"。过去，中药"当归"在拉丁语中通常被译为"Radix Angelicae Sinensis"，但由于拉丁语使用的减少，"当归"逐渐被译为英语中的"Chinese angelica root"。然而，由于英文植物名称有时包含许多中文植物名称，容易被读者误解，所以现在"当归"直接按中文音译成 Danggui。

3. 中英术语的互文性

程锡麟在《互文性理论概述》中指出："广义的互文性是指任何文本与赋予文本意义的知识、代码和表意实践的总和之间的关系，这些知识、代码和表意实践形成了一个具有无限潜力的网络。"事实上，中医术语的翻译是中医文化的跨文化传播、复制和变异过程。因此，中医术语的翻译必须满足互文性，以减少信息的丢失，掌握中医基本理论，有利于外国人的理解和认识。在实践中，我们发现中医术语的英译也是在模因理论的指导下发展和演变的，按照民族性、简洁性、规律性和互文性的原则，中医术语的直译翻译已经成为最流行的翻译方法，这也是语言规律演变的结果。"精""液""神"等模因可以翻译成"essence" "fluid""spirit"。其中，中医"气"的翻译经历了多次变化，反映了翻译的发展和演变。"温肺化痰""补肾养气"也有明确的含义，可以直译为"warm the lung and/to resolve phlegm""supplement the kidney and/to nourish Qi"。通过这些变化，我们可以窥见直译模因成为中医术语英译的趋势。

（二）中医术语英译策略

1. 音译

在翻译中医术语的过程当中，我们会发现有一些特殊的词汇并不能在英语中找到等效词汇。为了减少术语翻译中的误解，音译是最妥当的一种翻译方法。世界卫生组织已经采纳音译的方法去翻译与针灸相关的术语。比如，"腰眼"直接被翻译为"Yaoyan"，"气"对应的英文翻译就是拼音"qi"。至于"元气""正气""中气""营气""卫气""肾气""清气""浊气"等，则不妨分别译为"Primordial or Original Qi""Healthy or Genuine Qi""Middle or Center Qi""Nutrient or Construction Qi""Defensive or Defense Qi""Kidney or Renal Qi""Clear Qi""Turbid Qi"。当然，并非所有的"气"都可译为"Qi"。例如"宗气"乃呼吸之气，还是以译成"Respiratory Gases"为宜；"脏气"是指内脏功能，故应译为"Visceral Functions"。"邪气"是泛指外界一切致病因素，可以译为"Pathogenic Factors"（钱少昌，1988）。

2. 意译

意译也是中医术语翻译中最常用的翻译方法之一，它指的是转换源文的含义，让译文更好地被理解。中医的体系是与西医有很大的不同，中医有大量的术语具有浓厚的中华文化背景。绝大多数的中医概念没有现成的英语单词，中医特有的逻辑导致其字面上的意思并不能完全表达其含义。加上中西医在基础理论和临床实践上差别太大，因此，在翻译这些术语时，直译的话会造成理解上的偏差，只有意译才能翻译出中医术语的真正含义，这样就便于西方读者理解和接受。例如："细脉"，曾经很多译者直接把它翻译为"thin pulse"，但"细脉"的意思是脉搏不强，与胖瘦无关。因此，译者需要采用意译的方法，将其翻译成"thready pulse"。

比如"经络"，不少人翻译成"meridian"（子午线），"子午线"是一条人们假想的线，但根据中医理论，经络是实际存在的，这样翻译会引起歧义，让人觉得经络并不存在。实际上，"经络"是人体内气血运行的隧道，翻译成"channel"（通道）较为妥当（张健，2011）。

又如，中西医所说的"伤寒"不是一回事。西医的"伤寒"（typhoid）指伤寒杆菌所引起的一种急性传染病，因此中医的"伤寒"要译为"febrile diseases caused by exposure to cold"。同理，中医的"畏寒"不是"fear of cold"，而应意译为"intolerance to cold"。

由此可见，中医术语英译的目的就是让外国人了解和熟悉中医学中的疾病及诊疗方法，最终吸引他们的注意力，从而通篇读完有关译文。相关术语的译文起码要做到通晓流畅，让读者一看就懂。

3. 套译法

翻译只是一个符号，关键要让别人明白其内涵，翻译中医术语，除了音译、意译外，还须遵循"等效翻译"原则，且翻译的人最好略懂甚至精通中医。翻译得太复杂，不利于中医走向世界。对此，翻译中医术语时还可考虑采用套译的手法，或者请西方专家帮忙，就像《圣经》能传遍全世界，就是因为它翻译成各种文字时"入乡随俗"（张健，2011）。

例如，中医有个术语"齿痕舌"，中国人认为是牙齿打印（teeth-printed tongue），而国外则认为是扇贝舌（scalloped tongue），虽然显示的语言符号不一致，但指的都是舌头的一种形状，也就是体虚的表现。尽管翻译不同，但只要指的是同一个概念，双方就可以交流。又如，中医的"消渴病"，乃是西医的糖尿病，而不应硬译为"thirst disease"；同理，中医的"烂喉痧"，乃是西医的猩红热，中医的"脏躁"相当于西医的癔症，因此应分别将中医的"消渴病""烂喉痧"和"脏躁"套译为"diabetes""scarlet fever""hysteria"。可见，为了让中医文化走出国门，给中医术语制定一个"西医术语参照表"——这种"借帆出海"的译法值得酌情一试。

不言而喻，翻译的本质是把某个语言行为的真正意义用另一种语言文字表达出来，使译文读者读后获得的信息与源文读者读源文后获得的信息相同，产生类似或近似的感觉。中医术语翻译得是否准确，直接关系到中医走向世界的成败。实践证明，音译也好，意译或套译也好，可以作为中医术语翻译的有效对策，它们并不违背翻译的忠实原则，而是这个原则在翻译实践中的延伸和活用。只要运用得当，它们能起到一般翻译技巧难以达到的积极效果。中医翻译人才不仅要英语好，了解中西文化的差异，精通翻译技巧，还必须知晓中医理论。

（三）生态翻译学视域下的中医术语翻译

在中医术语汉英翻译中，存在生态翻译学理论中核心理念的交叉融合，其中"文本移植"在于语义和语用多方兼顾，"适应选择"力求最高度的翻译"生态效率"，"生态平衡"趋向于表达和谐性。

1. "文本移植"的多方兼顾

生态翻译学视域下，基于文本维度的翻译研究核心在于"文本移植"。"文本移植"在于源语生态和译语生态之间的相应结构与功能的内在移植。"文本移植"过程分为移植前、移植中和移植后。由于源语文本的可移植性是"文本移植"整个过程的前提和基础，对拟译文本的选择就非常重要。中医术语的文本属性是正式且严谨的，译者必须把握好文本内容的真实性表达，切实地兼顾语义和语用，做到完整的"移植"，才能实现翻译的真实性。

2. "适应选择"力求最高度的整合

"适应选择"具体为"适应性选择"和"选择性适应"，其理念源自《进化论》由来的"适者生存"和"强者长存"，不论哪种方式的"存"，唯一讲究的皆是"生态效率"。我们认为翻译行为中的适应性主体（Adaptive Agent）为译者，"适应"是译者的"适应"，"选择"也是译者的"选择"；"适应"是指译者对翻译生态环境的适应，"选择"是以翻译生态环境的"身份"实施对译文的选择。"适应"的目的在于实现文本生命的诞生、生长与再生；"选择"的法则为"汰弱留强"，而翻译的最佳形态当是"整合适应选择度"最高的翻译。"适应选择"应包含适应性改造和适应性重构，译者在翻译过程中注意"选择"的同时，应时刻谨记"整合适应选择度"这一最高标准。

3. "生态平衡"趋向于表达和谐性

源出语和译入语好比两个生存于不同环境的"生命"。"生态平衡"是"生命"得以生存、茁壮的状态。只有达到"生态平衡"，翻译行为才可成立。中医术语翻译中的"生态平衡"趋向于表达和谐性，这种表达的和谐性可以从语境中得以理解。语言与语境的适配度构成了"生态平衡"的关键要素，适配的语言与语境使得翻译中的"生态平衡"得到了可能。中医术语翻译的"生态平衡"，不仅在于翻译行为本身，更需兼顾表达环境的和谐。

第二节　生态翻译学理论视域下实用汉英笔译策略

生态翻译学作为跨学科，跨领域的翻译理论，学者运用"三维转换""适应选择"理论分析译文的质量，更加重视理论与实际的结合，这也为我们利用生态翻译学研究实用汉英笔译提供了借鉴。译者需要对翻译生态环境进行选择性适应，在语言维、文化维和交际维方面做出适应性选择和转换。实际上，实用汉英资料英译过程是译者不断适应翻译生态环境并不断做出适应性选择的过程。

一、语言维、文化维和交际维三维转换

（一）语言维转换

翻译主要是两种语言之间的转换。语言是文化的载体。"语言维转换"指的是译者在翻译过程中对语言形式的适应性选择（胡庚申，2011）。译者需要从语言维选择符合读者阅读习惯和思维表达习惯的词汇和句式。

（二）文化维转换

文化维的适应性选择需要译者在翻译过程中关注双语文化含义的传递和解释（胡庚申，2011）。文化负载词的翻译对译者造成很大的挑战。译者不仅注重源文意思的传达，而且还要详略得当地介绍其中所蕴含的中华文化。

（三）交际维转换

除了语言维、文化维以外，译者也应该关注交际维转换，注重把源文中所包含的交际意图成功地传递给目的语读者。翻译活动实际上就是一种交际活动。通过研究分析，我们发现：在交际维的适应性选择方面，为了译文的交际功能，对于一些比较中国式的表达或者在包含的中华文化比较复杂的情况下，译者会采取不同的翻译方法来处理译文，通过译文将源文和读者之间联系了起来，从而保证译文实现其交际功能。

二、"文本移植"在于不断适应

"文本移植"的终极目标在于源语生态和译语生态之间的相应结构与功能的内在移植。无论从语言层面还是功能层面来看，译者都要建立起对等的文本桥梁。做到语义和语用的完全对等，做到真正的"文本移植"，译者要以主体身份不断适应两种语境的"生态"，从而做出符合生态转换标准的适应性选择。"文本移植"立足文本维度，兼语义和语用，从根本上将源语生态移植至译语生态，从而在新的翻译生态环境里扎根、苗壮，俨然呈现一派新的译语生机。做到真正的"文本移植"，才能保证译文有原汁原味。

三、全方位的"适应选择"

生态翻译学是一个生态趋向的复合型翻译研究范式，不仅从语言维度研究翻译过程。除了语言本身，还有语言衍生的生态环境，也就是语境。"适应选择"的主旨遵循"生态效率"。只有通过全方位的"适应选择"，才能做到真正的"文本移植"。译者不是作者，可以说译者只是再生作者。翻译的目的要求译者在转换源语内容的同时，要尽可能保留原作的表达目的。译者作为适应性主体，通过"适应选择"，仔细研磨由源语生态而来的原材料，兼顾周遭的新生环境，应材入料，将源语生态和谐地转换而融入译语生态。

四、以"生态平衡"为出发点和归宿

"生态平衡"指的是宏观上的语境。生态翻译学的研究范式能体现译文生态的平衡与否。这种平衡应是和谐的，且有驱动性的，促使"生生不息"。翻译前，译者需先观摩源语生态，研究其平衡状态下的表意；再根据译语所应遵循的翻译生态环境，对源语进行适应性加工，从而得出生态上达到平衡的新译语生态。译文在加工之前，译者就应考虑源语的表达目的，从研究源语的"生态"着手，牢牢把握"生态平衡"这一出发点；在译文审校的过程中，译者也应从"生态平衡"的角度审视译文的表达契合度。翻译是文本的综合加工过程，不论是文体移植还是适应选择，都离不开生态平衡这个"坐标轴"。生态平衡是生态翻译学核心三理念的出发点和归宿。

第三节　生态翻译学理论在中医术语英译中的应用

中医因长期浸润在中华文化土壤中，有其独特的认知方式，而这种认知方式往往反映在语言表达上，特别集中在术语构成中。可以说，理解中医术语是理解中医认知系统的敲门砖。本节以生态翻译学理论为基础，以中医术语的英译为研究语料，研究译者在翻译过程中如何通过不同的翻译策略和方法对翻译生态环境进行"适应""选择"，以及"三维"适应性选择转换，旨在为中医术语文本的翻译研究提供参考借鉴之处。

一、理论基础

生态翻译学将生态学和翻译学进行有机结合，用生态的理性特征来描述翻译，形成一种"翻译即生态平衡"的翻译观（胡庚申，2013），并将翻译的本质定义为"译者适应翻译生态环境对文本进行移植的选择活动"。由此可以得出，生态翻译过程是译者通过对翻译生态环境的适应和选择，进而实现源语生态和译入语生态平衡的过程。其中"适应"和"选择"是译者进行翻译操作的两个重要环节。

适应选择论具体内容如下：译者的"适应"指的是译者对以源文为关键构成要素的翻译生态环境的适应，而译者的"选择"则是指以译者为关键构成要素的翻译生态环境对译文的"选择"，这也正是"翻译即适应选择"的本意（胡庚申，2013）。立足于"翻译即适应与选择"这一理念，译者在翻译过程中要具备翻译生态环境意识，重视翻译生态环境的作用，对自身所处的翻译生态环境进行得当的判断和衡量，努力对其中的关键要素进行适应，并做出相应的适应性选择。生态翻译观着眼于"整体主义"，包含了古典形态的"自然""生命""生存""中庸""人本""尚和"等生态思想。中医学正是基于这种思想构建的重"道"科学，在认识人体、诊断疾病和治疗养生等方面无不体现"天人合一""天人相应"的整体观。生态翻译观和中医学的认知同源性和隐喻同构性，为从生态学的角度探讨中医翻译提供了新的路径。以下笔者探讨译者如何在翻译过程中采取选择与适应策略。

二、生态翻译学理论视角下的中医术语英译

胡庚申（2004）认为多维转换主要是在"多维度适应与适应性选择"的原则下，相对地集中于语言维、文化维和交际维的适应性原则转换。

（一）翻译生态环境

英语国家日益重视中医在临床上的疗效并逐渐开始研究中医理论；我国把中医视为传统文化瑰宝并通过传播中医技术来弘扬中华文化；知识性和文化性都过硬的中医译作为数不多。总之，中医术语翻译生态总体上不平衡。在生态翻译观指引下，中医翻译界要根据现实、适应形势做出适当的改变：重新审视中医英译的学术和现实意义；加强对译者的中医专业知识培训；鼓励和资助中医译著的出版，最终迎来中医术语翻译多元共生、和谐统一的理性生态。

考虑到这些因素，译者才能真正适应源文和译文的翻译生态环境，做出自己的选择，从而使译文得以生存。

（二）译者的目的

中医术语是中国传统医学体系的精髓，精准反映我国的诊治思想及理念。中医术语英译需要遵循严格的术语翻译规范，再现中国民族特色，直指中国传统医学体系的核心。

（三）译者能力

术语是中医翻译的基本单位。2021 年 1 月 1 日，世界卫生组织发布的《国际疾病分类》第 11 版（ICD-11）正式实施，其中首次纳入源自中医的传统医学疾病和证候名称（国家中医药管理局国合司 2019）。这标志着中医正式列入国际医学体系。这一举动反映出中医翻译是中医走向世界的重要桥梁，其中中医病名的规范翻译是重中之重。

以下介绍九个权威标准和官方术语库：

1.《WHO 中医药术语国际标准》

网址：*https://www.who.int/publications/i/item/9789240042322*

2022 年 3 月，在世界卫生组织（WHO）官网上，《WHO 中医药术语国际标

准》（*WHO International Standard Terminologies on Traditional Chinese Medicine*）正式发布，这是 WHO 总部第一次正式向 194 个成员国发布中医药术语的英译标准。内容分为三部分。第一部分是中医基础理论术语，第二部分是诊断病症和体质，第三部分是治则治法与疗法。二、三部分与后文《中医临床诊疗术语》的范围是差不多的。

2.《中医临床诊疗术语》

网址：*https://www.gov.cn/zhengce/zhengceku/2020-11/24/content_5563703.htm*

2020 年，国家中医药局组织发布了《中医临床诊疗术语》，内容全面，分类清晰，包括 1026 种常见证候名称、翻译及其定义，包括八纲证候、病因证候、阴阳气血精髓津液证候、脏腑经络证候。具体包括以下三部分：《中医临床诊疗术语第 1 部分：疾病》《中医临床诊疗术语第 2 部分：证候》《中医临床诊疗术语第 3 部分：治法》。

3.《中医基本名词术语中英对照国际标准》

《中医基本名词术语中英对照国际标准》由人民卫生出版社出版，世界中医药学会联合会主编。内容包括：学科、专业人员；阴阳五行；脏象；形体官窍；气血津液精神；经络；病因；治则治法；中药；解表药；清热药；祛风湿药；利水渗湿药等。包括 6000 多个词条。经过国内中医专家研究审定，该标准将作为中医翻译标准由世界中医药学会联合会向全世界发布，具有权威性和专业性，能满足海内外中医药及相关行业的医疗、教学和科研人员的需求。

4. 中药方剂图像数据库

网址：*https://sys02.lib.hkbu.edu.hk/cmfid/details.asp? lang=chs&id=F00050*

主要查询各类方剂中英文名、出处、组成、用法、主治等。该网站还附有"方解表"，解释君臣佐使，便于理解。此外，在中药材图像影像库中可以搜索中药药材的名称、拼音、英文、拉丁文类别、产地、性状、功效等。包括肉眼直视和显微鉴别的各种图片。注意：一般而言，中药名专指药用部位时使用拉丁药名（正体），如枸杞 Fructus Lycii；指整个植株时使用植物拉丁名（斜体），如枸杞 *Lycium chinense Mill*。

5. 中医术语中英对照查询系统

网址：*https://medai.vip/term*

高校自建查询系统，包括 WHO、PMPH、WFCMS 版本的术语，以及英文释义、分类名称、分类代码。基于人民卫生出版社（PMPH）制定的《中医英语术语（内部草案）》、世界卫生组织制定的 *WHO International Standard Terminologies on Traditional Medicine in the Western Pacific Region* 和世界中医药学会联合会（WF-CMS）制定的 *International Standard Chinese-English Basic Nomenclature of Chinese Medicine* 三个权威术语标准整合而成。最终分为 56 类，共整理数据 16189 条，经合并为 8981 条。

6. TCM Wiki

网址：*https://tcmwiki.com*

中医理论、疗法、中药和方剂查询，附有英文解释。比较全面，作为科普学习是不错的来源。

7. 词典类

欧陆词典：《本草纲目》《湘雅医学大词典》

网址：*https://www.eudic.net/v4/en/home/dictionaryresource*

《本草纲目》全书收录植物药有 881 种，附录 61 种，共 942 种，再加上具名未用植物 153 种，共计 1095 种，占全部药物总数的 58%。李时珍把植物分为草部、谷部、菜部、果部、本部五部，又把草部分为山草、芳草、溼草、毒草、蔓草、水草、石草、苔草、杂草等九类，是我国医药宝库中的一份珍贵遗产。（注意：《本草纲目》无英文对照，英文可查询《湘雅医学大词典》）

8. 知网助手

网址：*https://dict.cnki.net/index*

知网翻译助手提供学科领域内较全面、较专业的词汇翻译和（长、短）文本翻译服务，以及词汇、短语翻译结果相关的基于学术成果的事实性翻译证据，包括双语例句、英文例句等。非常适合验证自己的表达是否正确。

9. 术语在线

网址：*https://www.termonline.cn*

术语在线不仅用于查询中医药领域和医药术语，各行业术语均可以在此网址在线查询。

（四）读者的需求

按读者的专业程度，可以分为三类。一是普通大众。随着针灸纳入美国医保

Medicare，美国注册针灸师的数量超过 3.4 万人（据估算中国针灸医生的数量约 6.4 万人），越来越多的美国人接触中医针灸的治疗之后，会想要了解中医背后的原理。二是中医学生。据统计，每年有约 1.3 万留学生来华学习中医，美国也有几十所中医学校进行学历教育，这些学生是中医英语书籍的专业读者。三是科研人员。美国主要大型医院均已成立补充和替代医学科，如哈佛大学医学院附属丹娜法伯癌症研究中心（Dana Farber Cancer Institute），其针灸肿瘤科通过十余年的发展，通过大量的临床实践和翔实的研究数据，证实了针灸的疗效，如治疗化疗后的白细胞降低、乏力、恶心呕吐、头颈部肿瘤放疗后的唾液腺分泌减少等等。他们是带着批判的眼光阅读中医书籍的学者，并通过实验加以证明。

（五）语言维转换

译者对语言维（即语言形式）的适应性选择转换是从不同方面、不同层次上进行的。英语与汉语具有不同的语句特征：英语是形合语言，注重形式合乎规范，结构就如一串葡萄或是一棵大树；而汉语是意合语言，形散意连，层层推进，语言的异质性会迫使译者根据翻译生态环境做出适应性选择（胡庚申，2013）。为实现源语与目的语的转换，可根据目的语的结构需要，运用词性转换、词句调整、增减词语等手段，增强目的语与源语的相似度（盛俐，2004）。以下笔者举例说明中医术语是如何实现语言维度上的适应性选择转换。

例 1：五禽戏英译中名词的适应性选择

方法：重选他词（罗海燕、岳婧、李海燕，2022）。如虎戏的习练功能为"强力、壮骨、益髓"，"骨"和"髓"按照西医词汇可译为 bone 和 marrow，但是从生理和练功的角度来看，"髓"是无法通过习练达到强壮的，应替代译为 strengthen muscles and bones。熊戏的习练功能之一为"补脾土"，中医以五行之说释五脏，脾属土，脾土即脾脏。因此，不可直译为 spleen earth，用 spleen 替代，译为 invigorate or replenish the spleen。译者通过重选他词方法，使译文符合英文的表达规范。译者对译文的这些选择体现了译者对源文修辞、源文表达风格、译入语表达特点、译入语文化等翻译生态环境构成要素的适应，而译文对译入语系统的靠拢也在一定程度上说明译者对目标读者的适应。

例 2：五禽戏英译中动词的适应性选择

方法：短语结构的重构（罗海燕、岳婧、李海燕，2022）。"舒经活络"中的"舒"和"活"，意义为"舒展"和"舒活"，两者几乎是一个意义的两种表达，不妨译成 soothe and relax tendons or collaterals。如此，改变短语的结构，把动词作为重点突出出来，更能强调的是"舒"和"活"的功能。同样，"强筋健骨"中的"强"和"健"也是一个意义的两种表达。如果译为 invigorate tendons and strengthen bones，既没有必要，也稍显啰唆。译成一个动词"strengthen"引导的轭式结构 strengthen tendons and bones，更简洁达意。这样一来，使译文读者更容易理解，从而适应英语文化的生态环境。

例 3：若腹痛如锥，腰痛如折，此时未堕欲堕之候，服药亦无及矣（《温疫论·妊娠时疫》）。

译文：For example if [in the context of epidemic] there is stabbing abdominal pain and splitting lower back ache, these are signs of impending miscarriage and the usual herbs haven't helped.

（刘帅帅、李卓瑾，2022）

分析：本句中的"腹痛如锥"和"腰痛如折"两个词组结构相同，而且运用了比喻修辞，译者分别翻译为"stabbing abdominal pain"和"splitting lower back ache"，译文同样是并列结构，句式整齐。此外，译文的用词也十分恰当，"stabbing"意为"刀刺似的、突然而剧烈的"，"splitting"意为"欲裂的"，与源文的含义相对应。译者在译文中没有使用明喻，而是选择将其转换为形容词加名词的结构，同样能让读者体会出比喻的意味，符合英语人士的思维方式，顺应英语翻译的生态环境。

（六）文化维转换

文化维的适应性选择转换，指的是：译者在翻译过程中要有文化意识，认识到翻译是跨语言、跨文化的交流过程，注意克服由于文化差异造成的障碍，以保证信息交流的顺利实现（胡庚申，2013）。也就是说，译者应采用归化或异化的策略来适应源语言的生态环境。

归化就是对译文的原词加以本土化翻译，其重点是读者对于译文的认同，要把源语本土化，以目标语或译文读者为归宿，采取目标语读者所习惯的表达方式来传达源文的内容。归化翻译要求译者向目的语的读者靠拢，译者必须像本国作者那样说话，源作者要想和读者直接对话，译作必须变成地道的本国语言。归化翻译有助于读者更好地理解译文，增强译文的可读性和欣赏性。异化指的是"译者尽可能不去打扰作者，让读者向作者靠拢"。在翻译上就是迁就外来文化的语言特点，吸纳外来语表达方式，要求译者向作者靠拢，采取相应于作者所使用的源语表达方式，来传达源文的内容，即以源语文化为归宿。使用异化策略的目的在于考虑民族文化的差异性，保存和反映异域民族特征和语言风格特色，为译文读者保留异国情调。译者采用异化策略，是为了引入更多异质文学和文化元素，向西方读者展示不同的思维方式。"就翻译本身而言，它既有着纯粹语言转换的功能，同时也有着跨文化意义上的阐释功能"（王宁，2014）。

例1：进行适当的功能锻炼，尤其对于长期低头工作者更应注意颈部锻炼，一般每隔1h左右活动一下颈部，缓解颈肌痉挛，并做"米"字和"犀牛望月"式锻炼。

译文：Proper dirigation should be conducted. Patients who have to work at the desk for long time should do some cervical exercises such as "Mi（米）" style and "rhinoceros looking up at the moon" style to relax the joints and muscle of neck after every one hour of working.

（彭颗馨、陈滢竹，2023）

分析：源文的"'米'字"这类词汇，在英文中并没有完全对应的词语。翻译过程中，译者把"'米'字"译为"'Mi（米）'style"，正是通过将中医概念依托于目的语生态，做出了合适的选择。"犀牛望月"出自《关尹子·五鉴》，形容长久盼望，在此处指抬头做"犀牛望月"这一姿势治疗颈椎病。源文中引用中国四字成语，简洁易懂，但中英文化存在很大差异。如果只是直接翻译每个字的意思，就达不到源文想要的表达效果。因此，这就要求译者在理解文化隐藏特征的同时，采用文化适应理论来研究文字更深的含义。为了帮助读者用中医概念理解这些高度浓缩的词语，译者采用了文化注释法来翻译，更有利于阅读。即译为：do some cervical exercises such as… "rhinoceros looking up at the moon" style。这种方法的优点，是可以在源文中保留中医的特点，更能适应语言的文化生态。换句话说，在翻译实践中，从目的语言的生态出发，做出相应的适应性选择和适当的文化注释，让目的语国家读者了解中医语境中的基本概念、特色词汇和专业术语，告诉世界中医治疗手法的有效性，可以弥补他们对中医认识的误区，防止目的语国家读者的误解。这样既适应了英语的生态认知环境，又降低英语读者在理解上产生的困难。

例 2："壮胆气"译为 tonify gallbladder Qi，比按照字面意义 make gallbladder Qi stronger 更能体现其中医意义，但是对不了解中医的读者依然无法充分理解其"胆气不足，胆虚气怯"的内涵。因此，补译为：gallbladder Qi deficiency, gallbladder deficiency with timidity。补译的目的是实现从语言到文化的适应性选择，弥补缺失的中医概念和文化内涵，帮助读者理解语言的同时，更解读中医文化。

例 3：关于"阴、阳、气和穴位"的拼音翻译，也是文化的需要。如华佗五禽戏虎戏中的意守"命门"，如果直译作 life gate，和猿戏中"意守中宫（指脐内）"，中宫如直译为"middle palace"，则会引起很大的误解。所以均按汉语拼音译为 Mingmen、Zhonggong，这种简单的音译在文化维上突出了中文特有的概念。

例 4：有胃气壅郁，必用下乃得战汗而解者（《温疫论·传变不常》）。

译文：In some cases the intestines are clogged and pent up, and only after using a purge will the shuddering sweat occur that allows the illness to resolve.

（刘帅帅、李卓瑾，2022）

分析：源文中的"胃气壅郁"意为胃气被壅滞、堵塞，译者将其译为了"intestines are clogged and pent up"，也就是"肠堵塞"。"气"是中医体系中的一个重要内容，也承载了深厚的文化内涵，"胃"和"胃气"是两个不同的概念，"胃气壅郁"和"肠堵塞"更是相去甚远。译文没有有效传递中医文化，应改为"stomach Qi stagnation"，这样准确诠释了源文本的文化内涵，让英语读者更好地理解源文本。

（七）交际维转换

翻译是一种超越文化和语言边界的交际，其本身就是另外一种交际（Basil Hatim & Ian Mason，1997）。翻译过程中交际意图的适应性选择转换，是指译者除语言信息的转换和文化内涵的转换之外，还要关注源文中的交际意图是否在译文中得以体现。交际意图，顾名思义，是"交际者通过社会交际要达到的目的，或要获得的结果"。交际意图具有隐蔽性的特点。因此，交际意图需要通过情景语境和形式的关系来推导，而交际意图相关的语境包括情景语境（context of situation）和文化语境（context of culture）（张德禄，1998）。这意味着译者在翻译时要适应源文本中的交际意图，就要注意语码转换以及跨文化信息的转换，以保证源文交际信息的准确传递。下文将列举中医术语英译中的典型译例来分析译者在交际维度上是如何适应翻译生态环境的。

例1：手法治疗——采用颈椎定点复位法及分筋理筋法，纠正偏移的颈椎，松解肌肉韧带，解除痉挛，恢复颈椎的内外平衡。

译文：Manual Treatment——Reduction by rotating the cervical vertebrae at a fixed point and manipulation of regulating-tendon are used to reduce the deviated cervical vertebras, relax the muscle, relieve spasm and restore the internal and external balance.

（彭颖馨、陈滢竹，2023）

分析：如果这里对"颈椎定点复位法""分筋理筋法"进行直译，大概会使外国读者难以理解。"颈椎定点复位"是指医生用拇指抵住患者脊椎的偏移棘突，并用力将其推按到另一侧，以纠正偏歪的棘突，恢复移位脊柱到正常解剖位置。"分筋理筋"则指的是医生将拇指指端沿着筋结的边缘或压痛点深按，然后平稳缓慢地摩按，有助于缓解筋结或减少软组织粘连。在翻译时，译者不能完全弥补"缺失"的生态环境，而只能在交际方面做出适应性选择，向读者传达源文概念的基本含义，即把这两个词分别翻译成"reduction by rotating the cervical vertebrae at a fixed point"与"manipulation of regulating-tendon"。努力减少源语文化生态与目标语文化生态的差异，提高读者的中医文化知识，从而让读者逐渐理解和接受我们传播的中医信息，并在翻译中体现源文的交际意图，以实现和谐的交际生态。为此，译者从理解深层次意思出发，完整地表达言内之意，从而保护了源文本的生态环境，又适应了英文读者的语言生态认知环境，有助于英语读者更好地理解文本所传递的内容。

例2：其时邪在夹脊之前，肠胃之后，虽有头疼身痛，此邪热浮越于经，不可认为伤寒表证（《温疫论·温疫初起》）。

译文：At this time the pathogen is occupying the space in front of the spine but behind the Stomach and Intestines, and despite the aching of the head and body, the pathogenic heat has leapt over the channels and cannot be regarded as a cold damage exterior pattern.

分析：中医的大部分用语在西方各国语言中都没有对应语，本句中的"肠胃"也是如此。中医的"肠胃"概念，和西医人体解剖学意义上的肠和胃有所不同。译者将中医的概念和西医进行对应，将"肠胃"译为"Stomach and Intestines"，虽然译文和源文的含义不完全一致，但是读者在一定程度上也能够理解源文的内容。这种译法可以在交际层面带给读者更直观的理解，进而直接指导临床实践。此外，译者还将"stomach"和"intestines"的首字母改为大写，这样做也是在提示读者该词语和西医体系中的词汇是有区别的。在此，译者适应了英语的生态环境，体现源文的交际意图，让英语读者精确地理解源文本。

例 3：清热化痰，宣肺止咳。用于外感风热所致的咳嗽，症见发热、恶寒、胸膈满闷、咳嗽咽痛；急性支气管炎、慢性支气管炎急性发作见上述证候者（《急支糖浆说明书》功效语部分）。

原译：Clearing heat and transform phlegm: diffuse the lung and suppress cough. Use for the treatment due to the external contraction of wind and fever with symptoms of an aversion to cold with fever: fullness and oppression in the chest and diaphragm: cough and sore pharynx: acute bronchitis, and acute attack of chronic bronchitis with the above mentioned symptoms.

改译：Acute Bronchitis Syrup can clear heat to resolve phlegm, ventilate the lung Qi to relieve cough. It is indicated for the relief of symptoms associated with cough, such as fever, chill, chest distension and sore throat, and for acute bronchitis and acute attack of chronic bronchitis with the same symptoms.

分析：《急支糖浆说明书》原译是逐字翻译，存在术语误译、欠额翻译、译文冗长等问题，导致译文不仅不能传递药品信息，更不能感染潜在的海外消费者了。为实现译文的预期功能，首先，需要提升术语译文的准确性，如源文中的"外感风热"的"热"不能理解为"fever"，应该是"heat"。其次，为提升译文的简洁、通俗性，采用英语中可以找到的对应词语，如"恶寒"的内涵与"chill"意思相近，可直接借用；将"胸膈满闷"冗长的原译"fullness and oppression in the chest and diaphragm"简化为"chest distension"；将"宣肺"原译"diffuse the lung"具体化为"ventilate the lung Qi"。再次，为突出功效，强调主要信息，进行必要的源文删减，如删除理论较为深奥、西方受众难以理解而对全文意思影响不大的"外感风热"概念。译者把深层次的意思表达出来，适应了英语的生态环境，使得翻译更容易理解，传达了必要的信息。

（八）"文本移植"在于不断适应

"文本移植"的终极目标在于源语生态和译语生态之间的相应结构与功能的内在移植。无论从语言层面还是功能层面来看，译者都要建立起对等的文本桥梁。做到语义和语用的完全对等，做到真正的"文本移植"，译者要以主体身份不断适应两种语境的"生态"，从而作出符合生态转换标准的适应性选择。

例1：悲则心系急，肺布叶举，而上焦不通，荣卫不散，热气在中，故气消矣（《素问·举痛论篇第三十九》）。

译文：Sadness makes the Heart cramped and agitated, this pushes towards the lungs' lobes, the Upper Burner becomes obstructed, Nutritive and Defensive Qi cannot circulate freely, Heat accumulates and dissolves Qi.

（岑思园、扶应钦、文娟等，2022）

分析："肺布叶举"属于两组并列的主谓结构，"举"在此处同"布"的文意接近，有肺叶张大、胀起之意，因而此处"举"可以理解成张开、胀起，译者马万里用动词"push"译出了肺叶布举的动态的过程，"push"有拟人化的推动的动作，即气的推动使得肺叶张开、胀起，给到读者动态的画面感，顺利完成了语言维、文化维和交际维的转化。上述译文兼顾了语言表述和语用功能，达到了语境的契合。

例2：壮火散气，少火生气（《素问·阴阳应象大论篇第五》）。

原译：Exuberant Fire scatters Qi. Lesser Fire generates Qi.

马万里译：Exuberant Fire（Zhuanghuo）consumes Qi, Lesser Fire（Shaohuo）makes Qi strong.

（岑思园、扶应钦、文娟等，2022）

分析："壮火散气"是亢盛的阳气会耗散人体的元气之意，"散"意为耗散、消耗。显然，马万里理解了"壮火散气"中"散"字的含义，并未从字面上将"散"字译成分散、分布，而用"consumes"一词译出了亢阳对元气的耗散之意，让读者能正确地理解源文的内涵，顺利完成了语言维、文化维、交际维的转化。

该译文的"文本移植"立足文本维度，兼语义和语用，从根本上将源语生态移植至译语生态，从而在新的翻译生态环境里扎根、茁壮成长，俨然呈现一派新的译语生机。做到真正的"文本移植"，才能保证译文有原汁原味。

（九）全方位的"适应选择"

"适应选择"的主旨遵循"生态效率"。只有通过全方位的"适应选择"，才能做到真正的"文本移植"。

以《伤寒论》中"白虎汤"汤剂名的翻译为例，如果把它直译为"Baihu Tang（White Tiger Decoction）"，很容易让读者误解这个方剂中包含白虎的某个部位（刘珊珊、朱文晓，2021）。所以此类翻译最好采用加注的方式。白虎汤主治阳明气分热盛之症，用之如秋季行令，夏火自退，暑热即止，故名白虎汤，因此可译为"Baihu Tang（White Tiger Decoction）: the decoction for clearing away heat from Qifen"。又如，《金匮要略》大多译本中没有将"龙骨"直译为"dragon bone"，而是采用音译加注的方式译为"Longgu（Mastodi Ossis Fossilia）"。因为大部分外国读者对龙在东方传递"祥瑞""图腾"的象征意义不甚了解，如果按龙（dragon）在西方文化中"邪恶""残暴"的意义联想的话，便丧失了交际维度的功能。因此，翻译时，要注重双语表达在中西医语言、文化和交际多维层面的整体统一性，尽可能避免歧义，让读者轻松领会其意，达到交际传播的目的。

译者作为适应性主体，通过"适应选择"，仔细研磨由源语生态而来的原材料，兼顾周遭的新生态环境，将源语生态和谐地转换而融入译语生态。

（十）以"生态平衡"为出发点和归宿

"生态平衡"指的是宏观上的语境。翻译文本前，需先观摩源语生态，研究其平衡状态下的表意；再根据译语所应遵循的翻译生态环境，对源语进行适应性加工，从而得出生态上达到平衡的新译语生态。具体来说，翻译生态环境是指译者和译文生存状态的总体环境，读者是其中最重要的组成部分。译者在进行翻译时，会受到其所处的翻译生态环境的制约和影响。为了构建和谐的翻译生态环境，译者也需要充分发挥创造力，运用各种翻译策略与技巧，做出最佳适应和优化选择。翻译的整个过程就是译者对翻译生态环境的适应与选择。

例1：脏腑

译文：Zang-fu organs

分析：除了直译外，音译或音译+借用的译法近年来为越来越多的译者采用。"世界中医药学会联合会"即采用 Zang-fu organs 为其标准术语。究其原因，"脏腑"与"气""阴阳"等术语一样，采用直译、意译均难达意或表达不够简洁。"一般来说这类词语反映着中医基本理论的核心及辨证论治的要旨，无论直译还是意译，均无法准确揭示其实际内涵"（李照国，2008）。此类术语在中医中并不多，大多已采用音译。"脏腑"一词采用音译+借用，即译为 Zang-fu organs 能够完整保留中医中脏腑的概念。表里结合，合情合理，"可谓顺应历史潮流"（李照国，2008）。当然，就工具书而言，采用音译时应注意附加上详尽的释义，以帮助西方读者全面准确地掌握术语的内涵。译文充分考虑到了新的翻译生态，将源语的语境巧妙融合进了目的语的"生态环境"中，用目的语的"生态环境"和谐性地表达了源出语的语境氛围，契合表达目的。

例2：设此证不服药，或投缓剂羁迟，<u>二三日必死</u>（《温疫论·急症急攻》）。

译文：If in this situation the patient takes no herbs or the herbs are too mild, <u>the patient would be lucky to survive for two or three days</u>.

（刘帅帅、李卓瑾，2022）

分析：源文的语气十分强烈，意在强调一定要及时用药。译者没有将"二三日必死"直译，而是意译为"the patient would be lucky to survive for two or three days"，有意将语气弱化，表达比较委婉，有利于读者接受译文。这体现出翻译主体（译者）不仅做到了适应翻译的生态环境，也实现了与翻译生态场的其他主体（读者）和谐共存。换句话说，译文在加工之前，译者考虑源文的表达目的，从研究源文的"生态"着手，牢牢把握"生态平衡"这一出发点，从"生态平衡"的角度审视译文的表达契合度，译文契合表达目的，在生态上达到平衡。

综上所述，翻译是文本的综合加工过程，不论是文体移植还是适应选择，都离不开生态平衡这个"坐标轴"。生态平衡是生态翻译学核心三理念的出发点和归宿。

中医术语言简意赅，中国人初读之尚且感觉晦涩深奥，其翻译难度可见一斑。而中医术语翻译标准的统一，有利于中国医药学的发展和发扬，乃大势所趋。翻译首先要"知己知彼"才能准确完整地转载信息，其国际标准更应"精译求精"。尤其是医学乃健康所系性命相托之大事，中医名词术语含义广泛、意义关键，其英文翻译标准更不可一言以蔽之。中医术语英译标准化的进程任重而道远，实应博采众长，广纳争鸣。

生态翻译学理论可以为译者的实用汉英笔译活动提供指导，通过对翻译生态环境的分析和适应，译员能够意识到自己的主体责任并据此选择最合适的译文。生态翻译学的三维度包括语言维度、文化维度和交际维度。语言维度要求译者在语言转换时，需注意源语和目的语在语言本身的区别；文化维度要求译者在翻译时，注意源语与目的语由于历史、宗教等多方面原因造成的文化差异，避免从目的语文化角度造成源文的曲解；交际维度要求译者在转换语言信息和传递文化信息的同时，应关注源文的交际意图是否在译文中体现出来。生态翻译学理论符合我国译者思维的新生态研究范式。翻译人员作为文化输出的中坚力量，要摆正立场、明确姿态。此次翻译实践验证了生态翻译学指导实用汉英笔译的可行性。

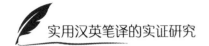

第九章　语境理论与实用汉英笔译的实证研究

　　翻译界越来越重视语境在翻译中的作用。译者在翻译过程中建立翻译语境，该语境是中英两种文化语境相互协商对话的结果。实用汉英笔译的目的是让西方受众更好地了解中国。为此，译者需要从中国的角度出发，精通国际话语体系。其中，语境对实用汉英笔译发挥制约作用，不仅对译者理解源语言有影响，而且对译者表达译文也有重要的影响。

第一节　语境研究回顾

　　语境的研究源于意义的研究。据语言学界的公认，文献中最早提出语境术语的是波兰籍社会人类学家马林诺夫斯基。马林诺夫斯基在 1923 年为奥格登（Ogden）、理查兹（Richards）所著的《意义的意义》做补录时首创了"情境语境"（context of situation）这一术语，1935 年他又把"情境语境"扩展到"文化语境"（context of culture），两者都属于语言外部的非语言语境范畴。前者指与语言交际活动直接相关的客观因素和具体情景，后者指语言交际活动参与者生活于其中的文化背景。马林诺夫斯基的语境思想被现代语言学界公认为是语境研究的起点，他对语境理论的贡献不仅在于引起人们对情景语境的重视，更重要的在于他已经注意到了意义不仅仅只是词汇意义、语法意义，还包括情境意义。弗斯（1957）尝试对情境语境进行分类：参与者的有关特征——任务和性格；相关的事物；言语活动产生的影响。弗斯对情境语境变量的分类，是语言学历史上的创举，实践证明，这一模式被后世广为使用，尤其在语义学领域内，成为语境研究的基本范式。韩礼德（1975）把语境视为语篇之外的情景因素，提出了"语域"这一概念，包括情景语境组合（contextual configuration）的三个变量，即话语范围、话语基调和话语方式，并认为这三个变量支配着语言的变体，他指出"语域理论就是要揭示这些变体的基本规则，这样我们就能明白何种语境决定使用语言变体，这是使用中的语言变体的基本特征"。海姆斯（1974）主张"要理解语境中的语言，其关键是从语境入手，而不是从语言入手"，从而把语境的重要性提到前所未有的高度。莱昂斯（1977）确认了六类交际者应该了解的知识为语境的变量：参与者必须知道自己在整个语言活动中的角色和所处的地位；参与者必须知道语言活动的时间和空间；参与者必须能辨别语言活动情景的正式程度；参与者必须知道对于这一情景来说，什么是合适的交际媒介；参与者必须知道如何使自己的话语与语言活动的主题相合适，以及主题对选择方言或语言的重要性；参与者必须知道如何使自己的话语与语言活动的情景所属的领域（domain）和范围（province）相适合。维索尔伦在 1999 年出版的《语用学新解》一书中，把语境分为交际语境和语言语境，其中交际语境包括语言使用者、心理世界、社交世界和物理世界等因素；语境产生于交际双方使用语言的过程中，由不断被激活的环境因素相互作用形成，并随交际的逐步展开而不断变更和发展。斯珀伯和威尔逊（1986）提出了"认知语境"的概念，从认知心理学角度把语境定义为"心理建构体"，即存在人的大脑中的一系列假设，这些假设以概念表征的形式存在于人的大脑中，构成人的认知语境。综观西方的语境研究，总体上是围绕着语言意义的解读和建构进行的。

相对国外语言学研究中针对语境的观点和理论的探讨和研究，国内语言学界对语境的研究偏向于分散的讨论，缺乏系统性（朱永生，2005）。20 世纪 80 年代前后，我国的语境研究主要分布在以下几个领域：语法结构研究，语义解释研究，修辞分析，语言逻辑，语言交际，语言教学（王建华，2002）。这一时期（尤其是进入 21 世纪后），涉及语境的论著无论是数量还是研究的深度都有较大的提高。较有影响的成果有：陈原（1983）的《社会语言学》，邓炎昌、刘润清（1989）的《语言与文化》，何兆熊（1999）的《新编语用学概要》，王德春、陈晨（2001）的《现代修辞学》，林大津（1996）的《跨文化交际研究》，许力生（2006）的《语言研究的跨文化视野》，等等，这些论著中都有专门章节详细论述语境。这一时期还出现了以语境为主题的论文集和论著，如王占馥的《语境学导论》（1993）、《语境与语言运用》（1995）和《汉语语境学概论》（1998），王建华等（2002）的《现代汉语语境研究》，周明强（2006）的《现代汉语实用语境学》，朱永生（2005）的《语境动态研究》，高登亮（2006）的《语境学概论》等。此外，还出现了大量以语境为主题的博士和硕士论文。这些成果总体来说是从语境实用性的探讨，特别是从语境对修辞意义和效果的制约和影响的探讨开始，到对构成语境的因素的分类探讨，再到语境性质的探讨和语境理论的建构。

第二节　语境理论

一、定义

语境研究历史悠久，定义不少，其中海姆斯（1974）的语境定义引用率颇高。在这个定义里，语境包含八个要素，分别是：情景（situation），参与者（participants），目的（ends），行为顺序（act sequence），语气（key），途径（instrumentalities），规约（norms）和体裁（genres）。表达这八个要素的英语词首字母恰好构成单词 SPEAKING。此定义给我们一个启示：语境合成于多个因素，每个因素可视为一个变量，每个变量被赋值后便有一种组合，每种组合便构成一个具体的语境。例如，情景可有无数变化，或校园，或超市等。每种情景可跟任何语境变量的具体体现组合。假设"情景"为校园，"参与者"是三名大学生，"目的"是探讨学习问题，"行为顺序"是先提问后分析。如此便有一个具体语境：三名大学生在校园里讨论学习问题，后面讨论的内容延续前面说过的话，先前说过的话便构成后续话语的上下文，制约话语的发展与演变。

二、分类

语境大体上可以分为语言性语境和非语言性语境。具体包括上下文、时间、地点、场合、话题与对象等。语言性语境是指语言的内部环境。它既包括书面语中的上下文环境，也包括口语交际中的前言后语。非语言性语境是语言的外部环境，包括背景、时间、地点、场合、话题、对象等客观因素和使用语言的人的身份、性格、职业、修养、处境、心理背景和文化背景等主观因素所构成的使用语言的环境。

三、功能

（一）填补功能

语境能够填补语言中的空白。在交际中，常常会出现省略形式，但是交流的双方却可以轻而易举地解读其中的含义。这就是语境提供的填补功能。

（二）预测功能

语境的预测功能在语言中可以从表达主体和接受主体两方面来说。就表达主体来说，要根据语境的预测来决定语言的表达形式和表达方法。

（三）解释功能

语境的解释功能是指语境对言语活动中的某些语言的理解和说明。任何一个词汇都是孤立的，只有放到某种特定的语境当中，才会赋予其灵魂，才能得到合适的解释。语境的解释功能是针对读者、听话者和语言分析者来说的，是指语境对于某些语言的解释和说明能力。

第三节　语境理论视域下实用汉英笔译策略

一、文化语境

文化语境是审美语境的一种类型，它是以实现文本沟通的社会符号性情境。由于文化是指人类的符号表意系统，因而文化语境主要是指影响审美沟通的种种符号表意系统。它指与言语交际相关的社会文化背景。它可以分为两个方面。一是文化习俗，指人民群众在社会生活中世代传承、相沿成习的生活模式，是一个社会群众在语言、行为和心理上的集体习惯，对属于该集体的成员具有规范性和约束力。二是社会规范，指一个社会对言语交际活动做出的各种规定和限制。典故、宗教、历史等属于文化语境。

对于文化语境实用汉英笔译来说，源语观众与译语观众所共享的语境是特殊语境，即共享程度比较低，因此，译者在进行文化语境实用汉英笔译时应该首选归化的翻译策略，如译意、替换、注释、再创造等方法。

二、情景语境

情景语境是非语言语境中的一项重要内容。英国语言学家莱昂斯把情景语境解释为从实际情景中抽象出来的，对言语活动产生影响的一些因素，包括参与者双方、场合（时间、地点）、说话的正式程度、交际媒介、话题或语域。费罗姆金（Feromkin）和罗德曼（Rodman）在《语言导论》中说："语言不是文人学士、辞书编纂者制定的一种抽象物，它有坚实宽厚的基础，它产生于人类世世代代的劳动、需求、交往、娱乐、情爱和志趣。"语言材料中，说写者常常自觉不自觉地调动诸如时间、地点、对象、背景等知识来叙述或论证说理。

对于情景语境实用汉英笔译来说，源语观众与译语观众所共享的语境是一般语境，即共享程度比较高。因此，译者在进行情景语境实用汉英笔译时应该首选异化的翻译策略，比如直译。

三、语言语境

"语言语境"，或"言内语境"，首先指语言，即包括话语在内的语言系统；其次指言语，也就是语言系统具体化的表现，包括话语的聚合（即文本类型）和话语的组合（即上下文）。语言系统是特定语言使用规则的总和，是语言语境的一般情形；文本类型和文本上下文是语言使用的特例，是语言语境的特殊情形，也是语言一般规则在具体语境中的特殊呈现。这就是"语言"和"言语"的关系："语言"寓于"言语"之中，是"言语"的基础；而"言语"又反作用于"语言"，呈现出基于特定语境的意义。语言语境可以发挥解释、补充的作用。

在语言语境下进行实用汉英笔译时，由于语言内部结构的特殊性，译者应灵活选择不同的翻译策略，各种方法互为补充，使源语观众和译语观众获得相同的语境效果，从而实现实用汉英笔译对等。

第四节　基于语境理论的城市语言景观实用汉英笔译策略探析

语言景观（Linguistic landscape）是指公共场合标牌的书面语。一个城市的语言景观是由该城市的公共路牌、广告牌、街名、地名、商铺招牌，以及政府楼宇的公共标牌等语言组合而成。"城市语言景观，指的就是该城市公共空间中所有语言和文字的具体呈现。"城市语言景观以景观的形式凸显语言在人类传情达意和认知世界方面的重要媒介作用，以独特的可视化魅力彰显城市功能。语言景观是政府或非政府机构与公众沟通的重要手段与渠道，带有明确的意图与目的，既要反映信息发出者的身份、态度、意图与期望，又要反映信息接受者的身份特征。城市语言景观充分发挥信息功能和象征功能，积极呈现该城市的文化特色和文化底蕴，促使城市的"地理空间""物质空间"升华营造为充满人文气息的"精神空间"。此时语言景观就成为传达和展现城市形象最基本、最经济、最具感染力的手段和方式，对塑造城市形象和传播地域文化具有重要的意义。

语言景观主要有四种功能：指示功能、提示功能、限制性功能和强制性功能。指示性语言景观主要提供信息服务，没有任何限制、强制意义。例如："出口"（Exit）、"旅游服务"（Travel Service）、"新鲜蔬果"（Fresh Produce）。提示性语言景观仅起提示作用，人们可以根据实际情况选择执行或者不执行提供的信息。例如："油漆未干"（Wet Paint）、"小心扒手"（Beware of Pick-pockets）等。限制性语言景观对相关公众的行为提出限制、约束要求。例如："宾客止步"（Staff Only）、"凭票入场"（Ticket Only）。强制性语言景观则要求相关公众必须采取或禁止采取何种行动。例如："禁止吸烟"（No Smoking）、"请勿接近"（Keep Out）等等。

城市语言景观实用汉英笔译是一个城市对外传播能力的重要组成部分，能够增强城市的软实力建设，提高城市的世界知名度，对于城市的发展具有重要

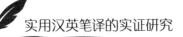

意义。

实用汉英笔译需要获得西方受众的认同。由于西方受众与中国的文化背景等不同，译者往往需要对语境进行重构，采取符合西方受众期望的翻译策略，以便使译文获得认同。为此，译者可以采用增译法、释义、删减、改写、套用等。

一、文化语境下翻译实例分析

（一）增译

西方受众与中国读者的文化背景不同，他们可能对中国的历史文化等不甚了解。为此，译者在翻译时要考虑到西方受众的理解程度，补充一些必要的语境信息，让西方受众更好地理解译文。

例1：两馆一中心

原译：A Center & Two Museums

改译：Museum，Gym & Cultural Center

分析："两馆一中心"指的是博物馆、体育馆和文化中心。从西方受众的接受能力来看，不宜直译为"A Center & Two Museums"，而是需要做适当的信息增补，以便让受众更好地理解译文。改译用了增译法，把"两馆一中心"的具体信息补充完整。这样一来，西方受众就容易理解，从而达到翻译效果。

例2：金街夜巷

原译：Jinjie Night Alley

改译：King Street Alley for Nightlife

分析："金街夜巷"指的是一条集购物、餐饮、娱乐、休闲为一体的休闲购物步行街，主要用于夜生活。原译采用直译法，没有传递出应有的信息，外国受众看了之后可能产生误解。改译补充了相关信息，让西方受众了解到这条街的作用，因此，翻译效果更佳。

（二）释义

城市语言景观实用汉英笔译中经常会出现地方特色词、俗语等。为了让西方受众能够正确地理解源语言，译者可根据语境，采用释义法。

例1：牛佛古镇——九街十二巷，中间有个鸭儿凼。

译文：The network of streets and lanes tell its prosperity from the ancient times.

分析：源语中文化负载词对外国读者而言是全新的，在英译时宜对城市语言景观中蕴含的地方文化予以解释，便于外国受众理解，达到吸引外国民众的目的。

例2：金色三峡，银色大坝，绿色宜昌

译文：Yichang：Economic development sustained in eco-environment

分析：源语中的"金色、银色、绿色"喻指三峡库区水资源发电带来的经济发展，以及在发展中努力保护生态环境的决心，同时也是排比的需要。直译该隐喻对缺乏中国国情背景的西方受众而言，容易造成解读障碍。可采用释义处理："Yichang：Economic development sustained in eco-environment"。

（三）仿译

仿译就是模仿英语里类似的说法，稍加改变，使译文尽可能地道。例如：在翻译"保持水质清洁，请勿乱扔杂物"时，我们可以仿照 Keep something clean（保持……干净），把它译作"Keep the water clean"。这样的译文更符合城市语言景观简单明了的原则，也更符合译语的语言和文化习惯。

同时，通过对英语城市语言景观语篇的了解和认识，可以套用国外城市语言景观常使用的"where+主语+动词"的特殊句型、祈使句和名词短语等结构。尤其是"where+主语+动词"的句型，它非常适宜传播资讯的需求，告诉受众某个城市有何诱人特色，从而达到城市语言景观翻译的预期目的。因此，在城市语言景观的英译过程中不妨尝试使用此类句型。如："大连：浪漫之都，中国大连"（Dalian：Where your dreams begin 或 Dalian：Where your imagination wings）、"昆明：昆明天天是春天"（Kunming：Where everyday is a fine day）。

又如："魏都、钧都、花都——中国许昌"。该城市语言景观带有浓厚的文化历史底蕴，指其三国文化、陶瓷（钧瓷）文化和蜡梅文化。直译对缺乏相关背景知识的受众而言会有"语焉不详"、缺乏信度之感，发挥不了预期影响；而细数其背景，又违反语言景观空间有限的局限，同时过多的陌生信息堆砌，很难吸引受众。翻译时可参照英语城市语言景观的特点，直接点出城市亮点，译为"Xuchang：History，porcelainware and wintersweet"。

（四）创造性翻译

在翻译汉语城市语言景观时，特别是翻译一些中国特有的术语、表达方式以及包含汉语独特的语言结构的城市语言景观时，译者会发现在英语中找不到对等的表达，也没有类似的表达可供模仿。如果照字面译成英语，必然使不熟悉中华文化背景的外国读者难以理解，造成交际障碍。这时，译者可采取创造性的翻译，即：译者可以打破原有的语言形式，进行重新创作。

如，"司机一滴酒，亲人两行泪"很容易被直译为"A drop of wine for the driver, two lines of tears for the family!"。由于此译文忽视了文化差异，译语读者的语言和文化习惯，所以它无法传达出源文的真实信息和感染功能。其实，这则城市语言景观的主要目的是提醒司机们注意安全，不要酒后驾车。为了更好地实现交际目的，丁衡祁先生放弃了原有的语言形式，采取了创造性的翻译，提出了"Drink and drive costs your life"的译文，此译文不禁让人拍案叫绝，将源文的感召力成功地传递了出来（丁衡祁，2006），此为成功的交际型翻译。

二、语言语境下翻译实例分析

言语的组合指话语的前后搭配关系，也就是我们通常所说的"上下文"，包括句子与句子之间的搭配、段落与段落之间的衔接和连贯等。在翻译时，译者既要注意"微观上下文"，即一个句子中任一语言单位前后的语言单位及其结构意义关系，又要注意"宏观上下文"，即一个话语中超出某语言单位所在句子的前后语言单位及其结构意义关系。

例1：她所拥有的 166 个湖泊中，东湖摘取了亚洲最大的城中湖桂冠。

译文：Of her 166 lakes, the East Lake is recognized as the largest urban lake in Asia.

分析：这是武汉城市语言景观中的一句话，如果对这句话进行英译，按道理来讲可以把"摘取"这一动词翻译成 win，但是在英文语法范畴内，win 的逻辑主语应该是 sb.，而非 sth.。译者在对其该句进行翻译时，要充分考虑汉英之间的语法差异，并在译文中要遵循英文的语法表达习惯，可以用 recognize 的被动语态替代 win 来翻译。在对城市语言景观进行英译的过程中，需要重视"上下文"，从整个城市语言景观的文本中寻找其所需要强调的语言内容，从而突破其格式的桎梏，突出语言英译的对等，完成城市语言景观的翻译。

例 2：我为人人，人人为我。

译文：Do anything for nothing and you will get everything.

分析：此句汉语语言景观源文采用的是回环也叫回文的修辞手法。这种修辞格的前后两句话中，后者是前者的倒叙排列形式。其内涵是：慷慨给予、不求回报的人，恰恰能得到丰厚回报。同样用回文，我们可以将其译作 One for all，all for one，结构上看似非常忠实，但在英语语境中，语义不够清晰，深层次的内涵揭示得不够。另外，相同字数并列结构也不是英语中的常见结构。为了取得好的修辞效果，不妨换一种修辞手法。以上译文运用了押尾韵的修辞手法，在使语言文字新鲜活泼、引人注目的同时，揭示了该城市语言景观的深刻内涵，从而使其在译语语境中具有更大的感染力和说服力，发挥了较好的修辞效果，有利于实现该城市语言景观翻译的预期功能。

例 3：第一条 为加强市容和环境卫生管理，创造和维护整洁、优美的市容环境，保障人民身体健康，促进经济发展和社会文明进步，根据有关法律、法规，结合本市实际情况，制定本条例。

译文：Article 1　These Regulations are enacted in accordance with pertinent laws and regulations and in light of the concrete conditions of this Municipality with the purpose of strengthening the administration of cityscape and environmental sanitation, creating and maintaining a clean, beautiful cityscape and environment, protecting people' s health, promoting economic growth, civilization and progress of society.

分析：这是《天津市市容和环境卫生管理条例》法律文书的翻译。从整个话语中可以看出，中文法律文书的行文方式和英文的法律文书行文方式有明显的不同。此例中，中文文书包括四个部分，即"为了""根据""结合""制定"。英译时，译者应该根据英语文书行文特点，应该先翻译"制定"，可将之译成 These Regulations are enacted（formulated）。"制定"在中文中一般用于主动语态，而在英语中往往用于被动语态。至于到底将"制定"翻译成 formulate 还是 enact，视具体语境而定，formulate 多用来表达"制订、创制"，强调动作的本身，而 enact 则表达"制定（法律）、颁布（法例）"，在语义上更符合法律文书的要求。

三、情景语境下翻译实例分析

在翻译理解的过程中，译者需要根据特定的语境因素找出适合源文的语言语

境、情景语境和社会文化语境的那个（或多个）意义来。

无论是翻译理解的过程，还是翻译表达的过程，译者都应该充分考虑情景语境等方面的因素。翻译的表达就是把源语语码在源文言内语境、情景语境及社会文化语境中承载的意义和信息改由目的语语码承载的过程。在翻译过程中，我们要选择合适的目的语语码，同时要力求译文的语境与源文的语境相匹配。

例：烟台山最早叫藤山，后又名烟台山、仓前山，每个名字都有特定的故事。之所以叫藤山，是因为烟台山地形、地势如瓜引藤，故而得名。

译文：Yantai Mountain was first known as Teng Mountain and later Cangqian Mountain, each with its different origin. It got the name Teng Mountain in that the mountain itself is shaped the way veins stretch out from sweet potatoes, teng meaning veins.

分析：以上例子是出自《福州烟台山：文化翡翠》一书，介绍烟台山的名字及由来。源语观众与译语观众所共享的语境是一般语境——福州烟台山，即共享程度比较高，因此，译者在翻译该城市语言景观时应该首选直译翻译法，向外国受众展示了异域风采。

由于传统的翻译理论以源语为视点，认为译文应该以忠实通顺的原则为前提，不能在目的语中随意删减源语，从而在一定程度上束缚了翻译的发展。而语境理论以目的语为视点，更重视目的语的文化习惯。中英双语语言景观是一个城市必不可少的元素，凸现出城市的活力，映射了一个城市的文明程度。人们在一个地区从事各种活动，都要受到语言景观的影响，或指引，或吸引，或吸取知识、信息，等等。良好的语言景观有助于提升一个城市的品位，带动社会效益和经济效益。语言景观本身带有明确的意图与目的，既反映了信息发出者的身份、态度、意图与期望，也反映出信息接受者的身份特征。为了有效地达到城市语言景观翻译的目的，译者应该以语境理论为依据，从实现语篇的预期功能出发，遵循城市语言景观翻译的原则，同时把握好源文与译文之间的语言及文化差异，不拘泥于源文而酌情选择适当的翻译策略，使源文的意图和内容能准确得体地再现给读者，尽量使译作对译文读者产生的效果等同于原作对源文读者产生的效果。

实用汉英资料翻译是一种跨文化交际的媒介形式。实用汉英资料翻译文本要尊重和符合目的语文化的语言表达形式，和受众群体的心理。通过以语境理论为视角的对实用汉英翻译策略的探讨，希望有更多的国内的学者和翻译工作者投身于实用汉英资料翻译的研究，从而形成更加系统、全面的相关翻译理论，指导翻译实践工作，使实用汉英资料翻译工作做得更好。

第十章 关联理论与实用汉英
笔译的实证研究

20 世纪 80 年代以来，翻译不再被看成是传统意义上静止的、纯语言的代码转换，而是置于特定社会文化发展的大背景下通过语码转换传递源文信息的过程。翻译研究的焦点也因此从各种"对等"转向影响语际成功转换的文化层面上了。翻译过程实际上就是进行再创造，而源语和译语之间存在文化系统上的差异往往给翻译带来很大挑战。本章介绍关联理论的重要概念及其在实用汉英笔译中的应用，旨在验证关联理论对实用汉英笔译的解释力。

第一节 相关研究

一、国外关联理论研究

关联理论属于认知语用学理论，最早是由法国语言学家斯珀伯与英国语言学家威尔逊提出的。在 1986 年，他们在《关联性：交际与认知》一书中对关联理论进行了系统性的阐述，认为语言交际是一个示意——推理的过程，即"说话者发出一种刺激，这种刺激能够使得说话者的意图对于说话者和听众来说都能相互明了。通过这种刺激，听众能够明确或者更加明确假设集合（Sperber，D. & Wilson，D.，1988）。"1991 年，斯珀伯和威尔逊的学生古特依据这一理论的核心思想——最佳关联，从语用学的角度对翻译进行研究，提出关联翻译理论，这是关联理论首次与翻译领域相结合。最佳关联性是成功交际的关键。他在其出版的著作《翻译与关联：认知与语境》（*Translation and Relevance：Cognition and Con-*

text）中系统地解释了该理论，并明确指出："翻译的成败，跟明示——推理交际中的其他情形一样，从根本上取决于是否与关联原则相一致（Gutt，E. A.，2004）。"之后，斯珀伯与威尔逊对《关联性：交际与认知》一书中的一些概念进行修订，并出版了第二版。在国外对于关联翻译理论研究中，关注度较高的有司徒罗斌（Robin Setton）（1998）对同声传译的研究、希尔（Hill）：认识与语境（2002）对实验性翻译测试的研究以及古特在 2000 年出版的《翻译与关联》第二版等。在 2004 年，斯珀伯和威尔逊进一步修正了关联交际原则。到 2006 年，两人对交际关联的定义的陈述再度进行了修改，将"明示刺激"改为"推理交际行为"。

二、国内关联理论研究

1988 年，沈家煊最先将关联理论引入中国。我国对关联翻译理论的研究开始的较晚。1994 年，林克难发表了《关联翻译理论简介》，介绍了古特的关联翻译理论，并阐述了如何将关联理论运用到翻译当中。此前，国内对于关联翻译理论鲜有研究，在这之后，人们开始关注关联翻译理论，关联翻译理论越来越受到译界的重视。中国学者赵彦春非常欣赏古特的关联翻译理论，他认为关联是翻译的规则和目标，他提出"成功的翻译只是也只可能是：原说话者的意图和接收者在认知方面的需求十分相似（赵彦春，1999）"。1997 年和 2001 年，何自然在广州开展了两次关于全国关联理论研讨会，并出版了《语用学与英语学习》，该书对关联理论以及关联理论与翻译进行了研究。外语教学与研究出版社、上海外语教育出版社分别在 2001 年和 2004 年引进了原版的关联理论和关联翻译理论经典著作。这在一定程度上促进了关联理论的发展和推动关联翻译理论的研究。王荣（2007）从关联理论的角度归纳了浓缩、化暗含为明示化及归化这几类常见的字幕翻译策略。曾华（2009）探讨了关联理论指导下影视剧字幕的翻译，从而为目的语观众创造最佳关联的译文字幕。苏远芸（2010）从语义和语用层面运用关联理论的翻译观分析西方影视剧字幕的翻译策略。王新杰、张文（2012）认为关联理论对字幕翻译具有很强的解释力，读者有责任积极参与到认知语境的扩充与调遣中，观众有责任主动了解影片幕后的内涵，以便自己更好地欣赏影片。在知网以"关联翻译"进行检索可以得到 2000 多条检索结果，其中以关联理论进行

翻译研究的论文比重最高，包括对文学作品、影视作品翻译等的研究。

第二节　关联理论

关联理论（Relevance Theory）是法国语言学家、哲学家斯珀伯和英国语言学家威尔逊在《关联性：交际与认知》（*Relevance：Communication and Cognition*）一书中提出的关于语言交际的解释理论。"它将认知和语用研究结合起来，将语用学研究的重点从话语的产出转移到话语的理解，指出语言交际是一个认知——推理的互明过程，对话语的理解就是一种认知活动。"（Sperber, D. & Wilson, D., 2001）这一理论认为，语言的交际是一个明示——推理的过程（ostensive-referential process）。所谓明示，是指说话人明白地表达信息意图。而所谓推理，则指听话人根据说话人的明示行为，如话语，借助语境假设（contextual assumption），理解说话人的交际意图。除此之外，Sperber 和 Wilson 提出了两条原则（Sperber, D. & Wilson, D., 1995）。关联的第一原则（或认知原则）：人类认知常常与最大关联性相吻合。关联的第二（或交际）原则：每一个明示的交际行为都应设想为它本身具有最佳关联性。最大关联性就是话语理解时付出尽可能小的努力而获得最大的语境效果；而最佳关联性就是话语理解时付出有效的努力后所获得的足够的语境效果。实际上，关联理论的核心就是寻求最佳关联原则（the principle of optimal relevance），即人类的交际行为都会产生一个最佳相关性的期待，受话人要确定发话人的交际意图，就必须在交际双方共知的认知环境（cognitive environment）中找到对方话语（utterance）和语境（context）之间的最佳关联，通过推理判断出语境的暗含意义，从而获取语境效果（contextual effect），并达到交际的目的。

关联理论还认为，语言交际活动中，包含明说（explicature）和暗含（implicature）两种意义，明说表达一种信息意图（informative intention），即只限于提供交际内容的意图，听话人可从中获得语境假设（contextual assumptions），而暗含则传达一种交际意图（communicative intention），即让听话人明白说话人试图传递信息。语言交际双方不仅要了解对方的明说，还要理解对方的暗含，这样才能了解对方的交际意图。关联理论将翻译看成是认知推理的交际过程，一种三元关系之间（即源作者、译者和译文读者之间）的双重明示——推理过程。这一过程既包括对源文明示信息后的暗含意义的推理，又涉及译者对译文读者进行的明说和暗含意义的表达，还涉及译文读者对译者隐含于明说之后的暗含意义的推理。

　　率先把关联理论应用到翻译领域的是德国学者古特。他指出，翻译是一种言语交际行为，是与大脑机制密切联系的推理过程，而推理所依据的就是关联性。作为交际的翻译，在源语的理解和翻译过程中，人们对语码的选择所依赖的也是关联性，原交际者和译者构成了交际的双方，译者从原交际者明示的交际行为中寻找出最佳关联，通过推理形成对源语文本的理解；译者和译语接受者又构成交际的另一双方，译者通过译语文本把自己对源语文本的理解传递给译语接受者，从而译语接受者能够推导出原交际者的交际意图。上述论点在翻译学界引起了不小的反响。同时，古特在他的《翻译与关联：认知与语境》的论述中指出了在翻译中译文能够提供最佳语境效果、寻求译文与译语接受者的最佳关联是翻译成功的决定性因素。古特认为，在翻译中，一是译文要与"译文读者产生充分的关联"或"提供充分的语境效果"，二是译文表达的方式"让译文读者无须付出任何不必要的努力"。在这一原则下，译者应"时时以'寻求最佳关联'作为翻译的指南"（Gutt，2000）。另外，语言交际活动涉及两种意图：信息意图和交际意图。要成功地实现翻译目的，就必须让交际者发出的信息意图能被读者识别，而其决定因素在于译文读者的认知环境。根据关联理论的"认知原则"和"交际原则"，读者总是希望以最小的付出获得最大的语境效果，译者需对读者"处理话语付出的努力大小做出恰当的评估"，以决定"应该采用的交际方式"和"翻译意欲合理传递的内容"，以"确保他的意图与读者的期待一致"。

第三节　关联理论视域下实用汉英笔译策略

　　关联理论自诞生之日起就被广泛应用于文学和语言学领域，对翻译研究也产生了一定的影响。关联理论是一种认知理论，也是一种交际理论，翻译是一种认知活动，也是一种交流活动（赵彦春，2003）。因此，关联理论可以很好地应用于翻译。1991 年，古特出版了《翻译与关联：认知与语境》一书。在这本书中，他提出关联理论可以解释所有的翻译现象，并将关联理论与翻译研究相结合，提出了一种新的关联翻译理论，为翻译研究提供了新的视角。

一、明示推理交际翻译法

关联理论将交际细化为明示——推理过程，即说话人进行明示话语，为受众提供一个推理的认知环境。它也是一种由源语使用者、译者和目的语受众共同参与的跨文化语内交际活动。因此，翻译的顺利实施涉及两个明示推理过程。第一轮明示——推理过程发生在源语使用者和译者之间。源语说话者通过向译者发送明示刺激来表达自己的交际意图，而译者则在关联理论的指导下在源语语境中推断说话者的意图。在这一过程中，源语使用者是提供明示刺激的人，而译者则是推断源语使用者交际意图的受众。然而，在第二轮明示——推理过程中，译者的身份已经转变为明示说话者，目的语受众成为信息的接受者。成功的翻译既需要明示推理两个过程的成功，即在第一个过程中，译者对源文的理解要符合说话人对源语受众的期望；在第二个过程中，译者要对目的语受众的认知环境和认知水平做出合理的判断。在这两个明示推理过程中，任何一个过程的失败都会导致翻译的失败。由此可见，在关联翻译理论中，译者的角色和责任是非常重要的。目的语读者与源文之间的最佳关联取决于译者。译者需要通过阅读源语文本，找到源语使用者的明示刺激，并进行翻译，使目的语读者达到与源语读者相似的语境效果。译文应具有最佳的相关性，以帮助目的语读者推断源语使用者的交际意图。因此，翻译是一个两轮的交流活动。在第一轮中，源语使用者是交际者，译者是接受者，这与第二轮有所不同。在第二轮中，译者是传播者，目的语受众是接受者（赵彦春，1999）。在整个过程中，译者既是观众又是说话者。译者首先要明确源文使用者的意图和目的语受众的期望，然后考虑译文的可靠性（王建国，2005）。

二、语际阐释使用翻译法

关联理论认为，语言有两种模式。一种是描述性使用，另一种是阐释性使用。描述性使用是指作者所表达的内容是客观世界的真实反映，而阐释性使用是指作者所表达的内容是一种观点或想法。古特认为翻译是中介语的阐释性使用，源文和译文之间的核心关系是阐释性的（Gutt，2004）。阐释性使用不仅要注意解释与源文的相似性，还要注意解释的语境效果（张景华、崔永禄，2006）。古特认为，"当一种语言的话语被认为是真实的事务状态时，它被认为是描述性的；当一种话语倾向于代表某人所说或所想时，它被认为是解释性的"（Gutt，2001）。源语的表达和意义可能不尽相同，即符合关联理论中提到的信息意图和交际意图，译者必须将源语文本的交际意图传递给目的语读者，使目的语读者的推理过程与源语读者的推理过程一致。在很多情况下，人们想要传达的内容与他们所说的内容是不同的。所以成功的翻译在于找到源语使用者在源文中想要传达的信息，然后在关联理论的指导下用另一种语言表达出来，使目的语读者能够获得这些信息。由于语言之间的特点不同，在翻译中很难保留源文的语言特征和语义。翻译出与源文完全相同的版本是不可能的。奈达认为，"在译语中用最切近的自然对等语再现源语的信息，首先是意义，其次是风格"（Nida，2003）。为了忠实于源文的交际翻译，译者应该采用与源文相同的信息意图和交际意图（王建国，2006）。古特认为，翻译过程遵循忠实的原则，但并不忠实于源语言的表达。然而，它忠实于明示推理过程（Gutt，2004）。此外，翻译应忠实于信息意图，译者的交际意图应尽可能接近源语使用者的交际意图，因为受众期望译者的明示刺激，否则翻译可能无法达到最佳关联（王建国，2009）。

三、最佳关联翻译法

关联理论中的最佳关联对翻译具有一定的评价功能和指导意义。李利娟指出，翻译是译者试图在源文的认知语境和译文的认知语境之间找到最佳关联的过程（李利娟，2009）。译者要充分理解和把握源文的文本和语境。作为源文的解释者，译者应该使自己的译文与源文相似，即达到最佳相关性（孟建钢，2000）。但是，在这个过程中，译者要融入源文的认知语境中，用源文的信息对其进行分析，以找到最佳的关联。之后，译者将原始信息转换成另一种语言，并将其呈现给目的语受众。在这一过程中，译者走出源文的认知语境，进入译文的认知语境，分析目的语受众的认知语境，寻求最佳关联。在翻译过程中，由于源语受众和目的语受众认知语境的差异，译者应在必要时改变翻译的语境效果。在交际成功的前提下，目的语要尽可能地接近源语，使话语本身具有最佳的相关性，目的语能与源语有很大的一致性（孟建钢，2009）。

从以上分析可以看出，译者在翻译过程中实际上扮演着中介的角色，力图在源语认知语境和目的语认知语境之间寻求最佳的关联。一方面，译者必须做出加工努力，将译文融入源文的认知语境中，权衡源语中各种相关信息，找到最佳关联，获得足够的语境效果，从而对源文有正确的理解。另一方面，译者要在源文与译文之间转移最佳关联，使目的语受众能够建立源文的最佳关联，从而使源语使用者的交际意图与目的语受众的期望相吻合，进而保证交际的成功。

综上所述，关联理论强调交际的推理性质和语境效应。在交际关联原则的框架下，目的语受众可以用最少的努力在目的语的认知语境中寻找最佳关联，最终正确理解源语说话者传达的信息。与传统的信息复制者不同，译者不仅要扮演推断信息的受众角色，还要扮演提供明示刺激的说话者角色。因此，关联理论的创立并不是为了用复杂的术语和概念来解释翻译行为，而是试图呈现交际的认知本质。

第四节　关联理论在广告翻译中的应用

随着我国加入 WTO，社会经济的迅速发展以及改革开放的进一步深化，中国产品进入国际市场的机会大大增加了。与此同时，外国的产品也大量涌入中国市场，各种产品在市场上的竞争会越来越激烈，而广告在促进产品销售和繁荣市场经济等方面的作用也越来越明显，广告翻译的地位也随之显得越来越重要。

此外，广告活动不仅是一种经济活动，还是一种文化交流。广告文化是从属于商业文化的亚文化，同时包含着商品文化及营销文化。商品本身就是一种文化载体，文化通过商品传播。广告文化具有明显的大众性、商业性、民族性和时代性的特点。一定的文化传统、信仰和价值观在很大程度上左右着商业经营者以及消费者的心理、行为，从而影响各国的广告活动。广告是跨国界、跨文化的商品营销的宣传形式，它面临的不单是语言的转换问题。如果只简单地把国内成功的广告直译出去，结果往往是不好的。因为国际广告与国内广告相比，将面临语言、传统习惯、法规、教育、自然环境、宗教、经济状况等差异问题。因此，在汉英广告的实施过程中，在广告语言的运用方面，翻译起着举足轻重的作用（俞碧芳，2006）。

然而对广告翻译理论的研究远远满足不了社会的需求。传统翻译理论中的"信、达、雅"原则和强调译文与源文"忠实""等值"的翻译策略已无法适应广告翻译的客观要求。因为广告文体是一种具有极高商业价值的实用文体。它的最终目的和主要功能就是要使消费者（严格来说是广告受众）接受它所推介的商品或服务。如果一则广告达不到诱导和说服广告受众实施购买行为的目的，这则广告无疑是失败的，也是毫无价值的。同样，在广告翻译中，如果译文无法达到这样的目的和效果，就不能算是成功的翻译。本节从关联翻译理论视角出发，探讨了汉英广告中的文化缺省与翻译补偿策略，从而进一步印证关联翻译理论的强大的解释指导意义。

一、关联翻译理论对广告翻译的指导意义

广告是一种特殊的交际行为。从认知语用学的角度来讲，广告是交际者（广告主）诱导和说服交际接受者（广告受众）接受其产品、服务等的言语行为。在交际过程中，人们总是用最小的认知努力来获得最大的语境效果的。广告受众一般很少会花大量的时间来仔细研读广告。因此，广告必须要在很短的时间内吸引住广告受众，并应迅速说服他们做出购买的行动。这样一来，在交际双方共享的认知环境下，一些对交际双方而言不言自明的东西常常会被省去。而对于不同文化之间的语言交际，由于交际双方的文化背景知识各不相同，缺乏共享的认知环境，消费者只能通过译者对广告主交际意图的推断，在译者和消费者共有的背景知识下，接受原交际者的交际意图。只有基于这种共有的背景知识，原交际者才有可能与接受者进行交际，并认为接受者会合理地理解其交际意图。也正是基于这种共有知识，接受者才可能正确理解原交际者的交际意图。这就要求译者在进行广告翻译时，打破源语广告词和句这些属于语言层次的东西的束缚，从原交际者（广告主）的交际行为中寻求最佳关联性，然后在译者和译语接受者（广告受众）共知的认知环境下传递给译语接受者，实现原交际者的意图，诱导广告

受众接受其产品或服务。

二、关联翻译理论在广告翻译中的应用

（一）文化缺省

美国翻译理论家奈达将翻译中涉及的文化因素分为五类，即：生态文化；语言文化；宗教文化；物质文化；社会文化。英国翻译理论家纽马克在奈达对文化因素分类的基础上进行了略为不同的分类，其中三类：生态文化、物质文化和社会文化与奈达的分类相同。

我们知道，在交际过程中，交际双方要想达到预期的交际目的，就必须具有共同的背景知识。正是有了共同的背景知识，交流时就可以省去对对方来说显而易见的事实，从而提高交际效率。而文化缺省是指作者在与其意向读者交流时双方共有的相关文化背景知识的省略。我国学者王东风对"情境缺省"（situational default）、"语境缺省"（contextual default）和"文化缺省"（cultural default）进行了比较，认为作者与读者共享的背景知识在文本中加以省略的部分叫作"情境缺省"；如果被缺省的部分与语篇内信息有关，就叫作"语境缺省"；而内容可以在语篇内搜索，但与语篇外的文化背景有关的就是"文化缺省"。"语境缺省"和"文化缺省"都是"情境缺省"的副类。"语境缺省"的内容可以在语篇内搜索，但"文化缺省"的内容往往在语篇内找不到答案。然而，因为"文化缺省"是一种具有鲜明文化特性的交际现象，并且存在于语篇之外，因而会对处于不同语言文化背景中的读者造成意义真空，难以建立起话语理解所必需的语义连贯和情景连贯。在像广告翻译这样的跨文化交际中，源文作者和译文读者由于生活在不同的社会文化环境中而不具有共同的文化背景知识。因此，对于源文读者来说是显而易见的文化背景知识，对于译文读者就构成了文化缺省成分。从语言交际的角度看，缺省的目的是为了提高交际的效率，即语用的经济原则；而缺省之所以能够提高交际的效率是因为在同一文化语境下交际双方都明白被缺省的成分是什么，因为他们拥有共同的背景知识或语用前提。而在不同的文化语境下，由于文化背景的不同，译者需要对这种文化缺省采用补偿的翻译策略，运用关联翻译理论的原理，将暗含的信息加以明示，从而使交际获得成功。

（二）关联翻译理论视角下广告翻译中的补偿策略

1. 以目的语读者为视点对译文进行归化性明示

由于不同语言具有不同的文化背景，源语中用明示手段提供的信息中所暗含的交际意图，往往由于具有不同文化背景的目的语读者的认知上的差异，无法识别。根据交际原则，同一文化语境中的交际双方一般不会和盘托出有关意图的所有信息，对两者不言自明的信息往往不予明说，形成语义暗含。这种暗含对处于同一文化语境的源语读者不会产生认知上的困难，而对于目的语读者会因"文化缺省"而造成理解上的困惑。

由于缺乏对目的语文化的了解，错误运用广告翻译的基本策略，导致翻译失败的例子和厂家也为数不少。例如：福建沙县有一特产叫"沙县板鸭"，品尝过它的中国人对它的口味应该是记忆犹新。其包装上的英译 Pressed Salted Duck of Shaxian 将其传统制作过程及特别风味表达得明明白白，可是，这种翻译很难使该产品打进国际市场。问题是出在英文名上。由于文化差异的原因，外国人对 pressed、salted 的食物的印象都不是很好。首先，pressed 给人一种很不自然的感觉，而老外偏偏垂青于 natural food；其次，salted 让人觉得这种 duck 是用盐或盐水浸出来的，而盐摄入过多的话，容易诱发高血压、冠心病等疾病。这样，有几个外国人会喜欢这种鸭子呢？避开 salt 这类敏感的话题，避重就轻地将其替换为 Native Duck of Shaxian，效果则更好。native duck 会制造出一种"How about this kind of native duck?"的悬念，使消费者产生一种试一试、尝一尝的心理。一旦激起消费者的购买欲，广告的目的也就达到了。

再如：随身携带，有备无患。

译文：A friend in need is a friend indeed.

分析：这是一则速效救心丸广告。如果将其直译为"carry it and it will erase your danger"，未免显得太呆板。本来中文的广告语就运用了习语，为何我们不也引用一句英文习语呢？虽是药品广告，我们也可采用软卖广告的设计方式，将速效救心丸塑造成一个能在患难时给予心脏病人及时帮助的真心朋友的形象，以拉近药品和顾客之间的距离。虽然译句"A friend in need is a friend indeed"与原句文字上不十分一致，但表达的意思却有异曲同工之妙。

上述例子以目的语读者为视点对译文进行归化性明示，使异国文化紧贴目标文化读者，使目标文化读者毫无困难地阅读译文，"将暗含予以明示，弥合了目的语读者认知语境中的文化缺省，更多地考虑了目的语读者，为他们提供了充分的语境效果，达到认知上的互明"。古特将这种归化性翻译策略称为"间接翻译"，其作用相当于间接引语，注重保持认知效果的相似性。换言之，这种文化缺省的翻译策略是为了方便目标文化读者，用目标文化代替源语文化。

2. 以最佳关联为原则对译文进行异化性明示

古特将注释性增译称为直接翻译的阐释法。他认为译者可以使直接翻译的阐释法变得较为容易一些，那就是通过解释、夹注、集注之类的附加的交际渠道为译文语境提供部分所需信息。

例如：东西南北中，好酒在张弓。

译文：East or west, Zhanggong is the best.

分析：这是一则酒广告。源文采用了押韵的修辞手法，又因通俗易懂，给人印象深刻。译文巧在套用了英美国家 East or west, home is the best 这一无人不晓的俗语，保持了尾韵这一修辞手段，而且准确地传递了源文意思。另外，外国读者看到张弓肯定感到疑惑不解。译者为了让目的语读者更好地了解中国的"张弓"，通过脚注对此做了解释：Zhanggong is a famous wine brand and local specialty in Henan Province of China。

译文通过脚注使源文暗含的文化背景得以明示，消除了目的语读者认知环境中的文化障碍，为他们提供了最佳语境效果，有效地实现了译文功能。

以上例子以源语文化为归宿，对译文进行异化性明示，使译文读者接近异国文化，使译文读者看出异国文化与本族文化的不同。我们可以看出，这种直译加注的方法可以有效地补偿译文读者的文化缺省，向译文读者介绍源文文化的有关知识，有助于他们了解外国文化，从而增进他们对源文的了解，把翻译中的文化亏损减少到最小的程度。

3. 化繁为简，重新组合，突出交际意图

古特建议，译者应从源文中提取"与该语篇产生最佳关联的信息"，也就是"语篇中最有实际意义的成分"，因为种种原因"不是所有的源文信息都能产生语境效果"。中国许多作者喜欢使用华丽、抒情的文字，而英语更习惯于事实的客观低调陈述。在西方人眼里，华丽的辞藻一般只能减少传播的清晰准确性和效果，甚至被视为夸大其词。

让我们试分析以下例子：

国氏全营养素　科学减肥新概念

"国氏全营养素"把调节脂肪代谢、补充全面营养的独到理论应用于控制体重，以便达到拥有苗条身材，保持充沛精力。相信曾为肥胖困扰的你，因为服用了全新口味的"国氏全营养素"，不久也能体态轻盈，充满活力。

"国氏全营养素"是著名营养学家国敏元教授从中国传统调养理论出发，针对多数肥胖者的基本成因，以调节体内营养平衡、改变脂肪代谢能力为目的，精心配置的富含蛋白质、维生素、多种氨基酸及微量元素的全天然、全营养食品，充分调动体内多种酶的活性，迅速分解体内多余脂肪，使体态恢复健康苗条。

国氏理论以其科学性、实效性在减肥领域开创了一条新路，"国氏全营养素"被中国女子体操队指定为控制体重营养品。减肥的同时，轻松愉快、精力充沛，体重正常之后，不会轻易反弹。所以，更多的体操运动员，都钟情于"国氏全营养素"。

译文：

Lose 5kg in 10 days! This is not magic.

It's Dr. Guo's Health-slim Extract. YES, it's only NATURAL.

Dr. Guo's Healthy-slim Extract is not a medicine, but a completely natural food. It is rich in various nutrients that are specially important to dieters, including proteins, vitamins, amino acids and trace elements. Take it as dietary supplement to your dieting program—It's natural and safe.

YES, it's indeed EFFECTIVE.

Dr. Guo's Healthy-slim Extract helps you start and maintain a successful weight-loss program. It burns out fat, keeps you energized, and you don't have to suffer at all. Wouldn't it be great if you can keep fit and keep slim at the same time? Actually, you can! Because you have Dr. Guo's! Thousands of women have benefited from it, and it has been selected as the authorized weight-control food of the Women's Gymnastic Team of China. So, why should you wait for miracles to happen?

Just let Dr. Guo's work out the magic on you!

分析：在源语广告篇章中，汉语的语言文化习惯十分显然，如汉字四字结构与复杂句子的使用、崇尚传统与"从众"的文化心理等等。这些在汉语语言文化中理所当然的东西在英语语言文化中便显得难以接受。译文巧妙地利用西方广告受众对天然食品的喜爱，运用英语广告短、精、全的特点，充分再现源语广告的交际意图。乍一看，译文好像将源文译得不伦不类、面目全非。但仔细品味，就会觉得译文简洁流畅，毫无刀凿斧削的翻译痕迹。如前所述，广告翻译的目的主要是为了吸引顾客，最终令顾客做出购买的行为。因此，在翻译时，应大胆超越源文的词和句的限制，实现篇章结构上的转换。这里的译文显然是以目的语的语言文化和篇章结构为主，用词遣句简单明了，富有鼓动性。全文重点突出，层次分明，前呼后应，给人一种紧迫感和简洁明快美，从而激发广告受众的购买欲，达到广告的预期目的。

再如：世界首例，中国一绝，天然椰子汁！

译文：Natural Coco Juice：a world special with an enjoyment beyond all your words.

分析：例子中源文是一个并列结构。如果我们在翻译时，直译其源文结构，译为："The pioneer of the world, the most delicious in China, natural Coconut juice"，会使译文读者觉得单调乏味，也不符合他们的语言习惯。中国人习惯于对所述的主要事物进行铺垫、渲染、解释，按照时间、逻辑顺序层层展开，一般把次要的部分放在句首。西方人在表达上往往开门见山，直截了当，一般将主要的部分放在主句中，放在句子的开头。所以，我们把"天然椰子汁"译在句首，这样既不会使译文读者觉得陌生，可以重点突出交际意图，也能寻找原广告词语与源文语境之间的最佳关联。

4. 调整源语信息，实现译文最佳关联

在对源文的取舍过程中，为了提供最佳关联，避免读者付出不必要的努力，只能在译文中表达与源文交际意图有关的主要信息，因而有必要对源文内容予以增删。

事实上，对源文进行增删有时是出于对源文某些关键词的词义进行挖掘、引申或扩充，将源文的深层意思加以发挥，使得交际者的交际意图更为突显。

其中，删译是指删除源文中非信息成分、不符合英语广告惯例或是对于译文来说很难懂的信息，从而突出广告中的有用信息。这样的广告简洁、易懂、易记，能够在读者心目中激起丰富的联想，加深了读者的印象，更有利于广告信息的传播和实现广告的目的。

例如，红糖出口到东南亚的一些国家时就不能用"red sugar"，在翻译中，我们应该删掉"红"。因为"red"是他们的禁忌色。

再如：我们公司是一家集产、经、销一条龙的集团性企业，产品主要销往美国、欧洲、中东、香港等国家和地区。主要产品有高档工艺陶瓷制品，日用瓷、中温瓷、聚酯制品。我公司以"质量第一，顾客至上"的经营宗旨，<u>集潮州工艺之精华，博采众家之长，独领风骚</u>，深受国内外客户的好评，并已在世界上建立了良好的贸易关系网。<u>竭诚欢迎各界同仁光临垂询，友好合作，共同发展世界陶瓷业</u>。

译文：Combining production with handling and sale, our corp. is a group enterprise selling the products well in Hong Kong, Asia, Europe , Middle East and other areas and countries. Our products include high-grade arts and crafts ceramics, daily-used ceramics, middle temperatured stone ceramics and polyester products. Adhering to the principle of Quality and Client first, <u>our commodities are of high quality</u> and enjoy a good reputation among the users both at home and abroad. <u>Orders and cooperation are sincerely welcome.</u>

分析：此为广东东宝集团有限公司广告。译文删除了"集潮州工艺之精华，博采众家之长，独领风骚"，只简单地译成"our commodities are of high quality"。源文最后一句是典型的中文表达方式，如果直译，不但不能有效地传播广告的信息，反而会使目的语读者困惑。因此，译者应实行广告宣传"内外有别"原则，酌情删除，充分发挥译者的创造力，突出交际者的交际意图。

关联翻译理论对广告翻译有很强的解释指导作用。只要在目的语中充分考虑目的语读者的认知环境，对导致文化缺省的源语暗含在译文中采取相应的补偿手段予以明示，就能给目的语读者提供充分的语境效果而达到最佳关联。

实用汉英笔译就是通过对语境的分析，找出源文与语境之间的最佳关联，从而取得理解源文的语境效果。译者与源文作者之间的交际靠的是一种"互明"，即当交际一方的交际意图被交际的另一方所识别的时候，"互明"的交际效果即得以显现。实用汉英笔译的成功与否取决于说话人/作者与译者之间、译者与译文读者/听话人之间能否根据源文作者/说话人的明示行为，通过推理找到最佳关联，以实现语用等效翻译之目的。

译者如何使源语文本和译语文本达到交际性同步、实现文化等值及接受性的统一、如何重构源文中的"文化空缺"，重建语义连贯，使译文对其读者所产生的效果最大限度地趋同于源文对其读者所产生的效果，这些都是值得关注的问题。

第十一章 跨文化交际理论
与实用汉英笔译的实证研究

当今时代对于翻译研究来说是一个多元化的时代。随着这一时代的产生与发展，传统的语言学派翻译研究已经逐渐被文化学派研究取代。也就是说，翻译中逐渐融入了文化的内容。随着经济与文化全球化进程的加快，国与国之间开展了日益频繁的跨文化交际活动。作为跨文化沟通与相互理解的桥梁，翻译尤其是实用汉英笔译的作用越发凸显出来。当然，实用汉英笔译作为翻译的一种表现形式，也需要从文化角度来阐释翻译。因此，在进行实用汉英翻译时，译者不仅仅需要将两种语言间的壁垒打破，还需要跨越两种文化的鸿沟。这就需要实用汉英笔译进行文化阐释。

第一节 跨文化交际理论与实用汉英笔译

语言只有处于特定的文化背景下才是有意义的。要想做好翻译工作，文化学习甚至比语言学习本身还要重要。翻译工作若是脱离文化背景，只是进行纯文字的翻译，是很容易发生问题的。因此，在跨文化交际视角下，实用汉英笔译应充分考虑到中西方文化差异。不仅要弄清词语本身的字面含义，还需要深入了解词语背后所负载的文化意义。因为任何一种语言都是其民族悠久历史的积淀，不同文化在人们的思维方式、生活习俗与语言表达等方面都存在一定差异。

一、跨文化交际理论

自 20 世纪 70 年代跨文化交际学成为传播学中一门独立的学科以来，跨文化交际学理论被应用到国际商务、国际经济管理和跨文化培训以及外语教学等实用领域中来。随着国与国之间愈来愈密切的交往和 20 世纪卫星与电视转播和网络技术的迅猛发展，跨文化交际成为地球村里每一个人必须面临的问题。

拉里·萨莫瓦尔（Larry A. Samovar）（1998）等人将跨文化交际定义为"文化知觉和符号系统的不同足以改变交际事件中的人们之间的交际"。贾玉新（1997）将跨文化交际定义为"不同文化背景的人们之间的交际"。关世杰（1996）认为跨文化交际是"一种文化背景的人、群体与另一种文化背景的人、群体进行的交流"。林大津（2002）认为，跨文化交际学是专门研究跨文化交际中的矛盾与问题，并探索如何提高跨文化交际能力的学科。赵爱国和姜雅明（2003）认为跨文化交际既可以跨不同民族、不同种族、不同国家或不同政治、经济体制之间的交际，也可以指跨不同性别、不同年龄、不同职业、不同阶层、不同教育程度甚至同一国家不同地区的交际等。

文化是一个庞大的、超维度的范畴，指一群人通过个人或群体世代努力所获得的一切的沉积物，包括知识、经验、信仰、价值观、行为、态度、等级制度、宗教、时间概念、角色、空间关系、宇宙观等。人们通过在某种特定的文化中生活，学习如何以某种方式思考、如何行动，从而逐渐认识并接受这种文化。然而当一种文化的成员观察另一种文化时，常常会用本族文化模式来理解并解释所观察的现象，并认为对方文化行为和本族文化行为表示同样的目的和意义，当两种文化表达的方式和意义产生差别时，人们就容易产生误解。所有跨文化交际成败的关键在于如何正确对待文化差异。

跨文化交际能力是指根据不同文化背景的语言交际者的习惯，得体地、合适地使用语言的能力，包括语言能力、非语言能力、跨文化理解能力和跨文化适应能力等。

二、如何做好文化类的翻译

任何一种语言都是悠久历史文化的积淀，不同文化的人们在社会背景、生活习俗、思维方式上存在差异，在语言表达上也存在差异，这些差异在文化中得到充分的体现。在翻译时，如果不能透彻理解字里行间所蕴含的文化信息，就可能导致文化误读与误译。翻译中要达到社交语用等效就要了解源语和目的语的社会、文化背景，关照不同读者的文化心理。文化"传真"是文化类翻译的基本原则，要求译语要从文化语义的角度准确地再现源语所要传达的意义、方式及风格。

异化是基于源语言文化的，归化是基于译语文化的，异化和归化是互补的二元对立面。在翻译的过程中，不能与两者分离开来。中西文化的差异不可避免地导致了读者的理解偏差。盲目地融入文化语言，会造成原始文化的丧失；如果以源语言文化为归宿，来进行文化移植，有时会影响交流，翻译时可能不会做到全面性。如果不能使用异化和归化策略，可以使用文化调解，但是这种缺陷容易造成文化损失。如"休妻"英文，相应的词是 divorce（离婚），表面意思表达出来了，但离婚反映了男女平等的概念，从而失去了中国传统文化"男尊女卑"的文化内涵。

归化原则就是以译入语为归宿的策略。英国翻译家霍克斯用 God 来表示"天"，这一方法对于西方读者来说更易于理解和接受，西方信奉基督教，在西方人的精神世界里，上帝起着尤为重要的作用。同时，对于《红楼梦》里的"菩萨保佑"译成 God bless my souls，这一译法则显得有点牵强，这样虽然便于西方读者和接受，但却会让人产生误解认为上帝也是中国的信仰。在我国"天"的思想是属于道家的，如果我们用 God 来翻译"天诛地灭"，这样做势必会造成中国语言文化信息的丧失。用 heaven 来表达"天"则是中华文化底蕴的最好阐释，是目的语文化的归宿的异化策略。

在文化翻译的过程中，面对不同的文化背景，思维习惯和文化传统相矛盾的表达时，可以奉行"名从主人"和"约定俗成"的原则。翻译人员应根据文字中的文化信息，注重文化底蕴的形象，保留文化色彩。翻译者必须依靠自己的知识和学术技能来翻译，而不是凭借想象力。如"兰心剧院"不能翻译成 Lanxin Theatre，按照"名从主人"的原则，翻译为 Lyceum Theatre，因为对其历史文化背景进行分析，这是由西方文化的殖民者带来的。古希腊的亚里士多德主持了 lyceum 这个学校，既讲演讲，又有音乐舞蹈表演，"兰"包含中华文化的底蕴，兰心剧院被翻译成"Lyceum Theatre"，可以说是实至名归的。

对于一些已经被接受了的地名和人名，如果刻意地去修改势必会引起读者的误解。如香港（Hong Kong）及北京大学（Peking University）。每一个民族都有其特有的民族文化，都有特定语言来表示和反映，但是一些文化底蕴深厚的意象却在译语中找不到相对应的词语。随着中国的不断发展壮大，中国在国际舞台占据着重要的地位，中国提倡的中西方文化交流不断深入，西方人士对中华文化的逐渐了解和接受，一些词汇渐渐进入英语文化中。如豆腐（tofu）等。相反，英语中的一些词汇也潜移默化地进入了中国人的视野，如 e-mail、Internet、disco 这些词语对中国人来讲已经是耳熟能详。

今天的社会文化交流比较频繁，更加细致，给翻译者提了更高的要求，除了具有扎实的语言能力外，翻译人员还必须具备双语文化背景和文化意识。"译者必须是一个真正的文化人"，只有充分认识中西文化差异，消除给读者带来的障碍，才能忠实地完成语言间沟通，更好地服务于文化传播。

以茶文化为例。中国的茶文化源远流长，是一种具有深厚底蕴的民族文化。唐朝陆羽所著《茶经》为全球首本茶学专著，其中记载了大量有关茶叶种植、采摘、加工、饮茶等方面的知识，对我们了解中国茶的历史，以及后世对茶叶的认识和传承具有十分重要的意义。在中国，早在先秦就已经有了有关"茶"的记录。到了唐宋时代，茶文化已经步入了快速发展轨道，从皇室士族到普通民众，他们都非常喜欢茶叶，而且还出现了许多茶馆和茶会，喝茶已经变成了一项非常普通的活动。除此之外，还有许多茶歌、茶舞等文艺作品，每逢节庆，便以各种方式演出，生动地反映出茶农的生活情景，也是茶文化的一种主要艺术表达方式。而且很多古代的文人雅士以茶为题材，写下了很多的茶诗、茶画，使茶叶具有了更多的精神意蕴与美学意义。

在中国的茶文化里，"茶艺"是非常有特点的，中国人很注重以茶会友，认为喝茶可以加深彼此间的了解，所以我国古代出现了许多别具特色的茶楼，为爱好茶的人们创造了一个休闲聚会、抒发情感的地方。特别是有些具有古典风格的老式茶楼，无论是从建筑还是内部装饰，都具有很强的历史气息。工作之余，和好友一起在茶楼里谈天说地、谈笑风生，既可以沟通情感又可以舒缓紧张。茶叶是天然产物，也有天性，通过喝茶可以缩短人与大自然的距离，让身体和精神都可以获得轻松和安宁。喝茶就像是在品尝生活一样，茶叶从浓到淡，散发出的清香久久不散，就像是生命中的每个时期，不一样的体验会带给你不一样的感觉。通过喝茶，人类得到了丰富的心灵经验，既能提高自己的思维水平，又能体现出它的美学意义。所以，在中国，茶楼是一个社会交往的地方，而饮茶又是社会交往最为广泛的一种形式。

茶文化是我国传统文化的重要构成部分，其中不仅凝聚着广大劳动人民的智慧结晶，还是中华民族几千年来的生活模式缩影。在全球经济化背景的影响下，各国之间的文化交流变得日益密切，使得中国茶文化的影响力也得到了扩大，在一定程度增大了我国文化交流与传播的空间。翻译作为中西语言沟通和转换的重要桥梁，是文化传播的重要载体。我国作为茶叶的故乡，具有极为悠久的历史，以茶文化翻译来丰富对外传播的方式，可以助力我国茶文化走向更大的国际舞台。

以下为茶文化语篇为例，具体分析如何做好文化类的翻译。

（一）源语

1. 茶为国饮。国人钟爱茶，从南到北；国人爱喝茶，从古至今。夏日饮绿茶清凉，冬夜品红茶温暖；春秋有青茶养生，四季有普洱作陪。花茶时时飘香，黄茶色泽耀眼，白茶药效显著，黑茶醇厚回甘。真是说不尽的中国茶好，品不够的中国茶香。有了茶，就有了更幸福的人生，而茶馆给了你幸福人生一个更精彩的去处。

2. 中国茶馆"兴于唐，盛于宋"，从著名的古代绘画《清明上河图》中就可以看到汴河两岸林立的酒肆茶楼。宋代茶馆与当今茶馆已经很相似了，茶馆中有很多娱乐活动，如曲艺、博弈等等。特别值得一提的是，宋代茶馆里有一个很有趣的项目——斗茶，每当新茶上市，茶人们便相约聚在一起，比茶叶的优劣、煮茶技艺的高低、茶汤味道的好坏等。现在看来，这其实应该算是比较早期的茶艺了。

3. 现代的茶馆也同样热闹，真正是小小茶馆，大大社会；小小茶馆，大大文化！茶馆的功能在日趋丰富，可特意品茶，可小憩休闲，可商务洽谈，可体验文化。当然，对于茶馆而言，最重要的文化自然应该是茶文化，而茶文化最直接的表现形式应该首推茶艺，所以，几乎所有的茶馆都在创造、创新着自己的茶艺。

（二）译前准备

1. 通读全文，了解主题：中国的茶文化；

2. 主要内容：各类茶的介绍，古往今来茶馆的发展；

3. 语言措辞，文体风格：四字格，对仗、反复、排比。

（三）难点词汇解析

第一段：绿茶 green tea；红茶 black tea；青茶，即乌龙茶 oolong tea；普洱 Pu'er tea；花茶 scented tea；黄茶 yellow tea；白茶 white tea；黑茶 dark tea；

第二段：唐/宋，即唐朝/宋朝 the Tang Dynasty/the Song Dynasty；《清明上河图》 Along the River During the Qingming Festival；汴河 the Bianhe River；曲艺 Quyi；博弈 game；斗茶 Doucha（tea competition）；茶人们 tea lovers；

第三段：品茶 drink tea；茶文化 tea culture（饮茶活动过程中形成的文化特征，包括：茶道、茶德等）。

（四）翻译技巧讲解

1. 源语：茶为国饮。国人钟爱茶，从南到北；国人爱喝茶，从古至今。

参考译文：Tea is drunk throughout China. The Chinese have been showing love for it since the ancient times.

分析：中文为了获得对仗效果，喜用重复。英译时应该舍弃重复部分"国人爱喝茶"。翻译技巧是化繁为简。

2. 源语：夏日饮绿茶清凉，冬夜品红茶温暖；春秋有青茶养生，四季有普洱作陪。

参考译文：We feel cool when drinking green tea in summer and warm when drinking black tea in winter. Oolong tea keeps us healthy in spring and autumn, and Pu'er serves as our good companion all year around.

分析：中文对仗整齐。中文意思转换——夏日喝绿茶可以让我们感到清凉，冬天喝红茶可以让我们感到温暖；春天和秋天的时候，青茶可以帮助我们养生，普洱茶在一年四季都可以陪伴我们。翻译技巧为从意义入手；必要时增词与减词。首先，断句，"夏日饮绿茶清凉，冬夜品红茶温暖//春秋有青茶养生，四季有普洱作陪"；其次，判断谓语动词，根据句子之间的关系，可用 and 来连接；最后，判断 feel warm 中 feel 可以省略。

3. 源语：花茶时时飘香，黄茶色泽耀眼，白茶药效显著，黑茶醇厚回甘。

参考译文：Besides, scented tea smells good, and yellow tea boasts bright color.

White tea serves as herbs and dark tea tastes mellow.

分析：中文对仗整齐与四字格结构。翻译技巧是化繁为简，勿字字对应。

4. 源语：真是说不尽的中国茶好，品不够的中国茶香。有了茶，就有了更幸福的人生，而茶馆给了你幸福人生一个更精彩的去处。

参考译文：You can never name too many advantages of the Chinese tea or taste e-nough of it. Tea makes your life better, and the teahouse is a place worth visiting.

分析：意义上把握源文，"真是说不尽的中国茶好，品不够的中国茶香"。思维转换，不要拘泥于字面意思，"中国茶的优点真是多的说不完，怎么也喝不够"。

5. 源语：中国茶馆"兴于唐，盛于宋"，从著名的古代绘画《清明上河图》中就可以看到汴河两岸林立的酒肆茶楼。

参考译文：The Chinese teahouses "came into being in the Tang Dynasty, and thrived in the Song Dynasty". The wine shops and teahouses standing on both banks of the Bianhe River can be seen from the famous drawing entitled *Along the River During the Qingming Festival*.

分析：对仗，化繁为简。

6. 源语：宋代茶馆与当今茶馆已经很相似了，茶馆中有很多娱乐活动，如曲艺、博弈等等。

参考译文：Teahouses during the Song Dynasty were much the same as those today in that both of them held many entertaining activities, such as Quyi (Chinese folk art forms, including ballad singing, storytelling, comic dialogues, clapper talks etc.) and games.

分析：翻译技巧为重复与替代，"宋代茶馆"与"当今茶馆"的"茶馆"重复，英译时使用代词替代。"曲艺"这一中华文化特色词译为：Quyi (Chinese folk art forms, including ballad singing, storytelling, comic dialogues, clapper talks etc.)。

7. 源语：特别值得一提的是，宋代茶馆里有一个很有趣的项目——斗茶，每当新茶上市，茶人们便相约聚在一起，比茶叶的优劣、煮茶技艺的高低、茶汤味道的好坏等。

参考译文：Especially, there was a very interesting activity called Doucha（namely, tea competition）in teahouses during the Song Dynasty. When fresh tea was first brought onto the market, tea lovers would gather to have a competition on the quality of tea leaves, the technique of tea-making, the taste of tea and so on.

分析：从意义上划分逻辑。主干——特别值得一提的是，宋代茶馆里有一个很有趣的项目——斗茶。对斗茶的解释——每当新茶上市，茶人们便相约聚在一起，比茶叶的优劣、煮茶技艺的高低、茶汤味道的好坏等。

8. 源语：现在看来，这其实应该算是比较早期的茶艺了。

参考译文：This kind of tea competition could be seen as an early form of tea art.

分析：早期的茶艺，an early form of tea art。

9. 源语：现代的茶馆也同样热闹，真正是小小茶馆，大大社会；小小茶馆，大大文化！

参考译文：Today's teahouses are lively places, too. A teahouse can be likened to a society and a culture.

分析：考虑以下问题——中文的对仗与排比如何处理？重复内容如何翻译？如何化繁为简？可以简化为："现代的茶馆也同样热闹。茶馆与社会和文化密切关联。"

10. 源语：茶馆的功能在日趋丰富，可特意品茶，可小憩休闲，可商务洽谈，可体验文化。

参考译文：Teahouses today welcome people with different purposes. You can come here to drink tea, relax yourself, negotiate on business, or experience culture.

分析：这是属于汉语无主句翻译。主干未出现施动者，在英译中需要添加主语。由于喝茶为主观性较强的动作，为了拉近和读者的距离，使用 you。

11. 源语：当然，对于茶馆而言，最重要的文化自然应该是茶文化，而茶文化最直接的表现形式应该首推茶艺，所以，几乎所有的茶馆都在创造、创新着自己的茶艺。

参考译文：Since the most important culture for a teahouse should be the tea embodied firstly by the art of tea making, almost every teahouse is creating and innovating its own tea art.

分析：难点——长句的逻辑结构辨析，即因果关系；原因部分的结构分析。原因——对于茶馆而言，最重要的文化自然应该是茶文化，而茶文化最直接的表现形式应该首推茶艺。结果——几乎所有的茶馆都在创造、创新着自己的茶艺。

（五）翻译方法小结

1. 专有名词的翻译

本篇讲的是中国茶文化，里面有不少茶的名称，要注意其译法，尤其要注意"青茶"就是乌龙茶（Oolong tea），以及"红茶"（black tea）和"黑茶"（dark tea）在英语中的区分。而对于出现的一些关于中国历史、艺术的专有名词也要多加注意，比如"曲艺"一词，这个词的概念较广，所以应该先音译，然后在括号内做进一步解释，即 Quyi（Chinese folk art forms，including ballad singing，storytelling，comic dialogues，clapper talks，cross talks，etc）。

2. 省译法

本篇文字使用了反复、对仗、排比等手法，在用词方面也比较讲究，反映了中国人的思维方式。翻译时要考虑到中英文思维方式的不同，英文更注重事实，所以有些重复的地方在译文中要简化。请看本篇出现的例子：

（1）"国人钟爱茶，从南到北；国人爱喝茶，从古至今。"这句话中"钟爱茶"和"爱喝茶"实质上意思相同，应该简化为"中国人爱茶"，"中国人"是一个泛指的概念，所以"从南到北"是可以省译的。这样整句话的翻译就比源文简化了很多，可译为"The Chinese have been showing their love for it since the ancient times."。

（2）"真是说不尽的中国茶好，品不够的中国茶香。"这句话实际上是对前文茶的好处的总结，所以，可以将其译得生动一些，"You can never name too many advantages of the Chinese tea or taste enough of it."。

3. 替代法

中文里重复名词是常见的现象，但是译成英文要注意用替代的方式处理。请看本篇中出现的几处例子：

（1）"国人钟爱茶，从南到北；国人爱喝茶，从古至今。"这里第一句话中提到了"茶"，第二句又重复了两次，可考虑用其他词替代。整部分可译为：Tea is drunk throughout China. The Chinese have been showing their love for it since the ancient times.

（2）"宋代茶馆与当今茶馆已经很相似了，茶馆中有很多娱乐活动，如曲艺、博弈等等。"这句话中的"宋代茶馆"和"当今茶馆"中的"茶馆"是重复的，译成英文就要注意后面的"茶馆"应该使用代词 those 代替。整部分可译为："Teahouses during the Song Dynasty were much the same as those today in that both of them held many entertaining activities, such as Quyi（Chinese folk art forms, including ballad singing, storytelling, comic dialogues, clapper talks etc.）and games."。

4. 直译法

"兴于唐，盛于宋"源文中这句话的意思可以理解为从唐朝开始兴起，而兴盛于宋朝。所以可用直译法译为："came into being in the Tang Dynasty, and thrived in the Song Dynasty."。

（六）译文

1. Tea is drunk throughout China. The Chinese have been showing love for it since the ancient times. We feel cool when drinking green tea in summer and warm when drinking black tea in winter. Oolong tea keeps us healthy in spring and autumn, and pu'er serves as our good companion all year around. Besides, scented tea smells good, and yellow tea boasts bright color. Most importantly, white tea serves as herbs and dark tea tastes mellow. Generally speaking, you can never name too many advantages of the Chinese tea or taste enough of it. Tea makes your life better, and the teahouse is a place worth visiting.

2. The Chinese teahouses "came into being in the Tang Dynasty, and thrived in the Song Dynasty". The wine shops and teahouses standing on both banks of the Bianhe River can be seen from the famous drawing entitled *Along the River During the Qingming Festival*. Teahouses during the Song Dynasty were much the same as those today in that both of them held many entertaining activities, such as quyi（Chinese folk art forms, including ballad singing, storytelling, comic dialogues, clapper talks etc.）and games. Especially, there was a very interesting activity called doucha（namely, tea competition）in teahouses during the Song Dynasty. When fresh tea was first brought onto the market, tea lovers would gather to have a competition on the quality of tea leaves, the technique of

tea-making, the taste of tea and so on. This kind of tea competition could be seen as an early form of tea art.

3. Nowadays, teahouses are lively places, too. A teahouse can be likened to a society and a culture. Teahouses welcome people with different purposes. You can come here to drink tea, relax yourself, conduct business negotiation or experience culture. Since the most important culture for a teahouse should be the tea embodied firstly by the art of tea making, almost every teahouse is creating and innovating its own tea art.

第二节　跨文化交际理论视域下实用汉英笔译策略

实用汉英笔译中，文化因素的翻译涉及两种常见的翻译策略：归化和异化。异化和归化是在 1995 年由美国翻译理论家劳伦斯·韦努蒂（Lawrence Venuti）在《译者的隐形》（*The Translator's Invisibility*）一书中提出来的。

从历史上看，异化和归化可以视为直译和意译的概念延伸，但又不完全等同于直译和意译。直译和意译所关注的核心问题是如何在语言层面处理形式和意义，而异化和归化则突破了语言因素的局限，将视野扩展到语言、文化和美学等因素。这两种翻译策略反映了译者对待源语和译入语之间文化差异的不同态度。

一、归化

归化（domestication）是指在实用汉英笔译中采用透明、流畅的风格，最大限度地淡化源文的陌生感的翻译策略。它应尽可能地使源语文本所反映的世界接近目的语文化读者的世界，从而达到源语文化与目的语文化之间的"文化对等"。换句话说，所谓归化，指的是遵守译入语语言文化当前的主流价值观，对源文采用保守的同化手段，以迎合本土的典律、出版潮流等。

归化法要求译者向译语读者靠拢，采取译语读者习惯的译语表达方式，来传达源文的内容。归化其实就是要淡化文化差异，使译文更好地被译入语读者理解和接纳。

二、异化

异化（foreignization）是指偏离本土主流价值观，保留源文的语言和文化差异（Venuti，2001）；或指在一定程度上保留源文的异域性，故意打破目标语言常规的翻译。它主张在译文中保留源语文化，丰富目的语文化和目的语的语言表达方式。换句话说，所谓异化，则是指一定程度地保留源文的异域性而故意打破译入语语言常规的翻译策略。异化法要求译者向作者靠拢，采取相应于作者使用的源语表达方式，来传达源文的内容。异化则要在译文中反映出原有的差异，给译入语读者带来不同的文化体验与感受。

总而言之，归化理论以目标语言文化为核心，译者采用目标语言惯用的表达方式和话语规则，使译文通俗易懂，更容易被目的语读者接受和理解。异化理论以源语为核心，译者不遵守目标语言话语规范，尽可能忠实源文，从而保留源语言的文化特色，给予目标语言读者一次领略异域风采的机会。归化和异化各有利弊，前者可保证译文通顺易懂，后者则能够充分传递源文文化因素，还可以引进某些独特的表达方法。我们不应将两种策略对立起来，而要根据翻译文本的类型和翻译的目的加以取舍。翻译的根本任务就是要传递源语文本中的语境意义，同时最大限度地保留源语的文化色彩。归化异化的选择要以利于文化因素的传递为标准：能异化就异化，不能异化则归化。

第三节　跨文化交际理论在歇后语汉英翻译中的应用

翻译需要克服语言和文化的双重障碍。就语言而言，最大的障碍莫过于源语中独特的结构形式；就文化而言，莫过于独特的民族特性。如果独特的语言形式又表现了民族性极强的思想内容，翻译就更难了。汉语歇后语就是这种类型的代表。汉语歇后语通过比喻、谐音、双关等修辞手法，以生动的比喻、丰富的联想、诙谐风趣的风格，大大增强了语言的艺术感染力，形象鲜明，立意新奇，常常言出意外。它不仅结构独特，而且充分展示了汉民族语言的风格，英语中几乎不存在类似汉语歇后语的表达方式，且这种结构形式所表达的意义，又深深地植根于民族文化之中，具有极强的民族性。因此，在汉译英的实践中，歇后语的翻译无疑是一个复杂而又棘手的问题。探讨歇后语的翻译有助于让世界了解中国，更有助于跨文化交流。

一、歇后语的结构形式

歇后语一般是通过比喻这一修辞方式来说明问题的。它通常由前后两个部分构成：前一部分为形象的比喻，称为喻体；后一个部分是对前面的比喻做出解释或说明，揭示前一部分的实质意义，叫作喻义。前后两个部分之间有一种逻辑上的内在联系，后边所做的说明与解释同前边的比喻是完全一致的。例如：

咱们俩的事，一条绳上拴着两只蚂蚱——谁也跑不了！（老舍《骆驼祥子》）

译文：We're like two grasshoppers tied to one cord, neither can get away!

上例中的歇后语的后面部分所做的解释，说明与前面的比喻是一致的。前后两部分间的内在联系表示的很清楚。

二、歇后语的分类

歇后语从结构上来说，一般分为前后两部分（如"黄连树下弹琴——苦中作乐"），一些常见的歇后语因为人们大多知道其后半部分的词句，也可以仅用前半部分（如"当时我心里真是十五个吊桶打水，一点儿把握也没有"）。

从内容上来看，歇后语可分为比喻性歇后语和双关性歇后语两大类。

（一）比喻性歇后语

这种歇后语的前面部分是比喻，后半部分是本意，两者在逻辑上的内在联系十分清楚。比喻性歇后语在说明方式上略有不同。例如：

1. 老鼠过街——人人喊打（以事喻义）（A rat runs across the street—everyone joins the hue and cry.）。比喻害人的东西，万众痛恨。

2. 泥菩萨过江——自身难保（以物解义）（A clay Buddha crossing a stream—hardly able to save itself.）。比喻无法自己救自己。

（二）双关式歇后语

这种歇后语其后面的说明部分一语双关，既有照应比喻部分的意义，又有其他引申意义。即字面意思是对前半部分做解释说明，但其实际意思表达的却是与整个上下文中完全不同的语义。双关歇后语又分谐意和谐音两种。

1. 谐意双关

一根筷子吃藕，挑眼。

译文：Eating lily root with only one chopstick—picking it up by the holes.

源文中"挑眼"的字面意思是指用一根筷子挑着藕片上的眼，其实际意义则是 pick flaws "挑毛病，找碴"。

2. 谐音双关

三九的萝卜，冻了心（动了心）。

译文：A mid-winter turnip（in the third period of nine days after the winter solstice）—the heart is frozen（affected in heart）.

源文中"冻了心"的字面意义是指天冷使萝卜芯（心）都冻上了。与"动了心"谐音，起到谐音双关的效果。

三、歇后语的文化内涵

汉语的歇后语，比喻新奇、形象丰富生动，前半是形象，后半是喻义或双关，明白它的意义往往要经过思索，才会达到理解上茅塞顿开、豁然开朗的意外之境。许多歇后语给人的感觉既诙谐风趣，又辛辣刺激。汉英语言产生于不同的文化背景，完全对应的喻体与文化内涵相一致的现象只是少数，大量的歇后语所表现出的文化特征只是部分地对应或毫无相同之处，即汉英喻体不同，文化内涵亦不同，表达方式迥异。因此，汉语歇后语的翻译决不能仅仅着眼于语言转换，而要透过语言表层，了解其蕴含的文化内涵。只有剖析歇后语的文化内涵，进行仔细的汉英文化比较，歇后语的翻译才能达到"信、达、雅"的境界。观察歇后语的构成，其文化内涵在汉英对比中呈现以下几种情形：

（一）汉英喻体相同，文化内涵也大致相同

有些歇后语无论在意义上还是在形象上都与英语在文化内涵上大致相同。在这种情形下，两者之间便可进行对等翻译。例如：

1. 竹篮打水——一场空（以事喻义）（Drawing water from a bamboo basket—all in vain.）。竹篮多孔，装水必漏。比喻希望与努力完全落空，白费心机（A-

chieving nothing in the end though one has tried very hard.)。

2. 聋子的耳朵——摆设（以人解义）（A deaf-man's ears—just for show.)。比喻无用的东西，指某人某物虚有其表或徒有虚名而实际上不起作用（Someone or something that has a fine appearance but no substantial content merely for show and without pragmatic value.)。

（二）汉英喻体不同，文化内涵也不同

汉英毕竟分属不同的语言，产生于不同的文化背景。因此，完全对应的喻体与文化内涵相一致的现象只是少数。大量的歇后语所表现出的文化特征只是部分地对应或毫无相同之处。例如：

1. 山中无老虎——猴子称大王（When the tiger is away from the mountain, the monkey calls himself the king.)，与英语习语"In the kingdom of the blind, the one-eyed is king."（在盲人国里，独眼为王）意思接近，但文化内涵并非完全相同。因为英语国家的动物王国中，狮子为百兽之王，况且，外国猴子也不像中国猴子那样聪明机智。

2. 猫哭老鼠——假慈悲(A cat crying over a mouse's misfortune—sham mercy.)。这里的"猫"比喻那些内心残忍而伪装仁慈善良的人(Those who are ruthless inside but put on a show of benevolence.)。英语中的 cat 并无此等恶名，反而作为宠物深受人们喜爱。因此，不妨用 to shed crocodile tears 来套译。

3. 亡羊补牢——未为迟也（It is not too late to mend the fold even after some of the sheep have been lost.)，所反映的文化内涵与英谚"Better late than never."（迟做总比不做好）基本相符。但是，"亡羊补牢"蕴涵的"从错误中吸取教训"的意思就无法在"Better late than never."中体现出来。

（三）文化背景不同，表达方式迥异

歇后语的文化特征无不与其丰富多彩的来源有不可分割的联系。中国独特的地理环境、宗教信仰、生活习惯、社会风俗、历史典故、思维观念和道德标准产生了许多中国式的表达方式。绝大多数歇后语正是这种典型中华文化的折射。例如：

1. 擀面杖吹火——一窍不通（Using a rolling pin to blow a fire—totally impenetrable/a complete ignoramus.)。这里所说的"窍"一语双关，既表示"孔"，又

指成语"一窍不通",意思为一点也不懂,完全外行。硬要翻译则能用"to know nothing about the subject"来表示。

2. 阎王爷出告示——鬼话连篇(The king of the Hell's announcement—a whole series of lies.)。佛教称掌管地狱的神为阎王爷,他出的告示自然都是讲鬼的事情。这里的"鬼话连篇"(all about ghosts)比喻全是骗人的谎言(a pack of lies)。

3. 老鼠爬秤钩——自己称自己(A mouse climbs onto a steelyard hook—weighing itself in the balance/chanting the praises of oneself.)。文中的"秤"是个谐音,既表示重量"weight",又表示称赞"praise"。用来表示那些没有本事的人自我吹嘘(A person who has no real ability but likes to boast of his prowess.)。

四、歇后语的翻译方法

了解歇后语所反映的文化背景之后,在翻译歇后语时,既不能改换比喻的形象或比喻本身,也不能避而不译。我们应该力求做到既要将其通俗易懂、形象生动的魅力表现出来,又要将其揭示的深刻道理渗透进去,做到既形似,又神似。具体采用的翻译方法如下:

(一)保留形象直译法

所谓直译法即指在不违背译文语言规范以及不引起错误联想的条件下,在译文中保留汉语歇后语的比喻、形象和民族、历史及地方色彩的方法。用这种方法处理歇后语的英译,往往可以丰富译文语言,将中华文化介绍给英语国家。这属于异化翻译策略。譬如:

1. 贾珍笑道:"所以他们庄稼老实人,外明不知里暗的事。**黄柏木作馨槌子——外头体面里头苦**。"(曹雪芹《红楼梦》)

译文:"These simple country folks don't realize that not all is gold that glitters," chuckled Chia Chen, "Wormwood carved into a drumstick may look imposing, but it's bitter inside!"

2. 我们有些同志喜欢写文章,但是没有什么内容,真是"**懒婆娘的裹脚,又长又臭**"。(毛泽东《毛泽东选集》)

译文:Some comrades love to write long articles, but such articles are exactly like the foot-bandages of a slut，long and smelly.

3. 那胡正卿心头"十五个吊桶打水，七上八下"。(施耐庵《水浒传》)

译文：Hu Cheng-ching was very much upset by this and his heart was beating like fifteen buckets being hurriedly lowered into a well for water —eight going down while seven were coming up.

4. 大鱼吃小鱼，小鱼吃虾米——弱肉强食。

译文：Big fish eat small ones and small fish swallow tiny shrimps—the weak are the prey of the strong.

5. 黄鼠狼给鸡拜年——不怀好意。

译文：A weasel wishing Happy New Year to a chicken—harboring no good intentions.

6. 千里送鹅毛——礼轻义重。

译文：To send the feather of a swan one thousand li—the gift in itself may be insignificant，but the good-will is deep.

(二) 保留形象节译

有些汉语歇后语的喻义比较明显，译语读者可以从喻体的形象中或歇后语所在的上下文中直接推知其喻义，在英译时只需译出其比喻部分。这属于异化翻译策略。例如：

1. 咳！这一来，**竹篮打水一场空了！**(梁斌《红旗谱》)

译文：Ah! We were drawing water in a bamboo basket.

2. 不要失了你的时了！你自己只觉得中了一个相公，就"**癞蛤蟆想吃起天鹅肉**"来！(吴敬梓《儒林外史》)

译文：Don't be a fool! Just passing one examinations has turned your head completely—you're like a toast trying to swallow a swan!

3. (张金龙)突然来找小小子。小小子知道**黄鼠狼给鸡拜年，没安好心**；可又不能不接待他。(袁静等《新儿女英雄传》)

译文：Zhang Jinlong called on him，alone. Xiao realized that it was a case of the weasel wishing Happy New Year to a chicken. He was very uneasy，but he had to entertain his unwanted visitor.

（三）转换形象意译

由于汉英两种语言的差异和不同的民族文化背景，无法保留源语中的比喻形象。因此，在英译时，要将其转化成译语读者所熟悉的形象。这实际上是一种套译。尽管形象各异，但喻义相似或对应，也能达到一种语义功能对等的等效效果。这属于归化翻译策略。例如：

1. 生活的海里起过小小的波浪，如今似乎又平静下去，一切跟平常一样，一切似乎都是**外甥打灯笼，照舅**（照旧）。（周立波《暴风骤雨》）

译文：The even tenor of their life had been disturbed, but things seemed to be settling down again. The villagers felt themselves back in the old rut.

2. 说的不如听的，就给他一个"**实棒槌灌米汤，来个寸水不进**"，我算是满没有听见，这才能过日子。（曹禺《日出》）

译文：When he says something nasty, let it run off you like water off a duck's back, just pretend he hasn't said a thing. That's the only way to keep same.

3. 怪不得人说你们"诗云子曰"的人难讲话！这样看来，你好象"**老鼠尾巴上害疖子，出脓也不多!**"（吴敬梓《儒林外史》）

译文：No wonder thcy say you bookworms are hard to deal with：one might just as well try to squeeze water out of a stone.

（四）舍弃形象意译

汉语中有不少歇后语带有浓厚的汉民族文化色彩，在比喻部分包含有中国古代人名、地名、典故，有的源于中国特有的风俗习惯或宗教用语等等，如果直译出来，译文就会烦冗拖沓，对于不理解中华文化背景的译语读者来说很难理解。因此，舍弃歇后语这一独特的语言形式进行意译，译文反而会显得言简意赅、简洁明了。这属于归化翻译策略。例如：

1. 等他们赶来增援时，已是"**正月十五贴门神——晚了半月啦**"。（冯至《敌后武工队》）

译文：But they were too late for a rescue.

2. 我在店里呢，是**灯草拐杖，作不了主（柱）**的。（周而复《上海的早晨》）

译文：My position in the shop doesn't permit me to make a decision individually.

3. 穷棒子闹翻身，是八仙过海，各显神通。（周立波《暴风骤雨》）

译文：When we pass from the old society to the new, <u>each of us shows our true worth</u>.

此外，汉语中存在着同音异字或谐音词语，这在英语中很难找得到与之相对的词语。所以，在翻译谐音双关歇后语时往往只好舍弃歇后语这一独特的语言形式和喻体形象而仅仅译出其喻义：

1. 我这个人你也知道，说话向来是"袖筒里入棒槌"——直出直入！（袁静等《新儿女英雄传》）

译文：You know me-speak frankly and to the point.

2. 我哪里管得上这些事来！见识又浅，嘴又笨，心又直，"**人家给个棒槌，我就拿着认真（针）**"了。（曹雪芹《红楼梦》）

译文：I'm incapable of running things. I'm too ignorant, blunt and tactless, al-ways <u>getting hold of the wrong end of the stick</u>.

（五）改变形象套译

中西方在文化和语言上的差异，使汉英语言在互译时不得不改变一下原来的喻体形象，用英语读者熟悉的比喻来套译，即译文和源文采用各自不同的喻体，来创造同一种形象，传达同一种精神，取得相同的效果。这属于归化翻译策略。例如：

1. 老混蛋，**你吃的河水——倒管的宽**，这是你说话的地方？（周立波《暴风骤雨》）

译文：Old bastard, <u>poking your nose into things that don't concern you</u>!

2. 猫哭老鼠——假慈悲。

译文：To shed crocodile tears.

3. 冰冻三尺——非一日之寒。

译文：Rome was not built in a day.

4. 三个臭皮匠——顶个诸葛亮。

译文：Two heads are better than one.

5. 老王卖瓜——自卖自夸。

译文：No man cries "stinky fish".

在采用套译法的过程中，尽管译文会失落源文中的一部分民族文化色彩，但是由于译文更贴切于译语文化，更容易被译语读者接受，因而也更便于译语读者领悟源文的思想内涵。

（六）直译加注法

由于中西方文化差异较大，为了更清楚地表达原意，有时先把汉语歇后语直译成英语，然后再做一些补充性的解释说明。此类歇后语具有强烈而浓厚的民族特色，往往涉及汉民族的历史文化、神话传说、经典著作，乃至封建迷信等。添加说明弥补了直译在传递文化信息方面的不足，起了画龙点睛的作用。这属于异化翻译策略。例如：

1. 司马昭之心，固已路人皆知。

译文：This Sima Zhao's trick is obvious to every man in the street.

由于英语读者不知道"司马昭"是谁，因此英译文中须加上注释，进行说明：

Notes: Sima Zhao was a prime minister of Wei (220−265) who nursed a secret ambition to usurp the throne. The Emperor of Wei once remarked: "Sima Zhao's intention is obvious to every man in the street."

2. 他们一东一伙，都是看透《三国志》的人，要我说，那一耳刮子，也是**周瑜打黄盖，一个愿打，一个愿挨的**。

译文：Hard to say. The two of them are hand in glove, and they've both read *the Romance of the Three Kingdoms*. I should say that box on the ear was skillfully given by a Chou Yu and gladly taken by a Huang Kai.

歇后语"周瑜打黄盖，一个愿打，一个愿挨"的译文如果不加解释，外国读者仍然是看不懂的，所以译者将这歇后语的出处《三国志》另加了如下注释：A fourteenth century novel based on events which took place in the third century A. D. Chou Yu of the Kingdom of Wu had Huang Kai, another Wu general, cruelly beaten, and then sent him to the enemy's camp in order to deceive the enemy.

3. 三十晚上贴"福"字——倒着贴。

译文：Pasting up the character "fu" in the New Year's Eve—pasted upside down.

译文后须加注如下：

Notes: This refers to the Chinese custom of pasting the character "fu" (blessing) upside down to elicit the remark "ni de fu dao le", which means your good luck has arrived.

总之，歇后语的翻译应遵循以下几条原则：

第一，关于比喻性歇后语的翻译，如果汉英两种语言中比喻相同，一般保留源文的形式与内容，采用直译法。如果比喻在两种语言中不相通，则需采用套译法或意译法来翻译；而一些具有浓重的中国民族、地方、文化、宗教色彩的歇后语一般采用意译法或直译加注法。

第二，关于双关式歇后语的翻译，由于双关语（尤其是利用谐音构成的歇后语）很难在汉英中找到从内容到形式都完全一致的情况，一般采用意译法。这类歇后语形象鲜明，抛弃其形象完全意译难免减弱源文语言的形象、生动，故依据上下文等具体情况，也可采取直译或直译加注的方式，亦可采用套译法。

综上所述，对于歇后语的翻译，译者应根据歇后语的具体情况做灵活处理，尽量使译文与源文在语言感染力上保持一致，各种翻译方法灵活使用，做到"运用之妙，存乎于心"，切忌死译、乱译或不负责任的漏译。

在处理实用汉英笔译的文化差异问题时，归化的翻译策略可以使译文通顺流畅，符合目的语使用习惯，而且易于理解，使文本更容易为目的语读者所接受。异化的翻译策略可以让目的语读者品味源语言原汁原味的文化特征，营造一种异域风格的氛围，增强目的语读者对异域文化的了解和认识，促进不同民族间文化的传播和交流。

第十二章 功能对等理论与实用汉英笔译的实证研究

实用汉英笔译不仅是外国积极了解中国的途径，更是中国向世界展示自己的大好机会。在进行实用汉英笔译时，必须要承认，也要考虑到各民族语言、文化、审美确实存在差异，源语读者和译语读者的表达习惯和思维模式也不尽相同，而如何将具有民族特色和民族文化的实用资料译成另一种语言也成为一个难题。简而言之，实用汉英资料译本要求做到与源文在内容、思想和风格上的对等，并能够使目的语阅读者获得与源文读者同样的反应，奈达提出的功能对等理论恰好适用。相比于形式对等，功能对等理论强调的是用最接近和最自然的等值表达在目标语言中再现源语言信息。借鉴这一理论，为了实现最大限度的自然对等，在实用汉英笔译实践中使用词汇、句法、语篇、文化和风格方面的对等策略是非常必要的。

第一节 国内外相关研究

一、国外研究现状

数千年前，唐朝高僧、翻译家玄奘提出"既须求真，又须喻俗"的翻译标准。这句话是指翻译既需要与源文真实贴切，又需要通俗易懂。1898 年，严复提出"信、达、雅"。20 世纪 20 年代末，鲁迅提出"宁信而不顺"。20 世纪 50 年代，傅雷先生主张"重神似不重形似"，钱钟书先生提出"化境说"。这些主张都在中国翻译史上有着重要的地位，为翻译活动提供了一定的评判标准。而在彼时的西方，正兴起着以奈达等学者为代表的"功能对等"概念，给西方的翻译研究带来了一股新的风气。

美国著名翻译理论家奈达在《翻译的科学探索》（Nida，1964）一书中提出了形式对等和动态对等的翻译理论。他认为翻译可分为两种，一种是形式对等的翻译，注重与源文形式和内容的完全对等；另一种是动态对等的翻译，注重对等效果即语义对等。在《翻译理论与实践》一书中，他进一步定义动态对等为：译语中的信息接受者对译文信息的反应应该与源语接受者对源文的反应程度基本相同（Nida，1969；马会娟）。

奈达力求实现完全自然的表达，因此将动态对等定义为"最接近源文的自然对等"（Nida，1964；Nida & Taber，1969）。奈达和泰伯（Taber）在《翻译理论与实践》一书中将翻译定义为："翻译是在译入语中用最切近的、最自然的对等语再现源语的信息，首先是语义上的对等，其次是风格上的对等。"（Nida & Taber，1969）奈达在《翻译理论与实践》一书中的解释是，所谓最切近的自然对等，是指意义和文体而言，但在《从一种语言到另一种语言》中，奈达又把对等解释为是指功能而言。相比之下，我们认为"功能对等"一说更为科学，更具说服力（谭载喜，1989）。后来，奈达在《从一种语言到另一种语言》（1986）一书中对他之前的翻译理论做了进一步的修改和补充，其中有一点用功能对等替代了动态对等，使其含义更清楚。奈达认为翻译的可理解度不是由词句来判断的，而是由读者对译文的反应来决定的（Nida，2004）。奈达还强调了交际的重要性，他认为翻译的最初目的就是实现交际。

奈达在他的理论论述中还强调读者反应的重要性。读者反应论是西方文学批评的一个理论，它坚持文本只有被读者阅读才有存在意义（梁玉红，2011）。他认为，翻译的服务对象是读者，要评判译文质量的优劣，必须看读者对译文的反应如何，同时必须把这种反应和源作读者对源文可能产生的反应进行对比，看两种反应是否基本一致（谭载喜，1989）。到了 20 世纪 90 年代，奈达进一步完善了他的理论。考虑到双语交流中语言、文化等因素的差异，他开始把对等分为两个层次：最高层次的对等和最低层次的对等。尽管对等的最高层次在翻译实践中很难达到，最低层次的对等却是翻译所要求的最低标准。奈达在他的著作中还反复强调，在他的上述定义中，"对等"只是"基本相同"，是一个相对的概念，

而非"绝对等同"（马会娟，1999）。

杨司桂在他的《语用翻译观》（2016）一书指出，最早对奈达翻译思想进行研究的译学家出现在德国。首先是沃尔弗·威尔斯，他对奈达的"翻译科学观"进行了深入探究并进行了创造性运用。此外，德国的翻译功能学派如赖斯、弗米尔、诺伊贝特等均对奈达的功能对等论和读者反应论进行过不同程度的研究，进而建构翻译功能学派。英国的纽马克、巴斯内特、切斯特曼、赫曼斯、福西特、卡坦等学者研究的重点也是功能对等论，但并未做系统论述。在美国，比卡曼、卡洛、拉森、卡森、霍姆斯等学者研究的重点是功能对等和形式对等，并对两者进行区分，但对功能对等论的来龙去脉并没有进行系统阐述。美国学者根茨勒对奈达的翻译科学观进行了研究，指出其"语用"性质，但重点在于批判，而韦努蒂对奈达的研究重点在于批判其通顺易懂的翻译观点以及奈达的文化翻译观等，法国翻译家梅肖尼克的研究重点仍然是奈达的功能对等论等。

奈达翻译力量的研究范围十分广泛，从翻译史、翻译原则、翻译过程、翻译方法到翻译教学、翻译的组织工作，从口译到笔译，从手工翻译到机器翻译，以及从语义学到人类文化学，从而丰富并拓展了西方的翻译研究领地。

二、国内研究现状

20世纪六七十年代，当时赴西方学习的学者有机会接触到较为系统的西方翻译理论，并逐步推动西方翻译理论在中国翻译界的接受与传播。20世纪80年代，许多中国学者在研究奈达的理论并探索其对翻译实践的广泛应用性。但在20世纪90年代后期，一些中国学者称奈达理论必有缺陷。从20世纪末至今，对奈达的理论开始进入冷静反思阶段，不少学者开始辩证看待该理论，探讨该理论在中国的适用范围。在《新编奈达论翻译》中，谭载喜介绍了功能对等理论思想的阶段分化及其具体发展。胡菊花在《辩证反思奈达的"功能对等"理论》中探讨了功能对等理论在中国翻译界的适用性和局限性。陈宏薇的《从"奈达现象"看中国翻译研究走向成熟》中通过对《中国翻译》杂志的调查总结出：在对奈达翻译理论的研究与借鉴过程中，我国翻译工作者对奈达的翻译理论有借鉴但不是全盘吸收，有批评但也不是全盘否定，这是我国翻译研究趋向成熟的一种标志。马会娟在《奈达翻译理论研究》中，从动态对等与读者反应理论、内容与形式、归化与异化三个方面阐述了对奈达翻译理论的争议。由于"动态对等"更加强调读者的反应，有人认为它是建立在文学批评的"接受美学"或"读者反应理论"的基础上的（刘宓庆，1994）。基于这一假设，他们认为"动态对等"不能作为评价翻译的有效标准，因为读者的反应过于主观，不可能在翻译中实现对等反应（王东风，2000）。然而，这些论点是站不住脚的。奈达的"动态对等"本质上是面向文本的。读者反应理论并不是最重要的，它只是一个补充。

此外，也有其他学者持有不同的观点，发展了功能对等理论。德国功能学派的"目的论"批判地继承了奈达的"功能对等"理论，摈弃了其不合理的因素。首先，目的论提出的翻译标准多样化使翻译功能更接近于现实，这比奈达提出的唯一的"对等"标准更科学，适用范围也更广。其次，与奈达的理论相比，目的论更注重翻译活动的社会人文主义和翻译活动的人文性，而功能主义的目的论则强调译者的积极参与。奈达的"对等理论"注重"对等"，认为翻译中传达内容和信息比保留源文形式更为重要。长期以来，功能对等理论对翻译实践起到了很好的指导作用，解决了翻译过程中翻译不清或不准确的问题（贾秀海，2008）。

总而言之，功能对等理论归结说来就是将读者摆在首要位置，以读者的角度来评判译文的好坏，这在翻译实践中是一个非常重要的标准。

第二节　功能对等理论

1959 年，奈达在其《从圣经翻译看翻译原则》一书中提出了"动态对等"的概念。在理论发展过程中，考虑到一些人的误解，奈达将"动态对等"修正为"功能对等"，两者在本质上并没有太大的区别。在《语言、文化与翻译》中，功能对等理论进一步分为两个层次：最低层次和最高层次。最低层次的定义即"译文的读者能设想出源文读者是如何理解和欣赏译文的"。最高的层次是"译文的读者能以与源文读者基本相同的方式理解和欣赏译文"，从这两个层次的对等可以看出，最低层次比较现实，而最高层次是理想化的。奈达认为，好的翻译总是介于这两个层次之间。

奈达的功能对等强调了"对等",但是它并不是"绝对等同",而是"最接近源语信息的自然对等"。他强调,"对等"不能从恒等的数学意义上理解,而只能从近似的角度来理解,即基于功能同一性的接近程度。显然,"对等"一词在源文本和目标文本之间是相对的。

第三节　功能对等理论视角下的实用汉英笔译策略

一、词汇层面上的对等

词汇虽然是语言结构的较小组成成分,却也是用来构成文章内容的基础,在语言表达中起着至关重要的作用。实用汉英笔译也是如此,在译语中寻找与源文代表相同含义的词汇是促进译语读者寻找类似源文读者感受的第一步。例如:"人类命运共同体"有不同的译法,如 a human community with a shared future、a global community of shared future 等,目前推荐的译法为 a global community of shared future。从文字上讲,global 意指全球、全人类。community(共同体)后的介词用 of 比较准确,指人类本身的命运共同体;用 with 或 for,可能会有歧义,赋予其"另外的、附带的"之意,译文可能会被理解成"为人类而存在的命运共同体"。又如:风燥,指风与燥相合的病邪,多感于秋燥时令。"风"译为 wind,"燥"译为 dryness,"风燥"译为 wind-dryness,加上"邪",译为 pathogenic wind-dryness。再如:以晋中市乔家大院为例,与通名"院"所对应的单词有几个,常见的乔家大院的译法有 Grand Courtyard of Family Qiao,但是朗文字典对于 courtyard 的解释为"an open space that is completely or partly surrounded by buildings"(完全开阔或者部分由建筑围起来的空间),可见这个单词指的是院落,而乔家大院是由住房花园等不同建筑形式组成的综合院落民居建筑群,翻译为 Qiao's Family Compound 更准确和适切。因为 compound 指的是"an area that contains a group of buildings and is surrounded by a fence or wall"(由墙或者栅栏围起的包含一组建筑的领域）。

二、句法层面上的对等

在传递信息方面，句子的信息量远远大于词汇，但因中英文的差异性导致在实用汉英笔译过程中往往很难实现句子层面的完全对等。根据功能对等理论，译者应了解源文意义，并判断能否"直译"出源文句子风格。若直译可使译文和源文在内容和形式均对等，那就达到了最高层次的对等；但若源文和译文的动态对等与形式对等无法兼得时，译文如果仍套用源句模式，会有"翻译腔"之嫌，故译者需优先考虑源作内容，对形式进行调整或改变，贯彻功能对等原则。

例如：<u>外邪袭表</u>，邪正相争，<u>故</u>发热、恶风寒；邪郁经络，经气不畅，<u>故</u>头身疼痛。

原译：<u>Attack of pathogenic factors</u> against the superficies and confliction between healthy Qi and pathogenic factors lead to fever and aversion to wind and cold；<u>stagnation of pathogenic factors</u> in meridians prevents meridian Qi from free flowing and results in pain.

改译：When <u>pathogenic factors</u> attack the superficies，there will be the confliction between healthy Qi and pathogenic factor，<u>resulting in</u> fever and aversion to cold and wind；<u>when</u> they <u>even</u> lead into the meridians，there will be meridian Qi stagnation re-<u>sulting in</u> pain in body and head.

分析：英语和汉语的显著区别在于英语属于形合语言，而汉语属于意合语言。"形合"指的是句中的词语用紧密的语法逻辑连接，包括连词、介词、副词等，由此来说明句子与句子之间的逻辑联系和语法关系。"意合"指的是词语和分句之间通过上下文具体语境、词序变化和言外事实逻辑来表达逻辑联系和语法关系（林大津，2002）。因此，英语注重结构和逻辑，而汉语注重意义连贯。在英语中，主语最重要；在汉语中，主题最重要。功能对等理论强调源文读者和译文读者的感受大致相同，主张用"最切近而又最自然的对等语再现源语信息"（谭载喜，1999），以便让译文读者和源文读者能够在同等程度上对源文进行欣赏和理解。该例为中医文本。源语是阐述外邪致病的两个阶段，首先，外邪在表，征候是发热、恶风寒；其次，外邪由表及里，导致内部经络病变，是外邪传变的过程，而非并列关系。源语信息焦点都是"外邪"，而非原译的"attack of pathogenic factors"和"stagnation of pathogenic factors"，因此，笔者将焦点信息统一为 pathogenic factors。其次，源语"外邪"是条件或原因，导致患者表现出不同部位的征候，笔者使用 when 引导，使分句和主句之间信息主次结构明晰，同时添加了 even 使病机病理的传变顺序一目了然。因此，中文和英文在句法层面上达到对等。

三、语篇层面上的对等

语篇层面上，需要明确表达各类衔接手段，显化隐性的逻辑关系，把语篇从形式和逻辑上有机地组织在一起，实现与源文的功能对等。语篇的连贯指的是语篇中语义上的相互关联。连贯存在于语篇的深层，体现了语篇中各个成分之间的逻辑关系，也体现了语篇作者的交际意图和预期的语篇功能。衔接与连贯有着紧密的对应关系，连贯良好的语篇往往有着很好的衔接机制。在翻译过程中，辨清源文的衔接关系，对于译文连贯的重建有着十分重要的意义。但值得注意的是，衔接只是体现语篇的表层结构关系，并不能保证语篇各个成分之间互有意义。例如：

"苏钢"操作的要点是：<u>先</u>把料铁放到炉里鼓风加热，<u>后</u>把生铁的一端斜放到炉口里加热，继续鼓风，使炉里温度不断升高。当炉温在一千三百摄氏度左右的时候，炉里的生铁不断地往下滴铁水，料铁已经软化。<u>然后</u>钳住生铁块在炉外的一端，使铁水均匀淋到料铁上，<u>并且</u>不断翻动料铁。这样就产生剧烈的氧化。淋完以后，停止鼓风，夹出钢团，砧上锤击，去除夹杂。一般要淋两次。"苏钢"冶炼高明的地方主要有二点：一是料铁组织疏松，含有大量的氧化夹杂，硅、锰、碳含量也比较高，炼的时候氧化剧烈，造成一定的渣、铁分离；二是料铁中的铁的氧化物氧化了生铁中的碳以后，铁便被还原出来，这样就提高了金属的收得率。

译文：The main steps in processing su steel are as follows: wrought iron is put into the furnace and heated with a blast, <u>then</u> one end of a cast-iron block is placed obliquely in the furnace opening to be heated. The blast is maintained <u>so that</u> the temperature continues to rise. <u>When</u> a furnace temperature of about 1,300℃ is reached, the cast iron will melt and start to drip，while the wrought iron is softened. The cast-iron block is then held in tongs from the outside to let the molten cast iron drip evenly onto the wrought iron，which is being steadily stirred to cause strong oxidation. After dripping，the blast is stopped and the steel mass taken out and hammered to remove impurities. This dripping should generally be done twice. Su steel smelting has two advantages：（1）During the pouring process there is strong oxidation which results in separation of slag and iron，the wrought iron being soft in structure and containing large amounts of oxide impurities，and also silicon，manganese and carbon.（2）After oxides in the wrought iron cause oxidation of the carbon in the cast iron，iron will be deoxidized，giving higher rates of metal reclamation.

（陈宏薇、李亚丹，2015）

　　分析：源文主要说明冶炼"苏钢"的过程以及冶炼方式的优点。译文选词准确，用冶炼工业的专业术语 wrought iron、the cast iron、oxide impurities、reclamation 等表现了源文术语性强的特点；源文所用的主动态句子，如"先把料铁放到炉里鼓风加热，后把生铁的一端斜放到炉口里加热"等，在译文中转为被动态形式，强调了源文所描述的冶炼程序的客观性，使读者的注意力集中在所叙述的"苏钢"冶炼过程上；一般现在时态的运用体现了冶炼程序的规律性和科学性。此外，源文采用了"先""后""当……然后……并且"等一系列表示时间顺序的副词、介词和连词来表现逻辑层次。可以说，其信息功能主要依靠语篇结构的逻辑框架及明晰的推进层次得以实现。译者在这里采用了必要的衔接手段，如 then、when、while、after 等连接词表明时间顺序，so that 表现目的关系，which 从句合并零散句等，指示指代（this）（具体见文中画线部分），同样清楚地传达了源文信息，再现了源文的信息功能。总之，源文和译文在语篇层面达到对等。

四、文体风格层面上的对等

　　文体风格层面上，实用汉英资料常用明喻、借代、拟人化和排比等修辞手法，翻译时需要根据语境，借助于直译等方法保留修辞，从而起到和源文中相同的效果，引起读者兴趣，实现风格方面的功能对等。例如：八面山的豹子，地地溪的锦鸡。源文称赞像豹子一样勇猛，像锦鸡一样英俊。杨宪益夫妇的译文保留了比喻的修辞手法，译文为"Brave as a panther，handsome as a cock"。这样的译文达到了文体风格方面的对等。同时，在这个语境中，通过意义的显化，将豹子和锦鸡代表的信息显示出来，传达了源文要表达的意思，这样翻译有利于保留源文的意境，也有利于目标语读者更好地了解中华文化。

五、文化层面上的对等

文化层面上，对于涉及特定文化信息的内容，译者需要通过加注的方式和归化法等来使译文读者获得和源文读者相同的阅读效果。

例如：园林建筑造型轻巧灵活，开敞通透，园内建筑物数量繁多，品种上几乎荟萃了中国古典园林的各种建筑形式：亭、榭、厅、堂、轩、馆、楼、阁、廊、舫等。

译文：Garden buildings are bright and brisk enjoying open space. Nearly all forms of structures in classical garden buildings can be found here，ranging from pavilions，halls，to terraces，towers，corridors and boats.

（方华文、王满良，2010）

分析：上面例子中的这些建筑风格在中国是常见的，但外国人不熟悉，英文中没有相应的表达方式。根据百度百科，亭（凉亭）是一种中国传统建筑，源于周代。多建于路旁，供行人休息、乘凉或观景用。亭一般为开敞性结构，没有围墙，顶部可分为六角、八角、圆形等多种形状。"榭"是一种借助于周围景色而见长的园林休憩建筑，也意为建在高土台或水面（或临水）上的木屋。当今的"榭"多是水榭，并有平台伸入水面，平台四周设低矮栏杆，建筑开敞通透，体形扁平（长方形）。"榭"结合了亭子，房屋和露台的特征，但它们具有不同的建筑位置。考虑到英语国家没有这样的建筑，为了使翻译具有可接受性，译者选择同一个词"pavilions"来指代"亭"和"榭"；"阁"被本地化为"terrace"，因为这种建筑风格类似于英语中的"terrace"（建筑物旁边的水平铺砌区域）；"舫"之所以得名，只是因为它呈船的形状，因此译者将其翻译为"boat"。中国园林中有大量独特的建筑风格，即使译者详细描述，目标读者仍然对它们混淆不清，因此译者必须采用归化策略，更容易为目标读者所接受，达到文化层面上的对等。

第四节　功能对等理论在公示语翻译中的应用

作为对传统翻译"等值"观的一个重大突破和翻译理论的重要补充，翻译功能理论强调译文在译语文化中的交际功能，认为翻译目的决定译文，也决定翻译策略和方法，从而为公示语的翻译策略研究开辟了新视角。

一、公示语的应用功能

总的来说，公示语主要有如下三种功能：

（一）提示功能

公示语的提示功能是指：通过公示语提供的信息，人们知道应该如何做，或者如何做才能符合规定。此类公示语不仅措辞委婉、简单扼要，而且形式多样。但是，该提示没有强制性功能，人们可以根据自己的具体情况来确定是否实施该提示。例如：贵重物品、现金请交服务台保管，否则后果自负（Valuable articles and cash should be handed to General Service Desk for safekeeping.）（林晓琴，2006）。该公示语提示顾客务必要保管好自己的物品，如果出现丢失现象，宾馆或酒店则不负责任。既然已经告知了可能导致的后果，所以是否实施完全由顾客本身决定。

（二）指令功能

指令功能是指用公示语提供的信息来指导人们的行为，它具有明显的强制效果。此类公示语措辞简洁，经常使用表示否定意义的词汇，并采用祈使句。例如：严禁停车（No parking），简洁明了地指出不得在此地停车，其中暗含的意义是如果违反指令，则可能会产生不良后果。严禁随地吐痰（No spitting）也是用祈使句来传达强制性命令，以便禁止人们随地吐痰。

（三）参照功能

所谓的参照功能是指：公众通过公示语所提供的参考性信息可以明确自己的目的等。它大多出现在服务性场所。公众可以根据实际情况各取所需，从公示语提供的信息中获取自己所需要的信息。例如：贵宾候车室（Reserved Waiting Room）；公共汽车上的"老弱病残孕专座"（courtesy seats）。

二、功能对等理论指导下的公示语翻译

公示语是指在公共场所给公众观看、向公众公示须知内容的文字语言。公示语应用广泛，涉及日常生活的方方面面，诸如指示牌、路标、商店招牌等。作为一种交际工具，它向公众传达请求、警告、提示等目的，在我们的生活中起着重要的作用。

此外，由于我国不断发展经济并扩大对外交流，所以，公示语在当今的社会活动中占据越来越重要的地位，其翻译活动也变得不可缺少。公示语翻译属于实用汉英笔译的一个重要部分。当前国内有关公示语的研究成果为数不多。本节以功能翻译理论为框架，分析了功能翻译理论在公示语翻译中的实际应用，试图从一个新的角度研究公示语的英译。

三、功能翻译理论对公示语汉英翻译的启发

德国学者凯瑟林娜·赖斯（Katharina Reiss）于20世纪70年代提出了翻译功能理论的雏形。她主张译者应该优先考虑译文的功能特征，即：从原作和译文两者之间的关系来评价译文。随后，她的学生汉斯·弗米尔（Hans Vermeer）在她的理论基础上提出了创立了功能翻译理论的奠基理论——翻译目的论（Skopos theory）。目的论认为，翻译的目的决定翻译行为的过程，目的原则是翻译的最高原则。在弗米尔的"目的论"基础上，贾斯塔·赫兹·曼塔利（Justa Holz Mant-tari）进一步发展了功能派翻译理论。他认为：翻译是一项为实现特定目的的复杂活动。他的理论重点围绕翻译过程的行为、参与者的角色和翻译过程发生的环境这三个方面（韦忠生，2006）。20世纪90年代初，德国功能派翻译理论的主要倡导者——克里斯蒂安·诺得（Christiane Nord）进一步拓展了功能翻译理论。她在原有理论的基础上提出了"忠实+功能"的概念，即：为再现原作的预期功能，必要时需要对译文语篇进行全面调整，以适应译入语的语篇与文化规范（Nord，2001）。总之，以赖斯、弗米尔、曼塔利、诺得为代表的这批"目的论"学者提出了明确的主张：译者应该注重译文在译语文化环境中所预期达到的交际

功能。简而言之，翻译功能理论强调翻译以目的为总的原则，也就是说，翻译行为所要达到的目的决定整个翻译行为的过程，它的核心理论是翻译行为理论与翻译目的理论。它从全新的角度对翻译进行了诠释，从而有效地协调源文作者、译者与译文读者之间的多层关系，并指导译者在翻译时以翻译目的为基础，努力实现译文的预期功能（林晓琴，2006）。

再者，英国当代翻译理论家纽马克（Newmark）把语言的功能分为如下三种功能，即：信息功能、表达功能和呼唤功能。根据上述语言的三个功能，他将文本的类型分为：信息功能型的文本、表达功能型文本和呼唤功能型文本（Newmark，1982）。以工商、经济、科技为主题的文本是属于信息功能型的文本；自传、私人通信及小说等富于想象力的文学作品等是属于表达功能型的文本；而呼唤功能型文本指的是能够引起读者共鸣并使读者获得信息的文本。公示语文本旨在先引起读者注意，然后再将信息传达给读者，从而给读者留下深刻的印象，并让读者按照公示语的指示去做。因此，公示语文本应该是属于呼唤功能型文本。与此同时，纽马克认为，不同的文体文本应运用不同的翻译策略，如：语义翻译和交际翻译。所谓的语义翻译是指：在译入语语义和句法结构允许的前提下，译者需要尽量准确地再现源文的上下文含义。交际翻译是指译文对译文读者产生的效果应该尽量相当于原作对源文作者产生的效果。纽马克还指出：呼唤型文本应该侧重于读者为中心的交际翻译。将公示语翻译出来不是给本国人看的，而是让外国人看的，以便帮助他们在中国更方便地生活、工作或旅游等。对公示语这种文体，译者应该选择交际翻译法，以译文读者为中心，为译文读者着想，并且要考虑到他们的文化背景和接受公示语的能力，让他们明确获得公示语所提供的信息，并执行公示语的指示。

综上所述，翻译功能理论强调译文在译语文化中的交际功能，以目的语的预期功能为目的而采取不同的翻译策略，从而为公示语的翻译策略研究开辟了新视角。

四、基于翻译功能理论的公示语汉英翻译原则

公示语的主要目的是：把信息传达给公众，让公众在理解的基础上采取行动。而语境在信息的传达和理解过程中起了至关重要的作用。公众按照语境来理解信息，接着通过行动而作用于语境。信息、理解和语境这三个因素相互影响，

密不可分。例如："小心碰头"（Watch Your Head）旨在警告公众务必要小心，否则会碰头而造成伤害。一般说来，公示语的汉英翻译目的是为了实现跨文化交际，实现源文的功能和意图，以便最大程度地让公众获得所需要的信息。这种翻译目的决定了译者应遵循以下基于翻译功能理论的汉英翻译原则：

（一）熟悉公示语的语言特点，力求译文简洁，以简单的形式来获取最大的社会效应

由于公众在公共场所总是来去匆匆，所以，他们非常需要在最短的时间内了解到最准确的信息。因此，公示语的语言必须简洁。考虑到句型方面，公示语常用的句型是祈使句；考虑到词汇方面，公示语尽量减少使用复杂词汇和多种时态的动词。如：公共汽车上的"自备零钞，不找零钱"（Exact fare only）会有多种表达方式，英语只需短短三个单词就表明了意义。

（二）规约性

规约性指公示语翻译的规则问题。由于过去的历史和不同的文化语言习惯，很多公示语的翻译都早已约定俗成，不能改变。例如：步行街的"车辆不得入内"可能会有很多种译法，但最地道的说法是"Pedestrians only"，这符合英美人的语言习惯。"中国烟酒"按英语的思维习惯翻译应该成为"Chinese Tobacco and Liquors"。同样的例句还有：肯德基的告示语"谢绝自带饮料"，其英译是"KFC drinks only"。

（三）以实现译文的预期功能为重点

由于思维方式、文化背景等方面的差异，源文的意图与译文读者的认知能力之间存在着一定的差距。为了适应译文的文本功能和满足译文读者的需求，译者应该从读者的角度，根据译文所期望达到的交际功能，采用合适的方法对源文进行加工处理，以便尽量考虑到译文读者的认知能力。因此，即使在译文的个别地方与源文产生差异，只要能在总体上忠实地传达源文的意图和功能，在译文读者中产生相似于源文的预期效果，此翻译即可以称为得体的翻译。从译文的预期功能考虑，公示语的翻译标准是：译文能够得体地表达，取得译文的预期效果。因此，在翻译过程中，译者应该从译文读者的角度出发，充分考虑到中国和英语国家读者不同的文化背景、思维方式等，使译文既忠实于源文又没有拘泥于源文，同时采用交际翻译法，从而得到准确的译文。

（四）把握英汉文化差异，尊重译文读者的文化习惯

语言是文化的载体，语言也离不开文化。在翻译公示语的过程中，译者要尊重译文读者的文化，处处考虑其接受心理。例如：桂林市政府于 2005 年面向全国征集"桂林山水甲天下"的最佳译文，要求译文优美贴切，能准确表达"桂林山水甲天下"的含义。吴伟雄先生认真分析了译文读者的文化习惯之后，参考了如下一个英文谚语：East or west, home is best。他的译文是：East or west, Guilin landscape is best! 此译文非常巧妙地处理了文化差异，使译文不仅符合译文读者的文化习惯，而且又将源语的功能意义完整地传译到了译文中，从而促使交际翻译的成功。

（五）适当地使用修辞手法

越来越多的公示语注重使用修辞手法，从而使公示语具有更多的人文色彩。除了一些中国特有的标语和文明口号外，公示语的翻译完全可以采取"回译"法，即：直接引用英国国家的公示语，同时还需要体现更多的人文关怀。诸如："请勿践踏草坪"，中国的许多地方采用的翻译是"Keep off the grass"，但欧洲的一些草坪上采用的是"Please give me a chance to grow"。后者的翻译采用拟人化的修辞手法，从译文显得更加生动。

五、基于翻译功能理论的公示语翻译策略探析

从理论上来讲，语义翻译和交际翻译之间有很大的区别。所谓的语义翻译是通过力求保持源文的语言特色和独特的表达方式而展现源文的思维过程和语言的表达功能；而交际翻译的重点在于传递信息，让读者在思考和感受之后采取行动，即：先是传递信息，后是产生效果。公示语翻译应该重视效果，处处将读者放在首位，从而达到公示语翻译的目的。为此，译者应该基于公示语的功能，结合并运用翻译功能理论与英译原则，灵活采取恰当的翻译策略，以最佳的方式传达信息，使译文不仅能忠实地传达信息，而且通顺易懂，最终实现"说服"译文读者的目的。以下是基于翻译功能理论的公示语翻译策略：

（一）借译

翻译公示语时，译者应该努力准确传译公示语的呼唤功能。为此，译者必须在分析汉语公示语字面意义的基础上，探求源语的功能意义，从而达到公示语翻

译的目的。

除了一些中国特有的公示语，汉语公示语基本上都能在英语中找到相对应的公示语。这就要求译者不可望文生义，要尽可能多查些资料或请教以英语为母语的外国朋友。如街头上出售书报、香烟、冰淇淋等的售货亭、小摊棚，英文表达是"kiosk"。"凭票入场"是"Admission by ticket only"。

又如，如果将"非本公司员工，请勿入内""闲人免进"等公示语标牌译成"Tourists，please stop""Off limits"，给人的感觉是不仅语气生硬，不礼貌，还容易引起译文读者的误解。其实，这种标牌翻译可以采取"拿来主义"，直接借用英文中的"Staff Only"。虽然此译文没有直接讲"闲人免进"，而是委婉地以"限工作人员进入"的方式委婉地表达出该公示语的相同的功能意义，同样成功地达到了交际翻译的目的。

（二）仿译

仿译就是模仿英语里类似的说法，稍加改变，使译文尽可能地道，从而使这些公示语更好地发挥其功能。例如："保持水质清洁，请勿乱扔杂物"，在翻译这个公示语时，我们可以仿照 Keep something clean，把它译作"Keep the water clean"。这样的译文更符合公示语简单明了的原则，也更符合译语的语言和文化习惯。

除了模仿英语里类似的说法，译者也可以仿拟英语的谚语等。例如：高速公路上的安全宣传牌：宁停一分，不抢一秒，译文为 Better late than the late。该公示语的翻译仿拟了西方国家的有名谚语：Better late than never（迟做总比不做好），给公众留下了深刻的印象，同时也符合公示语简洁的原则和尊重译语读者的文化习惯。

（三）创造性翻译

在翻译汉语公示语时，特别是翻译一些中国特有的术语、表达方式以及汉语独特的语言结构的公示语时，译者会发现在英语中找不到对等的表达，也没有类似的表达可供模仿。如果照字面译成英语，必然使不熟悉中华文化背景的外国读者难以理解，造成交际障碍。这时，译者可采取创造性的翻译，即：译者可以打破原有的语言形式，进行重新创作。

例如，"八闽连五洲，友情传四海"，如果把它逐字翻译成：As Fujian bonds

the five continents，Friendships forge beyond the four seas，译文会显得毫无生气，无法传达出源语的感染力和号召力。再者，由于英语国家人士推崇文字表达质朴自然，他们会感到此译文空洞而不给予认同。因此，该译文就无法更好地实现交际目的。有人提议把它译成：Friendship ties Fujian to the world。在这里，动词"tie"表示连接，恰好可以体现出源文的目的性和感染功能，而且行文简洁流畅，符合公示语简洁易懂的原则，以简洁的形式获得最佳的社会效应。

总之，由于传统的翻译理论以源语为视点，认为译文应该以忠实通顺的原则为前提，不能在目的语中随意删减源语，从而在一定程度上束缚了翻译的发展。而功能翻译理论以目的语为视点，更重视目的语的文化习惯。为了有效地达到公示语翻译的目的，译者应该以功能翻译理论为依据，从实现语篇的预期功能出发，遵循公示语翻译的原则，同时把握好源文与译文之间的语言及文化差异，不拘泥于源文而酌情选择适当的翻译策略，使源文的意图和内容能准确得体地再现给读者，从而实现公示语的交际目的。

奈达的功能对等理论之核心内容还是动态对等，强调的仍是通过内容信息上的对等翻译达到读者反应上的对等。所谓功能对等就是从语义到语体，在目的语中用最贴近源文的自然对等语再现源语信息，使目的语读者获得与源语读者大致相同的反应。奈达认为，任何能用一种语言表达的东西都能用另外一种语言来表达；在语言、文化之间能通过寻找翻译对等语，以适当方式重组源文形式和语义结构来进行交际，从而达到功能对等。

第十三章　目的论与实用汉英笔译的实证研究

功能主义学派的代表理论是由汉斯·弗米尔提出的"目的论"。该理论强调以文本目的作为指导翻译行为的最高准则。因此，在翻译过程中，译者可以不必拘泥于同源文保持对等，而是拥有更大的发挥空间，更加自由地选择翻译策略以实现文本目的。目的论以目的语为视点，更注重目的语的遣词造句习惯。实用汉英笔译的目的是让目的语读者准确无误地理解和把握译文所传递的信息。目的论与实用汉英笔译目的不谋而合。因此，目的论对实用汉英翻译具有很强的指导作用。

第一节　相关文献

一、国外对目的论的研究现状

德国功能学派翻译理论形成于 20 世纪 70 年代，发展于 20 世纪 80 年代。与传统的翻译"等值理论"不同的是，功能目的论认为决定翻译过程的最主要因素是翻译行为的目的，翻译不仅仅是一种语言活动，而是基于源语文本的一种翻译行为，是有目标和目的的，而译文则是目的语情景中为某种目的及目的受众而产生的语篇。在国外学术界，目的论的主要代表为凯瑟琳娜·赖斯（Katharina Reiss）、汉斯·弗米尔、贾斯塔·赫兹·曼塔利（Justa Holz Manttan）以及克里斯蒂安·诺德等。

1971 年，赖斯在其著作《翻译批评的可能性与局限》（*Possibilities and Limi-*

tations in Translation Criticism）中提出了功能范畴，表示理想的翻译应在概念内容、语言形式以及交际功能等方面等同于源文。然而，她发现有些等值是不可能实现，而且有时也是不该追求的。翻译应该有具体的翻译要求，有时因特殊需要，要求译文与源文具有不同的功能。在这种情况下，赖斯认为译者应该考虑译文的功能特征而不是对等原则。尽管这本书仍然关注于对等理论，但它可以被看作是目的论的雏形。

此后，赖斯的学生弗米尔摆脱以源语为中心的等值论的束缚，创立了功能派的奠基理论：目的论。弗米尔认为单靠语言学无法解决翻译的问题。他根据行为学的理论提出翻译是一种人类的行为活动，而且还是一种有目的的行为活动。翻译时，译者根据客户或委托人的要求，结合翻译目的和译文读者的特殊情况，从原作所提供的多源信息中进行选择性的翻译。弗米尔还特别强调因为行为发生的环境置于文化背景之中，不同文化又具有不同的风俗习惯和价值观，因此翻译也并非一对一的语言转换活动。

在弗米尔目的论的基础上，贾斯塔·赫兹·曼塔利进一步发展了功能派翻译理论。她用信息传递来指文本、图片、声音、肢体语言等各种各样的跨文化转换，视翻译为一项为实现特定目的的复杂活动，她的理论强调翻译过程的行为、参与者的角色和翻译过程发生的环境三个方面。总之，以目的论为代表的功能派试图把翻译从源语中解放出来，从译入者的新视角来诠释翻译活动，因而给德国翻译理论界带来了一场新的革命。

1991 年，诺德解释了目的论的基本概念和相应的翻译策略，并明确指出，不同的翻译目的需要不同的翻译策略，使学者对目的论有了基本的认识。尽管她对目的论的介绍还不够全面，但是其却为该理论的进一步研究提供了一定的启示。1997 年，诺德出版了她的《目的性行为——析功能翻译理论》（*Translating as a Purposeful Activity：Functionalist Approaches Explained*），她在书中首次用通俗易懂的语言和丰富的实例系统而全面地归纳了功能目的学派的学术思想，并且提出了"功能加忠诚"的指导原则。"功能"是指"能够使源语言按照一定的目的进行翻译的因素"；而"忠诚"指的是"译者、源语言、目的语以及翻译委托人之间的相互关系"。不仅如此，她还提出了翻译过程的循环模式，即将翻译过程分为三个步骤：首先分析译文的目的，然后分析源文，最后对源文成分进行整合从而创造译文。这是第一本用英语系统地介绍目的论的书，对国内外研究目的论有很大的贡献。

二、国内对目的论的研究现状

自从目的论传入中国以来，该理论在国内得到了蓬勃的发展和广泛的应用。许多从事翻译研究的中国学者对此提出了自己的看法，并将其应用到具体的文本中。

张南峰（1995）认为，现有的翻译标准大多过于强调忠于源文，而忽视了译语文化、翻译动机、译文用途和译文读者等因素。他认为目的论可以为翻译策略的选择提供指导，并提出了目的论的概念。虽然他对这一理论的介绍不够全面，但是却使国内其他学者开始关注这一理论的研究。

陈小慰（1995，2000）认为，小说、广告等作品在源语言的语言和文化环境中发挥某种功能。她认为，译文能否在译语语言文化环境中达到预期的功能，很大程度上取决于译文是否在译入语中具有意义，能够为读者所理解。同时，她认为，目的论为一些违反现有翻译标准但经实际检验十分成功的翻译实践提供了理论依据，以源文分析为基础的删减法和改译法，在不少情况下，是实现译文预期功能的必要手段。这些方法应被人们承认、研究和应用。

仲伟合和钟钰（1999）从目的论的形成、翻译的基本概念和性质、翻译过程的参与者、翻译的原则和目的论的评价阐述了目的论。他们认为该理论打破了传统的对等概念，拓宽了翻译理论的研究范围。

范祥涛和刘全福（2002）认为翻译过程是一个涉及多种选择的复杂过程，而每一次翻译行为及其参与者所做出的种种选择都是由诸多层次的目的决定的，翻译过程中的选择及翻译行为的目的都要受到文本外诸多因素的影响与制约。

贾文波（2004）在目的论的基础上，对旅游文本、广告等实践文本翻译中出现的问题进行了系统的分析，这标志着中国学者开始把目的论应用于应用文本的翻译。

吴自选（2005）指出，目的论以其对译文的功能、接受者、交际情景、交际媒介等因素的重视，对"译文要忠实于源文"这一传统概念提出了挑战。他认为在实用汉英翻译工作中，由于中西方在语言文化、思维方式、意识形态等方面的诸多差异，对源文的"背叛"（增删、改写和解释等）是必要的。

耿小超和何魏魏（2018）运用目的论对标识语的翻译进行了分析，他们认为译者必须高度重视游客对招牌语言的接受和理解，运用多种翻译策略来实现翻译的目的。

饶振宇（2018）用目的论研究了熊式一的《王宝川》之后，发现译者在翻译过程中必须认识到舞台效果在戏剧翻译中的重要性，采用恰当的翻译策略保证译本的可表演性。实现剧本的表演性功能是戏剧翻译的首要目的，也应当是译者选择翻译策略的根本原则。

综上所述，目的论很受国内外学者的欢迎，可用于分析具体文本，如旅游文本、广告、标识语、中国戏曲等。

第二节　目的论

目的论认为，翻译目的决定翻译策略的选择，强调译者根据译文所要实现的功能来决定自己的翻译手段。目的论是由汉斯·弗米尔提出的，他试图"弥合理论与实践之间的鸿沟"（Nord，2001），并希望打破基于对等理论的束缚。他认为，翻译目的在翻译过程中发挥着重大作用。

此外，他提出翻译必须遵守三个原则，即目的原则、连贯原则和忠实原则。目的论认为目的性原则是翻译的首要原则。在翻译过程中起主要作用的是译文在译语文化中所要达到的交际目的。目的原则要求翻译的过程应该以译文在译语文化中达到它预期的功能为标准，翻译只是以源语文本为基础的一种翻译行为。译者在整个翻译过程中不再以对等理论所强调的源文及其功能为标准，而是注重译文在译语文化环境所要实现的一种或几种交际功能。目的原则是决定翻译过程的根本原则。目的原则意味着翻译的目的决定了翻译的过程和结果（Nord，2001）。译者应在此原则的指导下，根据目标读者的教育背景、社会地位和需求来确定所采用的策略。换言之，翻译策略很大程度上取决于翻译的预期目的或功能。连贯原则意味着翻译必须被目的语读者理解，并且在目标文本文化和使用其的交际情境中有意义。译文必须语内连贯，换言之，译文必须对于具有目的语交际环境和知识背景的接受者是可理解的。也就是说，译文必须能让接受者理解，并在目的语交际环境和文化中有意义。忠实原则要求源语言和目标语言之间需要存在互文连贯性，但目标文本的形式在很大程度上取决于译者对源文本的个人理解和翻译的目的（Nord，2001）。这意味着译者会对源文做一些改动，译者极不可能为目标读者提供与源文完全相同的译文。因此，不难确定目的论中强调的忠实原则并不意味着源文本的对等。换句话说，在目的论中，忠实原则仅仅是指源文和译文中应该存在某种对应关系，并不要求源文和译文在内容上一字不差。忠实的程度与形式取决于译者对源文的理解及翻译的目的。诺德认为，"在能够达到译文预期功能的情况下，译者应尽可能保持译文与源文在语言特色上的一致"。

第三节　目的论视角下实用汉英笔译策略

一、目的原则策略

目的论的首要原则是目的原则（the skopos rule）。目的原则认为，具体翻译任务的目的决定了翻译文本需要直译、意译或两者的中和。实际上，目的原则指的是译文交际目的。在目的原则下，译文需要突出主要信息，将源文中不必要、无用的、累赘的信息删去不译，使传递的主要信息更加明确、清晰。目的原则要求翻译策略应使译文符合译文语境，符合译文读者的阅读习惯。目的原则不仅制约翻译，而且起着指导的作用，帮助译者准确找出源文里的有效信息。

二、连贯原则策略

语内连贯（intratextual coherence）也称"连贯原则"（the coherence rule），是指译文必须符合目的语的表达方式，能够被译文读者理解，并且在目的语文化以及译文的交际环境中有意义，大致相当于严复倡导的"达"的翻译标准。连贯原则同文本内容的连贯息息相关，要求译文能够与译文读者所处的语境相一致，译文能够为目的语读者所接受。

三、忠实原则策略

语际连贯（intertextual coherence）又被称为"忠实原则"（the fidelity rule），与严复倡导的"信"的翻译标准有所不同，在目的论中，忠实原则仅仅是指源文和译文中应该存在某种对应关系，并不要求源文和译文在内容上一字不差。目的论所要求的忠实，其程度和形式是由译文的目的和译者对源文的理解来决定的。

不同的文体文本，因其语言风格、交际功能及其目的各不相同，在翻译中应该采用不同的翻译策略。文学文本除了要向目的语读者传达内容外，还需要再现原作的写作风格、感情色彩、异域文化等，而实用汉英笔译的目的是让目的语读者准确无误地理解和把握译文所传递的信息，因此要以目的语作为视点采用不同的翻译策略，更多地考虑目的语的文化习惯、遣词造句等。

第四节　目的论在电影片名翻译中的应用

自电影传入中国以来，电影翻译就以现场解说、说明书、字幕翻译、配音翻译、口述影像等不同形式帮助外国电影走进中国，中国电影走向世界，在增进中外影视文化交流、丰富人民精神生活、促进电影产业发展和构建人类命运共同体等方面发挥着巨大的作用。中国电影翻译有着悠久的历史和丰富的活动，几乎伴随着中国电影发展的全过程，是中国电影事业发展历程的重要组成部分。

一、电影片名及其翻译

电影片名是电影的一张金字名片，它承载着影片的情节和内容，融合了信息传递、文化传播、艺术美学的体现以及商业价值等多重功能。可以说，一部影片的成功与否与影片名有着很大的关系。随着国际化的交流越来越频繁，中国按照"一带一路"倡议不断推进国际交流与合作，电影作为文化的重要载体，越来越成为文化传播的重要手段。近年来，各路演艺界人士拍出了不少高水平的中文电影，使中国电影得到了长足发展。众多中文电影要走向国际化，这就对影片名的翻译提出了更高的要求。所幸目的论的提出为电影片名的翻译提供了雄厚的理论基础。因此，译者在进行中文影片名的英译时要以翻译目的为中心，心中装着观众，恰当选择多种翻译技巧和策略，从而使中文影片英译名更好地反映影片内容，吸引观众，实现商业价值，传播中国优秀文化。

（一）电影片名的特点

首先，电影片名是一种文化产品。电影作为一门大众艺术，主要体现在社会意识形态的趋势。更重要的是，电影片名本身也具有电影制作地区的文化特征。电影片名中蕴含着丰富的文化元素，如成语、俚语、流行语、诗句、历史事件和方言等。电影片名很好地反映和浓缩了源文化。基于以上两个原因，电影片名应该被视为一种文化产品。

其次，电影片名是电影的商标。电影制作人投入大量资金和人力制作电影，当然需要高额利润。电影业也面临激烈的市场竞争。从这个意义上说，电影也是一种高度商业化的商品。电影片名作为电影的标志，由文字构成，依法注册，用于代表电影，具有电影商标的作用。

第三，电影片名是一门艺术。电影是一种全新的艺术形式。不同于传统的艺术形式，借助先进的科学技术，通过吸收其他艺术的优势，电影创造了史无前例的艺术形式，给观众以生动的描述，通过摄像头将声音和彩色图片结合在一起。它自诞生以来，就以其独特的情感表达方式传遍了世界的每一个角落，成为人们精神生活中的必需品。电影片名作为电影的必要组成部分，是一件艺术作品的一个环节和组成部分。没有片名，一部电影就不能被视为一部完整的作品，很快就会被观众遗忘。此外，电影片名的创作具有高度的创造性。一个好的电影片名不仅能给观众提供审美享受、电影信息，还能唤起观众观看电影的欲望。命名过程本身就是一种艺术创造。因此，电影片名也应该被视为一门艺术。

（二）电影片名翻译的目的性

影片名作为一种广告类型，强调信息的传递效果和读者效应，其目的是为了唤起受众行动、思考和感受，按文本预想的方式做出反应。陈宏薇（2015）认为，片名具备信息功能（提供主要内容）、美感功能（简短、新奇）和祈使功能

（吸引观众，促成观看）。信息功能就是通过片名，将影片的内容简练地传达给观众，使观众可以更好地理解原片的思想内容。美感功能就是用优美流畅、生动形象的语言引导观众去感受艺术的魅力，激发观众的审美愉悦。片名的信息功能、美感功能都是服务于祈使功能的，祈使功能通过片名感染观众情绪、吸引观众走进影院，从而实现片名的广告目的。

电影市场的高度商业化在一定程度上决定了电影翻译的走向和目的。片名是影片的第一形象和识别标志，好的片名具有瞬间、强烈的广告宣传效果，能够吸引广大受众观看影片，从而实现电影的商业价值。因此，片名的翻译是电影翻译的一个重要环节。片名的任务在于简洁概括影视片内容，凝练地揭示主题，尽最大可能吸引眼球，打动潜在的观众，促成其观赏行动。这是片名翻译的首要目的。以目的论来解释和指导影片名翻译，其优势在于更加深入地理解片名翻译的目的性本质，明确片名翻译的意图，使译者能通过综合考虑各国的历史、文化和价值观等方面的差异，灵活运用各种翻译方法来完成影片名翻译的商业行为。

二、目的论在电影片名翻译中的应用实例分析

在以目的论为指导的电影片名翻译活动中，选择使用何种翻译策略和方法最终要由翻译目的来决定。在对电影片名进行翻译时，可以通过异化的翻译策略保留地道的中华文化风格；同时在考虑到目的语受众理解程度的基础上，综合使用归化策略。这样才能避免出现文化休克，最大限度地实现翻译目标。

（一）目的论下的异化策略选择

异化策略以源语文化为归宿，在翻译时吸纳源语的语言特点和表达方式，其目的在于考虑民族文化的差异性，保存和反映异域民族特征和语言风格特色。电影片名翻译的目的就是通过电影片名文本在目的语环境中传播我国的特色电影文化，让受众体验和感知电影的魅力。因此，在平衡源语和目的语关系的前提下，电影片名翻译采用异化策略，是尽量保留源语文本的异国情调和文化特色的最佳选择。也就是说，异化主张译文应忠实于源文，译文应保留源文所具有的文化特色。在电影片名翻译过程中，在遵循目的论忠实原则的基础上，适当地采取异化策略可以在保留源语特色的同时，拉近目的语观众与作品的距离，同时在文化传播与交流方面起到一定的促进作用。具体可在目的论三原则的指导下使用以下翻

译方法。

1. 目的原则指导下的直译加注法

电影片名翻译的难点在于：如何让目的语受众在获取电影信息的同时，了解其中所蕴含的中华文化。由于中西文化的差异，单纯的直译可能会让目的语受众感到困惑，并造成理解困难，过度的意译又会使电影片名失去其精髓。在这种情况下，采取直译加注法是一种较好的选择。译者可以先通过直译使读者了解电影的字面含义，然后再通过注释补充说明其背后隐藏的文化内涵。

直译加注法是对原片名内容进行补充，使片名信息更加明确，从而增加观众对该片名的认识，有利于观众对其电影片名形成正确的理解。

例如：电影《茉莉花开》，英文译名 *Jasmine Women*，讲述了一个家庭三代女性的悲惨爱情与命运（周欣、董银燕，2020）。中文片名中的"茉""莉""花"分别是电影中三代女性的名字，"茉莉花开"也给人以凄美、动人的感觉，象征了女性形象，符合中国人的大众口味及审美情趣。不过在英译中加上了"women"，信息传递更加直接，没有过多暗含的信息，适合外国人的思维习惯，有助于外国观众的理解。

又如：电影《廖仲恺》的英译名 *Liao Zhongkai—A Close Friend of Sun Yat-Sen*。译者先把电影片名《廖仲恺》直接翻译成"Liao Zhongkai"，再加上注释 A Close Friend of Sun Yat-Sen。该翻译是针对不熟悉廖仲恺的外国观众，使其能将廖仲恺和既有的中国历史人物相关联，在看到信息后就能够直接理解，获得最大的语境效果。

2. 连贯原则指导下的增译法

依据目的论的连贯原则，译文要在目的语文化中有实际意义，目的语受众要能够理解译文。因此，在进行电影片名翻译时，要确保译文能够传达电影的真正内涵、体现翻译的最佳关联度、实现意义对等。很多电影名称蕴含着强烈的地域特色，不少译者在翻译时选择直接使用汉语拼音的方法。这固然是译者为保留源语特色而做出的异化选择，但对于不懂中文的目的语受众来说，很难通过陌生的发音来获取其中真正的含义，从而无法理解译文。这种情况下可以尝试采取增译法，在拼音后面增加能够反映电影内涵的类别词。

例如：电影《刮痧》，由于"刮痧"是中医的传统疗法，如果直译为 *Gua*

Sha，西方观众会一头雾水，为此，译者适当地增加了类别词汇 Treatment，采用增译法，译为 *Gua Sha Treatment*，简单地在原名后加以英文解释，不失为一个传神之作。

这种采用增译类别词的翻译方法，可以使目的语读者和源语读者一样能从电影名称中了解发音和内涵，保证了电影信息传播效果的对等。它以最简单、直接的方式让目的语读者了解到电影的本质，实现译文和源文的最佳关联。这也是目的论中连贯原则的体现。

3. 忠实原则指导下的翻译法

（1）音译

以中国电影中以人名来命名的电影为例，很多都采用了音译的方法。音译保留了源文的信息和特色，符合忠实原则。

例 1：《霍元甲》

原译：*Fearless*

改译：*Huo Yuanjia*

例 2：《梅兰芳》

原译：*Forever Enthralled*

改译：*Mei Lanfang*

分析：由李连杰主演的《霍元甲》被翻译成了 *Fearless*（无畏的，大胆的），这很容易让观众产生误解，因为它可以理解成褒义的勇者无惧，也可以理解成贬义的杀人犯式的无所畏惧。尤其对于美国人来说，可能会很自然地把这个译名与他们熟悉的美国枪战片《第一滴血》里嗜血如命、杀人无数的美国大兵联系在一起；再如，著名导演陈凯歌的《梅兰芳》被翻译成了 *Forever Enthralled*（永远被迷醉），这种翻译无疑会让目的语国家的观众想入非非，他们或许不会想到这是关于中国著名表演艺术家的人生，而会误以为是关于窈窕淑女的故事。因此，在处理人名、地名或事件名等电影片名时，译者不如采用音译的方法，把我国的名人、名景、历史事件直接以中文拼音的形式翻译过去，让外国的观众直接以中国的发音形式来熟悉他们，也反映出我们对于自己文化的自信，比如《霍元甲》索性就翻译为 *Huo Yuanjia*，把《梅兰芳》翻译为 *Mei Lanfang*。

（2）直译

目的论的忠实原则强调对源文忠实的程度应取决于译文的目的，并不要求完全对应。直译作为最基础的翻译方法，在很大程度上保留了源文的信息和特色，但译者要根据翻译目的和实际情况进行必要的调整，避免生硬的直译。

例如，导演吴宇森的《赤壁》英文片名为 *Red Cliff*，属于直译法，"red"为"赤"，"cliff"为"壁""岩壁"（闻洪玉，2020）。赤壁之战，是指东汉末年，孙权、刘备联军于建安十三年（208）在长江赤壁一带大破曹操大军的战役，是中国历史上非常著名的以少胜多的战争。当年的赤壁一地崖壁垂直陡峭，一片红色，仿佛鲜血染过、战火烧过一样，因此，从这个角度来看，英文片名 *Red Cliff*，有异曲同工之妙，让西方观众看过片名之后可能会很自然地联想到欧美影片《血钻》（*Blood Diamond*）最后的场景：夕阳西下，被枪击中要害的主演莱昂纳多·迪卡普里奥靠在红色的岩石上，一手捂着鲜血不断涌出的伤口，一手抓起地上红色的沙土，眼神中充满悲哀与无奈……是的，他再也回不去了，他的生命永远终结在了这片红色的土地上，整个画面以夕阳笼罩下的红色为背景衬托。

由吴京执导的动作军事片《战狼Ⅱ》，讲述了被开除军籍的冷锋遭遇人生滑铁卢，本想漂泊一生，却无意中被卷入了一场非洲国家的叛乱，本来能够安全撤离的他无法忘记军人职责，重回战场展开救援的故事。译者结合中西方文化中军人形象的共性，采用了简单的直译法，译为 *Wolf Warriors Ⅱ*，很恰当地表达了影片的原本含义。类似直译成功的中文影片还有很多，如《流浪地球》（*Wandering Earth*）、《疯狂的外星人》（*Crazy Alien*）、《疯狂的石头》（*Crazy Stone*）、《狼图腾》（*Wolf Totem*）、《红海行动》（*Operation Red Sea*）等。这些直译的影片名恰如其分地表达了原名的含义，为影片的成功宣传起到了画龙点睛的作用。

（二）目的论下的归化策略选择

归化策略的选择主要是为了消解目的语和源语在语言文化和表述习惯方面的差异，从而使目的语读者能够更为精准地获取源文想要传达的信息，避免误会的产生。此外，使用归化策略还能贴近目的语读者的文化背景和思维方式，使其从心理层面产生亲近感，有利于对源语文本的理解和接受。也就是说，归化主张译文尽量适应、照顾目的语的文化习惯，为目的语观众着想，消除语言文化的障碍，以减少目的语观众对影片的歧义。在传递语言信息的基础上，影视翻译承担着传播文化及价值观的重要使命。因此，译者在翻译过程中要考虑目的语观众的文化背景，选择与目的语观众更加接近的文化信息，并对源语语言和文化信息进行适当取舍。归化策略将许多中国特色的表达译为目的语观众熟悉的话语，有助于外国观众对影片的理解。

1. 目的原则下的意译法

意译法是指忠实源文的内容，但又不拘泥于源文的结构形式与修辞手法的一种翻译方法。即根据源文的大意进行翻译，能够正确翻译出源文的内容即可，而不是字对字进行翻译。一般来说，意译法经常会用到增词和减词的方法进行翻译，更好地传达源文的内容，更容易为人们所接受。

例1：《你好，李焕英》

译文：*Hi，Mom*

（武祯、田忠山，2022）

分析：由于《你好，李焕英》是根据演员贾玲的真实经历改编，主要讲述了在经历失去母亲的悲痛之后，演员穿越到过去，与年轻的父母一起实现他们的梦想的故事。影片通过两段穿越情节，展现出赞扬母爱的情感基调，把这种在现实生活中羞于表达的感情淋漓呈现。因此，片名的译文没有直译为 *Hi，Li Huanying*，而是遵循了目的论中的目的原则，采取了意译的方法，译为 *Hi，Mom*。看似一个不起眼的调整，但却将影片内容及基调展现出来，给目的语观众一个更直接明白的体验。

例2：《夺冠》

译文：*Leap*

（徐巧、马岩峰，2021）

分析：《夺冠》直译应为 *Win the champion*，然而译文选择将其意译为 *Leap*。"Leap"本身是跳跃的意思，在这里译者用这个跳跃的动作与状态来表示中国女排在比赛场上一次又一次的起跳，她们的每一次起跳都让人们真真切切感受了精神的力量，在困难的时候永不放弃。即使跌倒，也只是站起来抖抖身上的尘土，眼中依旧坚定。通过意译来表明这种中国女排的精神与她们的动态美，可谓是绝妙之笔，让人们仅仅通过这个译名，就能真实感受到自己仿佛身临比赛现场一样，观看着中国女排在赛场上矫健的身姿，一次又一次的飞跃。而 *Win the cham-*

pion，这样直译的翻译方法是无法调动观众这样的想象力的。笔者认为《夺冠》的意译比直译更加生动传神，吸引国外观众的眼球，引发观众思考。

2. 连贯原则指导下的类比和借用

目的论的连贯原则强调译文的可读性，即译文对于具有目的语交际环境和文化背景的读者来说是有意义的。因为语言的背后是文化，电影片名翻译绝不仅仅是将汉语简单转换成英语，更多的是实现语言背后所蕴藏文化信息的顺畅交流。译者在翻译具有浓厚本土文化特色的电影片名时，若目的语文化中恰好有类似表达，则可以借用，便于目的语受众理解，并增强他们的心理认同感。

例如，系列电影《大话西游》取材自中国四大古典名著之一的《西游记》，其英文片名译为 *A Chinese Odyssey*。不同于中国观众一听到《大话西游》的名字马上就能联想到《西游记》中的人物与情节，多数的外国观众对中国古典文学并不了解，就很难对影片产生兴趣。而 *Odyssey* 作为西方家喻户晓的经典作品，讲述了古希腊英雄奥德修斯历经千辛万苦归家的故事，与中国的《西游记》师徒四人经历九九八十一难的取经故事有异曲同工之妙，将其引用在片名翻译中有利于提高外国观众对该影片的包容度，同时用"Chinese"进行修饰限定，成功地将中国元素做了巧妙的西式表达。

例：《义胆厨星》　　　译文：*Mr. Nice Guy*

《老炮儿》　　　　　　*Mr. Six*

《夏洛特烦恼》　　　　*Goodbye Mr. Loser*

分析：上述片名翻译效仿了经典电影的命名模式，以提高本土观影者的接受程度。三部影片的英译片名即《义胆厨星》（*Mr. Nice Guy*）、《老炮儿》（*Mr. Six*）和《夏洛特烦恼》（*Goodbye Mr. Loser*）效仿了电影 *Mr. Bean*（《憨豆先生》）的命名方式。众所周知，从 1990 年开始，英国电影《憨豆先生》就一直受到大众喜爱，好评如潮。英文单词"Bean"不仅指"豆子"，而且还有"毫无价值之物"的意思。将"Bean"用在电影片名当中，在指涉人物名称的同时，还能反映出人物呆傻可爱的特点。在《老炮儿》的英文片名中，尽管"Six"只能表明人物的名字，无法指出"老炮儿"所指代的实质意涵，但是 *Mr. Six* 也借助经典电影的命名模式成功吸引了国外的观影者，使其对电影要表达的内容有进一步了解的欲望。*Nice Guy* 和 *Loser* 也有类似的情况，虽然没有与人物名称挂钩，但是明确指出电影中主要人物的性格特征。影迷对"Loser"的评论也说明他们对这一英文片名的认可："正如片名所示，如果我们用金钱来定义成功，那么他将被列为失败者（If we use money to define success，then there is no doubt that he would be classed as a loser）。"

作为《泰囧》（Lost in Thailand）续集的《港囧》（Lost in Hong Kong），可以视为效仿了英文电影《迷失东京》（Lost in Translation）的命名模式，让西方国家的观影者更容易接受中国影片，让欧美的观影者产生亲近感，达到"借船出海"的效果。

3. 忠实原则指导下的变译法

忠实原则强调源文和译文之间的语际连贯一致，译者要根据翻译目的和对源文的理解来决定译文和源文之间一致的程度和形式。为了不影响目的语读者的理解，有时需采取变译的方式以实现信息的成功传递。译者要按照目的语读者所熟悉或易于接受的方式进行源语意义的传递，提升其接受度和认同感，使其能更好地体会中华文化的内涵，实现电影片名翻译的目的。

例1：《我和我的祖国》

译文：My People，My Country

分析：上述电影的英文片名采用变译（具象）策略，从中英文片名比较中可以发现，中文片名偏向抽象意境，而英文片名更多通过具象的方式表达主旨意图。上述影片是通过具象化来突出片名的主题，便于外国观众一眼就能抓住电影的主旨，符合受众的接受习惯。具体来说，《我和我的祖国》（My People，My Country）的片名把"我"具体到"我的人民"（my people），非常符合影片中由一个个中国人构成的"我"的概念，从而避免外国观众把"我"与某一个个体的人联系起来。

例2：《红番区》　　　　译文：Rumble in the Bronx
　　　《功夫》　　　　　　　Kung Fu Hustle

分析：上述电影的英文片名同样采用变译（具象）策略，通过描述状态的词汇具象化呈现影片想要表现的画面感。《红番区》（Rumble in the Bronx）描写的是香港警察在美国勇斗黑帮的故事，英文"Rumble"（隆隆声）这一拟声词给人闹哄哄的意象，让欧美的观影者产生中国动作片的联想。产生同样效果的影片片名是《功夫》（*Kung Fu Hustle*），其中"Hustle"（熙熙攘攘）一词就生动具体地呈现出功夫打斗现场的喧闹感。影迷们通过英文片名感受到打斗的真实感。

目的论认为，译者在翻译过程中须结合翻译的预期目的和译文的预期读者的特殊情况，以接受者群体为对象，使译文在目的语环境中具有一定的功能。影片名的翻译方法不仅要进行单纯的文字转换，还要紧扣影片内容，保留原名中的蕴涵信息和文化特色，同时也要体现译文的审美功能，更重要的是，翻译方法必须由译文的预期目的和译文的预期读者所决定。电影片名翻译的主要预期目的是吸引观众，从而实现电影的商业价值。在实践中，译者可以在仔细分析原名及影片基础上，充分考虑译名的信息、美感和祈使功能，同时兼顾观众的期待视野和语言文化特征，创造性地使用那些能最大限度地实现译名预期目标的翻译策略。

根据目的论的观点，每一位译者都需要遵守"目的原则""连贯原则"及"忠诚原则"。其中，目的原则是最为重要的原则，连贯原则和忠实原则从属于目的原则。根据翻译目的论，进行翻译之前首先要确定翻译的目的。在目的论的指导下，实用汉英资料译者应该确保英文读者的阅读体验，最终实现其翻译目的，同时很好地体现翻译目的论的基本原则。

第十四章　修辞劝说理论与实用汉英笔译的实证研究

修辞手段的恰当使用有助于实用汉英笔译文本的构建，实用汉英资料翻译的效果在某种程度上是由目的语受众对实用汉英资料翻译文本修辞手段的认同程度决定的。实用汉英笔译与修辞劝说理论都是以沟通方式进行劝说的一种交际活动。译者通过文本的选择与自身的人格诉诸塑造可被接受的形象，以受众情感为核心，通过理性诉诸，完成实用汉英文本的翻译工作。在实用汉英文本翻译过程中，将修辞劝说理论与其有机结合，可使译文更易被西方受众所接受，从而达到有效劝说的目的。因此，修辞劝说理论指导实用汉英笔译是合适的。换句话说，实用汉英笔译和修辞劝说理论都具有很强的目的性：无论是实用汉英笔译还是修辞劝说理论，受众都是不可或缺的重要组成部分；除此之外，实用汉英笔译和修辞劝说理论的基本特征有尝试沟通的共性；因此，修辞劝说理论在实用汉英笔译方面可以提供有效的理论指导。

第一节　相关研究

张雯、卢志宏提出了择语、调音、设格、谋篇和言语创新等实用汉英笔译手段的运用以体现合适的修辞意识（张雯、卢志宏，2012）。袁卓喜（2013）认为实用汉英资料翻译文本的译文能否赢得目的语受众认同，取决于实用汉英译文的内容与形式是否能够达到相应的劝说效果。陈小慰（2007）基于语言、文化和美学三个层面，在语用修辞的视域下探析了实用汉英文本的翻译策略。陈小慰提出，"实用汉英笔译的目的就是要让译文话语及其呈现方式对受众真正产生影响

力、感召力和吸引力"（陈小慰，2013）。

由此可见，要实现实用汉英笔译的预期目标，翻译实践从方法论上不应囿于传统翻译研究的策略范畴，而应该在遵循翻译的一般规律的基础上积极调动修辞资源，以达到实用汉英笔译成功劝说的目的，然而，在以往的实用汉英笔译效果讨论中，所提出的翻译策略多从译文的"美"，抑或从译本在交际层面的可接受性上评判译文的优劣。虽然也有不少实用汉英笔译研究凸显了译文受众的中心地位，但这些研究主要侧重受众的文化差异等因素对翻译策略选择的影响，修辞劝说视角下的实用汉英笔译将翻译实践视为跨语言、跨文化的，具有修辞性、劝说性的交际活动。因此，从翻译方法论上看，实用汉英笔译策略的选择实际上是修辞策略的运作。从这个意义上看，有别于传统意义上的翻译（尤其是文学翻译）的"求美"行为，实用汉英笔译行为从本质上来说应该是一种"求效"行为。

第二节　修辞劝说理论视角下实用汉英笔译策略

一、运用修辞诉诸手段，增强实用汉英资料译文的劝说效果

实用汉英笔译是译者与国外受众进行信息传递与交际互动的活动，是一种跨文化交际行为。因此，实用汉英笔译所追求的效果是成功说服，即让外国受众接受并认同观点和行为。为了更好地实现实用汉英资料翻译效果，刘亚猛教授曾提醒实用汉英资料翻译工作者要提高自身的西方修辞意识，充分利用说服手段进行实用汉英资料译文话语的"再构思"和"再表达"。因此，我们必须善于充分利用各种有效的诉诸手段，特别是西方受众所接受和认可的劝说方式，来进行实用汉英资料译文话语构建，这样才能更好地达到翻译的预期目的。其中，亚里士多德的修辞三诉诸理论便是值得我们在实用汉英笔译中参考和借鉴的工具。

根据亚里士多德的论述，人格诉诸、情感诉诸及理性诉诸是最能有效影响受众的感染力量。而亚里士多德的修辞三诉诸理论同样对实用汉英笔译有重要的启示。作为劝说的首要手段，修辞理性指的是一种以形式、惯例、推理模式去打动

受众并使之信服的手段。在《修辞学》中，亚里士多德使用理性来描述言词或论点所呈现出的说服力，又称言说的逻辑（Herrick，2001）。修辞理性诉诸要求实用汉英资料译文在构建中体现文内连贯性，译文语篇符合逻辑性。

二、以目标受众为中心，提高实用汉英资料译文的可接受性

实用汉英笔译是面向国外受众进行的劝说活动，翻译的成功与否取决于译文能否有效地影响译文受众。目前，受众在实用汉英笔译中的重要性已得到充分的认识。黄友义提出的实用汉英笔译"三贴近原则"中有两个原则强调目标受众的重要性。袁晓宁提出实用汉英笔译以目的语为依归，并使译文在语篇结构、句法结构、语体风格等方面符合目的语读者的习惯，也凸显了受众在实用汉英笔译中的中心地位（袁晓宁，2010）。陈小慰教授则是第一位敏锐地意识到修辞与实用汉英笔译的关联性，并明确提出实用汉英笔译要以受众为中心的学者。陈小慰提出实用汉英资料译者应当在内容、语言形式等方面采取贴近受众的方式来构建实用汉英资料译文话语（陈小慰，2007、2013）。可见，目前实用汉英笔译学界在翻译中应该充分考虑受众因素这点上已成达广泛共识。

首先，提高实用汉英资料译者的受众意识要求译者在译前进行充分的角色预设，准确地预计实用汉英资料译文的受众群体。因而实用汉英笔译需要译者在面对源语文本时有受众中心意识，在对受众的身份、经验及价值观等进行预设的基础上构建译文话语，只有这样才能实现实用汉英笔译的预期效果。

其次，成功的修辞活动不仅在于表面上修辞信息的传输和接收线路的畅通，更在于深层主体经验世界对接的成功（谭学纯、朱玲，2001）。中国受众与国外受众在历史、文化、传统以及地理上都存在着诸多差异，这些差异形成了他们各自不同的经验世界。实用汉英资料译者只有对译文受众的经验差异进行准确的预设，根据差异做出适当的调适之后，才能使实用汉英资料译文话语与受众在经验上达到对接，实现交际的预期目的。

再者，实用汉英笔译译文话语劝说效果的实现有赖于译者针对译文受众差异进行适当的价值预设。如果表达者和接受者依据同一个价值坐标评价对象，就有可能达成共识；而如果表达者和接受者着眼于不同的价值体系或价值尺度，将很难就评价对象达成共识，交际就会受阻（谭学纯、朱玲，2001）。谭学纯教授进

而指出，如果表达者依据前一种价值观念发言，而接受者依据另一种价值观念去接受，信息通道大概就不会畅通（谭学纯、朱玲，2001）。具体到实用汉英笔译上来，译者有必要恰当处理好源语带有的价值观与译文价值观体系上的差异，以确保翻译中信息通道的畅通，便于译文受众对译文话语的认同与接受。

总之，译者不仅要认识到受众的重要性，更要以受众为依归。具体落实到翻译的修辞运作中，译者需要从角色预设、经验预设与价值预设三个层面进行适切的处理，以保证翻译中与译文受众交接信道的通畅，有效实现实用汉英资料译文话语的劝说预期目的。

三、根据修辞情境，适切地选材、择语与谋篇

布斯（Booth）认为伯克的修辞情境决于三大要素：针对主题的有益争论、观众的兴趣与特点、修辞者的态度和隐含性格，三者之间的平衡称之为"修辞立场"；评判作品优劣的标准之一在于实现三要素的微妙平衡。此处的"观众的兴趣与特点"指的是受众的修辞与对修辞的接受程度。布斯将修辞立场归纳为三类：学究式立场（pedant's stance），全然不顾特定的观众而展开主题；广告者立场（the advertiser's stance），文本劝说的意图过于明显；表演者立场（the entertainer's stance），文本表述内容往往让步于个性和魅力。

修辞情境对实用汉英笔译的选材、择语与谋篇有指导意义。比彻尔认为，如果修辞话语能通过影响变化的中介人的决定和行动来导致变化，那么修辞永远需要有观众，因为只有那些能够受话语的影响、能成为变化的中介的人才称得上是修辞受众（转引自常昌富，1998）。也就是说，修辞话语要取得预期效果必须落实到争取修辞受众上来。具体到实用汉英笔译实践上，陈小慰教授认为，要使中华文化通过翻译的修辞话语影响西方受众，首先必须使西方受众对修辞话语表示认同（陈小慰，2010）。这就要求实用汉英资料译者（修辞者）一方面从选材（信息题材的选取）上回应国外受众对相关信息的需求，另一方面从译文构建的择语、谋篇上贴近西方受众的阅读习惯和心理期待，从而实现实用汉英笔译的预期目标。

四、在翻译中建立"认同"，实现实用汉英译文的有效劝说

按照伯克的观点，认同是要达到劝说目的的必经之路。劝说的目的能否实现

取决于受众在某种意义上对不同文化的认同。说服是传统修辞学的核心内容，乃是一种单向度的行为。换言之，传统修辞学的修辞者往往以居高临下的态势将个人主张强加于受众之上，而新修辞理论的"认同"传递了修辞者与受众之间互动的意愿，当然这种互动亦体现了不动声色的修辞施压以实现修辞者的修辞目的。修辞活动是一定的话语"权威"的体现，因此修辞者的权威对潜在的读者产生一定的制约。修辞者若具有较高的修辞权威，即其所言具备较高的可信度，那么其修辞人格便容易彰显；修辞权威往往与压制（coercion）有关。假若说话者具有一定的修辞权威，那么其言论将会"压制"受众，促使受众做出积极的反应，从而有助于实现成功的说服。修辞权威在取得良好的修辞劝说效果的过程中发挥着举足轻重的作用，甚至在某种程度上可以左右受众的反应，取得认同。

我国著名修辞学理论家刘亚猛教授认为，修辞者必须让受众感受到他的善意，只有使受众觉得他认同他们喜闻乐见的各种话语成分，才能成功地劝说受众（刘亚猛，2004）。对于实现同一性，伯克提出了三种基本方式："同情认同""对立认同"与"误同"。虽然伯克主张将"认同"与"劝说"作为新修辞学与旧修辞学的分水岭，但他对修辞的定义仍然以"劝说"为中心，认为"认同"既是修辞的目的，也是修辞的手段，而"说服"是"认同"的结果。也就是说，成功的劝说依赖于受众对劝说者言谈方式的认同。从修辞劝说视角来看，"认同"理论对如何有效提高实用汉英笔译的效果、实现实用汉英资料翻译预期目标具有重要的参考价值。

"认同"理论对解开实用汉英笔译中"归化"和"异化"策略选择问题上的困惑具有积极的启发意义。实用汉英资料翻译实际上是一种面向西方受众的跨语言、跨文化的交际活动，就其本质而言，是一种现代劝说行为，一种修辞活动（陈小慰，2007）。由此可见，实用汉英笔译的目的就是通过翻译将有关信息阐释好、解读好，从而影响受众的观念和态度，增强国外受众的接受与认同。具体到实用汉英笔译策略选择上常常表现为归化策略的运用。基于实用汉英笔译的这一特点，译界较多专家（黄友义，2004；袁晓宁，2010；陈小慰，2007、2013）主张在实用汉英笔译中采取贴近受众的"归化"译法。

五、构建"在场"，塑造正面形象

"在场"（presence）概念对实用汉英笔译具有很好的参考价值。根据佩雷尔曼和奥布莱茨的观点，论辩的首要目标是将某些事实呈现给受众。创造"在场"就意味着对所要强调的事实或观念进行选择，以引起受众的注意（Herrick，2004）。而做出选择本身也暗含着对现实的某些方面做出价值判断，因为术语的选择通常体现了论辩者的论辩动机。除了"在场"概念外，佩雷尔曼还主张论辩者应尽力与受众建立交流（communion）关系，即与受众建立认同（establishing commonalities or identifying）。佩雷尔曼认为，相对于没有建立交流关系的演说者，与受众建立了此类交流的演说者更容易说服受众。从这个意义上说，论辩的成功与否取决于论辩者能否成功地运用技巧来实现"在场"与"交流"。

"在场"（presence，也译作"呈现"）这一修辞理论中的重要概念对翻译的启示作用与蒙娜·贝克尔（Mona Baker）有关"文本素材的选择性采用"的论述相呼应。蒙娜·贝克尔在其《翻译与冲突——叙事性阐释》一书中讨论"翻译中的叙事建构"时提出，"对于文本素材的选择性采用是通过省略和添加的方式实现的，目的是要抑制、强调或者铺陈源文中隐含的叙事或更高一个层面叙事的某些方面"（Mona Baker，2006）。同时，对于文本内的选择性采用，她认为，"翻译过程中对源文材料进行取舍，以突出、增强或压制当前叙事的某些方面，直接影响到翻译活动所在的上一级叙事"（Mona Baker，2006）。另外，当代著名翻译理论家、哲学家伽达默尔也有类似的论述。

实用汉英笔译作为面向西方受众的跨语言、跨文化的交际活动，就其实质而言，是一种现代说服行为。从这个角度看，"在场"概念对实用汉英笔译同样具有启发意义。

实用汉英笔译需要对已选素材进行选择性采用。由于文化差异等因素，翻译中如果不做区别地全文直译，将难以达到实用汉英资料翻译的预期效果。实用汉英资料译者有必要在翻译中根据不同的实用汉英资料翻译受众，适当运用"增、删、改写"等翻译技巧，选择性地创造"在场"，向国外受众呈现有利于他们接受和认同的事实。

因此，译者必须立足于原作，分析其修辞动机和修辞策略，确定翻译行为的修辞动机，借助译文的修辞运作，使原作转化为能够对目的语受众具有传播效应的修辞文本。由此可见，翻译材料的选择与文本内的选择性呈现均浸润着实用汉英资料译者的修辞动机。面对源语文本中呈现的各种各样的"事实"，译者需要精心选择，着重凸显那些有利于达到预期翻译目的的事实。而对于那些无助于有效影响受众，甚至起反作用的事实，则应该有意识地加以处理，进行必要的淡化或删减，以便向国外受众呈现有助于树立真实、正面形象的信息。

第三节　修辞劝说理论在企业简介英译中的应用

随着全球化步伐的加快推进与中国的迅速崛起，中国对外交流与交往活动日益频繁和紧密。国内各个社会层面的相关单位纷纷通过中英双语的宣传画册、建立以中文网站母版为基础的外文版等途径推介自己。与此同时，在经济全球化大背景下，中国企业不光要吸引国外投资，还要加大"走出去"的战略部署。因此，为了配合企业的"走出去"战略，企业也要制作大量的英文对外推介材料。在本节中，我们将尝试在修辞劝说的理论视角下探讨企业简介文本的英译策略选择问题。

一、企业简介与实用汉英笔译

（一）企业简介与实用汉英笔译的关系

企业简介文本，无论是对企业本身的介绍，还是对其产品的推介文字，其目的就是尽可能地吸引读者，使之由潜在客户变成现实客户。译者受托于某企业单位而进行推介性文本的实用汉英笔译工作，这要求译者对其委托人或赞助人负责，忠诚于委托人对推介性文本翻译的预期目的。译文能否产生预期效果，达到树立单位良好形象、推介产品与服务的目的在很大程度上取决于译者能否选择恰当的表达形式，以适应译文特定语境和译语受众的阅读期待及接受心理。

由于翻译涉及汉英两种语言的转换，我们要实现企业简介文本的"求效"（成功劝说）目的，就有必要对汉英语言在修辞传统上的差异有所理解，并针对不同的受众选择不同的说服手段，以便更好地实现企业对外简介文本的交际和说服功能。

企业简介文本作为一种带有劝说目的的公共实用汉英资料翻译产品，是一种经过精心构筑的特殊话语，文中呈现什么信息、舍弃什么信息都是修辞诉诸策略选择的结果。

（二）企业简介英译技巧

第一，文本特征和语言特征方面，企业介绍的语言简练直接，短小的篇幅包含了丰富的内容，具有简洁性；同时，语篇层次分明，具有逻辑性；且语言中立，具有客观性；常见表达通常有迹可循，具有公式化的特点。

第二，在翻译公司名称时，如果源文提供英文，直接照搬即可；如果源文未提供英文，则采取"地区和名称音译+业务范围直译+公司性质"这一规则。例如，威海蓝星玻璃股份有限公司，译文：Weihai Blue Star Glass Co., Ltd.。

第三，中文常用描述性强的词、并列结构、四字对仗结构等，修辞丰富。英文则用词简单，语气平和，语言直白朴实。在翻译企业概况、企业发展成果和企业文化介绍时，要了解中英语言差异，注意在保留源文信息的同时，根据英文读者的思路，适当降低语篇的美感和渲染程度，尽可能传达源文的"介绍性信息"。

第四，公司简介的用途是对外介绍，译文可站在"本公司"（our company/we）的立场之上，使用主动语态与读者进行沟通，犹如自己是该公司的一员。例如：本研究院成立于 1968 年 2 月 20 日，隶属于中国航天科技集团公司。译文：Founded on February 20, 1968, we are an academy under the China Aerospace Science and Technology Corporation。

第五，译文应以现在时为主。例如：本公司是中国重要的化工产品营销服务商。译文：Our company is China's major sales and marketing service provider of chemical products。若源文带有明显的过去时间标志，则处理为现在完成时（动作已经明确结束的除外）。又如：自 1990 年起，公司已连续三年在中国 500 家外贸企业中进入前 30 位。译文：For three consecutive years since 1990, our company has been listed as one of the top 30 enterprises among China's 500 foreign trade companies。

第六，要厘清句子结构。叙述时，英语喜欢先总说后分说，中文喜欢先分说后总说，即英语前重心，汉语后重心。因此，在英汉互译时时常需要根据汉英语言表达习惯，适当调换语序。例如：自从得而达的创始人 Alex Manoogian 先生在 1954 年发明了具有划时代意义的单柄水龙头之后，得而达就一直是水龙头制造行业的领导者。译文：Delta has been the leader in the faucet manufacturing industry since its founder, Mr. Alex Manoogian, invented the epoch-making single-handle faucet in 1954。汉语句子"得而达就一直是水龙头制造行业的领导者"是重心，放在句末。英语译文"Delta has been the leader in the faucet manufacturing industry"是重心，放在句首。

第七，企业介绍的翻译步骤如下：首先，要去网络上搜索同行业的国外企业网站，详细阅读网站内容，尤其关注行业用词和表达，摘抄下来备用；其次，动笔翻译，做到行文有根有据，不说外行话；再次，抛开中文原本，通篇检查行文是否流畅自然，是否信息遗漏；最后，务必通读全篇译文，用挑剔的眼光看自己的译文，查缺补漏。

企业介绍翻译注重语言的灵活性，更强调画面，要求信息抓住眼球或让受众印象深刻。在用词方面，选词必须避免艰深生涩，尽可能利用译入语中该题材的常用语或表达。例如，接到一个有关水泥企业的汉英翻译任务，首先，要去网络上搜索国际上前三位的水泥企业网站，详细阅读网站内容，尤其关注行业用词和表达；其次，动笔翻译，不说外行话；再次，检查译文是否流畅自然等；最后，在交付任务前，检查译文。如有任何不懂的专业知识一定要去问专家、查网络。

企业介绍如同企业的一张脸，涉及企业的形象，对企业的潜在影响不可估量。在切分句子时，一定要记住：每个句子一定有表态判断或结论，不能让事实背景孤立成句。中文句子往往属于包含关系，即：首尾构成宏观概括，中间属于具体细节，由此，将首尾信息融为一体、单独成句，中间部分单独成句，这是长句子的处理方法。

二、修辞劝说理论视角下的企业简介英译策略

（一）修辞三诉诸理论与翻译策略

根据亚里士多德的分类，修辞诉诸手段主要分为三类：人格诉诸、情感诉诸以及理性诉诸。文本译者对修辞诉诸模式的理解与应用，对企业简介实用汉英笔译工作有重要的启示作用。

1. 人格诉诸的应用

关于人格诉诸手段，可以将其理解为译者作为源文本信息、感情与目标语表

达之间桥梁构建者，需要树立自身的专业可信度，以增加译文的说服力。亚里士多德（Aristotle，1991）认为，言说者要树立良好的自我形象，建立令人信服的人格。他还进一步提出，言说者要尽可能展现出"理智""美德"和"善意"的人格品质，即充满智慧、道德高尚以及与人为善（Aristotle，1991）。

因此，为了实现有效劝说，提升企业实用汉英笔译的质量，译者要做到以下几点：首先，树立良好的个人形象，表现出自己的人格威信和魅力；其次，尽力展现企业的良好品牌形象和口碑；再次，表现出高超的翻译水平和专业素养。

例如：华为<u>加入</u>400多个标准组织、产业联盟和开源社区，积极参与和支持主流标准的制定，推动产业良性发展。

译文：Huawei is <u>an active member</u> of more than 400 standards organizations, industry alliances, and open source communities, where we <u>work with our peers</u> to develop mainstream standards and lay the foundation for shared success.

（李乐乐，2020）

分析：中文版中用了"加入"这个中性词，但英文版的 an active member 是明显的褒义词，译者这样处理充分肯定了华为公司在这些组织中的地位和作用，有利于树立华为公司良好的品牌形象。此外，译者增译了 work with our peers，不仅赞扬了华为公司，也肯定了其他国家企业的成果，做到不偏不倚，既有利于华为公司形象和口碑的提升，又保证了译者的中立性，有利于"人格劝说"的实现。

2. 情感诉诸的应用

情感诉诸指在说服过程中言说者要设法调节并操控受众的情感，使受众产生同情心和同理心，从而实现劝说的目的（Herrick，2004）。亚里士多德（Aristotle，1991）主张 putting the audience in the right frame of mind（使受众处于易于被说服的心态），认为调节受众情感的前提是了解受众的心态和内心活动，以便采取相应的劝说风格和手段，使其易于接受言说者的话语。

在此理论指导下，译者应做到：首先，了解外国受众的情感倾向，在译文中适当增加感情色彩，激发外国受众的情感和同理心，增加劝说的感染力；其次，运用能够引起外国受众共鸣的事物或概念，使用外国受众熟悉的词汇、句型和表达方式，使其感到亲切和易于接受，拉近心理距离。

例如：初期那一段胼手胝足艰难创业的峥嵘岁月，其中的欢笑与泪水、成功与挫折，甚至最初的焦虑、彷徨，在还看不到成果与方向时的默默付出、默默前行、忍耐与等待……所有这些，都将成为公司最宝贵、最有价值的精神财富。

译文：The journey that has brought us to where we are today has been full of trial and tribulation. Looking back, we know too well how we have soldiered on through joys and tears, successes and failures, anxiety and frustrations, and many other crucial moments in which we just bit the bullet and moved on, even when there was no victory in sight. We must build upon these essential legacies as we go forward.

（韩刚，2019）

分析：本段的首要任务是切分句子。主干句是："所有这些，都将成为……"，之前的部分单独成句，作为具体信息句处理即可。"初期那一段胼手胝足艰难创业的峥嵘岁月"，先要为中文减负，去掉同义重复部分，精简为"初期创业颇为艰难"；之后的"默默付出、默默前行、忍耐与等待"也大致属于同义重复，可精简为"坚持挺过难关"。由此可见，遇到此类情感表述时，更是不宜面面俱到、一字不漏，而是应该首先精简句意，再谈行文。译文中"trial and tribulation"是英文词组，意思是：考验与磨难、千辛万苦、艰难困苦。译文在第二句中使用了"how"是为加强语气，英文中常常使用 how 来加强语气，很多情况下 how 无须译出。"成功与挫折"处理为"successes and failures"，"bit the bullet and moved on"中"bite the bullet"意思为忍辱负重，咬紧牙关挺住，"move on"则强调了挺住继续前行而没有退缩之意。"看不到成果与方向"也不需要照字译字，"there is no victory in sight"也是直接借用英文的常用表达。"都将成为精神财富"的言外之意就是过去的这些经历、形成的品格应该继续发扬，所以直接借用英文的表达"build on legacies"，"最宝贵、最有价值的"属于同义重复，英译时直接使用"essential"，确保译文简洁流畅。以上译文与英文不喜重复、追求简洁的特点不谋而合。因此，翻译该句时，译者按照目的语的表达习惯和行文特点构建译文，有助于受众的理解和接受，从而实现有效信息的传递和劝说效果的提升。

3. 理性诉诸的应用

理性诉诸指通过论证本身蕴含的理性或逻辑来进行劝说，即通过摆事实讲道理，实现以理服人。亚里士多德说：Persuasion occurs through the arguments （logoi） when we show the truth or the apparent truth from whatever is persuasive in each case （我们通过事件本身蕴含的理性或逻辑来验证事件是真实的或者明显真实时，劝说得以实现）（Aristotle，1991）。亚里士多德认为，修辞劝说理性手段有修辞论证（enthymeme）和修辞例证（paradigm）两种（Aristotle，1991）。

所以，译者应做到：首先，要了解目的语的行文结构和论证方式，遵循目的语语篇的连贯性和逻辑性，必要时调整句子或段落的顺序和结构；其次，尊重客观事实，确保译文内容的真实性和可信度；最后，要"晓之以理"，必要时辅以例证和数据。

例：上海东方明珠（集团）股份有限公司是中国第一家文化类上市公司，目前拥有上海东方明珠广播电视塔、上海国际会议中心、上海东方明珠移动多媒体公司、上海东方明珠传输公司、上海东方绿舟管理中心等 25 家子（控股）公司，涉及旅游观光、广播电视传播、媒体广告、信息传输及实业投资等多元化业务。目前，公司拥有注册资本 9. 63 亿元，总资产 53 亿元，净资产 32 亿元，被上海市人民政府列入 50 家重点大型企业；名列中国最具发展潜力上市公司 50 强；荣获"2004 中国 500 最具价值品牌排行榜"；列中国品牌"世界影响力"前 20 位。

东方明珠（集团）股份有限公司将利用国内外两个市场，不断提升品牌价值和能级，努力成为中国乃至世界著名的上市公司。

译文：Shanghai Oriental Pearl(Group)Co., Ltd. (OPG) is the first cultural company in China to obtain a Chinese stock market listing. It has 25 subsidiary companies whose businesses include tourism, radio and TV transmission service, and media investment. OPG has a registered capital of RMB 963 million, total assets of RMB 5. 3 billion and net assets of RMB 3. 2 billion. It is also listed as one of the 50 pivotal large-scale enterprises by the Shanghai Municipal Government and one of the 50 companies with the most potential on the Chinese stock market. OPG appeared in Shanghai's 500 most valuable brands in 2004. It is one of the 20 Chinese brands with global influence.

OPG will seize every opportunity to make good use of the capital market at home and abroad, actively promote its management brand, and become one of the world best known comprehensive companies.

(*China Today*, January 2005)

(陈宏薇、李亚丹，2015)

分析：源文介绍上海东方明珠（集团）股份有限公司，信息功能突出。文本的构建模式是典型的汉语归纳式思维模式。作者以"总——分——总"的阐述结构，以列举名称和数据的方式，使文本具有内容客观、信息确凿、数据实在的效果，以实现展示该公司实力、扩大其影响力和知名度的目的。源文第 1 段写实，仅含 2 个长句：第 1 句说明该公司的性质（相当于概括全文的表达）、其代表性子公司名称和公司业务范围；第 2 句介绍其资产实力和在国内外的影响力。第 2 段说明公司的目标，结束全文。

然而，西方受众所接受的说理模式通常是一种演绎式的论证方式。这种论证方式与亚里士多德所提出的修辞三段论类似，即由大前提、小前提、结论三部分组成。亚里士多德认为："任何人通过论据实施劝说，事实上都必须用修辞三段论（rhetorical syllogism）或例证（example），除此之外别无他法。"（亚里士多德，1991）

译文保留并凸显了"总——分——总"的结构。译者将概述全文的句子从第 1 段第 1 句中分离出来，使其独立成句：Shanghai Oriental Pearl（Group）Co., Ltd.（OPG）is the first cultural company in China to obtain a Chinese stock market listing，该句从总体上介绍公司性质的效果因此得到强化。译文准确地保留了源文的重要信息，包括各项数据，整体效果与源文一样客观可信。值得一提的是，译文中省略了子公司的具体名称。理由或许是源文要介绍的对象是总公司"上海东方明珠（集团）股份有限公司"，提到它拥有 25 家子公司，是为了强调其实力，文中列出几家，意在举例而已，若一一译出，文中排列一长串繁杂的子公司名称，恐怕会削弱作为主要介绍对象的"母公司"的信息，分散读者的注意力。

总之，上述译文让读者读完后能自然地得到结论，实现译文语篇的劝诱功能。这样的论证、劝说模式符合西方受众对修辞文本的理性诉诸期待，符合他们对构建修辞话语的逻辑性期待。可见，实用汉英资料译文话语构建不仅要在语法上规范，同时在语篇安排上也要注意行文的逻辑性，使之成为有效说服受众的理性诉诸手段。

（二）受众中心论与实用汉英笔译策略

修辞学家佩雷尔曼和奥布莱茨合著了 *The New Rhetoric*：*A Treatise on Argumentation* 一书，书中明确指出：It is in terms of an audience that an argumentation develops（论辩以受众为中心）（Perelman & Olbrechts-Tyteca 1969）。佩雷尔曼和奥布莱茨认为，言说者要想有效说服受众，就要使自己适应受众，得到受众的关注和认可（转引自刘亚猛，2004）。受众分为三类：一类是普通受众，指全人类，最起码是所有成年人；一类是单一受众，指言说者论辩所针对的受众；一类是言说者本人。而劝说的高级追求是取得普遍受众的认可和赞同。佩雷尔曼和奥布莱茨认为，判断劝说有效与否的关键在于受众是否发生了预期的变化（转引自刘亚猛，2004）。因此，言说者在组织劝说言语时，要充分考虑受众的特点和差异。

在翻译企业简介时，"受众中心论"要求译者做到以下几点。首先，充分考虑受众的个性和差异性，比如受众不同的价值追求、情感倾向、表达习惯等。其次，语言表达和遣词造句要符合目的语的表达习惯，慎重地传递企业的价值观和理念，不能使外国受众对企业产生误解或排斥，又要让外国受众感到译文自然流畅，毫不晦涩；既要使大多数普遍受众接受译文和企业，又要对企业的目标人群进行针对性的凸显。

例如：公司的成长历程——企业的初创期，就像孩子"人之初"的时候，怀抱怎样的梦想，经历了哪些事情，和什么样的人在一起……都会造就一个企业的品格与风貌，影响深远。而我们感到深深的荣幸与骄傲，凤凰都市传媒自成立伊始，从第一个员工，到最初的团队，就已经将勤奋、激情、正直、勇气、坚持、敢于梦想等等最珍贵的品质熔铸进了公司的"血液"与灵魂之中。

译文：Our growth story—When we start a business from the ground up, we typically have visions and ambitions deep down, get through eventful episodes along the way and build up connections as we move forward. Our experiences during the infancy stages have arguably shaped and defined who we are today. Throughout our development and expansion process, Phoenix Metropolis Media have woven diligence, passion, integrity, courage, resilience, and can-do attitude into our cultural fabric. These underlying, core values are at the heart of everything we do here at PMM.

（韩刚，2019）

　　分析："成长历程"在翻译时直接借鉴了英文企业网站最常使用的表达"growth story"。在处理第一句时，依然要有章法，不能因为中文复杂而乱了方寸。翻译时一定要把握重心，"表态、判断、总结"置于主句。但是，该句按照中文结构划分主语过长，必须进行切分。主语部分属于具体信息部分，可以单独成句处理，后面"都会造就……"部分属于判断表态部分，另起句子处理即可。结构切分完毕后，接下来的工作才是行文。在处理"企业的初创期，就像"时，将其判定为时间，后面三个并列成分看似问句，其实都是陈述，全句来看，可大致理解"我们的梦想、经历的事情和交往共事的人造就了……"，这样分析后，就可以添加一些修饰词以增强英文可读性。"start a business from the ground up"意思是"白手起家、从零开始开创一家企业"，"visions and ambitions"属于英文同义重复，加强语气，"eventful episodes along the way"意思为"在发展的过程中经历很多事"，"build up connections as we move forward"意思为"在发展的过程中建立很多的人脉关系"。在翻译最后的表态判断句时，中文"造就……"和"影响深远"属于同义重复，这也是中文的一大特点：总是觉得意犹未尽，会在最后再加以强调或总结，翻译时可略去不译。"造就品格和风貌"直接借鉴了英文的常用句式"define/shape who we are"，在主语部分，使用"during infancy stages"照顾该句开头部分的"人之初"。第二句中文依然看似复杂繁乱，首先需要理清句子结构。通过分析，我们可以大致解为表态判断+具体信息句，具体信息句中大致可理解为"在成长、发展的过程中，将……融入公司灵魂之中"。鉴于具体信息句过长，应该先加以处理，之后再处理表态判断构成的主干句。"凤凰都市传媒自成立伊始，从第一个员工，到最初的团队"处理时一定要高屋建瓴，不能拘泥于中文行文，其实中文传达的信息很简单，就是译文中的"Throughout our development and expansion process/As we grow and expand over these years"。"铸进了血液与灵魂中"可以根据之前所述的"勤奋、激情……"等等判定为属于企业文化价值观范畴，翻译时具体化为"cultural fabric"，fabric属于一个修饰词，如：social fabric，大致等同于dimension/ landscape，意思为"结构、层面"，有时根据语境也不需要刻意译出，只是起到提高可读性的作用，"weave sth. into the social fabric/tapestry"也是英文中经常使用的表达，意思为"将……融入社会"。译文中的"resilience"也属于常用词，意思是"百折不挠、坚忍不拔、适应能力强"等等，"坚持"就是不管顺逆境都 stay resilient；译文中"can-do atti-tude"则是借鉴了奥巴马总统的竞选口号，所谓"敢于梦想"是"有信心实现梦想"，can-do 应该说还是充分表达出了中文的隐含之意。"最珍贵的品质"可以略去不翻，属于宏观概括部分，但是此处有"最珍贵"的措辞，属于表态，还是译出好，所以在译文中采用"be at the heart of everything we do here at PMM"诠释"最珍贵"之意。"而我们感到深深的荣幸与骄傲"在译文中并没有再刻意体现，放在整个句子中该句表态颇冗余，故略去不译。

　　总之，上述中文企业简介十分注重文采，使用了较多拟人等修辞格（例如：把"企业"拟人化为"孩子"）。这些修辞手段的运用使简介不但富有文采，而且读起来朗朗上口，某种程度上符合中国人的审美取向。但若不加调整将这些美词壮语翻译成英文，将会给国外受众一种夸夸其谈、华而不实的感觉，无法实现其"呼唤""劝说"功能。在翻译时译者在修辞风格上进行了恰当的调整，化虚为实，将源文刻意渲染的词语去掉，代之以"自然而不造作的语言"，使简介语言风格更加平实，为读者提供了具有实质性的内容，在语言形式上更易于国外受众接受。

　　（三）在场理论与实用汉英笔译策略

　　"在场"理论指言说者强调、突出其希望引起关注的方面，从而使凸显的方面吸引受众的注意力，在受众的大脑中处于"前景"的位置（Perelman & Ol-brechts-Tyteca 1969）。佩雷尔曼和奥布莱茨希望通过创造"在场"的方式使受众关注并认可突出强调的观点或事实。言说者在言说过程中为了让受众获得他预期的某一要素，就会隐藏其他潜在要素，并把这一要素置于受众意识的前景，从而实现这一特定要素的"在场"。

　　因此，在翻译企业简介时，"在场"理论要求译者：首先，以企业利益为核心，凸显企业的核心要素和重点内容，做出正确的价值判断；其次，择语谋篇要谨慎取舍，详略得当，对源文材料有选择地采用，巧妙运用"增删改"等翻译技巧。

　　源文：福建君悦大酒店位于福州市东大路 1 号，交通快捷便利，联动城市繁华街区，商务活动随手可得。酒店由四季假日饭店管理有限公司管理，内设海派风格的商务客房、淑女客房 200 套。风味绝佳的餐厅、典雅精致的商务会议室、悠闲浪漫的咖啡厅及闲适优雅的书房等商务配套设施，满足您商务旅程的需要。作为福州首家纯粹商务精英酒店，福建君悦大酒店引进独具特色的酒店服务体系，拥有完善的现代商务服务设施，可以全方位为您提供纯商务功能服务。

译文：Fujian Enjoy Hotel, ideally located in the downtown of Fuzhou, has 200 various types of rooms, including Deluxe Room, Deluxe Lady Room, Business Suite and Deluxe Business Suite. All the rooms are spacious with elegant and comfortable articles. Equipped with perfect facilities, the Business Center, Meeting Room, Multi-Functional Hall, Reading Bar and Coffee Shop are at your service.

（岳峰，2018）

分析：较源文而言，译文显得简洁明了。源文首句介绍了酒店的地理位置："福建君悦大酒店位于福州市东大路 1 号，交通快捷便利，联动城市繁华街区，商务活动随手可得。"包含 42 个字的一句话，在译文中被删译成 10 个单词——Fujian Enjoy Hotel, ideally located in the downtown of Fuzhou。《英汉大辞典》（第 2 版）中 "ideally" 的释义为 "理想地，合乎理想地；完美地，典型地"，表达了酒店地址的优越性；"downtown" 作为名词，意为 "（城镇的）商业区，中心区"，让人联想到该地区的 "交通快捷便利"，周围环绕繁华街区"，且商务往来频繁，"随手可得"。虽经删译，但源文所要传达的信息被保留下来。"风味绝佳""典雅精致""悠闲浪漫""闲适优雅" 等词被浓缩为一个 "perfect"，虽未完全译出，意思却得以保留。按照汉语的习惯，酒店简介应把该酒店获得的荣誉一一列举，或列出几个 "第一"，增加旅客对酒店的信任，而英语则习惯于以事实说话，较少列举此类内容，若按照源语习惯完整译出，恐将给目标受众留下不实之感，影响翻译效果（王正琪、陈典港，2006）。最后一句话 "作为福州首家纯粹商务精英酒店，福建君悦大酒店引进独具特色的酒店服务体系，拥有完善的现代商务服务设施，可以全方位为您提供纯商务功能服务"，译文则将其删除不译，因为从上下文来看，前文的描述已经将 "酒店具备完善的商务设施和从业资格" 的信息传达到位，无须赘言。因此，这里译者运用了 "在场" 理论，突出了该段的重点和核心，避免分散读者注意力和模糊焦点，更好地发挥了修辞劝说作用。

（四）修辞情境与实用汉英笔译策略

布斯（Booth）认为伯克的修辞情境取决于三大要素：针对主题的有益争论、

观众的兴趣与特点、修辞者的态度和隐含性格，三者之间的平衡称之为"修辞立场"；评判作品优劣的标准之一在于实现三要素的微妙平衡。此处的"观众的兴趣与特点"指的是受众的修辞与对修辞的接受程度。布斯将修辞立场归纳为三类：学究式立场（pedant's stance），全然不顾特定的观众而展开主题；广告者立场(the advertiser's stance)，文本劝说的意图过于明显；表演者立场（the entertainer's stance），文本表述内容往往让步于个性和魅力。

例：我们见证着我们的梦想渐渐变成现实！从东南沿海到西北内陆，从江南水乡到东北雪原，我们的大屏总是在城市最繁华最核心的位置，熠熠闪光，成就都市里无可替代的绚丽风景！我们拥有的资源只有总体市场的10%，却占据了户外LED传媒三分之一的市场份额，造就了无可争议的市场和行业奇迹！

译文：We are witnessing our dreams coming true. From the coastal southeast to the interior northwest, the watery south to the snowy northeast, PMM's massive LED screens are prominent within each urban center, adding unique charm and excitement to city life. PNM makes up one third of the outdoor LED media market, with just 10% of physical resources. That is an undisputed and even miraculous feat for the niche market.

（韩刚，2019）

分析：该段逻辑关系非常清晰，重心自然转向行文。"梦想渐渐变成现实"中"渐渐"不用也最好不要译出，否则会破坏英文的语感。"从东南沿海到西北内陆，从江南水乡到东北雪原"在翻译时按照英文习惯将"沿海、内陆、水乡、雪原"放在前，语言张力自显。"我们的大屏总是在城市最繁华最核心的位置，熠熠闪光，成就都市里无可替代的绚丽风景！"属于典型中文结构：主句+递进说明，英文对等句式为"主句+ing"，或者也可将递进说明部分另起句子进行翻译。"成就都市里的风景"可以梳理为：为城市增添了绚丽风景，这里可以添加相应形容词增强英文可读性。此处译文选用了英文常用动词词组"add sth. to sth. else"。由此可见，译者将华美的语言转变为简朴的语言。若在目的语中照源语的字面予以翻译，势必使译文臃肿不堪，不符合目的语读者的语言审美习惯和修辞心理，亦不符合西方文化语境下的广告者立场所体现的修辞途径，因此语言的修辞方式的转换成为必然的选择。

例：公司拥有多种自主专利，并先后获得"全国农产品加工示范企业"、中华人民共和国内贸部颁发的"中华老字号"、"金桥奖"、"福建百年老铺"、"厦门老字号"、"中华海峡两岸交流促进会唯一指定礼品"、"海峡两岸产业交流指定品牌"、"世界华人联合会（总会）/全球中国人联合总会指定礼品"、"中国茶产业"、"十强连锁"等20多种荣誉称号。

原译：The company has a variety of their own patents and has won the national agro-processing model enterprise, the Ministry of Domestic Trade of the People's Republic of China issued the old Chinese shop, Golden Bridge Award, Fujian century old shop, Fujian old shop, China Strait Society for the promotion of cross-strait exchanges only designated gift, cross strait industrial exchange specified brand, world Chinese association/global Chinese federation of designated gifts, China's tea industry top ten chain more than 20 kinds of honorary titles.

改译：The company has enjoyed a variety of its own patents and has won more than 20 honorary titles, such as China's time-honored brand, century-old shop etc. issued by the Ministry of Domestic Trade, thus known as one of best tea brands in China.

（韦忠生，2016）

分析：上述公司简介对中国读者来说是司空见惯的修辞立场，在介绍公司某一产品时经常罗列各种奖项与荣誉，不愧为产品推介的有效途径；而潜在的西方顾客崇尚个人主义，有挑战权威的倾向，况且西方顾客不熟悉中国产品的各种奖项与荣誉，某些奖项的知名度在国际上不是特别高，因此所有奖项的罗列大可不必，列举最为重要的个别奖项即可。如果忽视西方受众的需求与具体的修辞情境，完全照译，这种学究式立场很难得到西方受众的认同。

（五）修辞中的文化认同与翻译策略

伯克认为，"说服是认同的结果。也就是说，只有当我们能够讲另外一个人的话，在言辞、姿势、调、语序、形象、态度、思想等方面做到和他并无二致，即只有当我们认同于这个人的言谈方式时，我们才能说得动他"（Burke，1969）。修辞者要在上述方面与受众"并无二致"就必须和受众有共同的话语规范和价值观念，属于同一群体（刘亚猛，2008）。以修辞者对受众认同换取受众认同修辞者的做法以及"奉承""象征"等手段在这一认同过程中的合理应用，都表明说服本质上是一种交换（transaction），言说者对受众的"适配"或"顺应"是

"将欲取之，必先予之"的一种策略手段（刘亚猛，2008）。

这种翻译策略的运用本身就是修辞运作手段，即在策略上建立"认同"，目的是成功劝说。具体到操作层面上便是"以你的道理来论证我的立场"（刘亚猛，2004）。这样一来，不仅为不熟悉中华文化的西方读者部分地消除了陌生感和排斥感，更重要的是迅速地与西方读者建立了联系，成为与受众建立"认同"的基础，使西方读者能够耐心地以他们所熟知的道理去领略和接受中华文化的精髓，达到劝说目的。

如：xxx 公司将紧紧抓住每一机遇，千方百计拓展渠道，给国产汽车架起产与售之间的金色桥梁，让每一品牌的国产车驶向成功。

译文：xxx company is seizing every opportunity to open new sales channels, which are to be shared by all homemade car brands, promising success to each and every one of them.

（吴建、张韵菲，2011）

分析：上述是陕西省汽车贸易公司的公司简介文本中的一个语段。源文文风具有典型的汉语修辞特点，在简短的篇幅中使用了较高比例的四字格成语，如"千方百计""金色桥梁""驶向成功"等。翻译中如果将这些夸张而煽情的表述直译过去，那么这样的译文不但显得不够地道、自然，而且会给国外受众以一种夸夸其谈的感觉，甚至反而会影响受众对公司的信任感。译者在翻译中将这些夸张的表达转换成简洁朴实的表达，符合英语修辞习惯，较为容易得到受众的接受，产生普遍的认同感。

西方修辞学中的修辞劝说理论在企业实用汉英笔译中的作用日益凸显，企业官网上的英文企业简介作为企业实用汉英翻译资料的重要组成部分，是外国读者获取企业信息的窗口，其翻译质量很大程度上决定了企业实用汉英资料翻译的成效。

实用汉英翻译是通过实用汉英资料的译出与国外目标受众进行信息传递与交际的活动。实用汉英笔译与修辞劝说理论都是以沟通方式进行劝说的一种交际活动。译者通过文本的选择与自身的人格诉诸塑造可被接受的形象，以受众情感为核心，通过理性诉诸，完成实用汉英笔译工作。在实用汉英资料文本翻译过程中，将修辞劝说理论与其有机结合，可使译文更易被西方受众所接受，从而达到有效劝说的目的。

第十五章　衔接连贯理论与实用汉英笔译的实证研究

　　语篇语言学认为，语篇的衔接是语篇的基本特征，是生成语篇的必要条件之一。根据韩礼德和哈桑的理论，衔接是语篇语言成分之间的语义关系。衔接关系的存在是语篇完整的重要组成部分。韩礼德和哈桑归纳了五种主要的衔接方式：照应、替代、省略、连接和词汇衔接。哈桑在前面提出的五种机制的基础上，增加了邻近配对和由谋篇结构关系形成的衔接机制，包括主位结构关系和同构关系。中文和英文都是成熟的语言，在篇章构成方面即衔接手段方面也有相同之处，两种语言都有结构衔接和非结构衔接之分，而且各自的分类在两种语言中也相同。但是由于属于不同的语系，汉语和英语表现出不同的形式特征，汉语呈意合特征，英文呈形合特征，再加上不同的文化和历史原因，中英文在衔接手段上呈现各自的特色。研究语言的衔接对实用汉英笔译有重要的作用。实用汉英笔译简单说来是将一个完整的语篇译为另一个完整的语篇。源文和译文语篇如有相同之处，翻译就会比较轻松；如果有不同之处，这是汉语和英语之间明显存在现象，那么翻译就不那么容易了，就需要译者对相关的两种语言进行研究，掌握和处理好它们的差异，以便产出高质量的译文。

第一节　国内外衔接连贯研究的概貌

　　黄国文（1988）认为，篇章语言学（也称话语语言学）是一门年轻的学科，它是 20 世纪 50 年代以后才发展起来的；作为独立的学科，它直到 20 世纪 70 年代才有较快的进展。篇章语言学的研究对象是比句子更大的语言单位，包括书面语言和口头语言。语篇的结构、句子的排列、句际关系、会话结构、语篇的指向性、信息度、句子间的语句衔接和语义连贯等等，都是篇章语言学的研究内容。篇章语言学与语法学、文体学、语用学、语义学等学科关系十分密切，这些领域的研究都常常涉及篇章语言学的研究内容。赵彦春（2002）指出，衔接——连贯属于翻译的本质属性范畴，因为它涉及形式——意义关系的根本问题。翻译实质上就是源语语篇和译语语篇之间衔接——连贯的映现。两种语篇之间的映现所形成的相关因素的对应关系决定了翻译的优劣，因此译者应追求两种语篇之间最大程度的映现。衔接——连贯是翻译动态体系中变量中的衡量。文章通过《关雎》六个译本的个案分析，试图揭示衔接——连贯在翻译中的重要作用，它可以作为指导翻译活动和评价翻译质量的指导原则。杨自俭（2003）认为，张德禄和刘汝山所著的《衔接与连贯理论的发展及应用》一书恰当地评论了前人的成就与存在的问题，并力图建立一个比较完整、具体和有较高可操作性的语篇衔接和连贯的理论模式和分析框架。同时该书重视应用研究，拨出四章专门对语篇衔接与连贯的理论在文体学、翻译、外语教学与其他相关领域的应用进行了探讨。语篇的衔接和连贯与语境有关，语篇和语境以及两者之间的关系都有待进一步研究，这是继续深入探讨衔接与连贯并使之理论化、系统化的前提。这两个范畴与文体学、翻译学、美学、心理学、句法学、逻辑学、语用学、语义学和语言哲学等学科都有非常密切的关系，研究它们有重要价值。黄振定（2007）提出，逻辑连接是语言连贯成篇的关键。由于人类思维的普遍性，英汉语篇的逻辑关系总的来说是共通的；但由于逻辑范畴的复杂性和语言表达的差异，英汉语篇的逻辑衔接手段还是多有不同。文章就英汉语篇的时空、因果、转折和推延4种主要的逻辑连接做一例析，以具体说明二者间的异同及其意义。余高峰（2009）认为，语篇是一个具有完整语义的自然语言单位。衔接和连贯是保持语篇及其段落连贯性的两个重要原则和重要特征。语篇与翻译密切相关，因此，在翻译实践中，要从语篇的整体性出发，充分考虑衔接与连贯，在保持源文语篇风格的同时，尽可能地使译文自然流畅。

连贯的研究发展在20世纪80年代进入高峰期，90年代呈现拓展和纵深趋势，其领域的西方学者有范代克（Van Dijk）、维多夫森（Widdowson）、韩礼德、哈桑、波格然德（Beaugrande）和德雷斯勒（Dressler）等。不同学者关于连贯的研究论述中，可以分析归纳其共识点，从三个角度对连贯属性进行界定。

一、系统功能语言学认为连贯具有多层次的外在表现形式

韩礼德和哈桑均认为，"语篇连贯性主要包括两点：情景连贯，即语域一致；语篇自身连贯，即全文衔接紧密"。语域的一致性，实际指的是"语篇构成成分，也就是语句、语段等，均属同一情境。或者说按同一话题范围、表述方式等进行谋篇布局，语义前后衔接一致，实现语篇交际功能的有效行使"。构成语篇的句子或语段都属于同一情景语境，即语篇是按同一个话语范围、话语方式和话语基调展开的。语篇连贯具体还可分为"句法、语义、语体以及语用"等几种层次。连贯的不同表现形式同时体现出语篇连贯因素的复杂性与多样性，例如，语法手段、词汇衔接、语用功能、语体风格等语篇特征，在遵循一定的语篇规范规律下有效聚合，从而使语篇语义有机结合，实现语篇的连贯性。

二、关联理论认为连贯具有心理关联属性

心理关联属性主要涉及语篇接受者的心理认可范围和程度。斯珀伯和威尔逊（2001）把连贯看作是一种关联的结果。汤普森（Thompson）（1996）认为"连贯是作者、读者头脑中的语篇印象，实际是一种心理现象，很难像衔接一样，可以进行识别或者量化"。贝克（1992）也认为"连贯并非语篇特征，而是读者对语篇内容做出的主观判断"。因此，"对连贯的理解就不再局限于文本自身，而是上升到读者的心理层面"。读者依据自身的百科知识，对文本现有信息进行心理关联上的重组和排列，进而完成语篇解读的主观构想和心理接受。

三、认知语言学认为连贯具有动态属性

认知语言学认为连贯是语篇接受者在语篇理解过程中，对存贮于大脑记忆中的"图式"的推理，是一种认知的逻辑推理过程和结果，具有动态属性。对语篇进行理解，实际是接受者依据语境信息、相关语用知识，有效激活头脑中与之相对应的知识框架，也就是所谓的图式，再利用推理，重构语篇连贯的过程。由此可知，连贯性的形成，实际是在语篇实体基础上，将语篇信息作为线索，有效激活背景知识，再依靠认知推理，分析并理解语篇的过程，即动态推理过程。

第二节　衔接连贯理论

　　传统的翻译研究视翻译为语言转换，译文对源文的"忠实性"是翻译质量评估的首要条件。这种研究方法往往过于注重字词或句子的翻译，片面追求字与字、词与词或句与句之间的对等，而常常忽略整个语篇的衔接性和连贯性，结果导致要么译文呆板、生硬，要么译文"翻译腔"十足，甚至失信于源文。20世纪出现的语篇语言学使得人们对语言的研究扩展到篇章层次。从语篇语言学的角度来分析翻译问题，可以在语言结构的更高层次上处理信息再现的问题。衔接是语篇的重要特征，是理解语篇的基础。衔接作为语篇的有形网络，体现在语篇的表层结构上；连贯则为其无形网络，存在于语篇的深层，通过逻辑推理来表达语义的连贯。根据韩礼德和哈桑的衔接理论，衔接手段大致可分为语法衔接和词汇衔接。其中，语法衔接包括照应、省略、替代和连接；词汇衔接则包括词语重述、同义、下义和搭配等。

　　衔接是连贯建构中最重要的一种手段。正如韩礼德和哈桑（1976）所指出的那样，从形式上看，语篇是由相互联系的小句组成的，而这些相互联系的小句则主要是通过五种衔接纽带串联起来的，这五种衔接纽带即上文所提到的照应、省略、替代、连接和词汇衔接。韩礼德和哈桑把衔接看作是"一套语义资源"（Halliday & Hasan，1976）。学界一般都把衔接归为语法范畴，称它为"底层连贯的语法表现"（Dijk & Kintsch，1987），或者把他们对衔接的考察称为"语法分析"（Crystal，1987）。韩礼德在他那本著名的《功能语法导论》（1983）中把衔接纳入了功能语法体系之中，显然已突破了传统语法拘泥于句法的小天地。不过，仔细分辨这五种衔接手段的发生机制，不难看出它们所作用的层次并不一样。用韩礼德和哈桑的话说就是：

　　照应、替代和省略显然都属于语法范畴，因为它们都是封闭的体系：在场或不在场的简单选择，以及那些诸如人称、数、远近和比较程度的体系。词汇衔接，就像这个名称所暗示的那样，是属于词汇范畴的；这是一种开放的选择，也就是对词项的选择，而这个词与先前出现过的某个词项存在着某种联系。连接（conjunction）则是处于语法和词汇的边境线上；这套连接成分从系统的角度看也许可以被解读为是语法性的，但这样的解读会比较复杂，有些连接方式涉及词汇选择……（Halliday & Hasan，1976）

由照应、替代、省略和连接构成的语法衔接在语法的维面上，担负着联句成篇的语篇连贯作用。从衔接的类型来看，这几种衔接机制在英汉语中都存在，从范畴上看是一一对应的，可以视为是语言类型学意义上的一种共性。因此，原则上这四种类型的语法衔接具有较高的可译性，但这只是从总体和原则上论，并不是说语篇中所有的衔接体现都可以采用一一对应的方式转译成目标语。英汉两种语言在这四种衔接类型上的共性是它们之间存在可译性的基础，然而由于两种语言的表达习惯的不同，同类的衔接方式会有使用频率的不同，而这使用频率的不同就必然会导致某些衔接方式在翻译中会有一定程度的变形，但这样的变形应该是在不影响语篇连贯的条件下发生的。以衔接的重要手段——代词为例，英语的代词使用频率就远远高于汉语，常常到了无代不成词、无代不成句的地步；而汉语的行文习惯之一却是避虚就实，与英语的避实就虚正好相反。这就意味着在英汉翻译中，英语源文中的许多指称性代词必须要做零翻译和实化翻译处理，但这样的处理并不是以牺牲连贯为代价的。有时译文体现虽无其词，却有其意。如果说衔接重的是形合的话，那么零衔接的连贯则重的是意合。从根本上讲，形合是为意合服务的，衔接是为连贯服务的。一个语篇，无论是汉语还是英语，其实都是形合与意合相结合的产物，只不过不同的语言，有不同的侧重而已。

毫无疑问，在组织语篇成分的过程中，语法衔接起着至关重要的作用。

语篇的连贯指的是语篇中语义上的相互关联。连贯存在于语篇的深层，体现了语篇中各个成分之间的逻辑关系，也体现了语篇作者的交际意图和预期的语篇功能。衔接是语篇特征的重要内容之一，一个连贯的语篇有着良好的衔接机制。衔接与连贯相辅相成，有着紧密的对应关系，使语篇获得统一的语义。衔接手段在语篇中发挥着重要的纽带作用，各种衔接手段在解读源语语篇、构建译文语篇连贯的过程中起着积极的导向作用。在翻译中，认清语篇中的各种衔接纽带，是建立译文语篇连贯的第一步，对于译文连贯的重建有着十分重要的意义。

总之，衔接是通过词汇和语法手段来实现的，连贯是通过信息的有序排列来实现的。由于英汉两种语言结构和文化的差异，要根据目标读者的表达习惯，对衔接和连贯进行重构，使译文具有衔接和连贯的特点，传达源作者的完整意思。

第三节　衔接连贯理论视角下实用汉英笔译策略

何谓语篇（Discourse）？语篇是指任何不受完全句子语法约束的在一个特定的语境中具有交际功能，表示完整语义的自然语言单位。语篇既包括话语，也包括篇章，它可以是一个词、一个短语或词组、一个句子、一首诗、一篇散文、一则日记、一部小说；也可以是一句口号、一支歌曲、一次对话、一场口角、一次长达几个小时的讲演（李运兴，2001）。语篇语言学（textlinguistics）这个术语最早是由德国语言学家维因里希（Weinrich）于1967年提出来的，此后，语篇语言学逐渐为人们所接受，并引起越来越多的语言学家所关注。荷兰著名的心理语言学家范代克在1979年指出，语篇语言学实际上并不指某一种理论或者某一种研究方法，而是指把语篇作为研究目的的任何研究。波格然德和德雷斯勒在其《篇章语言学入门》（*Introduction to Text Linguistics*）一书中详细介绍了篇章语言学的七个标准：衔接（cohesion）、连贯（coherence）、意图性（intentionality）、可接受性（acceptability）、信息性（informality）、情景性（situationality）和篇际性（intertextuality），从而确立了衔接与连贯在篇章语言学的重要地位（邹玮，2003）。在这七个标准中，无疑"衔接"和"连贯"是最重要的，因为衔接和连贯是其他标准的基础，其他标准需要在衔接和连贯的基础上进行分析和研究。衔接是语篇的重要特征，它主要体现在语篇的表层结构上，词汇手段和语法手段均可体现在结构上的黏着性，即结构上衔接，可以说衔接是语篇的有形网络。连贯是语篇的主要特征，它指的是语篇中语义的关联。连贯存在于语篇的底层，通过逻辑推理来达到语义连接，因此，可以说连贯是语篇的无形网络（杨黎霞，2003）。

前文第三章已对语篇衔接、语篇连贯及两者关系进行过论述，接下来谈谈语篇翻译的分析步骤。

一、对源文语篇连贯的分析

首先，分析汉语源文的衔接机制，考察各个层次和各个方面的语篇衔接机制和方式；其次，分析这些衔接方式实现什么样的意义模式，即其及物性结构呈现什么概念意义模式，其语气结构呈现什么言语功能模式和语篇的总体交际功能，词汇和照应组成的衔接链之间是什么关系，语篇的主题意义是什么，语篇的发展模式是什么，主要是依靠隐性还是显性衔接机制，省略和替代的意义成分是否较多，等等。通过以上意义模式，我们可以推测语篇的情景语境因素，即语篇所涉及的主要事件和活动，什么人参与了事件或活动以及他们之间的关系，语篇的交际媒介，等等。语篇的情景语境是文化语境的具体体现，所以在描述本言语社团的语篇特征时，我们一般不必再去描述语篇的文化语境。但在翻译过程中，两种语言的语篇主要差异，主要表现在文化语境上，所以还要描述源文语篇产生的文化语境。

二、对目的语语篇连贯的先行分析

在翻译之前，我们还要对目的语语篇进行先行分析，首先涉及翻译目的，也就是为什么要翻译这个语篇；其次需要把目的语语篇连贯所涉及的各种因素进行细致的考察，其分析程序如下。首先，分析所涉及的文化语境，对两种语言的文化语境进行比较，发现其不同的方面。其次，分析以上文化语境差异在情景语境中的表现。一般来说，在话语范围上，目的语语篇与源语语篇没有什么区别，但它在读者心里产生的效应会有不同。在话语基调上可能与源语语篇有所区别。从话语方式上来说，虽然交际的渠道和媒介是相同的，但交际的方式，特别是信息传递的方式、隐性与显性衔接的取舍等可能有所不同。再次，分析意义模式的特点。最后，分析语言形式与意义模式的关系。

三、确定翻译策略

通过以上分析，参照本语篇的翻译目的，译者需要确定语篇的翻译策略。在实用汉英笔译中，译者常常面临是否原原本本地表达源文的所有意义的选择，从实用汉英资料翻译的目的来说，显然不能。在这种情况下，译者必须做出选择，以哪种意义模式作为主要保留的意义，然后兼顾其他类型的意义。

语篇构成的一个必要条件是衔接性。不同的语言有不同的语法体系和表达方式，英汉语思维方式和表达习惯不同，其衔接方式也就会有许多不同之处，所以在翻译时，要根据目的语的习惯调整衔接手段，否则译文就无法达到语篇的另一个标准——可接受性。也就是说，源语中的衔接方式有时必须做必要的调整，否则便会造成译文表达不准确或不自然。因此，在翻译过程中，如何恰当地处理好译文中的衔接方式尤为重要。实用汉英笔译也不例外，在实用汉英资料翻译文本的汉译英过程中必须注意运用语法衔接、词汇衔接等手段，以使译语语篇连贯，符合英语表达习惯，易于被英语读者接受。

第四节　衔接连贯理论在实用汉英笔译中的应用

语篇翻译离不开语篇分析，衔接与连贯是语篇分析的重要内容，也是译者理解源文和构建译文的重要向导。语篇翻译是对语篇进行衔接识别和连贯重构的过程，译者应了解衔接与连贯的属性和两者之间的辩证关系，基于此认识两者在语篇翻译中的重要作用和处理方式，进行语篇翻译的成功转换。

一、衔接

（一）非结构衔接

非结构性衔接包括韩礼德和哈桑在其《英语衔接》中总结出来的五种衔接机制：照应、替代、省略、连接和词汇衔接，其中照应和词汇衔接是组成衔接链的主要手段，而且是主要的非结构性衔接机制。

在韩礼德和哈桑所建立的照应模式中，照应有三种体现方式：即人称照应，指示照应和比较照应。这三种类型的照应在英汉两种语言中都同时存在。英语人称照应包括：I, me, you, we, us, he, him, she, her, they, them, it, one, mine, yours, ours, his, hers, theirs, its, my, your, our, his, her, their, its, one's。英语指示照应包括：this, these, that, those, here, there, then, the。英语比较照应包括：same, identical, equal, similar, additional, other, different, else, better, more, identically, similarly, likewise, so much, differently, otherwise, so, more, less, equally。

英语替代包括名词性替代（例如：one, ones, the same），动词性替代（例如：do），小句性替代（例如：so, not）。

省略是通过小句中某个句法单位的残缺来预设前句的相应句法单位的语言项目，当读者根据这一预设在前句中搜索到被预设的语言项目时，两句之间的照应和连贯关系就建立起来了。与照应和替代一样，省略也是一种预设，通常具有前指关系（Halliday & Hasan, 1976）。事实上，它所起的作用与替代是一样的，只是体现方式不同而言，因此韩礼德和哈桑也称这种衔接方式为"零替代"（substitution by zero）（Halliday & Hasan）。于是，省略就像替代一样，也同样有三种相应省略：名词省略；动词省略；短语省略。

"连接"是一个"在前言与后语之间建立系统联系的专门用语"。连接成分之所以具有衔接功能，是因为这些成分本身的特殊含义预设了语篇中其他成分的存在，连接词一般不会孤立出现，在语篇连贯的建构过程中，它们总是在不同的微观层面起着承上启下的连接作用。韩礼德与哈桑区分了四种连接关系：附加关系（additive）；转折关系（adversative）；因果关系（causal）；时间关系（temporal）。

连接是人类运用于逻辑推理的基本手段，因此这四种连接关系也同样存在于汉语，至少在英汉语的比较中属于共性的东西。有同样的衔接关系也就意味着有同样的衔接手段，有同样的表达手段就意味着形式对应的概率比较高，翻译难度较低，这也就是我们很少能见到汉英连接词翻译研究的原因之一。在汉英语篇翻译中，译者一般采用形式对应的处理方式就可以体现源语连贯机制的特点。

例如：整整一天，他攀缘在陡峭的山坡上，几乎没有停下来过。

a. 而在整个这段时间里，他没有碰到过任何人。（附加关系）

b. 可是他好像一点也没觉得累。（转折关系）

c. 因此到了晚上，山谷就被远远甩到了下面。（因果关系）

d. 后来，黄昏降临了，他才坐下来休息。（时间关系）

译文：For the whole day he climbed up the steep mountainside, almost without stopping.

a. And in all this time he met no one. （additive）

b. Yet he was hardly aware of being tired. (adversative)

c. So by night time the valley was far below. (causal)

d. Then, as dusk fell, he sat down to rest. (temporal)

（王东风，2009）

然而，也不是没有例外，因为一种表达方式在两种语言中同时存在并不意味着在实际使用中就会有相同的使用频率。我们知道，英汉语在语言类型学上的一大差异就是，英语是综合型和分析型互参的语言，而汉语则是分析型语言。英语中由于有综合型语言的特征，因此对语法形式的依赖较大，语篇的逻辑关系和时间关系通常靠显性的语法形式来体现，而汉语则是典型的分析型语言，语篇连贯链上的逻辑和时间关系常用隐性的语序来体现，这就是我们常说的英语重形合、汉语重意合的一个重要原因。英汉语在语言类型学上的这一差异必然也体现在表达语篇逻辑关系和时间关系的连接词的翻译之上。由于对显性的形式体现的倚重，英语连接词的使用频率要远远高于汉语连接词。这一客观差异的存在就意味着连接词翻译时的此长彼消的必然。

例如：计算机在现代航天领域中起着关键的作用，但由于航天计算机所处的特殊运行环境，其抗辐射性及可靠性是重要的指标之一。由于航天发达国家对航天技术和对高性能宇航级器件的出口限制，致使我国的航天计算机发展受到种种制约。研究和开发国产高性能宇航 CPU 不仅可以满足日益增长的航天任务的需求，而且对于保障航天计算机的安全、提高航天计算机的可靠性、打破国外对于高性能宇航级器件的封锁，发展我国自主航天计算机技术有极为重要的意义。

"龙芯" CPU 是采用正向设计，拥有完全自主知识产权的国产高性能 CPU。为了适应"龙芯" CPU 在航天任务中的应用，在中国科学院等单位的支持下，中国科学院计算技术研究所对此芯片进行了航天适应性改造，设计出了一款抗辐射加固"龙芯" SOC（System On Chip）：RH-GS1-SOC。

本课题为 RH-GS1-SOC 芯片设计了一个抗辐射实验单板机和一个基于 Compact PCI-总线的原理样机，对 RH-GS1-SOC 进行了抗辐射效应地面模拟试验、温度稳定性试验。本文先介绍了国内外航天应用 CPU 的发展情况，然后对抗辐射实验单板机和原理样机的设计原理、各项实验方案做了完整描述，最后对 RH-GS1-SOC 芯片是否满足航天计算机的应用要求做出了评价。

译文：The computer plays a key role in modern aerospace applications. But the aerospace computer is working in the space environment, so the irradiation-tolerance and reliability are great respects. Because the countries advanced in aerospace research put some restrictions on the export of aerospace-grade or high-performance devices, China is constrained in developing aerospace computers. Researching and developing of China-made high-performance aerospace CPU can not only meet the growing demand of aerospace missions, but also have some great significance.

Based on top-down design, processor "Godson" achieves outstanding characteristics with full independent intellectual property of China. With the contribution and support of General Armament Department and Chinese Academy of Sciences, Godson was modified and upgraded in both of system architecture and silicon structure by CAS−ICT (Institute of Computing Technology, Chinese Academy of Science), which gives birth to the rad-hard "Godson" CPU: RH−GS1−SOC.

In this project I designed an SBC (Single Board Computer) and a Compact PCI-based prototype computer for RH−GS1−SOC, performing a simulation experiment of tolerance of irradiation and an experiment of temperature stability. This article has put a review of the developing on aerospace CPU domestic and abroad, and then following the full description of the SBC, the prototype computer, and the detail of all experiments. At last, the evaluation of RH−GS1−SOC in aerospace applications is given.

（纪蓉琴、黄敏，2018）

分析：首先，源文是一篇空间科学论文。在语篇中，其主衔接链构成的主题意义是，研究和开发国产高性能宇航 CPU 对于发展我国自主航天计算机技术有极为重要的意义。"抗辐射加固'龙芯'处理器的空间辐射环境适应性研究及航天计算机设计评估"是语篇的主要信息，作者用了三个段落阐述了这几个方面的含义。

其次，汉语在衔接手段上与英语有较大区别。一般来说，汉语中当一个名词多次出现时，通常运用词汇重复形式或省略形式，所以代词这一衔接手段在英语中使用的频率要比汉语高得多。例如：上面的源文中没有出现一个代词，在英语译文中却多达 3 处，其中人称指代 1 处（I），指示指代 2 处（this）（具体见文中画线部分）。人称指代和指示指代也是最能体现指代意义的语言手段，通过使用这些指代手段，译者既考虑了英语的语篇组织规范，从而成功地实现英语语篇的衔接。译者调整和增加了衔接手段，使得译文的语篇衔接机制更丰富，在主题意义的表达上效果更突出。

最后，译者对其他非结构性衔接机制也相应地根据目的语的语言特点做了处理。例如，在源语语篇中省略的成分，在目的语语篇中需要明确化，如源文中大量省略的主语在英语中用代词明确地表达出来。例如，"I"强调参与研究的是一个群体，主语"I"的使用可以拉近与受众的距离，可避免语句结构烦琐累赘，从而易于理解。科学论文的目的就是为了交流，第一人称代词可以强调并阐明作者的观点和发现，缩小读者和作者之间的距离，使论文观点更容易为读者所接受（俞碧芳，2016）。连词成分也如此。对比上面的源文和译文不难发现，汉语源文中较少使用连接手段，这是由于汉语的句法特征是意合，有时逻辑关系呈隐性连接，需要译者运用推理发现语篇深层的逻辑关系并显现出来，以符合英语句法的形合特征，在汉语中依靠意义或语序隐性地表达的衔接，在英语中往往使用明确化的连词或其他连接成分表示，译文中使用了大量的连接成分（but, so, not only...but also, and, then, at last）（具体见文中画线部分），这些逻辑衔接手段使得译文比源文的连接成分和替代成分明显增多，这也符合英汉两种语言的特点。

（二）结构衔接

结构衔接指主位结构衔接、语气结构衔接和及物性结构衔接。分别涉及语篇的三种意义模式：谋篇意义、人际意义和概念意义。

主位结构之间的关系是由语篇中小句的主位之间的关系，以及主位与述位之间的交替和意义交互形成的，其中主要是主位与主位之间的关系。

例：在福州，有种说法叫作"无鱼丸，不宴席"。福州的鱼丸做法独特，内里包有猪肉馅，而其他地方的鱼丸多为实心丸，无馅。做鱼丸需挑选味道鲜美的鳗鱼或马鲛，去骨取肉，剁成碎泥，加入适量淀粉混合搅拌，制成外皮。鱼丸最好用清汤打底。裹有肉馅的半熟鱼丸浮于清汤之上，色白如玉。福州人喜欢在烹煮鱼丸时加入虾油、味精、白醋、胡椒粉等调料，再在上桌前撒上葱花作为点缀。夹起一颗，轻轻咬上一口，浓郁的汤汁在唇齿间留香，弹牙的肉质以及清爽的口感令人回味无穷。品尝美味的同时也一定要小心，别让汤汁烫到自己或溅到衣物上。在福州的美食名单里，烟台山的观井鱼丸位列榜首（苏淑凡，2015）。

译文：There is a saying in Fuzhou that you can't make a feast without fish balls. Fuzhou fish balls are particular in that they are filled with minced pork while fish balls elsewhere are solid without fillings. Fine-quality fish such as eel and mackerel are chopped into mash and mixed with appropriate starch to form skin offish balls. Fish balls are better cooked in clear soup. When being cooked, the semi-finished fish balls with meat stuffing inside will float in clear soup, white as jade. The Fuzhounese like to add shrimp sauce, monosodium glutamate, white vinegar pepper etc., and sprinkle chopped green onion when the fish ball is served. It tastes elastic, fragrant and refreshing. A bite of it will make your mouth juicy, but be careful! Don't let the hot filling spoil your clothes! Guanjing fish balls in Yantai Mountain enjoy a high reputation in Fuzhou for their delicious taste.

（岳峰，2021）

分析：在上面的汉语源文中，所有的小句都是陈述句，表示整个语篇都是提供信息的。与英语相比，汉语以主语作为主位的使用频率要低得多。因此，在汉译英过程中，译者更多地选择主语（画线部分）作为主位，即根据语篇意义的发展组织信息，这更符合英语语篇的行文规范。

实用汉英资料翻译语篇的一个突出特征是其情景依赖性。这主要通过两个方面体现出来：一方面是语篇的外指项目比较多，把语篇直接与语境中的人或事物相联系；另一个方面是语篇的意义空缺较多，主要表现为对背景信息没有交代，参与者的某些非语言行为没有通过语言表述出来等。在汉语语篇中，作者往往使用大量文化背景信息成为共享信息或者说是预设的信息，这些信息使语篇极其依赖于文化背景。所以，从这个角度讲，很多汉语语篇的情景依赖性很强，这对译文读者构成理解上的困难，因为只有在了解语篇的背景信息时才正确地理解译文。

英语和汉语在语篇上既有内在思维的差异，也有外在衔接和连贯方面的差异。对源语语篇连贯和衔接手段的认识以及努力实现目的语语篇的连贯性，是翻译中的两个重要环节。从上面的分析可以看到，英语的衔接必须明白地体现在词汇或语法结构上，也就是从语言形式上把词语、句子结合成语篇整体；而汉语对词汇的衔接要求不那么严格，更多地依赖于句子的内涵意义和逻辑联系以及语境和语用因素达到连贯的效果。通过分析可以看出，语篇的衔接特征是在一定层次上的整体意义的组织形式，它把某个层次上的具体意义组织成为语篇的整体意义。由此可见，在翻译过程中，把源语语篇的衔接机制和衔接模式在目的语中重现，是保留源文的整体意义的有效策略。在某种程度上说，语篇的意义对等翻译可以由语篇的衔接模式的对等来实现。

根据以上论述，设计语篇分析步骤如下：1. 对源语语篇影响连贯的因素进行分析。对源语语篇的衔接机制进行大致的分析，即对源语语篇所涉及的语篇内部和语篇外部的控制语篇连贯的因素进行分析。2. 对目的语语篇进行先行研究，包括其翻译的目的和用途，目的语的社会文化背景和情景语境。3. 根据以上分析，大致确定翻译策略，如直译、意译、编译等，使其适合目的语的语言特点，适合目标语读者的接受心理。4. 确定连贯对等实现的条件。衔接机制是连贯实现的主要条件，译者需要根据语篇的源文和译文的特点来确定每一种衔接手段的翻译方式，以便在译文中尽量保留其意义表达模式和意义特点。

二、连贯

汉英两种语言对语篇连贯的要求是一致的，但实现连贯的手段既有相同之处，也有不同的一面。英语语篇连贯特征的主要差异可以体现在词、句、段三个层面上，译文连贯的重构策略也应该从这三个方面进行分析和探讨。

（一）词汇层面上的连贯重构

1. 词义的相容性和译文连贯的重构

译文连贯的构建从词开始，实用汉英资料翻译语篇的用词要达意、准确、符合实用汉英资料翻译文本的规范。译文的遣词至关重要，所选词汇在语义上必须与整个语篇的语义具有相容性，这样才能获得译文的连贯。

例：宁德国家地质公园自然条件优越，生态环境优良，白云山、白水洋、太姥山三个园区森林覆盖率为 72%—90%。

原译：Ningde National Geological Park boasts superior natural conditions and sound ecological environment. Forest coverage in three gardens known as Baiyun Mountain, Baishuiyang and Taimu Mountain amounts to 72% and 90% respectively.

改译：Ningde National Geopark boasts superior natural conditions and sound ecological environment. Forest coverage in three <u>subparks</u> known as Baiyun Mountain, Baishuiyang and Taimu Mountain amounts to 72% and 90% respectively.

（韦忠生，2016）

分析：原译将地质公园翻译为 geological park，更为确切的译法应为 geopark，更符合目的语的表达方式。几个"园区"不能翻成"garden"，大的公园既然称"park"，次一级的应该称"subpark"，用"garden"就会造成从属关系不清楚，也无法准确体现具体语境，以为是另外的国家地质公园，同时也违反了源文的语义和信息完整规则。因此将"garden"翻译成"subpark"，这样目的语读者就了解该国家地质公园是由三个 subpark 组成，可以更好地体现源作者区分三个不同园区的目的。

2. 汉英词语的不同文化内涵和译文连贯的重构

词语不仅含有概念意义，还有着深厚的文化积淀，浓缩着语言的历史文化、民族心理、思维方式、价值审美观念，乃至情感价值。一个社会的语言能反映与其相对应的文化，其方式之一表现在词语内容或者词汇上。由于社会文化背景不同，汉英两种语言中概念意义相对应的词汇，其语义内涵可能相去甚远。汉语中的"喜鹊"有"红运、喜庆和吉利"的语义内涵。而英语中相对应的 magpie 或 pie 让人联想到"饶舌"和"烦人"甚至"厄运"和"灾难"。

翻译过程中对词语的选择不仅要考虑与语篇整体语义的衔接和贯通，也要考虑汉英读者的不同接受能力。原因在于：一个单词在一种文化中所承载的语义内涵，在另一种文化中可能会出现空缺。

例：寿山石雕素以选料珍稀、构图严谨、雕工精湛、色彩绚丽而著称，经过千百年的积累和创新，寿山石雕已形成圆雕、<u>薄意</u>、浮雕、高浮雕、<u>镂空雕</u>、透雕、链雕、微雕、镶嵌、钮雕、篆刻等工艺。

原译：Shoushan stone carving is noted for its meticulous selection of materials, excellent design, super workmanship and rich color. With thousands of years' development and innovation, it has shaped numerous carving techniques such as <u>solid, sketch</u>, relief, super relief, penetrating, chain, mico, embedding and engraving etc.

改译：Shoushan stone carving is noted for its strict selection of materials, exquisite design, super workmanship and rich color. With thousands of years' development and innovation, it has developed numerous carving techniques such as round object carving, carving in unrestrained style, relief, high relief, hollow interior carving, penetrating interior carving, chain carving, miniature carving, embedding, seal carving and engraving etc.

（韦忠生，2016）

分析：源文对寿山石雕的不同的雕刻风格做了详尽的描述，原译将"圆雕""薄意"分别译为"solid""sketch"，显然没有把握其含义，违背了准确而完整地传递信息的规则，漏译了镂空雕，影响了信息的完整性，无法体现寿山石雕雕刻风格千姿百态的目的。改译后的译文将"圆雕""薄意"分别译为"round object carving""carving in unrestrained style"，补译了镂空雕 hollow interior carving，为目的语读者提供了寿山石雕不同的雕刻风格的背景知识，弥补了文化缺省的信息。改译后的译文更准确地传递了源语的信息。

（二）句法层面上的连贯重构

汉英两种语言的结构迥然不同，在语篇连贯构建的模式上也有着不同的特点。就句法结构说来，英语注重形合（hypotaxis），汉语重意合（parataxis）。就表情达意的功能而言，形合是明示，意合是隐含。形合和意合的主要区别在于：英语句子中连接词使用较多，一般不能随便省略。英语的长句除了主句还包括若干分句。从句和众多的修饰语如从句、介词短语、形容词短语、非谓语动词形式等，再加上大量的连接词，从而形成结构较为复杂的长句。英语长句在公文文体、论述文体、科技文体和文艺文体中用得特别多，是由于长句可以严密细致地表达多重而又密切相关的概念。汉语是分析性为主的语言，没有形态变化，少用甚至不用关联词，词语之间的语法关系主要是通过词序或虚词（助词）等手段来表示。词的先后次序一般是按照时间顺序和逻辑关系来排列。形合手段可分为两种：一是形态，包括构词和构形；二是形式词，包括连接词、关系词、介词、助词、代词和语气词等。

汉语也有长句，"流水句"是其中一种句式，它是指一口气说几件事，中间似断似连，一逗到底，直到说完为止，才有一个句号，参与一个事件过程的不是一个人，可能有几个甚至多个人，因此有几个主语或话题。"汉语造句主要采用流水记事法，常用分句或流水句来逐层叙述思维的各个过程。"（连淑能，2002）流水句是汉语造句的一个重要特征，句子以"意尽为界"。句子的信息容量没有语法形式上的限制，弹性很大，一句接着一句，恰似流水，可以无限制地扩展下去，呈"线性的流动、转折，追求流动的韵律、节奏，不滞于形"（申小龙，1988）。流水句这个生动的说法是由吕叔湘先生提出的，他认为流水句中几个小句流下去，一个小句接一个小句，很多地方可断可连（吕叔湘，1979）。

例：春三月，此谓发陈，天地俱生，万物以荣，<u>夜卧早起，广步于庭，被发缓形，以使志生</u>。（《黄帝内经》）

原译：The three-month Spring is the season for all things to revive. The vitality thrives in the nature and the grasses and trees become flourishing. To accord with such an environment, people should go to bed late and get up early, strolling in the court-yard with the hair hanging down loosely to relax the body and to enliven the mind.

改译：<u>When</u> the spring comes with the vitality thriving, the grasses and trees sprouting, <u>people should fall asleep and get up early, strolling in the courtyard</u>, having his /her hair hang loosely to relax the body and mood.

分析：该例属于中医文本。汉语属意合语言，在语法上侧重隐含，语言形式呈流水样态，无明显的外形标记。即词汇、句子间的结合主要借助于语意内在的关联。汉语的内在逻辑需要读者根据语感、经验和语境揣摩才能"悟出"。在理解和分析汉语时，交流者更多凭借主观经验去感知体悟，阐释客观世界。英语属形合语言，需要使用明显的语言形式标记背后的逻辑关系，及语义间的主次架构。中医英译时，除了分析语言结构表层的语义关系，中医医理背后的内涵和隐性逻辑关系才是正确重构逻辑的关键所在。原译被源语表层的形散和形式所局限，按照源文亦步亦趋地翻译，导致碎句多，主旨语义不连贯。"春三月……万物以荣"是背景信息，"夜卧早起……以使志生"为主旨语义。改译添加 when 引导从句，使语义清晰。

（三）段落层面上的连贯重构

1. 汉英段落信息排序、组合模式的差异

段是一个相对完整的语义单位，一般只说明一个中心意义，段中的各个句子都为表达中心意义服务，各句之间语义连贯，内容安排有条有理。段落内信息的呈示按照一定的顺序模式来安排。但是，英汉语篇的信息排序习惯并不完全相同，在一个段落中，先说什么，后说什么，各自有着约定俗成的标准。

汉语段落模式：往往在段落信息的安排上用归纳法。就是先分后总，先因后果的组篇方式。

英语段落模式：演绎法——主题句（Topic sentence）；先总后分（General—specific）。

2. 段落层面上的连贯重构策略

（1）通过语篇推进，合理切分段内信息层次，更好地构建译文连贯

戴恩（Dane）认为，"主位推进"指主位的选择和顺序以及主位之间的关联和逻辑，同时还指上一级语篇单位的总主位（hypertheme），体现了与整个语篇的关系。国内外学者对主位推进模式的分类主要可以归纳为四种，即主位同一型、延续型、述位同一型、交叉型。在主位同一型的推进模式中各小句具有相同的主位，然而其述位各不相同，围绕主位进行阐述，往往没有严格的时间顺序排列。其句际语法关系是并列平等的，借助主位提供了论述的主题，语篇意向明确，主旨清晰，因此亦被称为聚合型。话题主位的分布有助于语篇的建构。中心话题的统一性是语篇建构的关键所在，而主位均匀的分布使得信息的有效发展得以实现，是促使语篇围绕中心话题展开的重要因素。

例：年配送果蔬、水产品、肉类 60 万吨的现代物流中心一个，占地 460 亩。内设支线火车货运站一个，占地 2000 平方米的天棚堆货场 30 个，调控控制中心、电脑网络控制中心各一个，长途大型汽运车队一个，1200 保鲜库房 20 间，制冰车间 2 个。

译文：A 460 mu modern logistics center with annual distribution of 600,000 tons of fruits and vegetables, aquatic products and meat. Equipped with a branch line train freight station, 30 ceiling heap freight yards covering 2000 square meters, a scheduling control center, a computer network control center, a long-distance large automotive team, 20 preservation of the treasury occupied 1200 square meters, and 2 ice-making workshops.

改译：A 30.7-hectare modern logistics center with annual distribution capacity of 600,000 tons of fruits and vegetables, aquatic products and meat is to be constructed. The logistics center is to be equipped with a branch line freight-train station, 30 freight yards covering 2000 square meters, a control center, a computer terminal, a large long-distance truck team, 20 freezers measuring 1200 square meters, and 2 ice-making work-shops.

（韦忠生，2016）

分析：该例子中文语篇的第一和第二句均为无主句，其原译文完全遵从中文语篇的模式，导致作为主题的主位的缺失，违背了英语语篇不能省略主位的语篇建构和推进模式，影响了语篇信息的传递。改译后的译文将 logistics center 作为主位，同时第一句增加了谓语动词 is to be constructed 使其成为一个完整的句子，第二个句子仍然以其作为主位展开叙述，以 is to be equipped with 作为谓语动词构建了第二个完整的句子。该句采用了主位同一型的推进模式，使其主题十分清晰。改译后的译文将"亩"（mu）转换为"公顷"（hectare）。语篇中单一主位推进模式不免给人一种单调乏味的感觉，无法使文章的表现形式丰富多彩。同一语篇往往采用多种主位推进模式。大多数语篇的主位模式都是若干种模式的综合使用。

（2）增补连接词，重建译文语篇的连贯

衔接可以分为区域纽带（local ties）和整体纽带（integral ties）。前者是语篇的句子之间，或部分之间的连接，后者则是语篇整体的部分之间，或局部与整体的联系。区域纽带的作用是组成较大的语义板块。而整体纽带的作用是把这些小部分与整体联成一体，使其成为整体的不可分割的一部分。语篇的连贯具有多维性的特征，体现于语义层面、语用层面和语篇交际双方的心理互动三个层面。

例：政和县茶园 8 万亩，产量 8 千吨，海拔 200—1000 米的丘陵山坡有利于茶树生长发育。全县无公害茶园占茶园总面积的 95%，有近 3 万亩茶园通过绿色食品等质量认证。政和工夫是"闽红"三大工夫红茶之一，有 150 年生产历史。承办公司拥有茶叶种植、生产、加工、销售、科研、茶叶检测于一身的传统"政和工夫"红茶种植和加工历史。

译文：Tea plantation covers an area of 80,000 mu, with the annual output of 8000 tons of tea, grown in 200-1000 meters above sea level on the hilly slopes, the unique climate provides ideal environment for the production and development of tea trees. Pollution-free tea plantation of the county accounted for 95% of the total area of tea plantations. Nearly 30,000 mu of tea plantations have obtained standardized planting demonstration certification or green certification. Zhenghe unshredded black tea is one of the three Gongfu teas in Fujian, having more than 150 years of production. The contractor company has traditional Zhenghe Gongfu black tea planting and processing base of tea cultivation, production, processing, marketing, research, tea detected in one.

改译: Covering an area of 5333. 3 hectares the tea plantations in Zhenghe County boast an annual output of 8000 tons, for the reason that the hill slopes 200–1000 meters above sea level are suitable for tea growth. Pollution-free tea plantations of the county account for 95% of its total tea plantations among which 2000-hectare tea plantations have obtained green certification. As one of three main black tea varieties in Fujian Province, Zhenghe Gongfu tea enjoys a production history of more than 150 years. The current project undertaker has gained rich experience in the tea cultivation, processing, production, marketing, test and research of Zhenghe Gongfu black tea.

分析：上面例子的原译文由于连接词的缺失导致其语篇连贯性无法生成。在改译的译文中添加了连接词 for 描述其茶园有较大规模的原因，还增加了连接词 that 解释具体的原因，还运用了连接词 which、as，增强了其语篇的连贯性，此外将亩转换为西方通用的公顷（1 公顷相当于 15 亩）。这些连接词的添加使得语篇的逻辑性更加清晰，其语篇的衔接性与连贯性得以改观。

三、学术论文摘要翻译实例分析

国家标准 GB6447-86 对"摘要"的定义为："以提供文献内容梗概为目的、不加评论和补充解释，简明，确切地记叙文献重要内容的短文。"摘要，又称为概要，内容提要，美国称为 abstract。英国多用 summary，是论文内容的概括和浓缩，是现代学术论文的重要组成部分。一篇完整的摘要主要包括标题、摘要正文和关键词（主题词）三个部分。有的摘要除了正标题以外，还有副标题，用来说明论文的内容、范围，或者对正标题进行补充、说明或限制。

摘要作为论文的重要组成部分，是论文的高度浓缩，有其特殊的意义和作用。它是国际间知识传播、学术交流与合作的桥梁和媒介，目前国际上几个主要检索机构的数据库对英文摘要的依赖性很强，因此，好的英文摘要起着吸引读者并为其提供主要研究内容的作用。

（一）文体特点

1. 文体正式，用词规范

学术论文应使用书面化和正式化的语言，摘要是论文的一部分，用词也应正式。英文摘要有以下特点：

（1）多使用拉丁语、希腊语的英语词汇；

（2）多用单词，少用短语，以使文体正式、紧凑、简洁；

（3）忌用缩略语、俚语。

汉语摘要同样也要求用词正式。

2. 句式严谨，避免含糊

摘要作为学术语体，要求语义明确，表述清楚、简洁、准确，因而句子的语法关系必须严谨，语义明确，避免含糊。英文摘要使用长句多于短句，句型多样化，适当运用并列句、复合句和并列复合句来表达复杂的思想；用适当的短语代替从句。大量使用非谓语动词形式及前置短语等，把从句信息浓缩在简单句的状语和定语中来表达复杂的思想。

3. 结构固定，层次清楚

摘要的构成部分中英有别。中文摘要通常只有方法和结果两部分，而英文摘要通常包括四个部分：目的、方法、结果、讨论。摘要大体上遵循"三段式"章法结构比较固定。开头为主题句，指出论文的主要内容；展开句阐明论文具体怎样做；结尾句得出结论及所得结果、结论的意义。句与句之间分别体现扩展、论证、层次等逻辑关系，有效地建立句与句之间的意义联系。由此，摘要的逻辑关系得以突出，说理的层次性得以体现，论证的要点得以显化。

（二）翻译对策

1. 标题简洁，多用省略

翻译中文论文标题时，应简洁、练达，尽量省略次要的单词或不必要的细节，用少量的单词表达相同的意思。常用省略法和缩写语。

（1）省略法

英译中文标题时，可省略冠词、系动词、介词、代词、连词等不影响达意的词汇。例如：《隐元禅师东渡弘法成功原因及其影响》，可翻译为（*On the*）*Causes and Influences of Zen master Ingen's Success in Spreading Buddhism to Japan*。

有些专有名词、特殊名称、约定俗成的固定译文，其冠词不应省略，如：《习近平谈治国理政》可译为 *Xi Jinping*：*The Governance of China*。

有些系动词可以冒号代之，如："理论联系实际是繁荣社会科学的根本方针"，可简约地译为 Combining Theory with Practice：(the) Basic Principle for Mirroring Social Science 或者 Combining Theory with Practice：Basic Principle for Flourishing Social Science。

将介词短语结构变成单词，如：《浅论高校文科学报的功能》可译为 *A Study on the Functions of University Periodicals of Humanities*，也可简化译为 *A Study on University Periodical's Function*，或者 *Functions of University Periodicals*：*Preliminary Study*。

对中文标题中"论""试论""刍议""浅谈""初探"等的翻译，大多数翻译成 on，但是根据英文简洁的需要，完全可以不译出来，直接翻译标题的中心内容即可。

（2）缩略语

英译标题可多用缩写词汇，但是只有已得到本行业人员公认的缩略语才可在标题中使用；对于可有多个解释的缩略语，应严加限制。缩略语主要限于国名、组织机构和专业术语，如：英国，可用 U.K.；专业术语，贸易引力模型（Trade Gravity Model），可以缩写为 TGM；中医（Traditional Chinese Medicine），可以缩写为 TCM。

（3）标题大小写格式

标题中英文字母的大小写有三种格式：第一，全部字母都大写；第二，每个词的首字母大写，但四个字母以下的冠、连、介词等虚词全部小写；第三，第一个词的首字母大写，其余字母均小写。其中第二种用得最多。例如：《数字经济赋能共同富裕的理论机制研究》（*Research on the Theoretical Mechanism of Digital Economy Empowering Common Prosperity*）。

2. 表达准确，句式得体

学术论文摘要的英译，除了要求准确达意（尤其是专业性术语），还要采用正式（书面）文体，避免使用 isn't、don't、hasn't、needn't、lots of、no problem、one hundred percent correct 等口语体形式。还要注意：

（1）多用被动语态

被动语态有利于说明客观事实，能较好地表现客观性，主语部分可集中较多的信息，起到信息前置、鲜明突出的作用，所以在介绍研究对象、研究所用的设备、手段时都习惯用被动语态。

例如：建议单科课程目标采用"预期学习成果"的表述方式，并加强使用过程中的规范管理。

译文：It is recommended that the objectives of a single course adopt the pattern of "Intended Learning Outcomes" and the standardized management is supposed to be strengthened in the process of implementation.

另外，主动语态有助于文字清晰、简洁及表达有力，表明作者要向读者传递信息的人际功能（俞碧芳，2016），可以较好地突出作者的努力，所以一般介绍研究目的和结论时多用主动语态。到底采用主动还是被动，要根据意思、上下文和语句的连贯等来确定。

（2）正确选用时态

英文摘要所使用的时态主要有三种：一般现在时，现在完成时和一般过去时。一般现在时使用得最为广泛，主要用于陈述性、资料性文摘中，介绍的是研究目的、内容、结果、结论等客观事实，旨在实现概念功能和语篇功能（衔接、统一、惯例等），如：The result shows/presents…It is found that…。现在完成时用来说明论题的发展背景，表示已取得的成果、已完成的工作或已结束的研究项目，强调影响和作用。一般过去时主要用于说明某一具体项目的发展情况，介绍已进行的研究、实验、观察、调查、医疗等过程，更加注重时态的概念功能，也就是事件发生所涉及的经验实践，作者考虑了前人研究结果与自己的研究的时间距离。论文摘要的书写多采用一般现在时，一般现在时可以实现人际功能的情态意义，帮助作者达到明显主观或明显客观的效果（俞碧芳，2016）。以下面一篇摘要为例。

例如：温度直接影响到半导体激光器的功率输出稳定性。针对现有的半导体激光器的温度控制精度不高导致功率输出不稳定的问题，采用遗传算法优化模糊口控制的隶属度函数和控制规则，并将改进模糊控制应用到半导体激光器温度控制系统中。对半导体激光器的温度控制系统进行建模，用模糊控制和改进模糊控制分别进行仿真实验。实验结果表明，与模糊 PID 控制器相比，改进模糊 PID 控制器上升时间缩短了 9.05%，超调量减小了 2.44%。改进后半导体激光器温度控制系统的响应速度快，控制效果好，鲁棒性较强，提高了半导体激光器的温度控制精度和功率输出稳定性。

译文：Temperature directly affects the power output stability of semiconductor lasers. On one hand, in view of the problem of unstable power output due to low temperature control accuracy of existing semiconductor lasers, genetic algorithm is used to optimize the membership function and control rules of fuzzy port control, and the improved fuzzy control is applied to the temperature control system of semiconductor lasers. On the other hand, simulation experiments are carried out with fuzzy control and improved fuzzy control respectively in the modeled temperature control system of semiconductor lasers. The experimental results show that compared with the fuzzy PID controller, the rise time of improved fuzzy PID controller is shortened by 9.05% and the overshoot is reduced by 2.44%. Generally speaking, the improved semiconductor laser temperature control system boasts fast response speed, good control effect and strong robustness, which improves the temperature control accuracy and power output stability of the semiconductor lasers.

分析：可以看出，上面中文摘要译文采用一般现在时，充分体现了人际功能的情态意义。

（3）尽量使用合成名词、词组和名词化结构

合成名词是指由两个及两个以上的名词共同构成一个具有完整概念的合成词，有时也会加上必要的修饰形容词。

名词化（nominalization）是指小句的任何一个成分转换为具有名词或名词词组句法功能语言单位的过程，或者从结构上说，指的是把动词或形容词通过一定的方式加缀、转化等转换为名词的语法过程（杨信彰，2006）。系统功能语言学家韩礼德（2004）认为，名词化就是从真实表达客观世界向曲折反映客观现实的过程，话语表层意义与深层意义变得不一致，产生不同语言层次间的张力，导致语法隐喻的产生。名词化的产生源于交际的需要，与语体有着密切的关系。

①名词化在科技语篇中的语体价值

科技语篇中存在大量的名词化现象，这是由名词化的特点决定的。首先，名词化结构比动词小句包含的信息更集中，适合于科技语体对语言简练的要求。科技语体中大量使用名词化可以使语篇变得简洁、浓缩和凝练。例如：The cost is in the collateral damage of the very methods of food production that have made the food cheaper：in the pollution of water，the enervation of soil，the destruction of wildlife，the harm to animal welfare and the threat to human health caused by modern industrial agriculture。在这一小句中出现了五个名词化结构。首先，名词化的结构使小句结构紧凑、简洁、信息含量高。其次，名词化为说话人省略事件的参加者、隐藏其身份提供了一种选择方式。也就是说，名词化结构使得施动动词的主语不会出现，符合科技语体表述客观的要求。科技语篇面对科技工作者，在论述科技现象时把过程看成现象，经常省略有意识的动作着，使用被动语态，语篇因而具有客观性和公正性，同时表达更精确。例如：The adoption of new food technologies depends on more than these technical and cultural considerations。两个名词化结构的出现就省略了"to adopt, to consider"的执行者。最后，名词化服务于主位目的，主位处于凸出的位置。名词化在科技语篇中的衔接功能是通过建立"主位——述位"衔接而得以实现的。在科技语篇中，当上一句中充当述位或述位的一部分表达过程的动词被名物化后，即可充当下一句的主位或主位的一个部分，这样语篇的词汇密度增强、信息得到进一步的浓缩，主位和述位的衔接得到加强，从而使语篇更加连贯。同时，由于名词化凸显了语篇主位，从而降低了语篇的人际功能，增强了语篇的客观性和公正性。例如：The construction of such satellites（T1）has now been realized（R1）. Its realization（T2）is supported with all the achievements of modern science（R2）。在这个例子中，第一句中体现过程的述位动词 realize 被名词化，成为第二句中主位（realization），从而建立"R1→T2"的主位衔接，使得主位凸显、信息流畅。另外，realize 和 realization 为同词重复，从而实现了语篇语义的上下衔接，促进语篇的连贯。总之，科技语篇中大量使用名词化结构，使语篇结构紧凑、信息浓缩。此外，名词化结构的语篇和语篇衔接功能具有双重性，形式上表现为"R1→T2"的主位述位衔接和词汇衔接（同词重复），从而有效促进语篇连贯。

②名词化在法律语篇中的语体价值

法律语篇属于十分正式的语体，经验需要以正式的方式呈现出来。法律语篇往往是政府和民众、上级与下级、部门与部门之间传递信息的手段。因此，它要求用词简洁明白、准确、凝重，条文严谨，概念和定义精确，具有不容置疑的权威性。而名词化的使用可以使文字简练、严谨和具有权威性。因此，法律语篇中使用大量的名词化结构，使其庄重而严肃，导致名词化结构出现的频率相当高。例如：美国1787《宪法》中的一个条款：In case of the <u>removal</u> of the President from office, or of his <u>death</u>, <u>resignation</u>, or <u>inability</u> to discharge the powers and duties of the said office, the same shall devolve on the Vice President, and the Congress may by law provide for the case of <u>removal</u>, <u>death</u>, <u>resignation</u> or <u>inability</u>, both of the President and Vice President, declaring what officer shall then act as President, and such officer shall act accordingly, until the <u>disability</u> be removed, or a President shall be elected。在这个例子中，就出现了九个名词化结构（具体见画线部分）。这些名词化结构不仅使语言表述精确、凝练，而且句里行间显示出法律的庄重和尊严，因而使语篇具有权威性和庄重性。

③名词化在商务语篇中的语体价值

名词化在商务语篇中主要实现以下三个功能。第一，增加信息量。韩礼德（1994）把名词化过程比作"打包"，通过此类方式，将简单小句"打包"成名词词组，将两三个小句"打包"成一个小句，增加语篇的信息量。商务语篇要求简明扼要、信息量大，以便实现信息的高效传递。名词化可满足商务语篇的要求。第二，客观化。客观化是通过隐藏作者的态度和立场等而得以实现。隐藏施事者可以降低主观性，删除情态动词和限定成分可以增加语气的不可协商性。动词一旦名词化，就会变得更加客观。商务语篇通过此方式传递信息，使观点客观化，以便增加说服力。第三，衔接语篇。名词化把前句述位作为下一句的主位，从而提供背景信息。在商务语篇中，名词化将句中描述过程细节的述位压缩成名词或名词性短语，移到下一句做主位，再出现新的述位而展开新话题。与此同时，读者的注意力也自然而然地转移到新述位。这样一来，语篇的句子得以紧密衔接。此外，商务语篇的结构通常要求整齐、有序和合理，以显得更正式，说服力更强。名词化的语篇衔接功能可满足此要求，因而商务语篇的名词化特征相当显著。

简而言之，名词化作为一种重要的词汇语法资源，在人们的日常交际中起着重要的作用。名词化的使用是出自人们交际的需要，名词化常常出现在比较正式的语体中，摘要也不例外。

比如，区域数字经济一体化、联通化，regional digital economy integration and connectivity；"一带一路"倡议，the Belt and Road Initiative。名词化结构用词简洁、结构紧凑、表意具体，词句负载的信息容量大。

例如：在世界各国数字经济快速发展的背景下，区域数字经济一体化、联通化已成为"一带一路"倡议新的发展方向。

译文：With the rapid development of digital economy in countries across the globe, regional digital economy integration and connectivity have become a new development direction of the Belt and Road Initiative.

3. 谋篇布局

在翻译汉语摘要时，一般来说，源语和目的语的摘要应该一致。但是，如果汉语摘要在内容上未必客观、完整，未能恰如其分地反映源文内容，在格式或结构上不符合目的语摘要的要求，存在类别、语言、语法等错误的情况下，译者可以对汉语摘要采取变译的方式：摘/删译、增/补译和改译（写）。此外，由于英语句子属于"树状结构"，汉语句式属于"流水句"。翻译时应注意汉语流水式的短句要转换成英语长句，按照英语句式的规范来改译。

张美芳（2005）认为，翻译不仅仅是为了转移源文的信息，源文的交际价值也是需要进行传递的。必要的时候，译文需要具有谋篇布局的控制能力，但控制的过程中必然会出现语言间的衔接问题以及逻辑安排问题（党争胜，2008）。因此，笔者认为，翻译首先应遵循准确地向读者传递源文信息这一大原则，但是因为中英文行文习惯的差异，译者不必照搬源文的结构，在必要的时候，为了照顾到译文读者的需求，甚至可以根据实际情况对源文进行不同程度的"改造"，减少源文晦涩难懂的部分，让译文更贴近读者的阅读习惯。

例1：职业教育作为一种重要的教育类型，研究其考试招生制度具有重要意义。我国职业教育考试招生制度建设已经取得一定成绩，但还存在着法制化程度不够完善、多元化入学方式不够丰富、普职融通机制不够健全和行业企业参与不够积极等诸多问题。本研究通过深入分析德国、美国和我国台湾地区职业教育考试招生体系的发展经验，对当前我国职业教育考试招生制度面临的不足和问题做出分析，从不断推进职业教育法制化建设进程、推动完善考试招生形式、构建贯通培养制度和建立行业、企业、地方多方参与的职教高考运行机制等四个方面提出建议，为健全我国职业教育考试招生体系有一定的启示。

译文：It is of great significance to study the entrance examination and enrollment system of vocational education which serves as an important type of education. Generally speaking, the construction of China's examination and enrollment system regarding vocational education has scored certain achievements, but there are still many problems such as the degree of legalization is not perfect, the diversified enrollment methods are not rich enough, the mechanism for integrated development of vocational education and general education is not sound enough, and the participation of industries and enterprises is not active enough. Through in-depth analysis on the development experience in terms of the examination and enrollment system with regard to vocational education in Germany, the United States of America and Taiwan, China, this study analyzes the shortcomings and problems faced by the current examination and enrollment system of vocational education in China, and makes suggestions from the following four aspects including continuously boosting the process of legalization concerning vocational education, promoting the improvement of examination and enrollment form, establishing a system aimed at training students from the undergraduate to the graduate level, and establishing an operation mechanism for college entrance examination of vocational education with the participation of industries, enterprises and localities, which has certain enlightenment for improving China's examination and enrollment system of vocational education.

分析：源文使用起连接作用的衔接词"但"等，译文也用衔接词"Generally speaking""but"和"and"等，把语篇从形式和逻辑上组合起来，增强了逻辑性，使语言顺畅、紧凑。

例2：数字经济既是社会主义现代化建设的重要手段，也是推动全体人民共同富裕的重要抓手。以马克思生产力与生产关系理论为基础，分析数字经济赋能共同富裕的理论逻辑，可以发现，"做大蛋糕"为"分好蛋糕"奠定充足物质基础，"分好蛋糕"又催生全民共建意识，为新一轮"做大蛋糕"提供持续动力，这体现出马克思生产力与生产关系原理的时代继承性与创新性。因此，在新时代推动全体人民共同富裕，要继续坚持以人为本的马克思主义科技观，通过数字经济全方位赋能社会生产与生活，推动构建全体人民共同富裕的美好未来。

译文：Digital economy is not only an important means of socialist modernization, but also a significant approach to promote common prosperity for all the people. Based on analyzing the theoretical logic of digital economy empowering common prosperity from the perspective of Marx's theory of productivity and production relations as basis, it can be found that "making the cake bigger" lays a sufficient material foundation for "dividing the cake well", and the latter gives birth to the consciousness of joint construction of the whole people, providing continuous impetus for a new round of "the former", which reflects the era inheritance and innovation of Marx's principle of productivity and production relations. Therefore, to promote common prosperity for everyone in the new era, we must continue to adhere to the people-oriented Marxist concept of science and technology, empower social production and life in an all-round way through the digital economy, and push forward the construction of a bright future of common prosperity for all the people.

分析：从整体来看，该中文段落语篇属于总分总结构。译者可以利用源文的语法结构来进行谋篇布局。在进行语篇翻译时，译者应该有"全局观"，准确理解逻辑关系，使得译文的语篇逻辑衔接自然、语言流畅。其中，the former 指的是 making the cake bigger，the latter 指的是 dividing the cake well；providing continuous impetus for a new round of "the former" 属于结果状语从句，衔接词 not only… but also，therefore 等具有逻辑概念的衔接词，把语篇有机地组织在一起，从而使语篇过渡连贯，逻辑有序，语言流畅自然，实现与源文的功能对等。

由此可见，衔接与连贯在语篇翻译中的重要作用。无论遵循什么样的翻译原则，采用什么样的翻译策略，涉及什么样的翻译目的，对译文最基本的要求是"连贯"，否则就无法很好地达到交际目的，无法实现语篇功能。就源文来说，任何语篇都必须是连贯的，我们不会去翻译不连贯的语篇，但"连贯"表现在什么地方，我们在翻译中需要采取什么样的手段实现语篇连贯等却值得探讨。

综上所述，衔接连贯是实用汉英资料语篇翻译中的两个重要原则和特征，是实用汉英笔译实践中需要首先考虑的因素。由于英汉两种语言在表达方式上存在着一定的差别，因此，汉英翻译时，在充分理解源文语篇结构的基础上，灵活地运用英语衔接和连贯手段，使译文既能充分、完整地表达源文的意思，又能符合英语的表达习惯，为英语读者所接受。

第十六章　实用汉英笔译的实践研究：英译对策

第一节　如何克服中式英语

一、总体策略

中式英语是中国英语学习者容易犯下的畸形英语错误，是语言负迁移的表现。汉语表达和英语表达思维的不同，启示我们应该在翻译时更注重等效原则，避免产生歧义才是最应当关注的。

琼·平卡姆（Joan Pinkham）撰写的《中式英语之鉴》一书搜取了大量中式英语的实例，从词句两方面分析了中式英语存在的问题；在指出中式英语问题的同时，还提供了地道正确的英文表达。此书不仅可用来提高汉英翻译的能力，也能让我们了解中英文差异，我们应当有意识地避免把中式思维运用在英文翻译写作中。简而言之，这是一本值得翻译学习者认真研读的书。另外，学习地道翻译的网站，例如：*www.verywell.com*，*www.wikihow.com*。在信息时代，我们应该更善于利用网络工具和资源进行翻译学习，才能提高自身的翻译能力。

应对中式英语，应当带有怀疑精神、查证精神和自省精神，跳出字面意思，传达内在含义和逻辑。遇到一些不熟悉的词汇时，推荐使用必应或谷歌进行检索和验证，同时还能够学到许多新颖的词汇与用法。以"让我们做鸟类的朋友"为例，我们对比分析以下三种不同的译文，其中"Let us do the birds' friend"既不符合语法，也不符合英语的表达习惯；而"let's make friends with birds"虽然符合语法，但不符合语境；"don't kill birds"是正规译法，符合语义。中式英语即中国的英语学习和使用者因受母语思维方式或文化背景的影响，硬套汉语规则和习惯，而拼造出的不合规范或不符合英文表达习惯的，具有汉语特色的英语。

中式英语的产生原因有：文化背景及语言表述差异；未充分吃透源文，把握核心意思，表意含糊；拘泥源文，忽略内在逻辑合理性。

避免中式英语有三个原则：首先，要准确地理解源文，即具有怀疑精神；其次，要认真分析和使用参考资料，即具有查证精神；最后，要批判地审查译文，即具有反省精神。

我们要充分利用交际翻译理论、生态翻译学理论和顺应论。首先，交际翻译理论应该遵循三种翻译原则，包括经济原则、等效原则和易懂原则。在经济原则指导下，对外国友人来说，在保证源文含义不被破坏的前提下，越精简的语言越有利于他们达到理解实用汉英资料翻译的目的；在等效原则指导下，遣词造句都要重点考虑两种语言的种种差异（包括文化和语言习惯等差异），方能达到同样的交际效果；在易懂原则指导下，先根据目的语文化背景和文化习惯对源语文化进行相应处理，再严格以目的语语言风格进行表达，避免中式英语，由此外国友人才能够轻松地理解实用汉英资料翻译文本的含义。其次，生态翻译学理论以"翻译适应选择论"为理论基础，"译者基于语言、文化和交际进行三维转化"为翻译方法，通过对翻译生态环境的分析和适应，选择最合适的译文，有效避免中式英语。最后，从顺应理论的视角予以考察，在翻译过程中，译者总是处于一个不断地选择目的语的过程，而这种选择之所以能够进行在于语言具有变异性、商讨性和顺应性。译者动态地顺应源语的语境和语言结构，继而又顺应目的语的语言结构和语境，制约着翻译的成功与否。因此，译者需动态地顺应交际者的认知心理状态、个性特征以及制约语言选择其他方面的因素，以帮助交际者实现成功交际之目的，避免中式英语。

总之，在进行翻译之前，我们需要了解中英文的三大差异：中文善于使用短句，英文善于用长句；中文善于使用动词，英文善于用名词；中文是意合语言，英文是形合语言。我们应该注意避免语言负迁移的影响，不能完全按照中文的行文习惯翻译，否则容易引起不必要的误解甚至是笑话。针对中式英语中出现的重复啰唆问题，可以删繁就简；针对空洞范畴词可以进行基本省略；针对弱动词表达，可以多用动词；针对指代不明可以明确指代。

例1：中国农业最新的发展是推进有机农业。有机农业可以同时服务于多种目的，包括食品安全、大众健康和可持续发展。

译文：The latest development of Chinese agriculture is to promote organic agriculture, which can serve multiple purposes simultaneously, including food safety, public health and sustainable development.

例2：中华文化认为有些颜色吉利，有些颜色不吉利。

译文：Colors are believed to be auspicious or inauspicious in Chinese culture.

例3：他年轻有为，雄心勃勃，目标高远。

译文：Although he is young, he boasts promising future with ambitious goals.

二、克服公示语翻译中中式英语现象的相关对策

（一）以实现译文预期功能为重点

由于文化背景、思维方式、表达习惯的差异，源文意图与译文读者的认知能力存在着一定的差距。为适应译文文本功能、新的交际环境和译文读者的需求，译者应站在读者的角度，根据译文所期望达到的交际功能，采用适当的方法对源文进行处理，尽可能地顾及译文读者的认知能力。因此，即使在译文的个别地方与源文产生偏离，只要能在整体上重视传达源文的意图和功能，在译文读者中产生类似源文的预期效果，就不失为得体的翻译。"翻译必须'忠实'，这是共识。但是，'忠实'是什么？'忠实'应该是源文的内容意旨和风格效果，而不是源文语言表达形态。"（冯国华、吴群，2001）忠实于源文并不等于逐字逐句直译，译文的忠实性并不排除为使源文形式、气氛和深层意义得以用另一种语言准确地再现而进行适当的调整。从译文的预期功能考虑，翻译标准不再是目的语与源语之间的一致性，而是与译文预期效果相符的得体表达。因此，在翻译过程中，译者应从译文读者的角度出发，充分考虑到英、汉读者不同的文化背景、认知习惯、审美情趣与阅读兴趣，尤其是读者的接受能力，既要忠实于源文又不能拘泥于源文，同时运用交际翻译的方法，从而得到准确无误的译文。

（二）常用翻译法

1. 增译

中国正处于日新月异的变革之中，新的事物层出不穷，新的方针政策相继产

生，新的提法、新的词语不断涌现。中国人喜欢归纳，善于总结，常使用缩略语或速记式语言，把内容丰富的几句话概括为几个字。为了准确地传达源文意思，让世界更多地了解中国，许多新出现的中国特色词，尤其是与数字连用的词组需要采用增译法介绍给外国读者，使译文既忠实准确，又通顺易懂，从而达到交流的目的，并尽可能地淡化中式英语的味道。比如：

汉语公示语中有不少具有中国特色的词汇，对译者来说是一大难题。不当的翻译会给不了解中国国情的英语者造成很大的理解困难。影响了几代人的标语口号——"五讲、四美、三热爱"一度被直译为"five stresses, four beauties and three loves"，就是一个这样的典型。"五讲、四美、三热爱"后改译为"five stresses, four points of beauty and three aspects of love"，并附加注释：stress on decorum, manners, hygiene, discipline and morals; beauty of the mind, language, behavior and the environment; love of the motherland, socialism and the Communist Party。改译正是遵循了"易懂"原则，增补了相关信息，才使源文的信息通畅起来。

2. 删译

汉语用词多华丽，讲究行文声律对仗，工整匀称与音韵和美，英语用词则求简洁自然，重写实——描写突出直观可感，重理性——句子结构严整、表达思想缜密，行文讲究逻辑性。对英语读者而言，由于感情基础的差异、阅读习惯的不同，华丽辞藻一般只能减少交流的清晰度和效果，甚至被视为空话冗词，产生干扰作用。他们更习惯于低调陈述，而不是用词强烈。因此，为了保持译文的直观简洁，汉英翻译时必须根据英语的表达习惯，适当去掉不必要的华丽辞藻，以达到整体概括，简洁明白。

例如：美食天堂，异彩平添

原译文：Delicious heaven, Extraordinary splendor in riotous profusion.

分析：该译文冗长不堪，内容空洞，违反译文读者对餐饮广告的期待。从译文的预期功能出发，可删去没有实质意义的"异彩平添"，直入主题，译为：Food Paradise。

3. 改译

许多中国特有的术语、表达方式以及汉语独特的语言结构，如果照字面译成英语，必然使不熟悉中华文化背景的外国读者难以理解，造成交际障碍。因此，为了更好地实现预期的译文功能，可酌情对那些一时无法翻译或者勉强译出却让读者不知所云的段落进行重新组织，甚至可根据译入语处理同类语篇的习惯加以改写。

例如，在城市的不少宾馆里都可见到如下公示语：创建绿色饭店，倡导绿色消费。如果把它逐字翻译成：Establishing green hotel, initiating green consumption，译文会显得毫无生气，无法传达出源语的感染力和号召力，也就无法更好地实现交际目的。有人提议把它译成：For a green hotel and green consumption。在这里，介词"for"表示目的，恰好可以体现出源文的目的性和感染功能，而且行文简洁流畅，符合公示语简洁明了的原则，以最简洁的形式获得最佳的反馈效果。

4. 回译

信息时代与高新技术的发展带来了不少外来语，译成汉语后，转而又在汉译英中出现。针对一些原本就来自英语的词语，如果不懂得运用回译法，不仅造成Chinglish现象的产生，有时还会闹笑话。如："维纳斯鲜花店"被按照汉语拼音误译成"Weinasi Florist"，而正确的译文是"Venus Florist"。

回译有两种情况：将借自译语的带有明显文化特征的表达法回译成它们在译语中的原来形式；将带有明显文化特征的表达法回译成它们在译语中的习惯说法。译者在汉英翻译时应注意对号入座，进行准确的回译，以保留相关的名称与事物的文化特色，避免盲目直译造成的中式英语及读者的理解混乱。如：公共汽车上的"老弱病残孕专座"是 courtesy seats；商场、银行、酒店中为防偷盗、抢劫等而设置的保安监视录像是 security camera；街头上出售书报、香烟、冰淇淋等的售货亭、小摊棚是 kiosk。若对这些例子进行直译，其结果只会是蹩脚难懂的中式英语。

（三）对译者的要求

翻译是一个不断创新和精益求精的过程。为了避免在公示语翻译中出现中式英语现象，译者不仅需要从理论上探讨相关的翻译策略，更主要的是将理论联系实际，在实践中加以克服与解决。此外，译者应该从如下几个方面来努力提高自己的业务水平。

1. 熟悉目的语的语言

译者应该熟知目的语的语言特点，力求译文简洁明了，措辞要精确，能让读

者一目了然。

2. 平时有意识地记录常用语和老大难的译例

多听外电、大量阅读英文原著源文，尤其是关于中国的文章，看看外国人对同一个词、同一个事物以及成语如何表达，进行比较研究后"择优录取"较贴切的用法，为我所用（但在借用这些词汇和表达方法时，一定要注意不同的上下文。）（过家鼎，2002）。

戴宗显认为"对待交通等国内外可以一致的标识，完全可以实行拿来主义，找一些专家到国外把他们的表达用语拿过来使用。"（戴宗显、吕和发，2005）。实际上，除了一些很中国化的公示语，汉语公示语基本上都能在英语中找到对应的公示语。这就要求译者不可望文生义，要尽可能多查资料或请教以英语为母语的外国朋友。

例如：肯德基的告示语"谢绝自带饮料"的源文是"KFC drinks only"，"凭票入场"的源文是"Admission by ticket only"，这样，其他类似的表达法就可以用同样的句型套译：公共汽车上的"自备零钞，不找零钱"——Exact fare only；步行街的"车辆不得入内"——Pedestrians only；工作场所内的"外人止步"——Staff only。

3. 除了对语言和形式的要求，在翻译时必须要注意对文化背景的理解

不同文化的人们在社会背景、生活习俗、思维方式上存在差异，在语言表达上也存在差异，这些差异也都充分地体现在语言中。如果不能透彻理解文字里所蕴含的文化信息，没有掌握汉英文化差异，也就不可能完成从源语到译入语的转换。

翻译中存在的不仅仅是翻译技巧的问题，还包括人们的认识问题。很多人认为只要会外语就能翻译，其实翻译的基本功不只是外语水平，而且包括对外国文化的了解。因此，翻译时，应该将译文读者的文化习惯放在第一位，运用交际翻译的方法翻译，才能得到准确无误的译文。

4. 要养成用英语来思维的习惯

英汉两种语言差异较大，用汉语思维模式来取代英语思维模式，往往会逐字理解、对释，这种一一对应的错误模式违反了英语表达规律。为此，要吃透中文的精神，摆脱中文字面的束缚，从英语读者的角度出发，按照英语习惯，对句子

进行重组，以清晰的文字表达源文的意思。

5. 跟上飞速发展的时代，不断学习新出现的词汇知识

例如：

增进交流，合作共赢 Better Communication for Win-Win Cooperation

和谐海西，安全发展 Peace，Harmony and Development

做大经济"蛋糕" Make the economic pie bigger

请取回交验物品及行李 Be sure to pick up all your belongings

群星奖 Galaxy Award（for amateur artists and community culture）

文华奖 Splendor Award（for professional theatrical artworks）

荷花奖 Lotus Award（for professional dance）

孔雀奖 Peacock Award（for ethnic minority artists and artworks）

第二节　如何克服用词不当现象

用词不当是指在翻译过程中没有认真分析源文，不能透彻理解源文的内容，按照字面意思逐字硬译，最终造成语义模糊，不利于目的语读者理解。为了克服"用词不当"现象，可以通过以下三种方式：补充相关背景；揭示源文内涵；根据语言语境确定源文词义，并选择译文用词。

从关联理论来看，众所周知，语言文化差异会导致翻译损失。因此，翻译补偿（compensation in translation）是减少损失、尽可能完整再现源文语义的必要手段。翻译补偿是翻译含有特殊文化现象时采用的一种有效的补偿手段，常用来明示源文词汇的文化内涵，或者向读者提供理解源文词汇所必需的相关信息，主要出于两种因素的考虑，一是补充有关背景知识的需要，填补外国读者认知上的空隙；二是英语行文的语法规则的需要，解释源文内涵。另外，从语境理论来看，译者应该根据语言语境确定源文词义，并选择译文用词。现分述如下。

一、补充相关背景

文化差异是实用汉英笔译需要发挥译者主体性的一个重要因素。中英两种语

言所承载、依附的文化之间的巨大差异是毋庸置疑的，而一般英语受众对中国及其文化的了解相当有限。由于生活的地域、历史和文化有着巨大的不同，对同一事物的理解也存在着很大差异。文化差异的处理将会影响到能否既保存中国的民族文化又将中华文化的特色译介给外国读者，而翻译补偿往往是一个行之有效的解决办法。

例1：一带一路

原译：One Belt and One Road

分析："一带一路"（全称："丝绸之路经济带"和"21世纪海上丝绸之路"）是国家主席习近平于2013年9月和10月分别提出的合作倡议。其贯穿亚欧非大陆，陆上依托国际大通道，海上以重点港口为节点。上述译文表面上是忠实于源文，但实际上没有充分体现源文的内涵。西方受众因为缺乏相关的文化背景知识，可能不理解该词的含义。加上"倡议"（Initiative），规范的译文应该为：the Belt and Road Initiative。这一译文忠实于源文，同时容易为西方受众所理解并认同。该译文可以很好地传达我们的大政方针。

例2：万物负阴而抱阳，冲气以为和。

译文：All creatures and things carry Yin and embrace Yang. These two flows of energy interact to produce a third flow of energy：harmony.

分析：以上译文在以拼音形式保留源文核心要素"阴"和"阳"的同时，通过增补"These two flows of energy"的补充说明，明示了这两个中华文化核心概念的内涵，同时添加了两者通过相互作用（interact一词包含交流、对立、冲撞、协调等内涵），达到"和合"这样一种新的"精气""能量"的信意，积极传达了中华文化。

例3：福道

译文：Fudao Skywalk

分析：源文为城市空中森林步道。译文在保留拼音（可方便外国游人在当地问路）的同时，给予说明性补衬，帮助其了解"福道"所指，也是一种对当地资源的很好宣传。在确保信息清晰的同时，还体现了信息发出者开放友好的态度，对国际受众有亲和力。

针对以上例子，译者采取了直译加注释或音译加注释的增益方法，既顺利传递了信息，也达到了源文的语用效果，成功地填补了读者的认知真空，从而克服了"用词不当"现象。

二、揭示源文内涵

为了更好地达到信息的传递，让读者易于理解和加深印象，译者有必要适当增加一些词、词组或句子等来对其进行补充，揭示源文内涵。

例 1：老年大学

译文 1：spare time college for the elderly

译文 2：college of continuing education for the elderly

分析：众所周知，"老年大学"指招收离退休人员的业余大学，并非正规的全日制大学，故不能简单地逐字英译为"college for the elderly"或"old people's college"。最好的办法是，先补全词义，揭示内涵，再译不迟。基于上述考虑，可译作"spare time college for the elderly"或"college of continuing education for the elderly"。

例 2：绿豆必小暑方种，未及小暑而种，则其苗蔓延数尺，结英甚稀。

译文：It should be planted at the time of "Slight Heat"（approximate date，July 7th）. If sown earlier than this，the plant will grow vines several feet long. As a consequence of this，it will set few pods.

（刘性峰、魏向清，2015）

分析：例中的"小暑"是二十四节气之一，其意为：天气开始变热，但还是小热，并非炎热。该节气一般是每年的公历 7 月 6 日至 8 日。这里，译者将该术语英译为"Slight Heat"（approximate date，July 7th）。此译法既译出源术语的意义"小热"，又采用"括号内加注"的方式，明确指出该节气的时间（大约为 7 月 7 日）。众所周知，温度与时间是节气术语的重要知识特征，这种基于文化语境的加注翻译方法十分有必要，受众也会对何时种植绿豆及其对于绿豆长势及结果的关键影响更容易理解。对于具有丰富文化信息的中国古代科技术语，译者在翻译过程中补充重要的文化语境信息非常必要。

例 3：阳也者，积理而坚；阴也者，疏理而柔。

译文：The Yang side facing the sun，with close texture，is hard and tough；while the Yin side back to the sun, with sparse texture, is soft.

（Wen Renjun，2017）

分析：译者将术语"阳"和"阴"分别译为"the Yang side facing the sun"和"the Yin side back to the sun"，将这两个术语的文化语境补出，即"阳"的意蕴是"朝着太阳的那一边"，而"阴"的蕴涵是"背着太阳的那一面"。在这种语境中，译文读者较容易明晰这两个术语的具体内涵。这种译文也可以促进读者对"積理而坚""疏理而柔"的理解。

可见，在翻译中，无论是阐释或注释都是从文化交流的角度来考虑的，其实质都在于忠实地而准确地转达另一种语言所表达的思想内容及其所包含的文化信息，避免"用词不当"现象。

三、根据语言语境确定源文词义，并选择译文用词

词义与语境关系密切。"每个词在一个新的语境中就是一个新词"（Each word when used in a new context is a new word）（Firth，1951），"没有语境，词就没有意义"（Malinowski，1923）。正因为词义对语境有很强的依赖性，语境在翻译中的重要地位毋庸置疑。"在所有的翻译过程中，语境都是凌驾于一切的因素，而且优先于任何的规则、理论或是基本意义。"（Newmark，1988）因此，我们在做汉译英时绝不能死抠词典、"就词论词"，而应结合具体的语境对词语进行细致的观察和分析，如此方能恰如其分地理解和表达词义。

在王宗炎主编的《英汉应用语言学词典》中将语言环境定义为上下文，即词、短语、语句或篇章的前后关系。具体而言，词与词之间固定的或是临时的搭配关系以及词语在语句、篇章中所处的位置都是语言环境的具体体现。

一个词的准确意义必须由它所处的语言环境加以限定才能明确，而一个词的表达是否得当也取决于它在译文语境中与其他语言成分的搭配是否恰当。无论是在翻译的理解还是表达阶段，译者都需要从一组近义项或是一组近义词中做出最恰当的选择，而这一选择过程离不开对词语所处语言环境的分析。许多翻译初学者错误地认为，只要手头有几本权威性的词典，选词就轻而易举。事实上，在很多情况下词典并不能解决问题。在选词过程中过分依赖词典，拘泥于词典提供的释义，往往导致理解偏差，表达失妥。这是因为真实语言交际中的词义因使用环

境的不同而变化，而词典中的释义是脱离语言环境、未经组合搭配的解释。词典中的词义是通用的、客观孤立的，也是比较死板、缺乏生机的。真实语境中的词语绝非词典中孤立的个体，而是与其所处的句、段、篇，乃至更宽泛的非语言环境如情感、文化、社会等因素密切相连。

（一）根据语言语境确定源文词义

语言语境即上下文，有狭义、广义之分。狭义的语境指词语的前后和句子的上下句。它指的是一个多义词周围的词项，上下文限制了这个多义词的语义。词语，特别是多义词离开了一定的语言语境，就会失去它的确定意义，可能还会引起歧义。英语中存在着大量的同音异义词、多义词。然而英语词语的这种多义性并未在语言交际中形成过多的实在的歧义。这主要是因为人们总是在一定的语境中使用语言。而特定的语境往往消除了词语的潜在歧义。语境之所以能影响、确定词语的意义就是因为词语与词语之间存在着一种相互制约意义的语境功能。

搭配（collocation）指的是语言系统内各个语言成分的同现和组合，是语言语境的重要组成部分。根据词语的搭配关系确定词义是在翻译的理解阶段辨析词义时经常采用的手段。正如弗斯所言，You shall know a word by the company it keeps。他所说的 company 指的就是与某一词语同现的搭配词语。

词语与其所处的语言环境中其他语言成分的搭配关系能帮助我们辨析多义词的义项，因为处在特定搭配关系中的多义词，其义项往往会变得单一化、明朗化。

例1：土豆、芥末、生菜、黄瓜之类都是居家生活每天都<u>少不了</u>的。

译文：Tomatoes, mustard, lettuce and cucumbers and the like are <u>necessities</u> in daily life.

分析："少不了"可选择的词语有 indispensable、necessary、essential、needful、requisite 等，当"生活必需品"解时，daily necessity 最为常见。

例2：姜、葱、盐、<u>酒</u>、糖是一般厨房的必备之物，如果遇见有人感冒，就赶快找这些东西，假如你用得及时，效果真是立竿见影。

译文1：If someone gets a cold, he can quickly turn to those condiments like gingers, scallions, salt, sugar and <u>cooking wine</u> for help, something common in cooking, but can win really instantaneous effect, when used in time.

译文 2：If someone gets a cold, he can quickly turn to those condiments like gingers, scallions, salt, sugar and <u>Chinese wine</u>（mainly Chinese Baijiu, yellow rice wine）for help, something common in cooking, but can win really instantaneous effect, when used in time.

分析：在译文 1 中，译者直接将"酒"译为"cooking wine"。该译文忽略了一个事实：有很多种酒可用于烹调。因此，该译文不准确，不能体现中国酒文化的丰富性。译文 2 把"酒"译为"Chinese wine"，并补充了注释（mainly Chinese Baijiu, yellow rice wine：主要是中国白酒、黄酒），体现了"酒"在该语言语境中的真实所指。

（二）根据语境选择译文用词

语言中存在着大量的近义词。这些意义和用法相近的词汇丰富了语言的表达形式，但其差别之细微也给语言的正确使用造成了不小的麻烦。在翻译的表达阶段，译者常常需要根据译语的语言语境来调整自己的表达方式，使译文用词符合译语的规范。

纽马克曾一针见血地指出，用外语写作或翻译最容易出毛病的地方不是语法，也不是词汇，而是词语的搭配［He (one who writes or speaks in a foreign language) will be "caught" out every time, not by his grammar...not by his vocabulary...but by his unacceptable or improbable collocations］（Newmark, 1981）。要想译出用词地道、搭配得当的译文绝非一日之功，需要处处留心，日积月累，培养良好的英语语感，逐步提高自己的英语水平。

例 1：身体<u>好</u>，学习<u>好</u>，工作<u>好</u>。

译文：Keep <u>fit</u>, study <u>well</u> and work <u>hard</u>.

分析：此句中的"好"不能统统译成 good 或 well，而应根据 keep、study 和 work 这三个动词在英语中地道的搭配关系来选词，分别译为 fit、well、hard。

例 2：<u>人工控制</u>——由人参与操纵和控制飞船，可提高系统的可靠性，处理预料不到的紧急情况。为此载人飞船都设有手动控制装置和各种设备，以便于宇航员工作。

译文：<u>Manual control</u>—Human involvement in the operation and control of the spaceship can increase the reliability of the system and help handle unpredictable emergencies; therefore, the manned spaceship is equipped with manual control devices and various apparatuses to make the job more convenient for the astronauts.

分析：这里的"人工控制"不是指人为的或者人造的，而是指人力的，因此不要译成 artificial control，而应译成 manual control。

例 3：公筷

译文：serving chopsticks

分析：所谓"公筷"，指个人专门用来夹菜的筷子，人手一双，只可往自己碗盘中夹菜，不得入口——非但没有"公用"（public）之意，"私用"（private）属性倒是显著。通常，"公筷"在长度和颜色上与个人夹菜入口的筷子有所不同。有人将"公筷"译作 public chopsticks，英国《卫报》也有记者采用过此译法。这种译法明显欠妥：public chopsticks 意为公用的筷子，非某人专属，这跟"公筷"的内涵截然相反，有违防止细菌病毒在席间传播的初衷。将"公筷"译作 shared chopsticks 或 sharing chopsticks 的亦不乏其人，但这两种译法和 public chopsticks 一样，都不免让受众以为是公用的筷子。反观英文，餐具有 eating utensils 和 serving utensils 之分：前者是用餐工具，指个人使用的刀、叉等餐具；后者则是分餐餐具，是公用的，如 serving spoons（分菜勺，个头大，用来将菜盛到自己的盘里）。综上，根据语境，不妨创造性地把"公筷"译作 serving chopsticks（字面意思为"私人分菜用的筷子"）。

第三节　如何克服语言错误

在如何克服语言错误方面，可以采用以下策略：去繁就简，变虚为实；变换句式；重构语篇衔接与连贯。从修辞劝说理论角度来看，翻译时对原作中一些不影响译文读者理解的信息进行删减，变虚为实，以保留最有效的信息，符合英语的语言表达习惯，从而减少语言方面的错误。从功能对等理论角度来看，通过变换句式，符合译文读者的思维习惯和表达方式，达到传达信息的有效目的，进而避免句式方面的语言错误。从衔接连贯理论来看，译者需要仔细考虑如何在译入语中清晰且自然地反映出衔接与连贯，重现原作的清晰条理，克服篇章层次上的语言错误。

一、删繁就简，变虚为实

汉语经常出现堆积辞藻等现象，起渲染烘托作用，并无多少实用信息。在实用汉英笔译过程中，这种现象反而会干扰信息的有效传达，影响受众对信息的接受。英语表达风格与汉语大不相同，它不像汉语那样溢于言表，而是恪守一种客观理性。因此，对汉语这类修饰语，若在译文中照字直译出来，会使译文因语义重复而显结构臃肿，破坏译文的语义表达，其原因归根到底还是汉、英民族思维方式和审美习性上的差异所致。

通常情况下，合理"瘦身"，删繁就简是一种行之有效的办法，以保留最有效的信息。诚如黄忠廉所说：实际上，绝大多数的译者在翻译作品时，都对原作进行或多或少的删改，"甚至是最著名的翻译家也不例外，且十分成功"。这里的"瘦身"指简化或删减，是指翻译时对原作中一些不影响译文读者理解的信息进行删减。

通常情况下，简化或删减是一种行之有效的办法，以保留最有效的信息。以下例子使用了过多华丽的辞藻，如逐字硬译成英文，往往给人假、大、空的感觉，不符合英文的行文习惯，翻译时可通过合理瘦身实现去繁就简，变虚为实。

例1：华屋大宅的门窗柱廊，教堂寺院的唱诗梵呗，摩崖石刻的风云激荡，草木植物的四季轮回，世家名人的悲欢离合，普通人家的岁月静好……

译文：The grand mansions and villas, churches and temples, cliff inscriptions and beautiful flora, as well as the joys and sorrows of people both ordinary and extraordinary…

分析：源文为世界文化遗产地的文本，其内容和表现形式突出体现了中文此类文本的特点，即事实性信息加上很多的感怀性抒情描述。但从根本上而言，其预期翻译目的仍然是实用的（通过文本，增加潜在游客对该地的了解，吸引其前来观光旅游），因此，译者不能只从传达源文语言本身考虑。源文的排比、对仗和细节列举切合中文特定情势，为中国受众喜闻乐见，对其十分具有吸引力和感染力。但对语言文化不同的译语受众而言，这些细节前后并无相关的实质信息支撑，逐一译出可能就显得累赘冗余，失去语言的洗练明晰之力，需要做必要的删减。

例2：青石铺就的道路，红砖小瓦的民居，让我们跨越岁月的时空，回味久远年代。

译文：We can see blue flagstone paved streets, folk houses made of red bricks and small tiles. All of those make us go back in history and imagine the life of the people in ancient times.

分析：汉语善于使用描述性的辞藻以实现诱导游客关注景点的功能。而英文一般用一些简单的词汇、短语和句子就可以表达实质性的信息。在汉译英的过程中，译者尽量从目的语的读者出发，符合目的语读者的阅读习惯和心理预期，以达到传递信息、诱导游客的目的，从而减少语言方面的错误。

二、变换句式

中英文两种语言各有其特点，前者行文简练，突出"意合"，后者句法严谨，强调"形合"。换言之，重意合的语言注重以意抑形，句子各成分之间靠隐性连贯（covert coherence）、逻辑关系和叙述的事理顺序来间接显示，不用或少用关联词，句子结构比较松散但富有弹性；重形合的语言注重以形显意，单词、短语、分句等句子各成分之间的逻辑关系需关联词等显性连贯（overt coherence）手段来直接标示，句子结构比较严谨但缺少弹性。

汉语句式不求结构齐整，行文略显松散，句子各成分之间并无明显的连接词，实际上只是用逗号"一逗到底"地把多个简单句松散地连接为一句，其实完全可以在中间加上若干句号，变成多个短句。句子内部的语法关系从整句的内在连贯上去把握、去感悟。相比之下，英语是重形合的语言，一个英语句子无论有多长、其层次有多复杂，由于有连接词的作用，句子内部的语法关系和逻辑联系层次分明。

翻译过程中对源语进行整合重构，旨在使译语最大限度地顺应目标读者的需求、认知、心理、期待、价值观等交际特性。从而使译文具有"文内连贯性"（intratextual coherence），即译文能为译文读者所接受和理解，或者说，译文在接受者的交际情境中是"连贯的"。为了达到传达信息的有效目的，实用汉英资料译者不能仅仅满足于把词句翻译出来，还须变换句式，另起炉灶，把这些词句转化为国外受众的"心理语言"（mental language）。

换言之，若英语中有现成的对应表达方式，可采取拿来主义的态度，照搬不误；若没有直接对应的表达，可以借鉴参考英语中类似的表达，进行移植和嫁接；若英语中根本没有对应表达，或属语义缺损现象时，则可在遵循英语表达习惯的基础上进行创造性翻译。

例1：其材质原是块半白半绿的翠玉，若琢成一般瓶罐镯佩，则将会因为其裂璺、斑块，而被视为多瑕的劣材。但玉工想到白菜的造型——绿成菜叶，白是菜梗，裂璺藏在叶脉中，斑块则为经霜痕，众人眼中的缺陷，透过创作者的用心与创意，遂转化为真实与美好。

译文：Originally, the material was a jadeite that was half white and half green. If it had been carved into an ordinary bottle, pot, bracelet, or pendant, it would have been deemed a flawed and inferior material due to its cracks and mottled patches. However, the jade artisan envisioned the shape of a cabbage, with the green resembling the leaves, the white representing the stalk, the cracks concealed within the leaf veins, and the mottled patches resembling frost marks. As a result, defects turn perfect. Beauty is in the detail and creativity works wonder.

分析："真实与美好"在中文语境中贴切自然，但直译为英语，会显得过于抽象。译文巧妙地融入了受众熟悉的辞格表达，有效地提升了该话语对文本受众的冲击力。"defects turn perfect"中的尾韵使得句子读起来朗朗上口；"Beauty is in the detail"则仿拟了英文中的俗语"The devil is in the details"（魔鬼在于细节）［也作"God（is）in the detail（s）"，上帝在于细节］，即"details are important"，强调越是大事，细节越要精益求精，成败常在于细节；"creativity works wonder"则套用了常见夸张语"works wonder"（创造奇迹），强化了说服力。这些熟悉因素的自然融入，借鉴参考英语中类似的句式，进行移植和嫁接，含而不露地强化了译文对受众的感染作用。

例2：中国地域辽阔，民族众多，因此各种饮食口味不同，却都味美，令人垂涎，中国地方菜各具特色。总体来讲，中国饮食可以大致分为八大地方菜系，这种分类已被广泛接受。当然，还有其他很多著名的地方菜系，例如北京菜和上海菜。

译文：China covers a large territory and has many ethnic groups, thus creating a variety of Chinese food with different but fantastic and mouthwatering flavor. China's local dishes have their own characteristics. Generally speaking, Chinese food can be roughly divided into eight regional cuisines, which has been widely accepted. Certainly, there are many other local cuisines that are famous, such as Beijing cuisine and Shanghai cuisine.

分析：汉语常用主动句和四字词，简洁干练，节奏感强，给人印象深刻。英语则主张平铺直叙，使用平白而简洁明了的词汇和表示客观的被动句。翻译时，译者应注意词汇层次的修辞转换。上述例子中，中文使用四个四字词"地域辽阔""民族众多""令人垂涎""各具特色"，读起来铿锵有力，节奏感强。英文则用" large territory"" many ethnic groups"" mouthwatering flavor"" own characteristics"等名词短语来表达，顺应英语的修辞特点，增强感染力。因此，汉语四字词体现了汉语文字的美感，顺应了汉语文化的审美心理。英语文化注重逻辑思维，语言流畅。在翻译过程中，译者应该变换句式，多用被动句（Chinese food can be roughly divided into eight regional cuisines，which has been widely accepted.），注重"文内连贯性"（intratextual coherence），摈弃汉语四字词中词义上重叠现象，直接传递其指称意义。这样的译文简洁明了，顺应目的语在词汇和句法层次上的行文习惯。

例3：户部官票简称官票。中国清代咸丰三年（1853 年）发行的一种纸币，用以抵补财政支出，作为镇压太平天国运动的军费。

译文：The Official Currency of the Ministry of Revenue in Feudal China was shortly called as the Official Currency. It was issued as paper money in the third year of the Xianfeng reign（A. D. 1853）of the Qing Dynasty, with the aim of offsetting fiscal expenditure and funding efforts to suppress the Taiping Rebellion.

分析：源文是票据博物馆的解说词。奈达认为，英汉两种语言最重要的一个区别就在于句式结构的形合与意合。汉语句式重意合，不太注重结构形式；而英语句式重形合，句法结构严谨。故解说词英译应尽量用简洁的语言准确表达原句的含义，在忠实源文的前提下保持译文的流畅。主谓结构是英汉语言共同的基本句式，但被动语态在汉语中使用受限，却是英语信息性文本普遍的语法现象。源文围绕"户部官票"进行描述。翻译时，"户部官票"（The Official Currency of the Ministry of Revenue in Feudal China）作为译文的共同主语，化主动句为被动句，既再现源文的语用功能，又符合译入语的句式习惯，实现文化传播目的，从而避免句法方面的语言错误。再者，中国票据史源远流长，解说词中含有对部分文物历史信息的解释说明，有着鲜明的中华文化色彩，体现了英汉语言的文化差异。

三、重构语篇衔接与连贯

衔接是系统功能语言学框架下的一个重要概念，主要用于语篇分析。从定义上说，衔接是指语言成分之间的语义关系，既可以存在于单个句子内部，也可以跨句跨段落存在。正是由于衔接成分的存在，孤立的句子段落才能相互关联起来，构成语义流畅的可读性语篇。衔接是语篇的一个重要特征，它将分散的句子和段落连接起来，帮助读者从细节与整体上充分理解篇章。每种语言都有各自实现衔接的不同衔接手段。因为中英文在文化、思维方式、表达习惯等诸多方面的差异，中文中的衔接方式并不总是可以适用于英文，因此在翻译过程中构建译文的衔接必不可少，为增强译文的流畅性和可读性，译者应在译文中重构源文中的语义衔接。

连贯与衔接不可密分，因为衔接是实现连贯的重要条件，解决连贯困难，需讨论衔接方式，不恰当衔接方式影响着整体语篇的连贯。连贯着眼于语篇内在的逻辑层次，译者在翻译过程须遵循一定的逻辑传递信息。构成语义连贯的信息包括表层结构信息和深层结构信息。

因此译者需要仔细考虑如何在译入语中清晰且自然地反映出这些衔接与连贯，重现原作的清晰条理，克服篇章层次上的语言错误。

例如：本文以竹林病虫害典型受灾区为研究对象，结合研究区气象历史数据、灾害记录，实地调查数据等，开展高分辨率无人机多光谱竹林病虫害监测，利用互信息（Mutual Information，MI）衡量特征变量（NDGI、VARI、Blue、Green、Red）与竹林受病虫害影响情况之间的相互依赖程度，筛选适合识别竹林病虫害的光谱特征，选取最优的监测数据方案；再基于随机森林算法（Random Forest，RF）对研究区竹林病虫害进行监测进行精度评估。结果表明：（一）竹林典型受灾区中，受灾竹子占竹林总面积的 46.66%，其中重度受灾竹子占竹林总面积的 33.4%，且分布较广。（二）抗大气植被指数（Vegetation atmospherically resistant index，VARI）对毛竹受病虫害的影响程度十分敏感，MI 值达 3.110，是适用于监测竹林病虫害的光谱特征。（三）相对于仅用蓝、绿和红波段进行监测，对采用蓝、绿、红波段 Bands & VARI 的数据方案下，各受灾程度的识别精度整体较高；基于随机森林算法对竹林病虫害进行监测的总体分类精度可达 83.58%，Kappa 系数为 0.72。

译文：In this paper, a typical disaster-stricken area affected by pests and diseases of the bamboo forest, was taken as the research object. On one hand, in combination with the historical meteorological data, disaster records and field survey data of the study area, pests and diseases monitoring of the bamboo forest based on high-resolution UAV Multi-spectrum was carried out, the degree of interdependence between characteristic variables (NDGI, VARI, Blue, Green, Red) and the impact of pests and diseases on the bamboo forest were measured by using Mutual Information (MI), the spectral characteristics suitable for identifying pests and diseases in the bamboo forest was screened, and the optimal monitoring data scheme was selected. On the other hand, the monitoring accuracy of the bamboo forest pests and diseases in the study area was evaluated based on Random Forest (RF). The results are shown as follows. Firstly, in the typical disaster-stricken area of the bamboo forest, the affected bamboo accounted for 46.66% of the total area of the bamboo forest, of which the severely affected bamboo accounted for 33.4%, and the distribution was wide. Secondly, Vegetation Atmospherically Resistant Index (VARI) is very sensitive to the impact of bamboo pests and diseases, with a MI value of 3.110, which is a spectral feature suitable for monitoring pests and diseases of the bamboo forest. Finally, compared with monitoring only with blue, green and red bands, the identification accuracy of each degree of disaster is higher under the data scheme using blue, green and red Bands & VARI. Generally speaking, the overall classification accuracy of the bamboo forest pests and diseases monitoring based on Random Forest (RF) can reach 83.58%, and the Kappa coefficient is up to 0.72.

分析：这则语篇是关于基于无人机多光谱的竹林病虫害监测研究的摘要。首先，汉语中当一个名词多次出现时，通常运用词汇重复形式或省略形式，所以代词这一衔接手段在英语中使用的频率要比汉语高得多。文中出现指示指代一处（this）（具体见文中画线部分）。指示指代是最能体现指代意义的语言手段，通过使用这些指代手段，译者既考虑了英语的语篇组织规范，从而成功地实现英语语篇的衔接。译者调整和增加了衔接手段，使得译文的语篇衔接机制更丰富，在主题意义的表达上效果更突出。其次，汉语源文中较少使用连接手段，这是由于汉语的句法特征是意合，有时逻辑关系呈隐性连接，需要译者运用推理发现语篇深层的逻辑关系并显现出来，以符合英语句法的形合特征，在汉语中依靠意义或语序隐性地表达的衔接，在英语中往往使用明确化的连词或其他连接成分表示，译文中使用了大量的连接成分（on one hand，and，on the other hand，firstly，of which，secondly，finally，generally speaking）（具体见文中画线部分），这些逻辑衔接手段使得译文比源文的连接成分明显增多，这也符合英汉两种语言的特点。最后，戴恩认为主位推进指主位的选择和顺序以及主位之间的关联和逻辑，同时还指上一级语篇单位的总主位（hypertheme），体现了与整个语篇的关系。国内外学者对主位推进模式的分类主要可以归纳为四种，即主位同一型、延续型、述位同一型、交叉型。语篇中单一主位推进模式不免给人一种单调乏味的感觉，无法使文章的表现形式丰富多彩。同一语篇往往采用多种主位推进模式。本则语篇的主位模式就是若干种模式的综合使用。总之，这些代词、连接词和多种主位推进模式的添加使用使得语篇的逻辑性更加清晰，其语篇的衔接性与连贯性得以改观，克服篇章语言方面的错误，因此，读者可以更好地了解语篇信息。

第四节　如何克服译名不统一现象

译名不统一指的是实用汉英笔译中出现的同一概念术语同时存在若干种不同译名的现象。译名不统一很容易误导受众，造成信息交流混乱。出现这种现象的主要原因有两个，一是新词不断出现，实用汉英笔译涉及的专有名词尚没有约定俗成的译法，二是实用汉英笔译者质量良莠不齐，导致没有考证翻译。为此，从模因论角度来看，译者可以采用释译法以及勤查术语库，从而有效克服译名不统一现象。

一、采用释译法

翻译的目的是促进人们对不同文化的理解和吸收，释译法既可保存源语的独特性，又可以让译入语读者理解外来的文化，从而增进不同的文化群体间的相互理解。文化负载词又称词汇空缺，即源语词汇所承载的文化信息在译语中没有对应语。我们当然不可能对所有文化载体词（culture-loaded word）都采用释译的手法，但尽量保留源语文化的独特性，促进不同文化群体间的理解则是翻译工作者的努力方向。

比如，"绿色奥运、人文奥运、科技奥运"是我国申办奥运会主办权时的一个口号，如果按其字面的意思翻译为"Green Olympics, Humanism Olympics and Technology Olympics"，则目标受众会觉得可笑，这是典型的中国式英语。故有学者通过阐释将其译为"Environment-friendly, Culture-enriched and Technology-propelled Olympics"。该译文不仅形式上与源文对应，而且也体现了真正的内涵。

又如，"本命年"也是具有丰富的民族文化内涵的词汇。它是按照十二生肖属相循环往复推算出来的，一个人出生的那年是农历什么年，那么以后每到这一属相年便是此人的本命年，它与十二生肖紧密相连，俗称属相年。而在西方民族文化中没有以动物配属人的出生年份这一习俗，因此在翻译这个词汇的时候可运用释义法，补充说明其内涵。可译为："One's year of birth considered in relation to the 12 Terrestrial Branches. Chinese traditionally use 12 animals to symbolize the year in which a person is born. For example, somebody was born in the Year of Horse. He or she will have the horse as his or her life symbol. All other years of the horse, according to an old Chinese saying, become either good or bad luck years."。

再如，在中国传统的节日春节里，沿袭下来的拜年风俗本为庆祝食人怪兽"年"的离去，在农历新年第一天开门纳吉，走亲访友，互送祝福，英译为 pay New Year's visit and give greetings. 这种加注的翻译策略有效地向外传播了春节里人们辞旧迎新、相互表达美好祝愿这一传统习俗。春节习俗还有：倒贴福字称为

"倒福（福到）"，寄托着民众在新年里"福临门"的心愿，a reversed FU means happiness，"fudaole" means that happiness arrives；贴窗花，to put up window paper-cuts；压岁钱，money given to children as a lunar new year gift。注释部分对源文的文化背景信息进行了诠释，使得源文的弦外之音与双关之意一目了然。

二、勤查术语库

译者要勤查术语库。以下是权威的外语术语库，均为国家主持的权威术语库。

（一）中国特色话语对外翻译标准化术语库

中国特色话语对外翻译标准化术语库网址：*http://210.72.20.108/index/index.jsp*

中国特色话语对外翻译标准化术语库是中国外文局、中国翻译研究院主持建设的首个国家级多语种权威专业术语库。目前，平台发布了中国最新政治话语、马克思主义中国化成果、改革开放以来党政文献、敦煌文化等多语种专业术语库的 5 万余条专业术语，并已陆续开展少数民族文化、佛教文化、中医、非物质文化遗产等领域的术语编译工作。该术语库平台以语种的多样性、内容的权威性为突出特色，提供中文与英、法、俄、德、意、日、韩、西、阿等多种语言的术语对译查询服务。

（二）术语在线

术语在线官网：*https://www.termonline.cn*

术语在线由全国科学技术名词审定委员会主办，定位为术语知识服务平台。目前一期项目已经上线，提供术语检索、术语分享、术语纠错、术语收藏、术语征集等功能。本平台聚合了全国名词委会权威发布的审定公布名词数据库、海峡两岸名词数据库和审定预公布数据库累计 45 万余条规范术语。覆盖基础科学、工程与技术科学、农业科学、医学、人文社会科学、军事科学等各个领域的 100 余个学科。

（三）中华思想文化术语库

中华思想文化术语库官网：*https://www.chinesethought.cn/TermBase.aspx*

2013 年经国务院批准，设立"中华思想文化术语传播工程"，并建立了由教育部、国家语委作为召集单位，中央编译局、中国外文局、外交部、民政部、文化部、新闻出版广电总局、国务院新闻办、新华社、中国科学院、中国社会科学院等十个部委（单位）为成员的部际联席会议机制，负责统筹协调中华思想文化术语传播工作。顾名思义，主要为中华思想文化术语，收集孔孟之道、诸子百家等思想文化术语。中英双语，主页附有讲解视频。

第五节　如何克服欠额翻译现象

欠额翻译（under-translation）指的是在译文中，源语信息被译者忽视或打了不应有的折扣，即信息度过小，以致读者得不到理解源文的必要信息。

在如何克服欠额翻译现象方面，可以采用以下翻译策略：补全词义；释译；使用名词化结构；将源文逻辑显化翻译；套译；视角转换；归化法；传达源文特定语境信息。从接受美学理论角度来看，可以采用补全词义、释译、名词化结构，将源文逻辑显化翻译等策略。从跨文化交际理论来看，可以采用套译、视角转换和归化法等策略。从目的论来看，传达源文特定语境信息，有助于克服欠额翻译现象。

一、补全词义

补全词义指的是在保留源文表达的基础上，增加补充信息。使用该策略，一是解决译文与源文的语言差异，二是解决译文与源文的文化差异。补全词义的目的是使译文语法正确，语义清晰，与源文保持——致，调解源文和译文的冲突，帮助读者了解源文意义，增加可读性等。

例如，"三通一平"这类术语（"三通"：通路、通电、通水。"一平"：场地平整），如果不是专业人士，即使是汉语读者恐怕也有许多人不一定就知道究竟是指哪三通哪一平，更何况国外读者，且此术语还有"three passes and one level""three through and one level"等不同的译法。在实用汉英笔译的过程中，译者最好基于接受美学理论，以读者为中心，补全词义，满足目的语读者的期待视野，避免造成欠额翻译的结果，将"三通一平"这一词条翻译成"three supplies and one leveling supply of water, electricity and road and leveled ground"。

二、释译

释译也称释义或阐译，通常理解为：一些富有源语文化特色的词语成语、比喻、俗语和缩略表达由于其字面意义很难解释，需根据语境而定；对于比喻形象因为文化差异和接受习惯差异而产生的文化冲突、上下文不连贯和信息含义不清，或汉译英中常见的"速记式"缩略表达，或形象已经淡化而只留下联想义或语用义等现象，为了不影响读者对源文信息的正确理解，需根据语境需要，对源文做相应的解释性处理，目的在于清晰表达原意，避免读者误解，满足目的语读者的期待视野，克服欠额翻译现象。

作为翻译策略，释译或阐译（paraphrase/situational appropriation）主要用于出现文化冲突、对实现翻译意图可能形成阻碍（语境临时义、非源文核心要素造成的语义和文化冲突，以及古语等）等场合，此时一些形象表达不宜保留，需要通过解释予以明晰。这一方法也被视为对源语成分的某种省略，但可通过释译，从内涵意义明示上予以补偿。

例如：时光越千年，求索次第现。

译文：Thousands of years have passed and mankind has never stopped questing and aspiring for a better future.

分析：例句为描述我国改革开放成就的感怀之句，源自古语的"求索"和"次第"，分别意为"寻求"和"一个接一个地"，若直译，很可能会令受众产生突兀和脱离语境之感。对类似感怀咏叹的翻译处理，需建构其与语境的关联度。译文以读者为中心，做了平实的解释性处理，满足目的语读者的期待视野，避免造成欠额翻译的结果。

三、使用名词化结构

名词化结构在英语文本中被大量使用。为了向读者传递更加丰富多样的信息，名词化结构通过将施动含义隐藏在结构深层里，可以体现出英语文本严谨的文体结构、清晰的逻辑关系和科学客观的特点，从而满足目的语读者的期待视野。

名词化结构特点如下：

（一）名词+名词

The growth in the global vehicle number and in environmental pollution result in increased requirements with respect to reducing the exhaust emissions.

分析：例子中 emission 是动词 emit 加后缀-ion 变成的行为名词，exhaust 在表层结构上是 emission 的前置定语，逻辑上和 emission 是动宾关系。

（二）名词/行为名词+介词+名词

The areas of maximum concentration of particulates as a function of engine speed and load are observed in several operating points of the engine.

分析：例子中的 concentration 本身具有动词和名词双重词性，在源文中是行为名词。concentration of particulates 属于行为名词+介词+名词类型的名词化结构。of particulates 在逻辑上 concentration 的动作执行者，即：particulates concentration 是一种主谓关系。实际上，从逻辑上来说，行为名词与之后的介词短语有可能属于动宾关系。

（三）介词+行为名词

The growth in the global vehicle number and in environmental pollution result in increased requirements with respect to reducing the exhaust emissions.

分析：例子中的 pollution 是动词 pollute 添加后缀-ion 变成的行为名词，in environmental pollution 在句中做 growth 的定语。

名词化结构具有严谨性高、信息量大的优点。正式文本中使用大量的名词化结构。因此，汉译英时要注意多用名词化结构，满足目的语读者的期待视野，从而有助于克服欠额翻译现象。

例如：提前公布法规提案，与中外业界进行磋商，参加国际服务业论坛，实行国际标准和准则，以此提高外国服务供应商监管环境的透明度。

译文：Increasing the transparency of the regulatory environment for foreign service providers, through early publication of proposed regulations, consultation with foreign and domestic industry, participation in international service sector forums, and adoption of international standards and norms, increasing the transparency of the regulatory environment for foreign service providers.

分析：源文属于商务文本。源文先陈述手段，再陈述目的，符合中文的表达习惯。译文有两层意思，第一层表目的，第二层由 through 引导的介词短语表手段，先陈述目的，再陈述手段，符合英文的表达习惯。汉语大量使用动词（公布、磋商、参加、实行），使语言简洁生动，富有感染力。英语多使用名词化结构，例如 transparency of the regulatory environment、foreign service providers、publication of proposed regulations、international service sector forums 等把施动含义隐藏在深层的名词化结构里，蕴含丰富的信息，使语言简单明了，呈现明显的静态倾向。商务文本通过名词化结构传递信息，使观点客观化，以便增加说服力。同时，商务文本要求简明扼要、信息量大，以便实现信息的高效传递。名词化结构可以满足商务文本的要求，满足目的语读者的期待视野，避免欠额翻译现象。在翻译过程中，译者需要注意词性转换，顺应目的语词汇的表达习惯。

四、将源文逻辑显化翻译

汉语语言属于显性逻辑，其衔接手段没有英语语言丰富，汉语在行文时有时甚至会缺少部分语法结构。例如，在汉语中存在大量的无主语的句子。汉语中有些情况卜还会将不同性质的短语词汇、不同范畴的信息糅合为一体，上述的这些情况都会导致汉语语言在行文方面呈现出信息关联性不强、信息冗余甚至逻辑不是特别明显等情况，在对这些情况的汉语文本进行翻译时，就需要进行逻辑转换的过程。需要译者应对源文有充分的理解和认识，并在透彻理解的基础上梳理出各个部分间的逻辑关系。并以读者为中心，按照英语文化下人们的思维习惯对源文的隐性逻辑进行合理显化，以更为清晰、简单的方式传达实质信息。

例如：中秋节时正当农业丰收的季节，月饼和瓜果既是祭神媒介，也是人们庆祝丰收美好心情的具体象征。

译文：As its name suggests, the festival is celebrated in the mid-autumn when it is the season for harvest. Therefore, the must-eat mooncakes and fruits are also symbolic of people's joy of harvest.

分析：源文为用三个逗号隔开的一句，译文以读者为中心，通过运用连接词 therefore，处理为两个句子，既明示了几个部分之间的逻辑关系，又避免了重复，满足目的语读者的期待视野。

五、套译

从跨文化交际理论角度来看，套译指用译入语中形象和内涵意义相当或形象不同、内涵意义相当的词语或表达进行翻译，通常理解为：该方法有助于提高译文的可读性。

作为翻译策略，套译包含修辞中"以陈促新""借旧布新"的策略蕴涵（introducing new ideas based on old truth/domesticating），涵盖面更广。具体而言，套译指合理使用译语文化中习见的文化象征符号，如名人名言、习语、俗语、谚语、辞格手段、流行语，以及译语受众在现实生活中熟悉的事物与事件等，以起到创造和激发共享文化知识、诱导受众参与译文话语共建的"黏合"作用，促进有效互动，实现预期目标。套用或添加已知信息，是为了更加有效地传达新信息。

比如，电梯标识"自动扶梯出入口请勿停留"可借用相关英语说法翻译，如"Do not linger at the landing areas to avoid obstructing other users"。同样，儿童游乐园"成人不得单独入内"的标识，可直接借用英语中儿童游乐园的相关说法译为"Adults must be accompanied by a child"。而"观光游览车道"及"请勿将贵重物品留在车上"，则可借用国外相关英语标识分别译为"Scenic Drive"及"Do not leave valuables in vehicle"。

六、视角转换

视角转换指转换译文表达角度，通常理解为：由于每一种语言都有自己独特的表达方式，译者在必要时需重组源语信息的表层形式，转换表达视角，使译文符合译语习惯，易于被读者接受。

从跨文化交际理论来看，作为翻译修辞策略，视角转换（shift of perspective）除了指因表达习惯不同而必须为之外，还指译者在分析源文的基础上，充分调动译语修辞资源，转换视角，有意识地选择能够引发更为积极联想和感受的表达，增强译文对受众的影响力，确保翻译的有效性（陈小慰，2022）。

例如：这些以木构为主体的早期建筑，历经岁月沧桑，或无存或成遗址，难以完整留存下来，令人惋惜。

译文：Unfortunately many of these early buildings with wooden structure have not survived the time, existing now only in early records or falling into ruins.

分析：源文出自福建古厝旅游文本。其中"无存"如果仅从语言角度翻译，可能就是 nonexistent 或 traceless，给译语受众的印象就是"无"，容易产生与"今"毫无关联的断裂感和对相关历史建筑记忆的完全消失。译者是否有努力可为的修辞空间？从该文本前面提到的"建筑历史可溯源至唐"，我们大致可以断定，"无存"的是这些古厝的物理形态，文字记忆却可以是"留存"的。译文换一个角度，改"无"为"有"，给受众的感受无疑是个对旅游对象相对有益的"补偿"，同时在逻辑上也通达顺畅。

七、采用归化法

美国翻译理论家劳伦斯·韦努蒂认为，自古以来出现的翻译策略或许可以归纳为两大类：异化翻译策略与归化翻译策略。归化策略遵守目标语文化当前的价值观，对源文采取保守的、公然同化的方法，使之符合本国准则、出版潮流等（Baker，1998）。归化翻译认为译语读者往往从自己的文化观念出发理解译文内容，如果译文表达的内容在译文读者的现实世界知识范围之内，读者就能更好地理解源文，因而，译者应尽可能地将源语文本所反映的世界接近目标语读者的世界，以便使目的语读者顺利实现与源语文本以及源作者的交际，有助于克服"欠额翻译"现象。显然归化翻译策略以译语读者为取向，"要求译者向目的语读者靠拢，采取目的语读者所习惯的目的语表达方式，来传达源文的内容"。（孙致礼，2002）

例如：网格化管理

译文：gridded management

分析：首先须弄清何为"网格"。网格是构筑在互联网上的一种技术，利用互联网把分散在不同地理位置的计算机组织成一台"虚拟的超级计算机"，实现资源共享；每一台计算机为一个节点，就像围棋棋盘上的棋子，而棋盘上纵横交错的线条则对应现实世界的网络，故整个系统被称为"网格"（郑士源等，2005）。"网格化管理"是我国基层社会管理的一项创新，借用了计算机网格管理思想，把社区按一定标准细分成若干"网格"，运用数字技术条块管理，有利于提高社区服务管理的精细化水平。可见，"网格化管理"属于中国特色表达。

要译好"网格化管理"，就要处理好"网格"和"管理"。逐词对译为 grid management 貌似简洁明了，实则不可。检索 Elsevier-ScienceDirect 和 EBSCO-ASC/BSC 这两个外文数据库发现，grid management 指"电网管理"。况且，单义性是术语的一大特征，理想情况是"一词一义"，以免产生歧义（梁际翔，1988）。因此，社区"网格"不宜译成 grid，"网格化管理"不宜译成 grid management。入乡随俗，"网格化"可译成 gridded（名词 grid 动词化，过去分词作前置修饰语），因为英文已有类似用法，如 gridded data（网格化数据）、gridded service management technique（网格化服务管理技术）。再来看"管理"。administration、management 和 governance 在所检文献中均有使用，但这三个词在内涵上有明显区别：governance 侧重价值观、战略方向等顶层架构，administration 专注于目标制定，而 management 则指日常例行行政工作，侧重技术层面落实执行。换言之，governance 和 administration 指导 management，management 执行 administration 确定的目标，governance 把控大方向。"网格化管理"侧重社区层面落实执行，故宜选用 management，综上便可译成 gridded management。以上译文以目的语读者为导向，充分表达了源文的内涵，从而克服了"欠额翻译"现象。

八、传达源文特定语境信息

东方思维方式的意象性与模糊性、汉语的意合性，以及汉语语法的隐性特征都决定了中文术语中语境（context）的重要性。英国著名语言学家弗斯（1957）认为，每一个词在新语境中都是新词，语境信息的传达效果决定了译文准确与否。语境有高低语境之分，低语境词汇的主要信息往往已清晰蕴含于文本本身，高语境词汇则较为隐晦，对语境成分依赖性较强。从目的论来看，翻译时，需根据上下文所传递的言外之意、弦外之音，着重对高语境词汇中的信息缺省或信息空挡进行语境补缺（contextual compensation），即对语境信息进行充实、调整与顺应，实现翻译目的，则可克服"欠额翻译"现象。例如：科考类术语"秀才、举人、进士"的英译本"Xiucai/Juren/Jinshi who passed the imperial examination at the county/city/province level in feudal China"增补了连接词"who"和背景信息"in feudal China"，并采用释义的方式将笼统、抽象的文化负载词具体化描述为

"who passed the imperial examination at the county/city/province level"。

又如：银城茶楼还备有各式广式早茶：如鱼翅、海鲜、笋丝蒸饺，嘉年华黄金饼，糯米糖团等甜品。

译文：Yincheng Teahouse also serves a large variety of Guangdong style breakfasts, such as steamed dumpling filled with shark's fin, seafood and bamboo shoot; maize pancake; glutinous rice tangtuan(a kind of sweet dumpling made of glutinous rice flour).

分析：中西方饮食习惯差异巨大，中国读者耳熟能详的食物，对西方读者来说一般是闻所未闻。译者通过对文中的"糯米糖团"使用直译+音译+文内阐释的方法，补充了相关的信息，既让读者明白了该小吃的原料和味道，又突出了中国饮食的特色，实现了翻译目的，克服了"欠额翻译"现象。而"嘉年华黄金饼"和"广式早茶"则直接意译为 maize pancake 和 Guangdong style breakfasts，简明易懂。

再如：栓 Q

译文：I have nothing to say.

分析："栓 Q"源于某抖音用户在 2022 年发布的一条小视频。因为该博主在视频的结尾时所说的"Thank you"的发音像"栓 Q"，非常魔性，立即引发了网友们的模仿热潮。原博主"Thank you"的发音虽然不标准，但原句确实为表达感谢之情，只不过后来实际被网友们用来表达无语，甚至是不耐烦的情绪。因此，"Thank you"跟"栓 Q"背后的真实意思是有着千差万别的区别的。如果直接将"栓 Q"这一词翻译为"Thank you"，不仅传达不了原词的意思，而且还会让译入语读者产生不必要的误解和歧义。因此，译者在翻译时，要意识到源文在处于高语境文化背景下的形式上看似感谢，实则充满厌烦的隐性含义，也应该考虑到低语境文化读者对此的理解和接受程度。所以，应将其意译为"I have nothing to say"，点明该词的实际内涵，实现了翻译目的，从而避免"欠额翻译"现象。

第十七章　研究的问题与方向

一、目前存在的问题

首先，虽然笔者收集和阅读了大量与实用汉英笔译相关的资料，但实用汉英笔译是翻译学科里的新兴领域，对其传统的研究注重翻译实践的研究，理论研究鲜见，所以可参考的资料有限。同时，由于笔者的知识范围、认知水平和研究能力有限，也会产生一些漏洞，相关语料不够多，而且二手资料相对较多。其次，翻译的效果如何，主要靠对翻译效果的评估，但由于实用汉英笔译对象的特殊性，进行反馈调查有其局限性，所以文本缺少量化分析和实证调查。最后，实用汉英笔译的研究体系是一个动态的开放的系统，处于动态的发展过程中，需要不断充实与拓展。本书不可能解决所有的问题，但笔者希望能够提供一个思考问题的新视角，构建一个开放、多元、理论与实践相融合的实用汉英笔译探索平台。

二、今后研究的方向

今后的研究可从以下几个方面展开：

扩大研究范围。在将来的研究中，还可以选取不同的研究对象来展开研究，以加强研究的科学性。同时，加大访谈和问卷调查的样本，进行不同领域的实用汉英笔译差异性比较性分析。

加强实证研究。从方法论的角度来看，实证研究是证明因果关系的最好方法。所以，今后最好通过实证考察实用汉英翻译效果评估的研究。

引入新的理论进行研究。尝试从认知语言学理论和哲学理论等角度对实用汉英笔译进行研究，以便找到更有效的翻译策略，指导翻译实践，促进我国与世界各国的交流与合作。

动态性跟踪研究。实用汉英笔译研究是动态发展的。本书将在翻译实践中以跟踪问效的方法了解实用汉英笔译效果，观其成效。在后续研究中，笔者将继续试图建构实用汉英笔译效果评价的参考框架，并进行跟踪问效、分析比较，以便促进实用汉英笔译的动态研究，增强译者翻译过程中的实用汉英资料翻译意识，减少翻译实践中的盲目性，推动实用汉英笔译学科的建设和发展。

附录

汉英广告翻译中的文化因素探析

摘要：从跨文化角度探讨了文化因素对汉英广告翻译的影响与制约，并探讨了汉英广告文化因素的差异类型与翻译模式。

关键词：广告；文化因素；翻译

一、引语

语言与文化密切相连。语言是文化的载体，文化通过语言得到体现。语言又是文化的一部分，语言包含着深刻的文化内涵。尤金·奈达在 1986 年 10 月美国翻译工作者协会第 27 届年会上演讲时谈到了文化与语言的关系："要建桥首先要测量一下这桥有多么大的跨度。翻译理论家习惯从译出语和译入语之间的距离来考虑问题，因而总是把比较语言或对比语言学的知识作为翻译理论的基础。然而首要的问题不是语言之间的距离，而是读者对象的各自的文化或次文化之间的距离，需要的不是调查语言之间的差异而是仔细衡量一下社会符号学方面的距离，这样才能使读者接受得更好一些。"王佐良先生也谈道："不了解语言当中的社会文化谁也无法真正掌握语言。"大师们的论述直接触及翻译理论的核心问题。

广告活动不仅是一种经济活动，还是一种文化交流。广告文化是从属于商业文化的亚文化，同时包含着商品文化及营销文化。商品本身就是一种文化载体，文化通过商品传播。广告文化具有明显的大众性、商业性、民族性和时代性的特点。一定的文化传统、信仰和价值观在很大程度上左右着商业经营者以及消费者的心理、行为，从而影响各国的广告活动。广告是跨国界、跨文化的商品营销的宣传形式，它面临的不单是语言的转换问题。如果只简单地把国内成功的广告直译出去，结果往往是不好的。因为国际广告与国内广告相比，将面临语言、传统习惯、法规、教育、自然环境、宗教、经济状况等差异问题。因此，在汉英广告的实施过程中，在广告语言的运用方面，翻译起着举足轻重的作用。

二、广告中的文化因素

商品属于物质文化，是整个文化的一个子系统。商品是人类文明发展的产物，而文明又使商品富于文化内涵。商品集价值、使用价值和文化价值为一体，而今商品的文化价值显得越来越重要。

在现代社会，有商品的地方就有广告，广告利用不同的媒体以影响、说服和打动大众。当以促销为目的，以语言为主体的广告在进行跨国度、跨文化的宣传时，必须考虑不同文化背景下语言的文化适应与沟通问题。否则，不仅难以达到广告宣传的目的，甚至会适得其反。因为各民族的语言、生活习惯和文化模式都存在着差异，所以带着一国特有的文化气息的广告在进入他国时必须进行另一种语言和文化的解码。

实际上，许多广告商早就意识到广告的成功与否与是否了解和尊重所在国的文化有关，如：禁忌、语言、宗教、生活习惯等。例如，"红糖"出口到东南亚的一些国家时就不能用"red sugar"，而应该用"brown sugar"。因为"red"是他们的禁忌色。在西亚的一些国家做广告必须同时用英语和阿拉伯语，因为当地同时居住着信基督教说英语的后代和信伊斯兰教只说阿拉伯语的穆斯林。同样是航空广告，由于文化观，价值观的不同，美国航空公司的广告是"Big thrill, small bills"（大刺激，小价钱），强调刺激、新奇、价格便宜。这是美国人所崇尚的文化价值观。而中国人由于长期受道家的"天人合一"和儒家的仁爱、中庸等思想的影响，更强调人与人、人与自然的和谐。所以，中国台湾航空公司的广告是"Through mutual affinity we meet, through CAL the world grows smaller"（因为缘我们相遇，因为中华民航世界变得更小）。如果广告商不了解所在国的文化，他们所做的广告不仅难以达到促销的目的，反而会给自己带来一些意想不到的麻烦。如日本的一家公司有一次在沙特阿拉伯的报纸上刊登了一个女模特做的长袜广告，结果引起了当地政府和市民的强烈反感。因为他们认为妇女是不能在媒体抛头露面的，更不用说一个裸露大腿的女模特。我国的"熊猫"牌电视机在国内销路不错，但在信伊斯兰教的国家却买者寥寥无几，因为广告上熊猫的图案在他们眼里看起来像猪，是对他们宗教的一种亵渎。香港浸会学院校长范文姜先生曾说："事实上，任何语篇，如书信、广告，或多或少都有特殊的文化成分。"此话道出了广告与文化之间密不可分的关系。

三、文化因素对汉英广告翻译的影响和制约

人类自有文化就有文化交流。于冠西先生说：人类文化从整体上说，是各国，各民族文化汇聚、交流的产物。文化交流能促进文化发展。但要交流，就必须通过翻译。有翻译才有文化交流。传统上以为翻译仅仅是两种语言文字之间的转换，翻译的困难就在于语言的困难。殊不知语言是文化的载体，而文化又深深地植根于语言。这使得翻译的困难、障碍远非语言文字本身，而是其内含的文化。为何我们说，文化的困难才是真正的困难，文化的障碍是真正影响和制约汉英广告翻译的绊脚石呢？因为文化就其根本而言是不可译的。假如原本由 A 语言所承载的文化由于被译者转换成了原本承载另一种文化的 B 语言，而使得 A 语言文化自然转换成了 B 语言文化，反之亦然，那么人类文化恐怕早已融为一个巨大的统一体了，人与人之间只需语言交流，跨文化交流则是无稽之谈，文化翻译也就无从谈起了。其实，当人们说到文化翻译时，并非是指把一种文化翻译成另一种文化，而是指一种文化的载体 A 语言转换成另一种形式的载体（即 B 语言），文化还是原来的文化，只是载体变了，因此，汉英广告里所反映的源语文化是不会也不应该由于翻译转换的过程而变为译语文化。这是指源语文化的整体而言。然而，具体到整体文化中的各个组成因素，即文化因素，则由于人类文化所具有的共性和差异，可视情况，或翻译，或替换，不一而足。总之，译者在传递源语文化信息的过程中，既要努力做到文化"传真"，又要努力做到使译语读者领会其中的文化含义，真正起到促进文化交流的桥梁作用。因此，汉英广告中所含丰富的文化因素"传真"的程度如何直接影响到汉英广告翻译的质量。

四、汉英广告文化因素的差异类型

汉英广告的跨文化因素给广告翻译带来困难，主要表现在语音差异、语义差异、文字形式差异以及修辞差异方面。

（一）语音差异

语言的发音能够引起心理上的不同听觉效果，在心理上激发不同的反应，或

柔和、或清脆，或苍劲，或凝重。在广告语言中。经常运用拟声构成（onomato-poeic motivation），声音象征（sound symbolism）和回音词（echoism）以引起听众的听觉美感。但是，中西语音、拟声或用韵方面却有不同的特点，给译者带来不少困扰。例如：在英语广告词中，经常采用头韵（alliteration）、元韵（asso-nance）、押韵（rhyme）、假韵（consonance）等韵类以增加广告词的音韵美。再例如，广告词"Never late on Father's Day"，两个元韵［ei］能起一种和谐的音乐美。而要在汉语译文中保留这种音乐美是很难做到的。又再如，广告词"The BERD'S in hand"这是一条欧洲复兴银行的广告。广告商对英语习语"A bird in hand is worth two in the bush"进行了缩略，并且巧妙地利用"BERD"（The Bank of European Reconstruction and Development）与 bird 的协音，暗指与"BERD"建立业务关系，实惠多多，一旦拥有"BERD"的贷款，顾客就没必要再找其他银行了。

（二）语义差异

各国的广告词中多引申成语、谚语或名人名词，构成在翻译时的语义空缺或抵触，给翻译工作带来了困难。特别是我国有些广告词的翻译，如果只直接按字面翻译成英语，没有考虑到其他因素（如：语言、文化、政治、风俗等），译出来会有悖于西方文化。例如：上海产"白翎"钢笔，其英译"White Feather"在英语国家却无人问津，其原因在于英语中有句成语"to show the white feather"，意思是临阵脱逃，白色羽毛象征的是胆小鬼。译名有政治隐喻，如："大鹏"帆布鞋，被译成"ROC"，大鹏为中国神话中的巨鸟，此翻译本无可厚非，但碰巧的是，这与"中国"的英语缩写一样，无疑有所不妥。译文不雅，如："cock"一词在英美国家经常喻指人体器官。如果任何广告词中带"鸡"字的词语，如"金鸡""雄鸡"等直接译成"cock"，则会有损商品形象，给人一种粗俗、缺乏教养的印象。译文既是汉语拼音，又是英语词汇。汉语拼音是由拉丁字母组成，英语单词用的也是拉丁字母。所以，有些广告词语的汉语拼音有可能碰巧为英语中的某个单词。例如"puke"（扑克的汉语拼音）正好是英语中"呕吐"的意思。以上是汉语广告词语英译时常出现的问题。译者应该多注意广告词语中广泛的文化内涵。

（三）文字形式差异

不同国家、民族和地区所使用的文字是不同的，对某些文字偏好和厌恶也大相径庭，根据调查：日本人最喜欢的汉字为"诚""梦""爱""美"等，中国人最喜欢的汉字为"福""寿""喜""乐"等。根据美国作家 Irving Wallace 选出的最美丽的英文字是 chime（电铃）、golden（金色的）、lullaby（摇篮曲）、melody（旋律）、murmuring（低语）等，这些文字不仅寓意优美而且外形美丽，可引起人们美好的心理反应和视觉效果。

（四）修辞差异

广告语经常使用修辞手法，其目的是为了使表述内容形象化、具体化或主要词语鲜明、突出，以加强语言效果，引起公众注意并帮助公众记忆。但由于中西某些修辞传统的差异会给翻译带来一些困难，主要表现在比喻、象征、对偶、双关等修辞上，其中最难处理的是双关语的翻译。双关分谐音双关和语义双关两种，例如："黄河冰箱，领'鲜'一步"和"Ask for More. —More（cigarette）"，翻译这些含双关的广告语要做到两全其美确实很难。

五、汉英广告翻译模式

汉英广告中的文化差异的确给翻译增加了不少难度，所以不少翻译学家认为汉英广告的翻译工作最好由广告受众国的译者去做，因为只有受众国的译者才能熟知本国当代文化的潮流、时髦语言以及文化渊源等，才能译出符合本国受众者所喜爱的广告语来。

总的来说，汉英广告翻译模式有如下五种。

（一）音译法

音译法多用于产品商标的翻译。例如："功夫"牌产品的手表就可以音译为 Gongfu。现在，"功夫"二字已成为我国武术代名词，其音译 Gongfu 也成了英语中新的外来词之一，外国人不会因为它是汉语拼音而拒绝此商标。相反，他们还可能出于对中国功夫的向往而对"功夫"牌产品倍加青睐。

但是，如果对商标的解释一概采用音译，就会出现问题了。下面是广告英译中一个老生常谈的例子：某化妆品商标为"芳芳"其音译为"Fangfang"，偏偏英语中又有 fang 这个单词，是"蛇的牙齿""獠牙"的意思，带有这样英语商标的化妆品能吸引英美顾客吗？除非有人想变成青面獠牙的怪物。由此，人们想到了直译法。

（二）直译法

有时，使用直译法是广告翻译的捷径，原广告词简洁明了，结构整齐时尤其适用。例如：某空调称其产品"低噪音、耗电省"，其直译为"low noise level, low power consumption"。译文与原句相似，却又能准确地传递源语广告的信息，不能说不是好译作。又如，Morton salt：when it rains, it pours。这条广告可以直译——莫托食盐：一雨倾盆。其实，这个广告是从习语"It never rains but pours"改变而来，刻画了 Morton salt 的特征。它的产量大（暗指质量好、好买），绝不像淅沥的小雨而是倾盆大雨，谁能抵挡这种气势带来的诱惑呢？

（三）意译法

在一些情况下，意译法可用来弥补音译法和直译法的不足。汉语广告词中有大量的四字结构，言简意赅且响亮顺口，但翻译时不做变通，单纯追求字面对等，只会弄巧成拙。在这点上，我们不妨来看看麦氏广告在华所作的汉英广告，或许会有些启示。

汉语：滴滴香浓，意犹未尽。

英语：Good to the last drop.

汉英对比，可谓各自曲尽其意。倘若哪位译者不明此理，照字直译、后果则不堪设想。

（四）替代法

这是一种"移花接木"法。有时虽不得不谓之"不忠实"。但实际证明，这种方法在广告英译中可以说是一种很好的处理方式，在处理由于语言及文化差异而引起的问题时尤其有用。

例如：福建沙县有一特产叫"沙县板鸭"，品尝过它的中国人对它的口味应该是记忆犹新。其包装上的英译 Pressed Salted Duck of Shaxian 将其传统制作过程及特别风味表达得明明白白，可是这种翻译很难使该产品打进国际市场。问题是出在英文名上，由于文化差异的原因，外国人对 pressed、salted 的食物的印象都不是很好。首先，pressed 给人一种很不自然的感觉，而老外偏偏垂青于 natural food；其次，salted 让人觉得这种 duck 是用盐或盐水浸出来的，而盐摄入过多的话，容易诱发高血压、冠心病等疾病。这样，有几个外国人会喜欢这种鸭子呢？避开 salt 这类敏感的话题避重就轻地将其替换为 Native Duck of Shaxian，效果则更好，native duck 会制造出一种 "How about this kind of native duck?" 的悬念，使消费者产生一种试一试、尝一尝的心理。一旦激起消费者的购买欲，广告的目的也就达到了。

（五）修辞性译法

无论是传统的音译、直译、意译，还是颇为灵活的替代法，在对付现代广告语的 "妙" 上，都显得有些吃力，而修辞性译法则可挑起重担。应用修辞手段使译文语言生动活泼，更加形象化。译者不仅要摆脱源文的束缚，更重要的是需要有创新精神。译者必须依据交际内容、语言环境等因素，恰当地选择语言手段和表达方式，在遣词造句上标新立异，力求使译文语言符合要求。例如：

1. 东西南北中 好酒在张弓。（酒广告）

译文：East or west, Zhanggong is the best.

源文采用了押韵的修辞手法，又因通俗易懂，给人印象深刻。译文巧在套用了英美国家 "East or west, home is the best" 这一无人不晓的俗语，保持了尾韵这一修辞手段，而且准确地传递了源文意思。

2. 飞鸽：上班起点。（飞鸽自行车广告）

译文：Pigeon, early bird gets the start.

飞鸽本来是鸟类，而这则广告语又是以 "上班" 为背景，故将其喻为 "early bird" 是恰当的。"Early bird gets the worm"（捷足先登）在英语里是一句广为人知的习语，在此活用在这条广告语中，暗含之义是 "飞鸽" 自行车速度快，性能好，能让你在上班时真正成为一只 "early bird"，不会迟到。

六、结语

总之，汉英广告往往具有强烈的文化特征，不论是英语广告，还是汉语广告，均蕴含着丰富的文化信息，具有鲜明的形象和民族特色。在汉英广告翻译中，不仅要努力传递广告语义，更要努力克服广告方面的文化障碍，传递文化信息。为此，若非不得已，绝不可轻易放弃源语文化因素，甚至代之以译语文化因素，以致误导译语读者，阻碍文化交流。笔者认为，奈达的 "动态对等" 理论十分适用于广告翻译，那就是，一则好的译文必须做到 "接受者和译文信息之间的关系，应该与源文接受者和源文信息之间的关系基本相同"。因此，汉英广告翻译中，译文必须达到说服消费者购买商品，促进商品销售的目的。再者，在广告翻译中，翻译者应能具备语言、社会文化、民俗、美学、心理学、经济市场学、广告原理等方面的知识，才能翻译出精美、准确的广告用语。

参考文献：

［1］Hymes，D. *Foundations in Sociolinguistics*：*An Ethnographic Approach*［M］. Pennsylvania：University of Pennsylvania Press，1974.

［2］Langacker，R. W. *Foundations of Cognitive Grammar*［M］. Stanford：Stanford University Press，1991.

［3］［英］蒙娜·贝克尔. 换言之：翻译教程（*In Other words*：*A Coursebook on Translation*）［M］. 北京：外语教学与研究出版社，劳特利奇出版社，2000.

［4］包惠南. 文化语境与语言翻译［M］. 北京：中国对外翻译出版公司，2001.

［5］崔刚. 广告英语［M］. 北京：北京理工大学出版社，1993.

［6］金陡. 等效翻译探索（增订版）［M］. 北京：中国对外翻译出版公司，1998.

［7］林大津. 跨文化交际研究［M］. 福州：福建人民出版社，1996.

［8］［美］琼·平卡姆. 中式英语之鉴［M］. 北京：外语教学与研究出版社，2000.

［9］俞碧芳. 英语教学与英语国家社会文化背景的关系［J］. 福建师大福清分校学报，1998（1）：72-74.

［10］俞碧芳. 语言、文化及英语翻译教学［J］. 福建师大福清分校学报（2003增刊）：149-154.

［11］赵静. 广告英语［M］. 北京：外语教学与研究出版社，1992.

（本文发表在全国中文核心刊物《商场现代化》2006年12月；根据"中国知网"查询结果，截至2023年1月31日，被引5次，下载836次）

浅谈英汉广告习语的文化语境与翻译

摘要： 英汉广告习语具有强烈的文化特征，习语翻译要处理好语言和语境的矛盾，不仅要译出源语习语的形象、喻义，还要译出其民族特色和地域色彩。因此，英汉广告习语互译时，可以运用仿译、替代和释义等方法。

关键词： 英汉广告习语；文化语境；翻译

一、英汉广告习语互译与文化语境有关

（一）广告与文化

商品属于物质文化，是整个文化的一个子系统。商品是人类文明发展的产物，而文明又使商品富于文化内涵。商品集价值、使用价值和文化价值为一体，而今商品的文化价值显得越来越重要。

在现代社会，有商品的地方就有广告，广告利用不同的媒体以便影响、说服和打动大众。当以促销为目的，以语言为主体的广告在进行跨国度、跨文化的宣传时，必须考虑不同文化背景下语言的文化适应与沟通问题。否则，不仅难以达到广告宣传的目的，甚至会适得其反。因为各民族的语言、生活习惯和文化模式都存在着差异，所以带着一国特有的文化气息的广告在进入他国时，必须进行另一种语言和文化的解码。

实际上，许多广告商早就意识到广告的成功与否与是否了解和尊重所在国的文化有关，如：禁忌、语言、宗教、生活习惯等。如"红糖"出口到东南亚的一些国家时就不能用"red sugar"，而应该用"brown sugar"。因为"red"是他们的禁忌色。在西亚的一些国家做广告必须同时用英语和阿拉伯语，因为当地同时居住着信基督教说英语的后代和信伊斯兰教只说阿拉伯语的穆斯林。同样是航空广告，由于文化观、价值观的不同，美国航空公司的广告是"Big thrill, small bills"（大刺激，小价钱），强调刺激、新奇、价格便宜。这是美国人所崇尚的文

化价值观。而中国人由于长期受道家的"天人合一"和儒家的仁爱、中庸等思想的影响，则更强调人与人、人与自然的和谐。所以，中国台湾航空公司的广告是"Through mutual affinity we meet，through CAL the world grows smaller"（因为缘我们相遇，因为中华民航世界变得更小）。如果广告商不了解所在国的文化，他们所做的广告不仅难以达到促销的目的，反而会给自己带来一些意想不到的麻烦。如日本的一家公司有一次在沙特阿拉伯的报纸上刊登了一个女模特做的长袜广告，结果引起了当地政府和市民的强烈反感。因为他们认为妇女是不能在媒体抛头露面的，更不用说一个裸露大腿的女模特。我国的"熊猫"牌电视机在国内销路不错，但在信伊斯兰教的国家却买者寥寥无几，因为广告上熊猫的图案在他们眼里看起来像猪，是对他们宗教的一种亵渎。香港浸会学院校长范文姜先生曾说："事实上，任何语篇，如书信、广告，或多或少都有特殊的文化成分。"此话道出了广告与文化之间密不可分的关系。

（二）英汉习语与广告

习语的文化来源很广，它是我们了解一个国家文化的窗口。作为一种长期流行于大众之间、约定俗成的语言形式，习语易于理解、记忆，便于传诵。习语虽然有结构上的固定性和语义上的整体性，但随着社会生活的变化和语言的发展，习语产生了多义性。在不同的社会环境下，习语允许有变体形式而灵活运用于现代生活的各个方面。在许多成功的英汉广告中，广告商往往将习语作为一个辞格直接加以运用，或以人们已有的文化知识为基础，以引起人们的丰富联想与共鸣为目的，将习语加以改造，便取得了良好的表达效果和促销作用，给人留下难忘的印象。比如，"Morton salt：when it rains，it pours"这条广告可以翻译成："莫托食盐：一雨倾盆"。其实，这个广告是从习语"It never rains but pours"改变而来，刻画了 Morton salt 的特征。它的产量大（暗指质量好，好买），绝不像淅沥的小雨而是倾盆大雨。谁能抵挡这种气势带来的诱惑呢？以上广告的成功，得益于广告设计者依据不同文化背景而灵活运用和改造英文习语的结果。

二、广告中习语的变异类型

广告商往往为了使广告引人注目，将习语加以改造，以达到促销其产品的目的。语言学家已经证实，习语的句法结构具有可变性，且存在可变性差异。习语句法结构的变化包括：对习语组成部分的替换、拆分；对习语的修饰、扩充；对习语组成成分的缩略等。这种偏离常规的使用不但没有使该习语失去原义，而且还赋予习语新的意义。

（一）语音变异

语言的发音能够引起心理上的不同听觉效果，在心理上激发不同的反应，或柔和、或清脆、或苍劲、或凝重。在广告语言中，经常运用拟声构成（onomato-poeic motivation）、声音象征（sound symbolism）和回音词（echoism）以引起听众的听觉美感。但是，中西语音、拟声或用韵方面却有不同的特点，给译者带来不少困扰。例如，在英语广告词中，经常采用头韵（alliteration）、元韵（asso-nance）、押韵（rhyme）、假韵（consonance）等韵类以增加广告词的音韵美。

例如：The prose without the cons.

此则 The Time 广告脱胎于习语 "the pros and cons"，该习语的意思是 "利弊" "赞成还是反对的理由"。广告商利用 prose 与 pros 在词形和发音上的相似，成功地改造了相对固定的习语。此广告的另一精彩之处还在于 con 的一词多义。con 的另一个意思是 "欺骗"，这样一来，该句的意思就成了 "文章不会混淆是非，欺骗读者"。

（二）词汇变异

1. 一词多义

例如：Better late than the late.

这条公益广告的机智之处在于它不仅复制了 "Better late than never"（迟到总比不到好）这条习语的结构，而且巧妙利用了 late 的一词多义，"the late" 的另义 "死亡者" 与前一个 "late"（迟到）构成了语义上的双关。作为一条提醒司机慢速平稳行驶的公益广告，其中含义深远而耐人寻味。

2. 用品牌名替换某些词汇

例如：Gentlemen prefer Hanes.

熟悉美国电影的人都知道，好莱坞曾出产一部名为 "绅士喜欢金发女郎"（Gentlemen prefer the blonde）的电影。此则 Hanes 品牌丝袜的广告利用人们熟悉的好莱坞电影的名字，暗指 "女人穿上 Hanes 品牌丝袜，男人更爱"。"女为悦己者容"，如此广告，Hanes 品牌丝袜当然更受女性青睐了。

3. 用代词替代具体的事物

例如：They are a match made in Heaven. （Seiko）

"Marriages are made in heaven" （婚姻上天注定）是一条在西方国家很流行的习语，"Seiko" 表是专为恋人制造的双人表。代词 "They" 在此语义双关，可以指 Seiko 对表，也可以指戴表的人。这条广告耐人寻味之处在于它可以让你想到表是完美的巧夺天工之作，而且也可以让你想到戴表的人也是天生的一对。

（三）语义变异

各国的广告词中多引申成语、谚语或名人名词，构成在翻译时的语义空缺或抵触，给翻译工作带来了困难。

例如：Long shots.

这是一则长连衣裙的广告标题。此广告借助英语习语 long shot （an attempt which is unlikely to succeed, but which one risks making） （大胆的尝试） 的壳，表达的却是这一习语组成部分的字面意思。利用习语的字面意义，王希杰先生从修辞学角度把这种现象称为 "返源"。long 一词正表现了该产品的特征，即该产品开创了流行的趋势，下摆的底边一直延伸到脚踝，款式幽雅、流畅。Shot 在这里指的是 "woven in two different colours, one along and one across the material, giving a changing effect of colour （织成杂色的）"，表示该产品的色彩，取习语的字面意思，把该产品的特点充分展现出来，真是 "挡不住的诱惑"。

（四）语法变异

例如：For vigorous growth, plant your money with us.

这是一份为 Legal & General 保险公司所做的广告中的一句话，利用了词组搭配的变异，获得了隐喻的修辞效果。按语法常规，"plant" 不可与 "money" 搭配。例中耕种的概念范畴被映射到了投资的认知领域。人们获得这么一种暗示，种植某种东西在这里，就意味着收获，并且种下的是小小的种子，将来收获的却是丰硕的果实，把钱投到 Legal & General 保险公司，就可以获得丰厚的投资回报。

（五）句法变异

1. 拆分

例如：Practice really does make perfect.

这是一则手表的广告，来源于习语"Practice makes perfect"。广告商把习语拆开，中间插入表示强调的"really does"，更显示了制造商拥有丰富的经验，"实践确确实实能创造完美"，其产品质量一定很高。

2. 重新组合

例如：Lose Ounces. Save Pounds. （Goldenlay Eggs）

这样的平行结构很容易让人们联想到两个西方国家中关于"penny"和"pound"的习语。"Penny wise, pound foolish"和"save pennies, lose pounds"。表示人们大钱糊涂，小钱精明。接着，广告语后面附上了一句"You can save money and stay healthy when you slim with the help of Goldenlay natural fresh eggs."广告商把人们熟悉的习语经过一番重新组合改造，赋予新的含义。言下之意是Goldenlay eggs 质量高，你吃了它可以保持好身材（lose your ounces 减少体重）。同时，价格便宜，可为你省钱（save pounds）。所以，这个钱绝对不是"pound foolish"，而是值得花的。

三、英汉广告习语翻译方法

英语和汉语是不同语系的两种语言，而习语来自不同著作、不同作者、不同国家、不同民族。这样一来，习语翻译就有一定困难。王佐良先生说道："翻译里最大困难是什么呢？就是两种文化的不同。在一种文化里有一些不言而喻的东西，在另外一种文化里却要花很大力气加以解释。"翻译涉及两种不同语言之间的转换，只要研究了习语各方面的特点，准确理解原作的思想，就能大致掌握习语互译的规律。下面介绍几种英汉广告习语翻译方法：

（一）仿译（Loan translation）

在不影响理解的前提下仿译是可行的。尤其是文化含义强烈的词语经常采用仿译。这样可以最大限度地保留源习语表达形式与文化信息。

例如：千家万家，不如梦迪一家。（梦迪旅馆广告）

译文：East or west, Meng Di is best!

这条广告的翻译基本照搬了"East or west, home is best"（金窝银窝，不如自己的窝）这句习语，而且将之活用在旅馆广告中是妥当的。看到"Meng Di"这个旅馆名，我们想到了习语中的"home"，暗指这家旅馆会带给你宾至如归的

感觉。

再如：条条道路通罗马，款款百羚进万家。（百羚餐具广告）

译文：All roads lead to Rome. All "Bailing" leads to home.

此广告语英译第一句可照套习语，第二句结构与第一句相同，"Rome" 和 "home" 构成韵脚，十分上口好记。All "Bailing" 更强调了所有的百羚餐具的销售和售后服务都非常好。

（二）替代（substitution）

由于社会文化的原因，相同的事物可能有不同的联想。相反，不同的事物可能有相同的联想。这为替代法创造了条件。

例如：功课终于做完了，真累啊！如果有一瓶乐百氏奶……（乐百氏饮料广告）

译文：A Robust a day makes me work, rest and play.

这条翻译中包括了两条与孩子们健康、学习和生活都有关系的习语 "An apple a day keeps the doctor away"（一天一苹果，医生远离我）和 "All work no play makes Jack a dull boy"（只工作不玩耍，聪明孩子也变傻）。上述译文把两条习语合并成一条，让广告中的小学生说出 "如果我一天喝一瓶乐百氏，我会健康（keeping the doctor away），而且聪明（won't be a dull boy）"。此译文用替代法，更加顺口，更易记忆。

（三）释义（paraphrasing）

在仿译困难又找不到合适的替代词语时，就只能用释义的办法。

我们知道，日本的汽车在世界市场上占有最大的份额，其主要原因是他们汽车的技术含量高、质量好，但还有一个原因是他们的广告商极为重视所在国的文化背景，频频在广告中使用所在国的习语，对广告进行释义。如丰田车在英语国家的广告语是 "Where there is a way, there is a Toyota"，到了中国便换成了中文 "车到山前必有路，有路必有丰田车" 到美国又变成了 "Not all cars are created equal"，这怎么不让成天将 "Independent Declaration" 挂在嘴边的美国人牢记于心呢？因为这本书的第一句便是 "All men are created equal"。

四、结语

广告和文化密不可分，习语文化博大精深，西方人就曾将习语比作 "Idiom

is the salt of languages"（习语是语言的精华）。如果我们在平时的学习、工作中，有意识地积累一些习语，并力图通过习语了解别人的文化，渐渐能对习语进行一些变体运用，那么不仅我们的广告翻译会更加流畅地道，我们的语言也会更加丰富多彩，我们与别人的交流和沟通也会变得更加容易。

参考文献：

［1］Langacker，R. W. *Foundations of Cognitive Grammar*［M］. Stanford：Stanford University Press，1991.

［2］包惠南. 文化语境与语言翻译［M］. 北京：中国对外翻译出版公司，2001.

［3］崔刚. 广告英语［M］. 北京：北京理工大学出版社，1993.

［4］林大津. 跨文化交际研究［M］. 福州：福建人民出版社，1996.

［5］［美］琼·平卡姆. 中式英语之鉴［M］. 北京：北京教学与研究出版社，2000.

［6］曲明江. 习语翻译要充分注意英汉文化差异［J］. 牡丹江师范学院学报，2005（3）：58-59.

［7］俞碧芳. 英语教学与英语国家社会文化背景的关系［J］. 福建师大福清分校学报，1998（1）：72-74.

［8］俞碧芳. 汉英广告翻译中的文化因素探析［J］. 商场现代化，2006（12）：263-265.

［9］赵静. 广告英语［M］. 北京：外语教学与研究出版社，1992.

（本文发表在《齐齐哈尔大学学报（哲学社会科学版）》2008年第1期；根据"中国知网"查询结果，截至2023年1月31日，被引3次，下载685次）

英语谚语的汉译探析

摘要： 英语和汉语是两种高度发展的语言，都拥有大量的谚语。谚语是语言中的精华，精炼而富于哲理，具有极高的文学价值。英语谚语，由于语言文化的差异，容易在汉译的过程中失真，致使翻译不能很好地表达原义。因而应该分析谚语的结构特征和文化差异，提出英语谚语的汉译方法、原则和标准。

关键词： 英语谚语；汉译方法；标准

随着世界经济的发展，各国之间的经济交流与合作不断增加，文化间的交往也在不断深化。而语言是文化的表现形式。各国之间的文化交流就必然要借助语言来完成。语言之间的互相翻译就是其中一种重要的途径，它不仅有利于各国文化的发展，更有利于语言的发展。在做翻译工作时，谚语的翻译是一个难点。为了忠于原著，译文必须既保持它的外国风味，又要符合本国文字的要求，而翻译谚语是很难一同达到这两个标准的。因此，在英译汉的实践中，谚语的翻译对译者来说无疑是一大挑战。本文拟就以下几个方面探讨英语谚语的翻译方法、原则和注意事项。

一、谚语的定义及英汉谚语的比较

谚语是对各种生活现象进行综合概括并在群众中广泛流传运用的语言，它同文学作品、诗歌一样是语言的精华。它以最简短的形式表示最丰富的内容，语言生动活泼，富有生活气息。不少谚语以形象的比喻阐述事物的规律，具有很深的哲理。谚语鲜明的民族特性，一定程度上反映了本民族的文化特点。

谚语在形式上是语义相对完整的固定句子。使用时可作为句子成分，也可作为独立的交际单位，表达完整的意思。比较英汉谚语的结构形式有：（一）单句。汉语谚语：药补不如食补。民以食为天。英语谚语：You are a lucky dog. Constant dripping wears away the stone。（二）成对的偶句。汉语谚语：五谷杂粮壮身体，青菜萝卜保平安。饭后百步走，活到九十九。英语谚语：Man proposes, God disposes. God made the country and man made the town。（三）三项式结构。汉语谚语：一个和尚挑水吃，两个和尚抬水吃，三个和尚没水吃。英语谚语：Pale moon doth rain，red moon doth blow，white moon doth neither the rain nor the snow。值得注意的是，一些英汉谚语具有相似的框架（framework）。如：Long hair and short wit；头发长，见识短。而且，它们结构整齐押韵，或头韵，或脚韵。汉语谚语：一个好汉三个帮，一根屋柱三个桩。英语谚语：A friend in need is a friend indeed.

二、英语谚语的翻译

英语谚语是富于色彩的语言形式，具有形象生动、喻义明显、富于哲理的语言特征，在一定程度上，反映了英语民族的文化特点。因此，翻译英语谚语时，仅仅从两种语言词汇之间表层意义上对等关系的角度，寻求对应的译文是远远不够的。奈达（Nida）指出："所有的翻译，不管它是诗歌还是散文，都必须关心接受者的反应。因此，翻译的最终目的，从它对读者产生的效果来看，是评价任何翻译的最基本的因素。"所以，在把英语谚语翻译成汉语时，译者除需要较多运用汉语的表现手段之外，还要求能够独具匠心地力求再现英语谚语的语言风格及其丰富的内涵，保持源语所具有的语言形象。

以下从四个方面探求英谚翻译的方法。

（一）直译

所谓直译法就是指在不违背译文语言规范以及不引起错误联想的条件下，在译文中保留英语谚语的比喻、形象和民族、地方色彩的方法。如果所要翻译的谚语喻义清晰、形象逼真，按字面直译其意就能表达出源文的喻义来，则可采用直译法。这样做既能较完整地保存源文的表达方式和源文的神韵，又可丰富我们自己的民族语言。如：

1. An empty sack cannot stand upright. 空袋子站不直。

2. A cat has nine lives. 猫有九命。

3. Better wit than wealth. 有财不如有才。

4. Out of office，out of danger. 无官一身轻。

5. A good tree is a good shelter. 大树底下好乘凉。

6. All are not friends that speak us fair. 说我们好话的未必都是朋友。

7. Time and tide wait for no man. 时间不等人。

8. Rome was not built in a day. 罗马不是一日建成的。

9. God helps those who help themselves. 自助者天助之。

10. Easier said than done. 说时容易做时难。

11. Walls have ears. 隔墙有耳。

通过直译法而传神翻译的谚语，往往成了英谚作为思想财富进入汉语，并成为汉语借用的基础。

（二）意译法

有些英语谚语的表达方式因含有英语语言国家所特有的历史典故或文化背景，在直译过来后，中国读者很难理解。虽然加脚注或说明可能达意，但是这样就失去了谚语语言洗练、短小精悍的特点。采取意译，则"可以避免在某些情况下因直译而引起的拖泥带水，隔靴搔痒，甚至以辞害意，造成误解等弊病"（曾自立，1983）。例如，有的词典将"When Greek meets Greek, then was the tug-of-war"译成"希腊人相遇，拔河赛就出现"。这样的翻译让人摸不着头脑。最好意译为"两雄相争，必有激战"。

这样的例子还有：

1. The course of true love never did run smooth. 如译成"爱的过程永远不会很顺利"，不如译成"好事多磨"。

2. Bird of a feather flock together. 如译成"相同羽毛的鸟聚在一起"，不如译成"物以类聚"。

3. He that touch pitch shall be defiled. 如译成"摆弄沥青的人肯定会弄脏手"，不如译成"近墨者黑"。

4. Murder will out. 如译成"谋杀终必败露"，不如译成"纸包不住火"。

5. Give a lark to catch a kite. 如译成"为了抓住风筝，放出一只云雀"，不如译成"得不偿失"。

6. Every bean has its black. 如译成"每粒豆子都有黑点"，不如译成"凡人皆有短处"。

（三）直译、意译相结合

有时在翻译英语谚语时，单纯的直译或意译都不能确切、有效地表达原来谚语的含义。这时可采用直译、意译相结合的方法进行翻译，以弥补直译难达意、意译难传神的不足，在直译后再加上谚语的真实含义，以期收到画龙点睛的效果。例如：

1. First catch your hare. 先抓到兔子再说，到手的东西才算数。

2. Cut your coat according to your cloth. 量布裁衣，量入为出。

3. Do not kick against the pricks. 莫踢刺棍，莫作无谓的抵抗。

4. Even Homer sometimes nods. 荷马也有瞌睡时，智者千虑，必有一失。

5. An eagle does not catch flies. 老鹰不会去捉苍蝇，大人物不会去做小事。

6. If I have lost the ring, yet the fingers are still there. 戒指虽丢失，手指仍然在；留得青山在，不怕没柴烧。

7. A daughter is fairer than her fair mother. 女儿比母亲更漂亮，青出于蓝而胜于蓝。

8. He who has a mind to beat the dog will easily find a stick. 有心打狗，找棍不难；欲加之罪，何患无辞。

（四）对等翻译

谚语是人民群众对社会现象和自然现象的规律以及生产生活经验的总结。英美国家人民和中国人民之间存在着相似的经验和阅历，这使得两个民族和谚语具有很大的相似性。有些英语谚语和汉语谚语在内容上不谋而合，具有相同的内涵，运用大体相同的形象，或大体相同的比喻和修辞来阐述相同的道理。在这种情况下，运用同义的汉语谚语来翻译英语谚语，"一方面可使译文更加通顺，另一方面更容易为译文读者理解和接受"（冯庆华，1995）。例如：

1. For better, for worse. 同甘共苦。

2. His back is broad enough to bear jests. 宰相肚里好撑船。

3. Diamond cut diamond. 棋逢对手。

4. New broom sweeps clean. 新官上任三把火。

5. Putting the cart before the horse. 本末倒置。

6. He who would search for pearls must dive deep. 不入虎穴，焉得虎子。

从以上例子可以不难看出，尽管有的谚语不是完全对应，但大意基本接近，只不过喻体不一，联想有异。在套用汉语谚语时，特别要注意谚语的民族性，即不能使用带有强烈民族文化色彩的谚语来翻译英语谚语。如果这样，译文里就会充满了异域色彩，让人啼笑皆非。

比如，下面的几个例子：

1. Don't try to teach your grandmother to suck eggs. 不要班门弄斧。

2. Beauty lies in the love's eyes. 情人眼里出西施。

3. It is easy to be wise after the events. 事后诸葛亮好当。

4. Two heads are better than one. 三个臭皮匠，胜过诸葛亮。

5. Nature is the true law. 天行有常，不为尧存，不为桀亡。

6. The fox knew too much, that's how he lost his tail. 机关算尽太聪明，反误了卿卿性命。

上面例子中的"（鲁）班""西施""诸葛亮""尧""桀""卿"等都是汉语文化所特有的。这样汉译的英语谚语不但不能使中文读者透彻地理解谚语的内涵，达到在理解谚语内涵方面的功能对等，还会引起读者的疑惑和别扭。上面的例子不如翻译成：

1. 不要教母鸡下蛋。

2. 情人眼里出美人。

3. 事后聪明人好当。

4. 一人不及两人智。

5. 天行有常。

6. 过分聪明反而愚蠢。

三、英语谚语汉译的标准

关于翻译标准，中外翻译理论家们提出了不同的主张，从严复的"信、达、雅"，傅雷的"重神似不重形似"，到张培基先生提出的"忠实通顺"，到美国著名的翻译理论家奈达的"功能对等"（functional equivalence）或"动态对等"（dynamic equivalence）。奈达提出翻译必须达到四个标准：达意；传神；语言顺畅自然；读者反应类似。我们可以看出，这些主张是相互影响、互为补充、不断完善的。虽然侧重点有所不同，但中心都是译文要忠实准确地表达源文的意义，保持源文的风格，忠实反映原作的面貌。英语谚语的翻译当然要争取达到这些标准。谚语的特点是蕴含哲理和幽默，文化含意往往藏而不露，需要译者仔细琢磨，深刻理解才能使译文"达意"，同时译者必须具有较强的文字表达能力，方能既达其意，又传其神。英语谚语的汉译不仅要"顺畅"，而且要"自然"，要符合英美人的表达习惯和欣赏习惯。所以，在翻译英语谚语时，要采取灵活变通的翻译方法。

四、英语谚语翻译应注意的几个问题

（一）要注意谚语大众化和风格

谚语是一种口头创作。除了大众化和言语结构、言简意赅、对称外，还有"直述""比喻"和"比拟"。在谚语翻译过程中，应灵活应用各种修辞格，译出谚语的文体和风味来。我们应该采取分清名喻、暗喻和借喻，灵活英译。谚语的含蓄美寓于比喻之中。汉译时要扣住"比"这个修辞特点，准确、鲜明地译出谚语的思想，译文要符合谚语的语言风貌，宜通俗易懂。例如：Do not throw out the baby with the bath water.（不要把婴儿连洗澡水一起倒掉）；An eye for an eye, a tooth for a tooth.（以眼还眼，以牙还牙）。

（二）注意保存民族和地方色彩

任何民族的谚语都具有一些特定的历史、经济、文化、地理环境、宗教信仰、风俗习惯、神话传说、经典著作，乃至封建迷信等方面的情况。我们要根据英汉民族的文化差异灵活处理。例如，在中国人的传统观念中，狗是一种卑微的动物，汉语中与狗有关的词大都含有贬义；而在西方人的价值观中，狗是最为人钟爱的动物。它是忠实的象征。通常，西方人不吃狗肉。英语中与狗有关的谚语中除小部分因受其他语言的影响而含有贬义外，大多数皆为褒义。"You are a lucky dog."可译为：你真幸运。"Love me, love my dog."可译为：爱屋及乌。"Every dog has its day."可译为：是人皆有出头日。"Old dog will not learn new tricks."可译为：老人学不了新东西。

（三）注意保持谚语语言的艺术性

谚语是民间文学的一种形式，不但凝聚着人民大众的思想智慧，而且也显示出人民大众的艺术才华。在谚语翻译的过程中，不仅要忠实表达源文的思想内容，还要尽可能保持源文的形象和比喻，以及其他的一些修辞效果。"Like father, like son."可译为：有其父必有其子。"A friend in need is a friend indeed."可译为：患难朋友才是真正的朋友。

综上所述，我们可以看出，谚语是大众智慧的结晶，是经过生活的长期积淀和陶冶，才把丰富多彩的内容浓缩在高度洗练的形式之中。在学习使用英语谚语的过程中，可以管窥异国的历史、文化和风情，从而丰富知识，扩大视野。在翻译英语谚语时，译文首先要做到忠实准确地表达源文的意义，保持源文的风格，反映源文的面貌；可区分不同情况，分别采用直译、意译，直、意译结合和对等翻译等方法，使译文"善解人意"，自然传神。

参考文献：

［1］丁关中. 英语谚语大词典［M］. 北京：北京对外翻译出版公司，1992.

［2］冯庆华. 实用翻译教程［M］. 上海：上海外语出版社，1995.

［3］黄龙. 翻译技巧指导［M］. 沈阳：辽宁人民出版社. 1986.

［4］林大津. 跨文化交际研究［M］. 福州：福建人民出版社，1996.

［5］俞碧芳. 英语教学与英语国家社会文化背景的关系［J］. 福建师大福清分校学报. 1998（1）：72-74.

［6］曾自立. 英语谚语概说［M］. 上海：商务印书馆，1983.

（本文发表在《中山大学学报论丛》2007年第7期；根据"中国知网"查询结果，截至2023年1月31日，被引2次，下载379次）

汉语外位语结构在英译汉中的运用

摘要：外位语结构在汉语中俯拾皆是。本文研究了汉语外位语结构的定义，从语法角度、修辞角度和功能角度分析了外位语结构的特点，按照本位语与外位语的关系和本位语在句中充当的语法成分对外位语结构进行分类，并探讨了汉语外位语结构在英译汉中的运用。

关键词：外位语结构；外位语；本位语；英译汉；运用

一、引言

外位语结构是汉语中常见的语言现象。使用外位语的目的在于突出某一事物，以引起别人的注意，或为了简化复杂的长句，使之结构严谨，关系清楚。英译汉时外位语结构可以帮助我们化繁为简，理清层次。因此，研究和运用外位语结构对英译汉不无益处。本文对汉语外位语结构进行描述，探讨汉语外位语结构在英译汉中的运用。

二、汉语外位语结构的定义

外位语结构在汉语中俯拾皆是。语言学家们曾对其进行过描述，但是，他们的观点并不完全相同。吕叔湘首先提出了外位语结构的概念，他认为在诸如"是疾也，江南人常有之"一类的句子中，"是疾也"原本是"有"的宾语，现将其提前，在原位以"之"代替，这样的结构就叫外位语结构。高耀墀称该结构为"复指"，并将"复指"分为同位复指、外位复指和异位复指。王力也称该结构为"复指"。胡裕树则将其归为"提示成分"，而阎德胜将其定义为"外位语"。笔者采用"外位语结构"来描述这一语言现象。当一个词、词组或句子独立于一个完整句子之外，且与句中某一成分指述同一事物或与该成分构成包含关系时，居于句外的成分叫外位语，句中相应的成分叫本位语。外位语通常用逗号或破折号隔开，表示与句子内部没有组织上的关系。本位语通常是代词，充当句子的主语、宾语或定语。

三、汉语外位语结构的特点和分类

（一）汉语外位语结构的特点

外位语的作用有两个：一是强调它所指的人或事物；二是使句子结构严谨，条理清楚，表意简洁，读起来不绕口费力，可一气贯注，听起来不劳神费思，可一闻即明，因此，使用颇多。它不仅在日常口语及文艺作品里广泛使用，就是在政治论文中也大量表现。非但今天广为运用，远在古典即已大量出现，经史子集中，都有例可寻。在我国一些古典白话小说中，也是到处可见。清代名著《红楼梦》及《儒林外史》里有，明代著名历史小说《东周列国志》中也有。它是汉语简练、灵活特征的一种表现。

1. 从语法的角度来看

外位语结构由外位语和本位语构成。外位语即具体提示成分，本位语是指代具体揭示成分的代词，且充当一定的句子成分。这种形式，是先将一个或几个词或者词组、句子形式置于句前，作句子结构之外的外位语，而另一个代词或者其他能起指代作用的词语指代这种词或词组、句子形式，置于句中，作充当句子成分的本位语；有时则先以一个代词作本位语，构成句子成分，而随后补出该代词之所指代。总之，这种外位语一般处于句首，本位语位于句子中的结构具有简单易懂，句子层次结构清楚明了的特点，它充分展示了部分与整体之间的关系。例如：

（1）枣树，他们简直落尽了叶子。（鲁迅《秋夜》）

（2）那位唐雎老头子，你和他很熟吧？（郭沫若《虎符》）

（3）百花齐放，百家争鸣，这是发展科学文化的唯一正确方针。

（4）秋纹碧痕，一个抱怨你湿了我的衣裳；一个又说你踹了我的鞋。（曹雪芹《红楼梦》）

（5）他厌恶我，你的父亲……（曹禺《雷雨》）

上面五个例子，代表三个类型。前两例，外位语（斜体）实指人和事物，本位语（画线）指代它们而构成句子成分；第三例的外位语是句子形式（亦称子句或"主谓词组");第四例,外位语总提两人,本位语对其分述;最后一例,外位语追释本位语之所指代。

2. 从修辞的角度来看

外位语可以起到强调作用。外位语通常占据突出的位置,因此可以吸引读者的注意力。如:"*实现四个现代化,这是我们今后相当长时间的中心工作。*"作者为了强调"实现四个现代化",将这一成分提到前面作为外位语,让人一目了然。

3. 从功能的角度来看

外位语简化了句子结构,使句子层次清晰化,表达方式更加灵活。当句中存在一个冗长的成分,如主语、宾语或定语,这个句子会显得复杂,难以理解。若采用外位语结构,句子则变得简洁易懂。如:"*他的作品有二十几部仍在印行,世界各地的人们还在阅读他的作品的译文,这证明了他至今仍享有盛名。*"

(二)汉语外位语结构的分类

汉语外位语结构有两种分类方法。

1. 按照本位语与外位语的关系,外位语可分为三种:(1)称代式外位语(用代词来称代的);(2)总分式外位语(两者之间是总分关系);(3)注释性外位语(说明与被说明关系)。例如:

(1)*中国共产党——这是多么亲切,多么伟大的名字啊!* [称代式]

(2)*姚志兰和吴宝,一个是电话员,一个是火车司机。* [总分式]

(3)*东北有三宝——人参、貂皮、乌拉草。* [注释式]

例(1)中,本位语"这"是指示代词,因而构成称代式外位语结构。类似的本位语还可以由人称代词和所有格代词充当。例(2)中,外位语表达了一个整体概念,而本位语则表示这一个整体的不同组成部分。例(3)中,本位语"三宝"和外位语"人参、貂皮、乌拉草"是说明和被说明的关系。

2. 按本位语在句中充当的语法成分,即外位语原本在句中充当的成分,外位语可分为外位主语、外位宾语和外位定语。例如:

(1)*他的姐妹,她们不都在我们这里吗?*(外位主语)

(2)*险阻艰难,备尝之矣;民之情伪,民知之矣。*(外位宾语)

(3)*著名的作家王朔,我买过他的一本书。*(外位定语)

以上三例中外位语的同位结构——本位语在主句中分别充当主语、动词宾语和定语，因而这三种结构分别被界定为外位主语、外位宾语和外位定语结构。

四、汉语外位语结构在英译汉中的运用

英语句子中的外位语结构模式大部分隐含在原句之中，通过理解分析，在不改变源文意思的基础上根据需要把原句部分转变为外位语，置于句首，再用恰当的代词与原句重新组合，得到更符合汉语表达习惯的译文。当然，代词在句中的成分决定了代词的选用，通常用"这、其、之、那、后者"等等来指代。下面以实例来阐述汉语外位语结构在英译汉中的运用。

（一）套用源文的外位语框架

英语中也有类似汉语结构的表达方法，这就为英译汉时提供了方便，有时可以把源文的框架原封不动地套用过来。例如：

1. *Plastics are light and do not rust at all.* That is why they find such wide use in industry.

既轻又牢，毫不生锈，这就是塑料在工业上如此广泛应用的原因。

2. *Iron combines easily with oxygen.* That's why it is never found pure in nature.

铁很容易与氧化合。这就是（为什么）从未在自然界发现过纯铁的缘故。

上述斜体部分为外位语，画线部分为本位语。

此外，在某些非限制性定语从句中，定语从句是用来修饰整个主句或对主句中所叙述的事实或现象加以总结概括及补充说明的成分。这是一种特殊定语从句，翻译时我们可以把主句译成外位语，而将代替整个句子的关系代词 which 译成"这""它"等。例如：

1. *Liquid water changes to vapor*, which is called evaporation.

液态水变成水蒸气，这就叫蒸发。

2. *Water*, *whether in the Pacific Ocean or in the Atlantic Ocean*, *consists of hydrogen and oxygen*, which is an undeniable scientific fact.

不管是太平洋的水也好，或是大西洋的水也好，总是由氢和氧组成的，这是一个不容否认的科学事实。

（二）把带有说明性的形容词或副词译成外位语

原句子带有解释性的形容词或副词时，将形容词或副词取出之后的句子译成

外位语。

1. 把形容词放在带有称代词的句子中，而把其余部分译成外位语。例如：

（1） The treasonous troops made resultless efforts to seize the fortress.

分析：从形式上看，形容词"resultless"与名词"efforts"关系紧密，是修饰和被修饰的关系，实质上"efforts"具体指"The treasonous troops tried to seize the fortress"，而"resultless"正是对此"efforts"做出的解释和说明。若按原序译出，则不能体现出事件与结果的内在关系，因在汉语中往往先叙事后表态。而在外位语结构中，外位语往往是叙事部分。

因此，可将此句转化为外位语结构：

The treasonous troops made efforts to seize the fortress，which was resultless.

译文：*叛军企图占领这个要塞*，这完全是徒劳的。

（2） Phineas Gage spoke with understandable pride of the tamping—iron that twisted his mind.

分析：此句与上句类似，形容词"understandable"与"pride"是形式上的修饰与被修饰关系。"understandable"作为一个说明性的形容词，它说明的是：

Phineas Gage's manner in speaking：his pride is understandable.

译文：*贾尼斯·盖奇自豪地谈到那根将其头脑搅乱了的铁钎*，这是可以理解的。

2. 把副词放在带有称代词的句子中，而把其余部分译成外位语。例如：

（1） Illogically， she had expected some kind of miracle solution.

分析：副词"illogically"位于句首，是对整个句子的说明。

译文：*她蛮想会有某种奇迹般的解决办法*，这是不合情理的事。

（2） She was pardonally proud of her wonderful sewing.

分析：副词"pardonally"不是用来修饰"be proud of"，而是用来说明"She was proud of her wonderful sewing"的，用外位语结构处理为：

She was proud of her wonderful sewing，which was pardonal.

译文：*她自夸缝纫技术高超*，这是情有可原的。

（三） 把名词和名词短语译成外位语

在有些句子中，主语和谓语之间插有其他成分，或主语是一个名词短语，我们可以把充当主语的名词或名词短语译成外位语，使译文的主谓语之间更紧凑。例如：

1. Wires of different materials, although of the same diameter, differs in their conductivity.

分析：该句主语是名词短语"wires of different materials"，谓语是"differs in their conductivity"。主谓被"although phrase"分隔开。为了密切主谓关系，可处理为：

Wires of different materials, although of the same diameter, <u>whose</u> conductivity differs.

译文：*不同材料的导线，尽管直径和长度相同，<u>其</u>导电率是不一样的。*

2. The "actions" of the conscious mind, like choosing, whose existence as genuine operations many would deny, still give scientists nightmares, philosophers headaches, and theologians eternal joy.

分析：句中主语是名词短语 the "actions" of the conscious mind，谓语是 give。主语和谓语之间既有介词短语，又有非限制性定语从句。为了使主谓语显得紧凑些，我们可以把充当主语的名词短语 the "actions" of the conscious mind 译为外位语，用本位语"它们"来复指外位语。

译文：*头脑中有意识的思维活动，比如选择等，尽管许多人不承认这些活动作为实实在在的行为存在着，<u>它们</u>却仍然给科学家带来梦魇，使哲学家大伤脑筋，使神学家从中得到永恒的喜悦。*

（四）把某些介词短语译成外位语

有些介词短语在句子中或作定语，或作状语，如按原句顺译，将变得拗口。因此，我们也可以把这些介词短语按外位语处理。例如：

1. The melting point is different for different kinds of metals.

分析：句中"the melting point"所指对象是"different kinds of metals"，同时，受其限制，是句子的内在层次关系。为了突出这一点，使译文更加顺畅，条理清楚，可用外位语结构处理这一介词短语。

译文：*不同种类的金属，<u>其</u>熔点各不相同。*

2. The university was already spreading a fame for its quality.

分析："for its quality"是整个句子的原因。此句结构是果在前，因在后。为了合乎汉语因在前果在后的语言习惯，可把介词短语"for its quality"按外位语处理。

译文：*这个大学的教学质量好，这点已远近闻名了。*

（五）把限制性定语从句连同先行词译成外位语

为了减少译文中"的"或加强句子成分间的关系，在某些带有限制性定语从句的句子中，可将先行词与定语从句译为外位语。例如：

1. *Any influence that causes a motion of matter we call a force.*

分析：在该句中，先行词与定语从句做动词call 的宾语。为了密切谓语动词与宾语之间的关系，可将充当宾语的这一部分译为外位语。

译文：*引起物质运动的任何影响，我们都称之为力。*

2. The importance of the case he has put is undeniable.

分析：主语"The importance"受of 短语的修饰，of 短语中名词"the case"又受定语从句"he has put"的修饰限制。层层复杂的修饰关系导致译文出现较多的"的"。为了减少译文中"的"，把"the case he has put"译成外位语。

译文：*他所提出的看法，其重要性是不可否认的。*

（六）把同位语从句译成外位语

同位语从句亦称为同位语定语从句，还有人称之为变相的定语从句。所以翻译中可以按照第五点所述的方法加以处理，把某些同位语从句译成外位语。例如：

1. This is a universally accepted principle of international law that the territorial sovereignty doesn't admit of infringement.

分析：名词"principle"的具体内容是that 从句，that 从句可译为表具体内容的外位语。

译文：*一个国家的领土主权不容侵犯，这是国际公法中举世公认的准则。*

2. The main cause of fact that there is a sharp decline in the output of caviar, an indigenous product in the Soviet Union, is the grave contamination of the Volga by sewage.

分析：句中fact 及其后边的同位语从句充当定语，译文把同位语变成外位语，而在主句中用"其"称代这个外位语。这样一来，译文结构就很严谨。

译文：*苏联特鱼子酱产量锐减，**其**主要原因是伏尔加河受到废水的严重污染。*

（七）把 it 为先导词的形式主语句型结构译成外位语

从语言类型学的角度来看，英语属于注重主语的语言，而汉语则是注重主题的语言。从语法学的角度来看，汉语不重视末端重量（end-weight），而英语则是重视末端重量的语言。句尾中心（end-focus）和句尾重心是决定英语语序和句子结构的两项重要原则。由于末端重量的缘故，英语中大量使用形式主语结构。当实义主语较大或结构较复杂时，往往应置于末端，而在句首用一个形式主语来占据主语的正常位置。这样一来，既避免了头重脚轻的现象，又能使后移的主语得到加强。因而，英语中的形式主语结构可以译成汉语中的外位语结构，以符合译入语的语言规范。例如：

1. It is a very important law in physics <u>that energy can be neither created nor destroyed</u>.

分析：句中 It 指的是 that energy can be neither created nor destroyed。it 是形式主语，that 引导的主语从句可译成外位语，把 it 译成称代词"这"。这样一来，句子意思清晰明了。

译文：*能量既不能创造也不能消灭，<u>这</u>是物理学中一条很重要的定律。*

2. It is impossible <u>to produce future shock in a large number of individuals without affecting the rationality of the society as a whole</u>.

分析：句中不定式短语 to produce future shock in a large number of individuals without affecting the rationality of the society as a whole 是此句真正的主语，可译成外位语。

译文：*要在大批人中间造成未来冲击，而又不影响整个社会的理性，<u>这</u>是不可能的。*

五、结语

本文研究了汉语外位语结构的定义，从语法角度、修辞角度和功能角度分析了外位语结构的特点，按照本位语与外位语的关系和本位语在句中充当的语法成分对外位语结构进行分类，并探讨了汉语外位语结构在英译汉中的具体运用。运用外位语结构来翻译英语中的某些句子可以理清层次，突出重点，表现内涵。总而言之，汉语的外位语结构，在英译汉中使用范围很广。当然，外位语结构并不是一种灵丹妙药，到处可以套。究竟什么地方该用，什么地方不该用，还要根据具体的实例进行具体的分析。因此，在翻译过程中，译者要结合理论依据，认真分析，综合考虑，方可使译文更贴切、更顺畅，更符合汉语习惯。

参考文献：

[1] 吕叔湘. 中国文法要略 [M]. 北京：商务印书馆，1982：120.

[2] 高耀墀. 现代汉语语法 [M]. 郑州：中州书画社，1982：178.

[3] 王力. 王力文集 [M]. 济南：山东教育出版社，1984：393.

[4] 胡裕树. 现代汉语 [M]. 上海：上海教育出版社，2001：343.

[5] 林煌天. 中国翻译词典 [M]. 武汉：湖北教育出版社，1997：680.

[6] 罗磊. 中医英译时外位语结构的处理 [J]. 中西医结合学报. 2004（5）：399-400.

（本文发表在《龙岩学院学报》2007 年第 1 期；根据"中国知网"查询结果，截至 2023 年 1 月 31 日，被引 4 次，下载 188 次）

科技英语中定语从句的理解与翻译

摘要：在科技英语中，定语从句的翻译既是难点，也是重点。我们应该认真分析定语从句在句子中所起的作用，再采用相应的翻译方法。本文从语法层次、语义层次、语用层次对定语从句的理解和翻译进行探讨。

关键词：科技英语；定语从句；语法层次；语义层次；语用层次

一般来说，大量使用定语从句是科技英语的一个重要特征。科技英语中，定语从句的翻译既是难点，也是重点。它的困难之处在于汉语中没有定语从句这种现象，有的只是定语修饰语。就英译汉而言，大凡译文译得生硬、拗口、晦涩难懂的，多半是由于没能译好定语从句所致。要译好定语从句，首先要对整个句子进行语法层次、语义层次、语用层次的分析，然后采用一定的翻译技巧，把整个句子用地道的汉语翻译出来。传统的翻译法主要着眼于它的表层形式，从语法概念入手。但是，这样并不能完全解决语言的深层含义。因此，对于结构复杂、文字冗长的句子，还应该从句子深层语义角度、交际功能、话语特性和修辞色彩等语用角度加以分析、理解和翻译。下面从这三个层次上举例说明。

一、语法层次

从主句与从句的关系上，科技英语的定语从句大体上分为限制性定语从句（restrictive attributive clause）和非限制性定语从句（non-restrictive attributive clause）。从语法层次来看，定语从句在句中的语法功能是修饰、限制先行词。因此，在翻译时，关键在于先找出先行词，再采用前置法、后置法、溶合法等方法翻译。

（一）前置法

前置法是指把英语定语从句译成带"的"的定语词组，大都适用于限制性定语从句。把不很长的英语限制性定语从句一般译成带"的"的定语词组，放在修饰词之前，从而将复合句译成汉语单句。

All substances which can conduct electricity are called conductors.

译文：一切能导电的物质都叫导体。

Ice is frozen water or water that has become solid.

译文：冰是冻结的水或成为固态的水。

The force that causes everything to fall toward the ground is called gravity.

译文：使一切东西落向地面的力称为重力。

再者，一些较短而具有描写性的英语非限制性的定语从句，也可译成带"的"的前置定语，放在被修饰词前面；但这种处理方法不如用在英语限制性定语从句那样普遍。如：

The arteries and veins do not allow anything to pass through their walls, but the capillaries, which are the smallest blood vessels, allow water and other small molecules to pass into the tissues.

译文：大动脉和静脉不允许任何东西通过，然而毛细血管是最小的血管，它们则可以让水分和其他微分子通过并进入组织。

（二）后置法

上述译成前置定语的方法一般用于译法比较简单的定语从句。如果从句结构复杂，译成汉语前置定语显得太长而且不符合汉语的表达习惯时，往往可以译成后置的并列分句。

1. 限制性定语从句

（1）译成并列分句，重复英语先行词

They are especially interested in finding cures for illnesses which western medicine has found "incurable".

译文：他们对寻求疾病疗法特别感兴趣，而这些疾病被西医认为是不治之症。

此句用后置法译成并列分句，跟用前置法译成定语从句相比起来，通顺得多，流畅得多。

The individual then exhaled into a spirometer, which measures volume and rate of air exhalation and these measurements were automatically transmitted to the computer.

译文：这个人往肺活量计里呼气，肺活量计测出呼气量和呼气率，所有这些测定数字都成功地传给计算机。

这个长句利用后置法把定语从句译成并列分句，并且重复先行词，从而避免了由于定语太长而造成臃肿的句子结构。

（2）译成并列分句，省略英语先行词

The silicon controlled rectifier is another type of P-N-P-N semiconductor device which closely resembles the Shockley diode.

译文：可控硅整流器是另一种类型的 P-N-P-N 半导体器件，类似于肖克利二极管。

Hardened vessel walls cause a rise in blood pressure which may be high enough to term hypertension.

译文：血管壁硬化引起高的血压，升高到一定程度就叫高血压。

It looked like a shooting star at first, but then the track of light broadened into two things that looked like rocket exhausts and the thing came down without a sound.

译文：一开始像是流星，可接着那轨迹越来越亮，变成两个光点，就像是火箭喷出的气流，那个东西一点没出声就着落了。

上述三个例子中的定语从句的处理，都是采用省略先行词，译成两个并列分句的方法。

2. 非限制性定语从句

（1）译成并列句

凡是非限制性定语从句，一般译成并列分句。有时，加译"这""它"等。

Acupuncture, which is an old Chinese treatment is safe, simple and effective.

译文：针灸安全、简单、有效，它是一种古老的中国治疗方法。

Penicillin is an antibiotic, which is one of the most important anti-infective drugs.

译文：青霉素是一种抗生素，它是一种重要的抗感染药。

（2）在译文中从句后置，省略英语关系词所代表的含义

The patient with peritonitis is a pitiful child, whose mother and sister contracted cancer one after the other.

译文：这个患腹脑炎的病人是个可怜的孩子，母亲和姐姐相继患了癌症。

（3）在译文中从句前置，重复英语关系词所代表的含义

The liquid fuel rocket is used in an aircraft as well as for research in the upper air and for putting earth satellites into orbits, which is continually being improved.

译文：液态燃料火箭不断地得到改善，它用在飞行器上，用以研究高层大气，也被用来将地球卫星送入轨道。

（三）溶合法

溶合法是指把原句中的主语与定语从句溶合在一起译成一个独立句子的一种翻译方法。

1. 从句和主句译成一个句子。这种译法一般是把主句的主语作为译文的主语，从句作为译文的谓语。这种译法特别适用于"there be＋先行词＋定语从句"句型的翻译。将英语中这种句型转化成汉语句型的过程事实上就是一个将先行词和定语从句译成一句的过程。如：

There are some metals which possess the power to conduct electricity.

译文：某些金属具有导电的能力。

句中主句"There are some metals"被压缩成一个短语作为主语，然后与定语从句溶合在一起，译成一个独立句。

2. 主句译成主语词组，定语从句译成谓语。李人鉴先生在《关于语法结构分析方法问题》一文中说："主谓结构中的谓语既然是对主语加以陈述的，那么这陈述的内容就一定是主语所领有的。"因为汉语的主谓结构句具有领属、全体与部分、类与成员的关系，即为一种领属关系，所以可以把主谓结构译成偏正结构的汉语词组。

OSHA has qualified the noise level in industry which has become a major concern and consideration for many hydraulic controls manufacturers.

译文：职业安全保健管理局规定的噪音水平已成为许多液压控制器制造厂商关注与考虑的主要问题了。

主句"OSHA has qualified the noise level in industry"译成主语词组"职业安全保健管理局规定的噪音水平"，定语从句"which has become a major concern and consideration for many hydraulic controls manufacturers"译成谓语"已成为许多液压控制器制造厂商关注与考虑的主要问题了"。

二、语义层次

不管是限制性定语从句，还是非限制性定语从句，其中有些形式上是定语从句，但从语义逻辑关系上分析则是起着状语从句的作用。这种定语从句，刘重德教授称其为"状语性定语从句"（adverbial-attributive clause）。R. W. Zandvoort 在其《英语语法手册》（*A Handbook of English Grammar*）中称其为"半状语从句"（semi-adverbial clause）。在翻译这类从句时，译者要根据定语从句和先行词以及整个主从句的内在关系，将其译成相应的状语从句，表示原因、结果、目的、让步等。如：

（一）译成原因状语从句

经过仔细分析如下句子的深层语义，我们不难发现它们与主语之间存在着因果关系。因此，我们可以把它们翻译成表示原因的状语从句。

Filtration is a simple process of passing the liquid through a sieve in which the holes are too small to allow the passage of the solid.

译文：过滤使是液体通过筛子的简单过程，因筛孔特小，固体不易通过。

To make an atom bomb we have to use Uranium 235, in which all the atoms are a-vailable for fission.

译文：制造原子弹必须用铀 235，因为它的所有原子都可裂变。

All the astronauts who have spent time in artificial satellite are trained scientists.

译文：所有宇航员由于把时间都用在人造卫星上了，因而成为训练有素的科学家。

（二）译成结果状语从句

Many of main lines which pass over the greatest bridges brought into existence with-out these structures, which thus have justified the immense cost involved.

译文：许多铁路干线越过雄伟的大桥，穿过长长的隧道，要是没有这些桥隧建筑物，线路就不可能建成。因此，虽然花了大量的费用，也是值得的。

Diamonds also have a very high near resistance which causes diamond cutting tools to have a very long tool life.

译文：金刚石也具有很高的耐磨性，从而使金刚石切割工具具有很长的使用寿命。

There are also marked differences in cytochemical reactions of the septal cells and free macrophages that suggest that they are functionally distinct.

译文：隔细胞和游离巨噬细胞的细胞化学反应也有显著差别，因而表明他们的功能是有区别的。

Matter has certain features or properties that enable us to recognize it easily.

译文：物质具有一定的特征或特性，所以我们能够容易识别各种物质。

上述句子中的定语从句从深层语义分析来看，与主句存在着结果关系。因此，可以翻译成结果状语从句。

（三）译成目的状语从句

The bulb is sometimes filled with an inert gas which permits operations at a higher temperature.

译文：灯泡有时充入惰性气体，为的是能在更高的温度下工作。

ECT is economical, that is used to treat affective disorder.

译文：电休克经济实惠，用以治疗情感性精神病。

There is a minimum size for the reactor at which the chain reaction will just work.

译文：要使链式反应刚好会维持下来，反应堆就要有一个最起码的尺寸。

上述两个句子中，定语从句与主句之间存在着逻辑上的目的关系。因此，翻译时，可把它们翻成目的状语从句，用"为的是"或"用以"等来表示。

（四）译成让步状语从句

有些定语从句在逻辑上与主句存在着让步关系，因此在翻译时，可把它们当成让步状语从句来处理。例如：

A gas occupies all of any container in which it is placed.

译文：气体不管装在什么容器里，都会把容器充满。

In spite of the cost, which varies from four to six times that of other tool steels, high-speed steel is the most widely used cutting material.

译文：尽管高速钢的成本是其他工具钢的四至六倍，但它仍然是用得最广的刀具材料。

（五）译成条件状语从句

有些定语从句在逻辑上与主句存在着条件假设关系，因此在翻译时，可译为条件状语从句，用"如果"来表示。例如：

Anything that is higher than air it displaces can rise from the ground.

译文：任何东西如果比它排开的空气轻，都能飞离地面。

He would be a short-sighted doctor who merely used drugs treatments and did not use other physical treatments.

译文：谁如果只采用药物治疗而不采用其他物理治疗，那他就是一个目光短浅的医生。

The melting point of steel the carbon content of which is higher is lower.

译文：如果钢的含碳量较高，其熔点就较低。

三、语用层次

要正确理解和翻译科技英语中的定语从句，我们不仅要从语法层次、语义层次来考虑，而且还要从语用层次来考虑。定语从句在具体使用过程中可能起着不同的作用，有的交代条件，突出主句语义，有的则是转换话题。针对不同的作用，我们在翻译时也应当采用不同的方法。

（一）交代条件，突出主句语义

An "alloy" steel is one which, in addition to the contents of carbon, sulphur and phosphorus, contains more than 1 percent of manganese, or more than 0.3 percent of silicon, or some other elements in amounts not encountered in carbon steels.

这个句子中，定语从句其实是交代条件，对"one"做出了条件的限制，从而突出了主句的语义，突出了"合金钢"的含量。因此，此句可译为：如果一种钢不仅含有碳、硫、磷，还含有1%以上的锰或0.3%以上的硅或一些碳素钢中不包含的其他元素，那么这种钢便是"合金钢"。

（二）转换话题

Röntgen made an experiment with a peculiar looking glass tube and the ends emerged long wires connected to opposite poles of an electric generator, which gave others an opportunity of gossip about many interesting anecdotes about the glass tube and himself.

这个句子中的主语是"Röntgen"，定语从句中的关系代词"which"虽然是指代整个句子，实际上，从句中的话题已从"Röntgen"转到"others"身上。此句可译为：伦琴用一只奇形怪状的玻璃管做实验，这只玻璃管的两端露出很长的金属线，连接在发电机的相反的两极上。<u>因此，其他人得到了机会闲聊所知道的许多趣事，这里面有些关于玻璃管的，也有关于他本人的。</u>

　　总之，在科技英语定语从句的翻译中，我们应该认真分析定语从句在句子中所起的作用，再采用相应的翻译方法。无论选用那种处理方法，我们事先都要从语法层次、语义层次、语用层次对定语从句进行分析，而且最终的译文必须符合三个要求：叙述逻辑清晰；汉语表达通顺；技术内容准确。因此，对科技英语文体及其翻译规律、翻译策略和具体翻译技巧进行系统的研究，是非常重要的。

参考文献：

　　[1] 段满福. 从英汉语句子结构的差异看英语定语从句的翻译 [J]. 大学英语（学术版），2006（1）：267-270.

　　[2] 黄龙. 翻译技巧指导 [M]. 沈阳：辽宁人民出版社，1986：189-202.

　　[3] 凌渭民. 科技英语翻译教程 [M]. 北京：高等教育出版社，1983：96-99.

　　[4] 张梅岗等. 实用英语翻译教程 [M]. 武汉：湖北科技出版社，1993：314-331.

（本文发表在《大学英语学术版》2007年第1期；根据"中国知网"查询结果，截至2023年1月31日，被引21次，下载812次）

科技英语中的隐喻及其翻译

摘要：本文回顾了英语隐喻的研究发展动态，探讨了隐喻在科技英语中的应用，论述了科技英语中隐喻的翻译方法。

关键词：科技英语；隐喻；翻译

一、引言

任何一种语言中，修辞手法都是最常见的用于增强表达效果，使表达更为生动活泼的手段之一（刘宓庆，1985）；作为一个新的语言分支，科技英语中各种修辞手法同样适用；它们起着桥梁的作用，使语言更加生动、具体、准确、易懂，给向来被认为"单调乏味"的科技英语带来了亮色，使它变得充实丰富起来（张梅岗，1993）。随着科技、文化的持续发展及日益全球化，科技英语作为一个越来越实用的传播知识与信息的工具，简练易懂成为科技英语的又一特征与前提（俞碧芳，2001）；而修辞，正是实现这一前提的关键。在所有的修辞手法中，隐喻作为其中最常见、最实用的一种，极大程度上影响了科技英语词汇的来源及其叙述特征。

二、科技英语中的隐喻

（一）隐喻

从词源角度看，英语中 metaphor 一词来自希腊语，meta 含有 across 的意思，-phor 表达 carry。所以，metaphor 原义为一种"由此及彼"的运动，一种转换。这就隐含着：隐喻必须涉及两种事物。一个作为出发点，一个作为目的地。理查德将前者称为载体（vehicle），后者称为话题"tenor"。汉语分别将此称为"喻体"与"本体"。关于隐喻，*Webster's New World Dictionary* 做了这样的解释："a figure of speech containing an implied comparison in which a word or phrase ordinarily and primarily used for one thing is applied to another."这一解释简明扼要，即：隐喻是一种隐含着比喻的修辞格。它的通常和基本用法是：表述某一事物的词或词组被用来比喻另外的一种事物（蔡力坚、王瑞，1986）。

隐喻是一种普遍现象，人们每时每刻都在使用大量的隐喻。

从研究的范围和方法来看，西方的隐喻研究可以分为三个不同的时期：1. 隐喻的修辞学研究。大约从公元前300年到20世纪30年代。2. 隐喻的语义学研究。大约从20世纪30年代到70年代初，包括从逻辑和哲学角度对隐喻的语义研究和从语言学角度对隐喻的语义研究。3. 隐喻的多学科研究。从20世纪70年代至今，包括从认知心理学、哲学、语用学、符号学、现象学、阐释学等角度对隐喻的多角度、多层次研究。到了20世纪70年代后期，欧美，尤其是美国学者，对隐喻的研究达到了高潮。有人将其称为"隐喻狂热"时代。与国外近几年的"隐喻热"相比，我国的隐喻研究就显得十分单薄。对隐喻的定义历来有广义和狭义之分，亚里士多德曾将一切修辞现象称为隐喻性语言，认为隐喻通过把属于别的事物的词给予另一事物而构成，或从"属"到"种"，或从"种"到"属"，或从"种"到"种"，或通过类比（Aristotle，1954）；莱考夫等人的隐喻概念也是比较宽泛的。他们把换喻、提喻和反语等都当成隐喻，认为"隐喻不是一种语言表达式，而是从一个概念域到另一个概念域的映射。"（Lakoff & Turner，1989：203）。

（二）隐喻在科技英语中的应用

随着科学技术的发展，新观念、新理论、新技术、新材料层出不穷，需要创造一些新词或给原有词语赋予新义（俞碧芳，2001）。这在很大程度上借助于隐喻化（metaphorization），体现在两个方面：一是大量科技术语来源于隐喻；二是不少科技术语通过隐喻增加和扩展了它的含义。

1. 大量科技术语来源于隐喻

大量科技术语是通过隐喻产生的（Louis Trimble，1985），主要有如下几种情况：

（1）一些日常用语通过隐喻被借用到科技领域，从而具有新的科技意义。以"head"为例。"head"原本指代人或者动物的一种器官，在字典中定义为"身体的一部分，包括眼、鼻、嘴和脑"；而在科技英语中，"head"指"磁盘的磁头"。对于这两种意义，其指代对象在位置和功能上具有明显的相似性。正是在这个相似点的基础上，单词"head"被隐喻化，意义发生了转移。又如，"memory"（记忆）也是个常用词，用于计算机，根据其类似的功能，成了接受、储存和提取信息的"存储器"。

（2）一个领域的术语，随着科技的发展，被用于另一领域，产生新的词义。例如：Information Highway（信息高速公路），是把运输领域的概念形象地应用到信息领域。再如："layby"这个词最初用于航运，是指河流或运河的一段宽阔水域，船只可以在那里停泊。以后，随着铁路事业的发展，"layby"被用于铁道运输，成了"列车交会的侧线"。近年来，随着公路的发展，这个词又成了"公路上宽阔地带，供汽车停车或拐弯的地方"。

（3）通过模仿原有词产生新的术语：fireproof（防火），waterproof（防水）是产生较早的词。通过模仿，产生了 fool proof camera（操作简单、傻瓜也能操作的照相机）等。

（4）通过生动的形象类比产生新的术语：现代科技中一些新术语，特别是由"V + adv.（prep.）"构成的术语，是根据生动的形象类比产生的，例如：flyover（立体交叉），blastoff（火箭、导弹的发射），pile-up（连环车祸），airumbrella（空中保护伞）等。在公路和铁路交叉的地方看到汽车在火车上空飞驰而过，于是形象地创造出 flyover 这个词；看到高速公路上一辆辆汽车碰撞在一起，堆成一团，于是形象地想出 pile-up 这个词。Airumbrella 更是形象地表示掩护地面部队的空中保护伞。

2. 科技术语通过隐喻增加和扩展其含义

一些科技术语又通过隐喻增加和扩充了其原有的含义，有的科技术语被应用到日常生活、政治、经济、文化和教育领域，通过隐喻，类比其特征或功能，表达得十分生动、形象，给读者留下深刻的印象，特别受到西方政治家和记者的喜爱。其中以使用名词、动词居多，也有其他词类。

（1）名词

①The policy of pacificism is catalyst to war.

译文：绥靖政策是战争的催化剂。

分析："catalyst"（催化剂）是化学上的术语，在这个句子里通过隐喻生动地被应用到政治领域。

②After the 2nd issue, they began to solicit comment. The readers' feedback was generally favorable.

译文：出了二期之后，他们开始征求意见。一般说来，读者的反应是良好的。

分析：在这里，作者不用常用的 response，而是通过隐喻借用了自动化领域的专门术语 feedback（反馈），使表达更为生动。

（2）动词

除了名词以外，大量科技动词也通过隐喻应用到日常生活以及其他领域。

①I inched my way through the narrow space between the cars.

分析："inch" 原为名词，意思是英寸，在这里用作动词，表示一点一点向前挪动，形象地表示了一个人在停车场内许多汽车之间穿行的艰难情况。

②US influence and prestige nosedived in Africa.

译文：美国在非洲的影响和威望已急剧下降。

分析："nosedive" 是航空领域的专门术语，指飞机俯冲，直线下降，作者把这种生动形象应用到政治领域。

（3）其他词类

除了名词、动词外，科技上常用的形容词、介词有时也通过隐喻借用到其他领域，从而增加和扩展了其含义。例如："sophisticated" 原为一个贬义词，表示"久经世故的"，如 sophisticated boy（世故的男孩）；借用到科技领域就成了一个褒义词，如 sophisticated weapon（尖端武器）。plus 和 minus 原为介词，表示数学上的"加"和"减"，也可用作名词，表示"加号"与"减号"；借用到日常领域，扩展了含义，成了"优点"和"缺点"；例如：So far as the work is concerned, the pluses outweighed the minuses.（就这项工作而言，其优点超过缺点）。

三、科技英语隐喻中隐喻的翻译技巧

在翻译科技英语的隐喻时，笔者认为，通常有如下几种方式可以加以运用：直译、意译、解释与补译及省略不译。

（一）直译

在科技英语的隐喻中，喻体通常为我们所熟知的一般物体，其意义及特征也

是妇孺皆知。因此，只需直译出来，便可充分理解其特殊含义。

1. Adhesive bonding is often the only practical way to join a honeycomb core to the surface skins.

译文：胶合黏接法往往是将蜂窝夹心结构接合在蒙皮上唯一可行的方法。

分析："honeycomb" 直译为 "蜂窝夹心结构"。

2. In actual practice, however, several variations have crept into high-level languages so that no high-level languages is totally "portable" to all computer systems with a compiler for the language in question.

译文：但是，实际上，某些变化已悄悄进入高级语言中，使得没有一种高级语言对于带有该语言编译程序的所有计算机系统是完全可以移植的。

分析：在此例中，"变化" 被比喻为人，"crept into" 可以直译为 "悄悄进入"。

3. DOS is a very special program because it is the program that is in charge of your computer.

译文：DOS 是一个非常特殊的程序，因为它管理你的计算机。

分析：在此句中，"DOS 程序" 被比喻为人，可以进行 "管理"，"in charge of" 可以直译为 "管理"。

通过上述例子，我们知道：采取直译既无损原意，又不影响译语读者的理解，还可使译文生动传神。

（二）意译

由于不同的语言、文化之间存在着差异，有时隐喻的直译会令读者百思不得其要旨。此时，需要改用意译的手法。也就是说，除了喻体的字面意义外，还需给予它的隐含意义及解释，以利于汉语读者理解和译文语言的流畅。

1. The latest findings will fuel the debate over the environment safety of those crops by giving both sides more ammunition.

译文：最新的发现结果给双方提供了更多的证据，从而使有关这些作物环境安全的争论变得更加激烈。

句中，"ammunition" 本意为 "军火，弹药"，在此意译为 "证据"。

2. This brief tour will get your feet wet. By the time you acquaint yourself with Windows 95 here, you'll be prepared for the everyday tasks.

译文：简短的浏览使你初涉门径，等你熟悉了 Windows 95 以后，你就为每天的工作做好了准备。

这里，"get your feet wet" 可以意译为 "使你初涉门径"。设想一下，如果我们把 "get your feet wet" 直译为 "打湿你的脚"，该多么费解和可笑。

3. Reusability can be a mixed blessing for users, too, as a programmer has to be able to find the object he needs.

译文：对用户来说，可重复利用性也可能是一件好坏难说的事情，因为程序员必须能够找到他所需要的对象。

如果把 "a mixed blessing" 直译成 "混合的恩惠"，读者会不知所云。众观上下文，应该把它意译为 "一件好坏难说的事情"。这样一来，作者的意图简单明了，读者也乐于接受了。

因此，在翻译科技英语的隐喻时，我们必须联系上下文，运用意译，使译文达到 "地道" 和 "通畅" 的效果。

（三）解释与补译

由于语言及语言中的隐喻现象非常复杂，单纯地运用直译或意译远远不够。很多情况下，我们需把两种方式结合起来，在译出喻体字面意义的同时，给出必要的解释与补充。

1. 源文：Yet another possibility is that the steady growth in the number of clinical categories for mental illness is fuelling a kind of "disease inflation".

译文：然而，另一种可能性是精神病临床种类数目的稳步增长加速导致一种所谓 "疾病膨胀" 现象——精神病范围的盲目扩大。

分析："disease inflation" 本意为 "疾病膨胀"，译为 "'疾病膨胀' 现象"。"疾病膨胀现象" 是它的直译，"精神病范围的盲目扩大" 是对它的补充。补译使得译文准确，没有歧义。

2. 源文：In effect, mobile computing's already doing that with the size and cost of digital components shrinking rapidly, each breakthrough in mobile computer—a 30 pound, battery-operated dazzler when it was introduced in the mid-1980s—is today's electronic equivalent of a steamer trunk.

译文：实际上，移动式计算已经在这样做，数字部件的尺寸与成本在迅速地减少，移动式计算机设计的每一次突破如此迅速地使以前的机器相形见绌，昨天的便携机（这种重 30 磅，由电池驱动的 80 年代中期推出的明星产品）在今天是相当于老式的旅行大衣箱一样的产品。

分析："dazzler"原意为"令人眼花缭乱的东西"，把它解释为"明星"；"产品"是对它的补充。解释加补充使得译文既准确又不失生动活泼。

3. 源文：If a window freezes on your screen，press Ctrl+ Alt+ Del（all three keys at the same time）.

译文：如果一个窗口在你的屏幕上冻结了（死机），要按 Ctrl+ Alt+ Del 键（同时按三个键）。

分析：句中，"freeze"除了直译为"冻结"以外，又用括号中的"死机"加以补充解释，使其含义通俗易懂。

（四）省略不译

在某些特殊情况下，如不影响源文的信息重点，为了符合译语的表达习惯，可省略不译。

源文：This means that traditional programming could thus be called single threaded because the programmer is responsible for managing only a single thread during its careful journey from one instruction to the next.

译文：这就是说，传统的程序设计之所以可被称为单线索的，是因为程序员在其小心地设计一个接一个的指令时，只负责管理一个单线索。

分析："careful"和"journey"都是用来指人的，在原句中用的主语为"it"，显然把"single thread"隐喻成了人。译文中"journey"没有被译出，原主语"it"被转换成"程序员"。这并不影响读者对源文的理解，且使译文更加符合中文的语言逻辑。

四、结语

如前所述，隐喻在科技英语中起着十分重要的作用。一方面，许多科技术语是借助于隐喻而产生的；另一方面，相当数量的科技词汇又是通过隐喻，增加和扩展了其原有的含义，应用在其他领域。总而言之，隐喻有助于创造一种非形象性语言所不具备的感染力，使信息接收者能够更生动、更深刻地领会信息的精神。翻译时，若不妨碍意义的传达，可以直译。如果直译晦涩难懂或比喻太深奥，最好意译。此外，还可以用解释与补译的方法，既保留了隐喻的生动性，又和盘托出了它的内涵意义。最后，还可用"省略不译"的方法，使译文更加符合中文的逻辑习惯。

参考文献：

［1］Aristotle. *Rhetoric and Poetry* ［M］. New York：The Modern Library，1954.

［2］Lakoff，G. and Turner，M. *More than Cool Reason*：*A Field Guide to Poetic Metaphor* ［M］. University of Chicago Press，1989.

［3］Louis Trimble. *English for Science and Technology* ［M］. Cambridge：Cambridge University Press，1985.

［4］蔡力坚、王瑞. 论英语隐喻的汉译 ［J］. 中国翻译，1986（6）：12-13.

［5］刘宓庆. 文体与翻译 ［M］. 北京：中国对外翻译出版公司，1985：281-282.

［6］俞碧芳. 从构词法看英语词汇发展趋势 ［J］. 福建师大福清分校学报，2001（1）：81-83.

［7］张梅岗. 实用翻译教程——修辞与翻译 ［M］. 武汉：湖北科技出版社，1993：255-264.

（本文发表在《遵义师范学院学报》2006 年第 6 期；根据"中国知网"查询结果，截至 2023 年 1 月 31 日，被引 3 次，下载 353 次）

参考文献

[1]Aristotle, George A, Kennedy. *Rhetoric and Poetry*[M]. New York: The Modern Library, 1954.

[2]Aristotle, George A, Kennedy. *On Rhetoric: A Theory of Civil Discourse*[M]. New York: Oxford University Press, 1991.

[3]Austin, J. L. *How to do things with words*[M]. Cambridge Mass: Harvard University Press, 1962.

[4]Basil Hatim and Ian Mason. *Discourse and The Translator*[M]. Shanghai: Shanghai Foreign Language Education Press, 2001.

[5]Black, H. C. *Black's Law Dictionary*(5th ed) [M]. St. Paul: West Publishing, 1979.

[6]Blackmore, S. *The Meme Machine*[M]. Oxford: Oxford University Press, 1999.

[7]Blumkulka S. and House, J. *Shifts of Cohesion and Coherence in Translation*[M]. Luxembourg: Geologica Belgica, 1986.

[8]Burke, K. A. *A Counter-Statement*[M]. Los Altos, California: Hermes Publications, 1931.

[9]Burke, K. A. *A Grammar of Motives*[M]. Berkeley: University of California Press, 1969.

[10]Chesterman, Andrew. *Memes of Translation: the Spread of Ideas in Translation Theory*[M]. Amsterdam/Philadelphia: John Benjamins Publishing Company, 1997.

[11]Chesterman, Andrew. *Memes of Translation: The Spread of Ideas in Translation Theory*[M]. Shanghai: Shanghai Foreign Language Education Press, 2012.

[12]Corbett, J. *An Intercultural Approach to English Language Teaching*[M]. England: Multilingual Matters, 2003.

[13]Dawkins, R. *The Selfish Gene*[M]. New York: Oxford University Press, 1976.

[14]De Waard, Jan and Nida, Eugene. A. *From One Language to Another*[M]. Edinburgh: Thomas Nelson Inc. , 1986.

[15]Ernest-August Gutt. *Translation and Relevance: Cognition and Context*[M]. Brookland: St. Jerome Publishing, 2000: 237, 195, 121, 187, 120.

[16]Firth, J. R. *Papers in Linguistics* 1934 – 1951[M]. Oxford: Oxford University Press, 1957.

[17]Foss, Sonja K. , Foss, Karen A. and Trapp, Robert. *Contemporary Perspectives on Rhetoric*[M]. Prospect Heights: Waveland, 1985.

[18]Grice, P. *Studies in the Way of Words*[M]. Cambridge, MA: Harvard University Press, 1989.

[19]Gutt, E. A. *Pragmatic Aspects of Translation: Some Relevance-Theory Observation*[M]. In Hickey Leo (ed.), The Pragmatics of Translation. Shanghai: Shanghai Foreign Language Education Press, 2001: 41–53.

[20]Gutt, E. A. *Translation and Relevance: Cognition and Context*[M]. Shanghai: Shanghai Foreign Language Education Press, 2004.

[21]Halliday, M. A. K. and R. Hasan. *Cohesion in English*[M]. Longman, 1976

[22]Halliday, M. A. K. and R. Hasan. *Language, Context and Text: Aspects of Language in a Social-Semiotic Perspective*[M]. Oxford: Oxford University Press, 1985/89.

[23]Herrick, J. A. *The History and Theory of Rhetoric: An Introduction (3rd ed.)*[M]. Boston: Allyn and Bacon, 2004.

[24]Heylighen, F. Selfish Memes and the Evolution of Cooperation [J]. *Journal of Ideas*, 1992(12): 77–84.

[25]Hornby, A. S. *Oxford Advanced Learner's English-Chinese Dictionary*[M]. London: the Commercial Press & Oxford University Press, 1997.

[26]Hymes, D. On communicative competence[J]. *Sociolinguistics*, 1972: 269–293.

[27]Hymes, D. *Foundations in Sociolinguistics: An Ethnographic Approach*[M]. Philadelphia: University of Pennsylvania Press, 1974.

[28]Joan Pinkham. *The Translator's Guide to Chinglish*[M]. Beijing: Foreign Lan-

guage Teaching and Research Press, 2011.

[29]Kenneth Burke. *A Rhetoric of Motives*[M]. Berkeley: University of California Press, 1969: 55.

[30]Lakoff, G. and Turner, M. *More than Cool Reason: A Field Guide to Poetic Metaphor*[M]. Chicago: University of Chicago Press, 1989.

[31]Langacker, R. W. *Foundations of Cognitive Grammar*[M]. Stanford: Stanford University Press, 1991.

[32]Louis Trimble. *English for Science and Technology*[M]. Cambridge: Cambridge University Press, 1985.

[33]Lyons, J. *Semantics*[M]. Vols. 2. Cambridge: Cambridge University Press, 1977.

[34]Malinowski, B. "The problem of meaning in primitive languages", Supplement 1 in C. K. Ogden & I. A. Richards (eds.). *The Meaning of Meaning (International Library of Philosophy, Psychology and Scientific Method)*[C]. New York: Harcourt Brace Jovanovich, 1923.

[35]Mona Baker. *In Other Words: a Coursebook on Translation*[M]. Beijing: Foreign Language Teaching and Research Press, 2000: 17.

[36]Neubert, Albrecht. "Some of Peter Newmark's translation categories revisited" [A]. In Anderman, G. & Rogers, M. (eds.). *Translation Today: Trends and Perspectives* [C]. Clevedon: Multilingual Matter, 2003: 68−75.

[37] Newmark, Peter. *A Textbook of Translation* [M]. Oxford: Pergamon Press Ltd. , 1982.

[38]Newmark, Peter. *Approaches to Translation*[M]. Shanghai: Shanghai Foreign Language Education Press, 2001.

[39]Nida, Eugene A. *Language, Culture and Translating*[M]. Shanghai: Shanghai Foreign Language Education Press, 1993.

[40]Nida, Eugene A. *Toward a Science of Translating*[M]. Shanghai: Shanghai Foreign Language Education Press, 2004.

[41]Nida, Eugene A. and Charles R, Taber. *The Theory and Practice of Translation* [M] Shanghai: Foreign Language Education Press, 2003.

[42]Nord, Christiane. *Translating as a Purposeful Activity: Functionalist Approaches Explained*[M]. Shanghai: Shanghai Foreign Language Education Press, 2001.

[43]Perelman, C. and L. Olbrechts-Tyteca. *The New Rhetoric: A Treatise on Argumentation*[M]. Notre Dame: University of Notre Dame Press, 1969.

[44]Robert Holland. Language(s) in the Global News—Translation, Audience Design and Discourse (Mis)representation[J]. *Target*, 2006(18-2): 29-259.

[45]Roger D. Wimmer and Joseph R. Dominick. *Mass Media Research: An Introduction*[M]. sixth ed. , Belmont: Wadsworth Publishing Company, 2000.

[46]Samovar, L. A. et al. (eds). *Understanding Intercultural Communication*[M]. Belmont: Wadsworth Publishing Company, 1981.

[47]Samovar, L. A. and R. E. Porter. *Communication Between Cultures*[M]. Beijing: Beijing University Press, 2004.

[48]Searle, J. *Speech Acts*[M]. Cambridge: Cambridge University Press, 1969.

[49]Sperber D. and Wilson D. *Relevance: Communication and Cognition*[M]. Oxford: Blackwell, 1995.

[50]Sperber D. and Wilson D. *Relevance: Communication and Cognition*[M]. Shanghai: Shanghai Foreign Language Education Press, 2001.

[51]Stephen W. Littlejohn. *Theories of Human Communication*[M] seventh ed. Beijing: Tsinghua University Press, 2003.

[52]Stella Sorby. Translating News from English to Chinese—Complimentary and Derogatory Language Usage[J]. *Babel*, 2008(1): 19-35.

[53]Thomas, J. Cross-cultural Pragmatic Failure [J]. *Applied Linguistics*, 1983(2): 91-112.

[54]Ting-Toomey, S. *Communicating Across Cultures*[M]. Shanghai: Shanghai Foreign Language Education Press, 2007.

[55]Venuti, Lawrence. *The Translator's Invisibility—A History of Translation*[M]. London and New York: Rouledge, 1995.

[56]Verschueren, J. *Understanding Pragmatics*[M]. London: Arnold, 1999.

[57] Verschueren, J. *Understanding Pragmatics* [M]. Beijing: Foreign Language

Teaching and Research Press, 2000.

[58] Walt Harrington. *Intimate Journalism—The Art and Craft of Reporting Every-day Life* [M]. Thousand Oaks, California: SAGE Publication, 1997.

[59] Wen Renjun. *Ancient Chinese Encyclopedia of Technology: Translation and Annotation of the Kaogong ji* [M]. London and New York: Routledge Taylor & Francis Group, 2017.

[60] 白蓝.从功能翻译论视角谈张家界旅游资料英译 [J].中国科技翻译，2010 (3)：45-48.

[61] 包惠南.文化语境与语言翻译 [M].北京：中国对外翻译出版公司，2001.

[62] 北竹，单爱民.谈英语公示用语的语言特点与汉英翻译 [J].北京第二外国语学院学报，2002 (5)：76-79.

[63] 蔡力坚.行文连贯的重要性 [J].中国翻译，2016 (4)：122-125.

[64] 蔡力坚，王瑞.论英语隐喻的汉译 [J].中国翻译，1986 (6)：12-13.

[65] 岑思园，扶应钦，文娟等.生态翻译学视角下马万里的中医英译探析 [J].亚太传统医药，2022 (1)：236-239.

[66] 陈刚.旅游翻译与涉外导游 [M].北京：中国对外翻译出版公司，2004.

[67] 陈宏薇，李亚丹.新编汉英翻译教程 [M].上海：上海外语教育出版社，2015：78-81.

[68] 陈洁.文化视角下妈祖与波塞冬之异同性比较 [J].莆田学院学报，2010 (3)：6-14。

[69] 陈婧.彼得·纽马克的文本类型翻译理论的分析与探讨 [J].常州工学院学报，2004 (5)：68-70.

[70] 陈雯廷.从生态翻译学角度浅析辜鸿铭理雅各的《论语》英译本 [J].外语教育与翻译发展创新研究，2020 (10)：476-479.

[71] 陈小慰.简评"译文功能理论"[J].上海科技翻译，1995 (4)：41-42.

[72] 陈小慰.翻译功能理论的启示——对某些翻译方法的新思考 [J].中国翻译，2000 (4)：9-12.

［73］陈小慰.新编实用翻译教程［M］.北京：中国社会科学出版社，2006：1-6.

［74］陈小慰.福建外宣翻译的现状与对策［C］.福建省首届外事翻译研讨会论文集，2007：8-18.

［75］陈小慰.汉英文化展馆的修辞对比与翻译［J］.上海翻译，2012（1）：29-33.

［76］陈小慰.公示语翻译的社会价值与译者的修辞意识［J］.中国翻译，2018（1）：73.

［77］陈小慰.翻译修辞学与国家对外话语传播［M］.杭州：浙江大学出版社，2022.

［78］陈旸.译文的衔接、连贯与结构重组［J］.中国外语，2016（4）：92-96.

［79］成汹涌.语言经济原则视域中的英语省略效能及作用新探［J］.外语学刊，2014（4）：61-64.

［80］崔刚.广告英语［M］.北京：北京理工大学出版社，1993.

［81］崔庆宁.基于翻译模因理论的汉语网络流行语英译研究［D］.山东师范大学，2018.

［82］戴宗显，吕和发.公示语汉英翻译研究——以2012年奥运会主办城市伦敦为例［J］.中国翻译，2005（6）：38-42.

［83］邓志勇.修辞理论与修辞哲学——关于修辞学泰斗肯尼斯·伯克的研究［M］.北京：学林出版社，2011.

［84］丁大刚.旅游英语的语言特点与翻译［M］.上海：上海交通大学出版社，2008.

［85］丁关中.英语谚语大词典［M］.北京：北京对外翻译出版公司，1992.

［86］丁衡祁.努力完善城市公示语，逐步确定参照性译文［J］.中国翻译，2006（6）：42-46.

［87］董岩.外宣资料：交际功能及其编译［J］.内蒙古农业大学学报（社会科学版），2011（6）：355-356.

［88］段满福.从英汉语句子结构的差异看英语定语从句的翻译［J］.大学英语（学术版），2006（1）：267-270.

[89] 范祥涛，刘全福.论翻译选择的目的性 [J].中国翻译，2002 (6)：25-28.

[90] 方华文，王满良，贺莺，李朝渊.中国园林 [M].合肥：安徽科学技术出版社，2010.

[91] 方美珍，林晓琴.2010 年福州市区部分公共场所公示语英译调查研究 [J].莆田学院学报，2011 (1)：57-62.

[92] 方梦之.翻译新论与实践 [M].山东：青岛出版社，1999.

[93] 冯国华，吴群.论翻译的原则 [J].中国翻译，2001 (6)：16-18.

[94] 冯庆华.实用翻译教程 [M].上海：上海外语出版社，1995.

[95] 付晶，王跃洪.技术文献翻译研究——纽马克交际翻译理论的应用 [J].中国科技翻译，2014 (4)：68-70.

[96] 高等学校外语专业教学指导委员会英语组.高等学校英语专业英语教学大纲 [M].北京：外语教学与研究出版社，2000.

[97] 高洁.四川旅游景区中文公示语英译中的中式英语问题及对策 [J].海外英语，2021 (7)：141-1420.

[98] 高耀墀.现代汉语语法 [M].郑州：中州书画社，1982.

[99] 葛校琴.国际传播与翻译策略——以中医翻译为例 [J].上海翻译，2009 (4)：26-29.

[100] 耿小超，何魏魏.从目的论看旅游标识语翻译 [J].中国科技翻译，2018 (3)：57-60.

[101] 顾晓波.语篇性与科技翻译 [J].中国科技翻译，2015 (4)：38-41.

[102] 关世杰.跨文化交流学 [M].北京：北京大学出版社，1996：49.

[103] 过家鼎.注意外交用词的政治含义 [J].中国翻译，2002 (6)：60.

[104] 郭雪峰.汉语网络流行语的英译策略探究 [J].《汉字文化》，2019 (22)：121-122.

[105] 郭英珍.河南旅游翻译的生态翻译学视角审视 [J].河南师范大学学报（哲学社会科学版），2012 (2)：244-246.

[106] 韩刚.韩刚 B2A "译点通"：90 天攻克 CATTI 三级笔译（第二版）[M].北京：中国人民大学出版社，2019：155。

[107] 韩庆国."歇后语"一词的英译名及歇后语翻译初探 [J].外语与外

语教学，2002（12）：42-43.

[108] 韩清月，邢彬彬.浅析图片说明的英译 [J].中国翻译，2010（3）：58-62+96.

[109] 何道宽.呼唤比较文化的新局面——兼评《跨文化交际学选读》[J].外国语，1991（4）：75-79，74.

[110] 何自然.语言中的模因 [J].语言科学，2005（6）：54-64.

[111] 胡庚申.翻译适应选择论 [M].武汉：湖北教育出版社，2004：86-95.

[112] 胡庚申.生态翻译学：产生的背景与发展的基础 [J].外语研究，2010（4）：62-67.

[113] 胡庚申.生态翻译学的研究焦点和理论视角 [J].中国翻译，2011（2）：5-9.

[114] 胡庚申.生态翻译学 [M].北京：商务印书馆，2013.

[115] 胡裕树.现代汉语 [M].上海：上海教育出版社，2001.

[116] 胡壮麟.语篇的衔接与连贯 [M].上海：上海外语教育出版社，1994.

[117] 黄长奇."四个全面"英译调研及翻译建议 [J].中国翻译，2015（3）：110.

[118] 黄国文.语篇分析概要 [M].长沙：湖南教育出版社，1988.

[119] 黄龙.翻译技巧指导 [M].沈阳：辽宁人民出版社，1986.

[120] 黄振定.试析英汉语篇逻辑连接的异同 [J].外语与外语教学，2007（1）：39-42.

[121] 纪蓉琴，黄敏.新编文体与翻译教程 [M].北京：清华大学出版社，2018：56.

[122] 贾文波.应用翻译功能论 [M].北京：中国对外翻译出版公司，2012.

[123] 贾秀海.奈达的功能对等论 [J].东北财经大学学报，2008（4）：92-94.

[124] 金隄.等效翻译探索（增订版）[M].北京：中国对外翻译出版公司，1998.

[125] 金敏.生态翻译视阈下甘肃省交通类公示语误译类型的调查例析 [J].现代职业教育，2022（34）：130-133.

[126] 鞠玉梅.肯尼斯·伯克新修辞学理论述评：关于修辞的定义 [J].四川

外语学院学报，2005（1）：72-76.

[127] 赖丽萍.语义翻译和交际翻译视阈下的电影字幕翻译——以《百鸟朝凤》为例 [D].福州：福建师范大学，2017.

[128] 黎丽.生态翻译适应选择论视角下的城市旅游文本英译策略研究——以烟台市为例 [J].语文学刊（外语教育教学），2012（7）：52-54+69.

[129] 李利娟.关联理论对翻译实践的启示 [J].兰州交通大学学报，2009（2）：78-80.

[130] 李占喜，何自然.从关联域视角分析文化意象翻译中的文化亏损 [J].外语与外语教学，2006（2）：40-43.

[131] 李荫华等.大学英语精读（第三册）[M].上海：上海外语教育出版社，1997.

[132] 李运兴.语篇翻译引论 [M].北京：中国对外翻译出版公司，2001.

[133] 连淑能.英汉对比研究 [M].北京：高等教育出版社，2007：67.

[134] 梁际翔.谈谈术语和术语特性问题 [J].中国科技术语，1988（3）：37-41.

[135] 林本椿.漫谈汉英实用翻译 [J].福建外语，1997（1）：58-63.

[136] 林大津.跨文化交际研究 [M].福州：福建人民出版社，2002：18.

[137] 林煌天.中国翻译词典 [M].武汉：湖北教育出版社，1997.

[138] 林克难.应用英语翻译呼唤理论指导 [J].上海科技翻译，2003（3）：10-12.

[139] 林小芹.纽马克论交际翻译与语义翻译 [J].中国翻译，1987（1）：50-51.

[140] 林晓琴.功能理论在旅游宣传翻译材料汉英翻译中的运用 [J].福建师范大学学报（哲学社会科学版），2006（2）：136-140.

[141] 凌渭民.科技英语翻译教程 [M].北京：高等教育出版社，1983.

[142] 刘宓庆.文体与翻译 [M].北京：中国对外翻译出版公司，1985.

[143] 刘珊珊，朱文晓.生态翻译视角下中医药文化外译传播碎片化问题探究 [J].国际公关，2021（3）：28-30.

[144] 刘士聪，高巍.为了译文的衔接与连贯 [J].中国翻译，2010（2）：

92-93.

[145] 刘帅帅，李卓瑾.生态翻译学视域下《温疫论》英译研究 [J].亚太传统医药，2022 (7)：184-188.

[146] 刘性峰，魏向清.交际术语学视阈下中国古代科技术语的语境化翻译策略 [J].上海翻译，2021 (5)：50-55.

[147] 刘亚猛.追求象征的力量：关于西方修辞思想的思考 [M].北京：生活·读书·新知三联书店，2004.

[148] 刘艳芳，唐兴萍.民族地区旅游翻译现状的生态视角研究 [J].贵州民族研究，2012 (5)：119-122.

[149] 罗海燕，岳婧，李海燕.生态翻译观视角下的华佗五禽戏翻译研究 [J].安徽水利水电职业技术学院学报，2022 (1)：86-89.

[150] 罗磊.中医英译时外位语结构的处理 [J].中西医结合学报，2004 (5)：399-400.

[151] 罗选民，黎土旺.关于公示语翻译的几点思考 [J].中国翻译，2006 (4)：66-69.

[152] 罗益群.外语教学中跨文化交际意识的培养 [J].浙江师范大学学报 (社会科学版)，2005 (3)：86-88.

[153] 吕和发.公示语的功能特点与汉英翻译研究 [J].术语标准化与信息技术，2005 (2)：21-33.

[154] 吕和发，单丽平.汉语公示语词典 [M].北京：商务印书馆，2009：1-3.

[155] 吕俊.翻译学——传播学的一个特殊领域 [J].外国语，1997 (2)：6.

[156] 吕叔湘.汉语语法分析问题 [M].北京：商务印书馆，1979.

[157] 吕叔湘.中国文法要略 [M].北京：商务印书馆，1982.

[158] 马会娟.对奈达的等效翻译理论的再思考 [J].外语学刊，1999 (3)：74-79.

[159] 孟建钢.关联性·翻译标准·翻译解读 [J].外语与外语教学，2000 (8)：25-31.

[160] 孟建钢.关于翻译原则二重性的最佳关联性解释 [J].中国翻译，

2009（5）：27-31.

[161] 莫爱屏.语用与翻译 [M].北京：高等教育出版社，2010：68，163.

[162] 刘宓庆.当代翻译理论 [M].北京：中国对外翻译出版公司，1999：72.

[163] 牛新生.公示语文本类型与翻译探析 [J].外语教学，2008（3）：89-92.

[164] 潘月明，郭秀芝.从语境"替代"中探索电影台词翻译对等法——翻译国产影片《大山里的没眼人》之感悟 [J].上海翻译，2011（3）：33-35.

[165] 彭颖馨，陈滢竹.生态翻译学视域下骨伤治疗手法术语英译策略研究：以韦贵康《脊柱相关疾病》的英译本为例 [J].亚太传统医药，2023（6）：250-255.

[166] 蒲钰萨，李红霞，蒲勤.生态翻译学视域下基于语料库的《伤寒论》译本对比研究 [J].中国中医药现代远程教育，2021（19-14）：87-89.

[167] 齐锐.跨文化交际视角下网络流行语英译策略研究 [J].海外英语，2020（15）：185-186.

[168] 钱少昌.中医术语英译初探 [J].上海科技翻译，1988（4）：17.

[169] 邱文生.非言语行为在跨文化交际中的意义及色彩上的差异 [J].外语学刊，1994（4）：19-21，54.

[170] 曲明江.习语翻译要充分注意英汉文化差异 [J].牡丹江师范学院学报，2005（3）：58-59.

[171] 饶梦华.译者主体性在网络新闻英译中的体现 [J].中北大学学报（社会科学版），2012（2）：95-99.

[172] 盛俐.生态翻译学视域下的文学翻译研究 [M].广州：暨南大学出版社，2004.

[173] 阮薇.译出字幕的喜怒哀乐——以《金陵十三钗》为例 [J].海峡科学，2012（9）：76-77.

[174] 佘晓洁.从交际翻译理论视角看电影《闻香识女人》的字幕翻译 [J].电影文学，2012（17）：137-138.

[175] 申小龙.中国句型文化 [M].长春：东北师范大学出版社，1988.

[176] 孙致礼.中国的文学翻译：从归化趋向异化 [J].中国翻译，2002（1）：39-43.

[177] 孙治平等.中国歇后语 [M].上海：上海文艺出版社，1988.

[178] 谭载喜.奈达论翻译 [M].北京：中国对外翻译出版公司，1984.

[179] 谭载喜.奈达和他的翻译理论 [J].上海：上海外国语学院学报.1989（5）：28-35.

[180] 谭载喜.西方翻译简史 [M].北京：商务印书馆，2004.

[181] 谈少杰.翻译生态视角下地铁轨道系统公示语英译研究——以安徽合肥为例 [J].辽宁科技学院学报，2021（4）：42-45.

[182] 汤玫英.网络语言新探 [M].郑州：河南人民出版社，2010.

[183] 田玲.延安红色旅游英译现状及误译分析 [J].延安大学学报（社会科学版），2023（3）：94-101.

[184] 田霞.从顺应论看苗族非物质文化遗产的汉英翻译 [J].怀化学院学报，2012（10）：91-94.

[185] 王东风.文化缺省与翻译补偿 [A].郭建中.文化与翻译 [C].北京：中国对外翻译出版公司，2000：234-235.

[186] 王东风.连贯与翻译 [M].上海：上海外语教育出版社，2009.

[187] 徐瑾.论严复"信达雅"理论与纽马克交际翻译理论的相似性 [J].长春教育学院学报，2009（2）：39-41.

[188] 许力生.语言研究的跨文化 [M].上海：上海外语教育出版社，2006.

[189] 徐林.网络新闻的汉英翻译与编译的几点思考 [J].中国翻译，2011（4）：69-74.

[190] 徐巧，马岩峰.论意译法在中国电影片名翻译中的作用——以电影《夺冠》片名翻译为例 [J].声屏世界，2021（13）：23-24.

[191] 徐亚男.外交翻译的特点以及对外交翻译的要求 [J].外事翻译，2000（3）：67.

[192] 薛红果.公示语的英译错误分析与矫治 [J].西北大学学报，2010（6）：182-183.

[193] 杨建军.中国法治发展：一般性与特殊性之兼容 [J].比较法研究，2017（4）：155-173.

[194] 杨黎霞.语篇语言学与翻译 [J].中国科技翻译，2003（8）：1-4.

[195] 杨敏，王克奇，王恒展.中华文化通览 [M].北京：高等教育出版社，2011：203-205.

[196] 杨士焯.简析纽马克的语义翻译和交际翻译理论 [J].福建外语，1989 (Z2)：68-71.

[197] 杨司桂.语用翻译观：奈达翻译思想再研究 [M].成都：四川大学出版社，2016.

[198] 杨信彰.名词化在语体中的作用——基于小型语料库的一项分析 [J].外语电化教学，2006 (4)：3-6.

[199] 杨佑文，李博.翻译模因论视角下汉语网络流行语的英译研究 [J].汉字文化，2021 (3)：129-130.

[200] 杨友玉.多维视域下的外宣翻译体系构建研究 [M].北京：中国水利水电出版社，2018.

[201] 杨自俭.语篇和语境——《衔接与连贯理论的发展及应用》序 [J].解放军外国语学院学报 (社会科学版)，2003 (2)：1-5.

[202] 俞碧芳.英语教学与英语国家社会文化背景的关系 [J].福建师大福清分校学报，1998 (1)：72-74.

[203] 俞碧芳.语言、文化及英语阅读教学 [J].福建外语 (2000 增刊)：97-98+111.

[204] 俞碧芳.从构词法看英语词汇发展趋势 [J].福建师大福清分校学报，2001 (1)：81-83.

[205] 俞碧芳.语言、文化及英语翻译教学 [J].福建师大福清分校学报 (2003 增刊)：149-154.

[206] 俞碧芳.科技英语中的隐喻及其翻译 [J].遵义师范学院学报，2006 (6)：37-39.

[207] 俞碧芳.汉英广告翻译中的文化因素探析 [J].商场现代化，2006 (12)：263-265.

[208] 俞碧芳.汉语外位语结构在英译汉中的运用 [J].龙岩学院学报，2007 (1)：80-82+89.

[209] 俞碧芳.科技英语中定语从句的理解与翻译 [J].大学英语 (学术

版），2007（1）：108-112.

[210] 俞碧芳.英汉广告中的文化缺省翻译策略 [J].安庆师范学院学报（社会科学版），2007（3）：34-36.

[211] 俞碧芳.论外事商贸汉英翻译中的"中式英语"及对策 [J].福建师大福清分校学报，2007（6）：61-68.

[212] 俞碧芳.英语谚语的汉译探析 [J].中山大学学报论丛，2007（7）：248-252.

[213] 俞碧芳.浅谈英汉广告习语的文化语境与翻译 [J].齐齐哈尔大学学报（哲学社会科学版），2008（1）：138-140.

[214] 俞碧芳.对外宣传中的"中式英语"现象及其对策 [J].安庆师范学院学报（社会科学版），2009（11）：108-112.

[215] 俞碧芳.汉语歇后语的理解与英译 [J].福建师大福清分校学报，2011（1）：54-60.

[216] 俞碧芳.公示语汉英翻译中的 Chinglish 现象及对策 [J].安徽工业大学学报（社会科学版），2011（2）：77-79.

[217] 俞碧芳.功能翻译理论在公示语汉英翻译中的应用 [J].福建师大福清分校学报，2011（3）：62-66.

[218] 俞碧芳.从构词法看科技英语词汇的发展趋势 [J].大学英语（学术版），2012（1）：132-135.

[219] 俞碧芳.大学英语口语的实证研究 [M].厦门：厦门大学出版社，2014.

[220] 俞碧芳.理工科学术期刊英文摘要的人际功能分析 [J].上海理工大学学报（社会科学版），2015（1）：43-49.

[221] 俞碧芳.基于PBL的笔译教学模式有效性实证研究 [J].福建师大福清分校学报，2015（1）：87-99.

[222] 俞碧芳.基于PBL理论的汉译英教学模式 [J].安顺学院学报，2015（1）：53-54.

[223] 俞碧芳.跨学科博士学位论文摘要的言据性及其人际意义 [J].当代外语研究，2015（4）：29-36+77.

[224] 俞碧芳.基于语料库的跨学科博士学位论文摘要的体裁分析 [J].当代外语研究, 2016 (1)：31-40, 90.

[225] 俞碧芳, 黄清贵, 叶譔.PBL 视域下的汉译英翻译教学 [J].重庆与世界 (学术版), 2016 (2)：68-71.

[226] 俞碧芳, 郑晶.全球化时代的英语词汇发展趋势研究 [J].琼州学院学报, 2012 (4)：118-120.

[227] 俞碧芳, 郑静, 翟康.国内外翻译能力研究：回顾、述评与前瞻 [J].重庆与世界 (学术版), 2014 (12)：100-103.

[228] 余高峰.语篇衔接连贯与翻译 [J].语言与翻译 (汉文版), 2009 (4)：47-51.

[229] 岳峰.职场笔译：理论与实践 [M].厦门：厦门大学出版社, 2018.

[230] 岳峰.福州烟台山：文化翡翠 [M].福州：福建人民出版社, 2021.

[231] 万正方.必须重视城市街道商店和单位名称的翻译——对上海部分著名路段商店和单位牌名等翻译错误的调查 [J].中国翻译, 2004 (2)：72-77.

[232] 王东风.连贯与翻译 [M].上海：上海外语教育出版社, 2009.

[233] 王东风.文化缺省与翻译补偿 [A].郭建中.文化与翻译 [C].北京：中国对外翻译出版公司, 2000：234-235.

[234] 王耕.浅谈泉州与妈祖封神 [J].中国古代宗教研究, 2000 (4)：13-15.

[235] 王建国.论翻译中的语用推理与译文连贯 [J].山东外语教学, 2006 (2)：86-90.

[236] 王建国.关联翻译理论研究的回顾与展望 [J].中国翻译, 2005 (7)：21-26.

[237] 王建国.关联理论与翻译研究 [M].北京：中国对外翻译出版公司, 2009.

[238] 王力.王力文集 [M].济南：山东教育出版社, 1984.

[239] 王丽丽.目的论视角下的旅游网站翻译 [J].齐齐哈尔大学学报 (哲学社会科学版), 2010 (5)：118-120.

[240] 王金华.交际翻译法在汉英新闻翻译中的应用——以 Suzhou Weekly 为例 [J].上海翻译, 2007 (1)：28-30.

[241] 王宁.文化翻译走出去的传播路径与策略 [N].中国社会科学报，2018 (4).

[242] 王鹏飞，单欣怡.四川省博物院文本英译实证研究 [J].湖北第二师范学院学报，2020, 37 (6)：94-98.

[243] 王平兴."近似对应"与"伪对应"——谈对外新闻中的一些翻译问题 [J].中国翻译，2007 (3)：61-64.

[244] 王平兴.关于汉英翻译"迁移性冗余"的一些思考 [J].中国翻译，2011 (5)：79-83.

[245] 王维东.网络热词汉译英之探 [J].中国翻译，2011 (1)：73-77.

[246] 王宵凌.论外事翻译的特点 [J].济南大学学报，2002 (5)：50.

[247] 王雪瑜.模因论下观等值翻译的层次性 [J].湖北第二师范学院学报，2011 (6)：113-116.

[248] 王银泉.对外传播新闻中的专名翻译技巧探析 [J].中国翻译，2011 (2)：56-59.

[249] 王银泉，陈新仁.城市标识用语英译失误及其实例剖析 [J].中国翻译，2004 (2)：81-82.

[250] 汪雯.生态翻译学视角下超语言文化能指的字幕翻译策略研究——以《西游记之大圣归来》为例 [J].今古文创，2022 (12)：117-119.

[251] 王宗炎主编.英汉应用语言学词典 [M].长沙：湖南教育出版社，1988.

[252] 王宗明，惠薇.功能对等理论的国内引介与翻译研究述评 [J].语言文化，2018：120-121.

[253] 魏倩倩.实用翻译与功能翻译理论 [J].高等教育与学术研究，2008 (9)：168.

[254] 韦忠生.功能翻译理论在对外宣传翻译中的应用 [J].福建医科大学学报（社会科学版），2006 (2)：77-79.

[255] 韦忠生.外宣翻译与国家形象建构 [M].北京：中国社会科学出版社，2016.

[256] 闻洪玉.跨文化传播视角的中文电影片名翻译策略探究 [J].现代交

际，2020（6）：77-78.

[257] 温科学.20世纪西方修辞学理论［M］.北京：中国社会科学出版社，2006.

[258] 吴纯瑜，王银泉.生态翻译学视域下《黄帝内经》文化负载词英译研究［J］.中华中医药学刊，2015（33/1）：61-64.

[259] 武小莉.生态翻译学视角下的亚运会主题标语翻译——以2010年广州亚运会为例［J］.武汉体育学院学报，2011（4）：10-13.

[260] 吴延丽，张莎莎.模因复制传播过程及翻译策略研究［J］.今古文创，2021（27）：126-128.

[261] 武祯，田忠山.目的论视角下的影视翻译研究分析——以《你好，李焕英》为例［J］.海外英语，2022（22）：79-81

[262] 邬铢丽.跨文化交际语篇系统研究［M］.北京：光明日报出版社，2013.

[263] 吴自选.德国功能派翻译理论与CNN新闻短片英译［J］.中国翻译，2005（1）：5-24.

[264] 曾利沙.从翻译理论建构看应用翻译理论范畴化拓展——翻译学理论系统整合性研究之四（以旅游文本翻译为例）［J］.上海翻译，2008（3）：1-5.

[264] 曾利沙.从语境参数论看范畴概念"活动"英译的实与虚——兼论应用翻译研究的经验模块与理论模块的建构［J］.上海翻译，2011（2）：1-6.

[265] 曾利沙.论应用翻译学理论范畴体系整合与拓展的逻辑基础［J］.上海翻译，2012（4）：1-6.

[266] 曾自立.英语谚语概说［M］.上海：商务印书馆，1983.

[267] 张沉香.功能目的理论与应用翻译研究［M］.长沙：湖南师范大学出版社，2008.

[268] 张德禄.论语言交际中的交际意图［J］.解放军外国语学院学报，1998（3）：22-26.

[269] 张健.英语对外报道并非逐字翻译［J］.上海科技翻译，2001（4）：24-28.

[270] 张健.外宣翻译导论［M］.北京：国防工业出版社，2013.

[271] 张景华，崔永禄.解释性运用：关联翻译理论的实践哲学 [J].外语与外语教学，2006 (11)：52-55.

[272] 张梅岗.实用翻译教程——修辞与翻译 [M].武汉：湖北科技出版社，1993.

[273] 张南峰.走出死胡同 建立翻译学 [J].中国翻译，1995 (4)：15-22.

[274] 赵静.广告英语 [M].北京：外语教学与研究出版社，1992.

[275] 赵军峰，薛杰.新时代中国特色法治术语的翻译策略：立格与传意 [J].上海翻译，2023 (1)：25-30.

[276] 赵湘.公示语翻译研究综述 [J].外语与外语教学，2006 (12)：52-54.

[277] 赵小沛.公示语翻译的语用失误探析 [J].南京理工大学学报，2003 (5)：68-71.

[278] 赵彦春.关联理论对翻译的解释力 [J].现代外语，1999 (3)：273-295.

[279] 赵彦春."不可译"的辩证法及翻译的本质问题——兼与穆诗雄先生商榷 [J].外语与翻译 2001 (3)：29-35.

[280] 赵彦春.翻译中衔接——连贯的映现 [J].外语与外语教学.2002 (7)：23-27.

[281] 赵彦春.关联理论与翻译的本质——对翻译缺省问题的关联论解释 [J].四川外语学院学报，2003 (3)：117-121.

[282] 赵芝英.论公示语汉英翻译中的关联性——以无锡市为例 [J].上海翻译，2012 (1)：47-49.

[283] 郑晶，俞碧芳.从"-gate"看全球化时代英汉媒体新词的特色 [J].枣庄学院学报，2012 (1)：101-104.

[284] 郑静，郑晶，肖晶，杨志鸿，俞碧芳等.大学英语文化背景导读（上）[M].厦门：厦门大学出版社，2011.

[285] 郑静，郑晶，肖晶，杨志鸿，俞碧芳等.大学英语文化背景导读（下）[M].厦门：厦门大学出版社，2011.

[286] 郑士源，徐辉，王浣尘.网格及网格化管理综述 [J].系统工程，2005 (3)：1-7.

[287] 中华人民共和国国家质量监督检验检疫总局，中国国家标准化管理委

员会.公共服务领域英文译写规范 ［GB/T］.北京：中国标准出版社，2017.

　　［288］仲伟合，钟钰.德国的功能派翻译理论 ［J］.中国翻译，1999 (3)：47-49.

　　［289］周红民.实用文本翻译三论 ［J］.上海科技翻译，2002 (4)：15-18.

　　［290］周佳琪，余玉叶.汉译英中的中式英语研究 ［J］.齐齐哈尔师范高等专科学校学报.2021 (2)：152-153.

　　［291］周欣，董银燕.关联理论视角下的电影片名的翻译研究——以金鸡奖 (1981-2017) 获奖电影为例 ［J］.戏剧之家，2020 (5)：197-198.

　　［292］朱小明.从清明节和复活节的比较分析中西方文化的异同 ［J］.科教创新，2010 (7)：26-34.

　　［293］邹玮.衔接、连贯与翻译 ［J］.辽宁税务高等专科学校学报，2003 (6)：32-34.